本书由
国际关系学院2018年中央高校基本科研业务费
资助出版
项目编号：3262018T16

英语帝国

从部落到全球1600年

李亚丽 / 著

图书在版编目(CIP)数据

英语帝国：从部落到全球 1600 年 / 李亚丽著 . —北京：北京大学出版社，2020.1
ISBN 978-7-301-30647-5

Ⅰ.①英⋯ Ⅱ.①李⋯ Ⅲ.①英语–语言史 Ⅳ.①H310.9

中国版本图书馆 CIP 数据核字（2019）第 172606 号

书　　名	英语帝国：从部落到全球 1600 年 YINGYU DIGUO：CONG BULUO DAO QUANQIU 1600 NIAN
著作责任者	李亚丽　著
组稿编辑	刘文静
责任编辑	李　颖
标准书号	ISBN 978-7-301-30647-5
出版发行	北京大学出版社
地　　址	北京市海淀区成府路 205 号　100871
网　　址	http://www.pup.cn　　新浪微博：@北京大学出版社
电子信箱	evalee1770@sina.com
电　　话	邮购部 010-62752015　发行部 010-62750672　编辑部 010-62754382
印 刷 者	北京宏伟双华印刷有限公司
经 销 者	新华书店
	720 毫米 ×1020 毫米　16 开本　19.75 印张　420 千字 2020 年 1 月第 1 版　2020 年 1 月第 1 次印刷
定　　价	89.00 元

未经许可，不得以任何方式复制或抄袭本书之部分或全部内容。
版权所有，侵权必究
举报电话：010-62752024　电子信箱：fd@pup.pku.edu.cn
图书如有印装质量问题，请与出版部联系，电话：010-62756370

英语帝国关键时间节点

449年：朱特人入侵不列颠岛，开始了盎格鲁-撒克逊民族对不列颠岛上凯尔特民族的征服，是英语诞生之年。

597年：基督教正式传入不列颠，同时带来了拉丁语。

787年：北欧海盗入侵不列颠，同时带来了北欧语。

891年：阿尔弗雷德大帝组织编纂《盎格鲁-撒克逊编年史》，这是现存最早的英语文本。

1066年：法国诺曼人征服不列颠，同时带来了法语。

1337年—1453年：英法百年战争期间，英语法语通过战争这种暴力交际手段，相互传播交融的渠道更多、更直接。

1362年：英国法庭停止使用法语。

1382年：《威克利夫圣经》出版，这是英国历史上第一部完整的英语《圣经》。

1489年：英国议会停止使用法语，开始用英语作为官方语言。

1542年：英王亨利八世成为爱尔兰国王，英语逐渐成为爱尔兰统治者的语言。

1586年：威廉·布洛卡出版了《语法手册》，这是英国历史上第一本用英语写成的英语语法书。

1600年：英国东印度公司成立，开启印度成为英国殖民地的进程，标志着印度英语的发端。

1607年：120名英国人抵达北美，建立詹姆斯城，开启英国殖民北美进程。从英语发展史来看，当时正处于现代英语早期发展阶段，殖民者把伊丽莎白时期的英语带到北美新大陆，成为美国英语的起点。

1755年：《约翰逊词典》出版，为英语的规范化确立标杆。

1763年：加拿大成为英国殖民地，标志着加拿大英语的发端。

1776年：美国独立，标志着美国英语的诞生。美国革命者试图在各个领域脱离英国统治，美国英语发展先驱本杰明·富兰克林发表《美国采用新字母表和改革拼写模式的计划》，虽然没被采纳，但影响很大。

1788年：英国在澳大利亚新南威尔士建立殖民地，标志着澳大利亚英语的发端。

1801年：爱尔兰王国和大不列颠王国统一，爱尔兰并入英国，英语成为爱尔兰官方语言。

1828年：美国词典编纂家诺亚·韦伯斯特出版了《美语词典》，系统全面地把美语单词的形成、意义和用法固定下来，标志着美国规范化民族语言的形成。

1840年：新西兰成为英国殖民地，标志着新西兰英语的发端。

1919年：第一次世界大战后签署《凡尔赛条约》，该条约用法语和英语两个文本签订，撼动了法语在国际外交领域的特殊地位，尤其是欧洲条约签订用语的专权地位，标志着英语登上国际外交舞台。

1922年：BBC开始广播，在英国及全球塑造推广标准英语口语。

1928年：《牛津英语词典》第一版各卷出齐，英语有了新标准。

1934年：英国文化教育协会成立，英国政府通过文教手段在全球传播英语。

1946年：2月1日，联合国确立五大官方语言：中文、英语、西班牙语、法语、俄语；6月24日，英语、法语成为安理会工作语言。1973年，阿拉伯语成为联合国官方语言，从此联合国有六大官方语言。1948年西班牙语、1968年俄语、1973年中文和阿拉伯语相继成为安理会工作语言，从此安理会有六大工作语言。

1946年：美国宾夕法尼亚大学研制出世界上第一台通用现代电子数字计算机"埃尼阿克"（ENIAC），英语成为计算机语言。

1964年：美国首次举办托福考试，在全球推行美式英语。

1969年：美国国防部高级计划局网络（阿帕网）联机，标志着互联网的诞生，英语成为互联网语言。

1989年：英国文化教育协会、剑桥大学考试委员会和澳大利亚教育国际开发署共同推出雅思考试，在全球推行英式英语。

《英语帝国》推荐序

张勇先　中国人民大学教授

本书作者长期从事高校英语教育工作，致力于英语语言文化研究，在国外工作10年，其中5年多在英国伦敦，曾兼任伦敦巴尼特区教委校董，对东西方教育体制及文化差异有切身体会，这为她从文化角度研究语言，提供了便利条件。此外，作者在跨文化交际课程中谈到语言交际时，总会涉及英语语言文化史内容，学生很感兴趣，愿闻其详，也是作者成书的动力。本书不仅面向高校学生，也有助于不同层次英语学习者探究英语发展的特点和历程。

汉语是母语人数最多的语言，英语是第二语言学习者人数最多的语言。中国作为英语学习者人数最多的国家，更需要了解、借鉴英语如何绝处逢生，从偏居一隅的日耳曼部落语言，跻身世界通用语之列。西学东渐的两个世纪以来，中国人学英语付出了巨大代价，但是，英语究竟是一门什么语言？从哪里来？到哪里去？本书分享了作者的思考，助人知本、懂因、晓用。

语言承载文化，文化反制语言，两者相依相存、难分难舍。语言学家试图从多角度对语言进行探讨，现代语言学主要源于两大传统：语文学传统和人类学传统，前者强调语言的自然属性，后者重视语言的社会属性。人类语言学催生了文化语言学的兴起，从文化角度考察语言，视角独特、观点新颖，拓宽了语言的研究领域。在"一带一路"、中国文化"走出去"战略期，我们既要学好英语，同时也要探明语言背后的文化动因，带着文化使命，研究语言发展。

本书详述英国英语近1600年发展历史，是语言史与文化史有机结合的产物，以文化阐释语言，构成语言发展时间线索与文化影响主题线索交相辉映之势,通过历史人物和重大事件勾勒英语发展历史,揭示英语如何从岛国部落语言起步,在几度濒临灭绝的边缘成功逆袭,与各个时期的强势语言分庭抗礼,最终跻身全球通用语,缔造了英语帝国。本书有助于英语学习者对目标语有更深刻的文化认识,从词源学角度扩大词汇量,增进对语法规则的理解,实现语言技能与文化素养的齐头并进;还有助于读者深入理解英语的来龙去脉,全面把握英语未来发展趋势,从而更好地运用甚至超越这门语言。在英语语言发展史上,中国人将扮演何种角色,汉语如何与英语互动,这些都是本书引导读者思考的问题。

前　言

在大西洋东北边缘，漂浮着几座海岛，孤悬于欧洲大陆西部海岸之外，是欧亚大陆的天涯海角。其中最大的岛是大不列颠岛，岛上有一个国家，面积只有24万平方千米，人口只有6604万（2018年英国国家统计局预测数字）。国家虽小，却曾称霸世界，在人类历史上留下了浓墨重彩的一笔，其语言也从部落语言发展成为世界通用语（lingua franca）。这个国家就是"大不列颠及北爱尔兰联合王国"，简称"英国"，其语言是英语。

经济全球化及信息网络化时代，不同母语族群之间的交流更多依赖英语，从而进一步巩固了英语作为世界通用语的地位。当今世界，以汉语为母语的人数最多，以英语为第二语言的人数最多，中国作为英语学习者人数最多的国家，更需要了解英语如何从一门偏居一隅的日耳曼部落语言，在近1600年时间里通过对历代强势语言的兼容并蓄，跻身世界通用语。

从文化视阈研究英语语言史具有独特的学术价值，该领域的重要研究，主要始于第二次世界大战以后，可谓在国内外都是一门新兴的前沿学科，有较大的发展空间，然而在国内，致力于该领域研究的学者并不多。

西方语言学界对英语语言史的研究，无论是历时研究还是共时研究，都将其研究重点聚焦在语音、拼写、词汇、语法等语言的内在本体结构之上，而对影响或决定语言变化走势的诸多外在文化因素却没有给予足够重视，甚至将此类文化因素与语言研究彻底割裂开来。及至20世纪50年代，这种将语言视为封闭自足的符号体系、只关注语言内部结构的研究方法才发生转变，此后数十年间，随着社会语言学、语用学等语言学领域的相继拓宽成熟，语言学家才对语言是文化的载体这一命题产生实质兴趣，并以空前开阔的视角重新审视语言与文化的复杂关联。这种新兴的语言研究观念在历史语言学界，尤其是英语史学界表现突出，英国语言学家理查德·M.霍格（Richard M. Hogg）、戴维·克里斯特尔（David Crystal）、格里·诺尔斯（Gerry Knowles）等是这一领域的杰出代表。随着语言学研究领域的不断延展，越来越多的英语史研究者致力于从文化的角度，阐释语言结构的变化，从而深化对英语演变过程的认识与理解。

国内学术界系统研究英语语言史的历史不长，而从文化视阈研究英语语言史者更是寥寥。20世纪80年代，北京大学李赋宁教授开始给英语专业学生开设英语史课程，1998年，中国人民大学张勇先教授开始给研究生和本科生开设英语发展史课程；进入21世纪，外研社推出了"当代国外语言学与应用语言学文库"，北京大学出版社也先后推出了"西方语言学丛书""西方语言学原版影印系列丛书"，目的是把语言学最新前沿成果引入中国。然而截至目前，中国人自己撰写的英语语言史主要有秦秀白教授1983年出版的《英语简史》、李赋宁教授1991年出版的《英语史》、朱文振教授1994年出版的《英语简史》，以及张勇先教授2014年出版的《英语发展史》，前三部著作秉承了西方长期以来的研究路径，重在从语言学的角度考察语言本身的音、形、意等结构变化；最后一部著作在兼顾语言特点的同时，重点讲述英语起源和发展演变的历史，涵盖了语言学、文学、词汇学、跨文化交际和翻译等领域的重要内容。国内学界亟须有更多学者投身英语语言史的研究，尤其是通过文化来研究语言发展，从而拓宽语言学的研究范围。

以不列颠岛为本体考察，该岛经历了五次入侵：凯尔特入侵、罗马征服、日耳曼征服、维京入侵、诺曼征服。以英语为本体考察，英语经历了两次入侵以及一次文化革命：维京入侵、诺曼征服以及基督教带来的拉丁文化革命。

笔者在给英语专业学生讲授英语文化课程时，倍感学生有深入学习了解英语史的必要，因此有了本书的问世。本书共分十章，以历史发展为线索，讲述英语形成、发展的历史，始终紧扣英语自形成伊始便不断呈现出的在语言变体意义上的多元特征，重点介绍形成各个时期英语特点的历史背景，探讨英语的过去、现状及未来发展趋势。

目　录

第一章　英语起源：日耳曼征服 / 1
　　（一）英语语言谱系 / 2
　　（二）不列颠部落语言 / 4
　　（三）凯尔特语 / 6
　　（四）盎格鲁-撒克逊英语 / 12

第二章　英语与北欧语言：北欧语入侵 / 26
　　（一）古英语与古北欧语 / 27
　　（二）北欧海盗入侵 / 30
　　（三）古英语的统一 / 36
　　（四）北欧语对英语的影响 / 40

第三章　英语与法语：征服、逆袭与争霸 / 45
　　（一）诺曼征服开启的法语时代 / 48
　　（二）法语垄断下的英语 / 54
　　（三）百年战争带来的英语复兴 / 63
　　（四）法语对英语的影响 / 71

第四章　英语与拉丁语：语言是政治 / 82
　　（一）威克利夫教派 / 84
　　（二）英语学术传统 / 94
　　（三）英语《圣经》 / 98
　　（四）拉丁语遗产 / 109

第五章　英格兰英语：从"粗鄙"到优美 / 119

（一）撒克逊英语 / 120

（二）英语修辞与语法 / 124

（三）英语拼写改革 / 131

（四）女王英语 / 138

第六章　革命的语言：英国大革命的语言后果 / 149

（一）诺曼枷锁 / 149

（二）《圣经》语言 / 155

（三）学术思想革命 / 165

（四）英国革命的语言学产物 / 170

第七章　学术语言及贵族语言："圈内人"与"圈外人" / 177

（一）语言科学 / 177

（二）科学语言 / 181

（三）语言规范 / 183

（四）贵族语言 / 192

第八章　大不列颠英语：从经济优势到语言优势 / 204

（一）英语标准修订 / 205

（二）伦敦英语与英格兰其他地方英语 / 220

（三）英格兰以外的英语 / 227

（四）标准英语的变化 / 234

第九章　帝国英语：全球通用语 / 240

（一）英语国际化 / 241

（二）工人阶级英语 / 247

（三）英语发音标准 / 252

（四）好英语的新标准 / 259

第十章　英国帝国：语言的演变超越国家的发展 / 264
　　（一）帝国余晖 / 265
　　（二）从 BBC 英语到"河口英语" / 270
　　（三）信息革命对英语的冲击 / 280
　　（四）英语挑战者 / 282

参考文献 / 293

第一章

英语起源：日耳曼征服

英语顾名思义源起英国，但现在其使用已远远超出英国的范围。以英语为母语的国家除了英国，还有英国以前的殖民地以及英国移民占主导地位的十余个国家，例如美国、加拿大、澳大利亚、新西兰、爱尔兰、巴巴多斯、圭亚那、牙买加、巴哈马、特立尼达和多巴哥等国家。据美国中央情报局编撰的《2016—2017世界概况》(*The World Factbook 2016—2017*)统计，以英语为官方语言的主权实体有54个，以英语为官方语言的非主权实体有27个。

关于语言使用人数的全球排名向来有争议，很难有确切的答案。推算一种语言的使用人数相当复杂、笼统，且出入很大。语言学界对"语言使用者"很难达成公认的定义。母语使用者、第二语言使用者、外语使用者是有区别的，不同的计算方法直接影响语言的实际排名。根据母语使用人数排名，居第一位的是汉语，这一点毋庸置疑，但居第二位的是哪种语言则众说纷纭，在不同机构和专家的排行榜上，西班牙语、英语、印地语都曾名列第二。根据第二语言使用人数排名，英语仅次于法语，居第二位。根据总使用人数排名，英语仅次于汉语，居第二位。

全球有多少人说英语？依据的统计标准不同，结果也有很大出入。据《剑桥英语史》(*The Cambridge History of the English Language*)记载，在莎士比亚时代，全球说英语的人口大约是500万—700万，在伊丽莎白一世时代结束（1603）到伊丽莎白二世时代开始（1952）的这段时期，全球会讲英语的人口增加了大约50倍，达到2.5亿。另据英国语言学家戴维·克里斯特尔（David Crystal）[①]在2001年出版的《英语：全球通用语》(*English as a Global Language*)中统计，全球有3.37亿—4.5亿人把英语作为第一语言使用，有2.35亿—3.5亿人把英语作为第二语

---

① 本书涉及诸多外国人名，以英语为母语的外国人名标出了英语名称。

言使用，有1亿—10亿人把英语作为外语使用，有少则6.7亿—8亿，多则12亿—15亿人把英语作为本族语或近似本族语使用。另有75个国家，英语在其政府以及法律、商业、贸易、教育领域中使用，具有一定的官方地位。据他预测，到2050年，世界一半人口的英语将达到熟练程度（David, Crystal, 2001: 60—61）。2006年，他在《全球英语》（*English Worldwide*）中微调了早期的估计，称全球大约4亿人以英语为母语，大约4亿人以英语为第二语言，大约6亿—7亿人以英语为外语。

（一）英语语言谱系

人类的语言有多少种？这是一个没有唯一答案的问题。解答该问题的困难，不在于世界上还有许多我们尚未开拓的边疆，而是因为我们对语言的认识在不断变化，从一种到几千种，众说纷纭，不一而足。

从生物学角度看，人类的语言不论内部差别有多大，其实只有一种，这种语言与蜜蜂、海豚等其他动物的交流沟通方式迥异。基督教《圣经》描述了人类在建造通天塔时讲的是同一种语言，上帝为了阻止人类这一宏伟计划，一夜之间改变了人类统一语言，令彼此不能沟通，从而挫败了人类试图通天的宏伟计划。1911年出版的《大英百科全书》（*Encyclopedia Britannica*）估计全球语言有1000多种。在此之后的100多年里，这一数字不断攀升。2009年，据美国夏季语言学研究院（Summer Institute of Linguistics）统计，全球有6909种语言，其中亚洲有2197种语言，欧洲有230种语言。

语言的谱系分类也是一个见仁见智的话题。根据语言的历史渊源、地理位置、亲属关系，世界上的语言可分为若干语系，语系内再分为若干语族，语族内再分为若干语支。比较有影响的谱系分类法有四种：中国北京大学分类法、英国遗传学分类法、澳大利亚国家标准语言分类法、美国麻省理工学院地区分类法。北京大学中文系教授叶蜚声、徐通锵将世界语言分为13个语系，45个语族。这13个语系是：汉藏语系、印欧语系、高加索语系、乌拉尔语系、阿尔泰语系、达罗毗荼语系、南亚语系、南岛语系、闪米特–含米特语系、尼日尔–科尔多凡语系、尼罗–撒哈拉语系、科依桑语系、北美印第安语系。

印欧语系是世界上最大的语系，汉藏语系是世界第二大语系。印欧语系可分为凯尔特语族、日耳曼语族、罗曼语族、斯拉夫语族、印度语族、伊朗语族、波罗的语族等。美国语言学协会（Linguistic Society of America）认为，印欧语系有200多种语言，英语是其中之一。印欧语系是当今世界分布最广的语系，从北欧冰岛到印度次大陆。原始印欧语是原始印欧民族的语言，距今已有5000多年历史。原始印欧民族是游牧民族，属于新石器时代文明，其最初的家园大致位于中欧东部，大致相当于今天立陶宛的位置。大约在公元前3000多年时，原始印欧民族开始大迁徙，他们朝着温暖的东南方向前进，足迹遍布全欧洲，随后进入西亚，然后南下印度，最终是海洋挡住了他们的步伐。民族大迁徙的结果，使得原本统一的原始印欧语分裂成不同的方言，这些方言渐行渐远，逐渐演变成不同的语言。

英语隶属于印欧语系日耳曼语族。日耳曼语族分为三支：东日耳曼语（以哥特语为代表）、北日耳曼语（包括丹麦语、瑞典语、挪威语和冰岛语）、西日耳曼语（包括德语、荷兰语、弗莱芒语、弗里西亚语和英语）。从语言族谱角度看，英语与德语最为接近，但德语比英语保守，在接受外来语言影响方面远不及英语开放，今天英语和德语的差别也非常大。

印欧语言发展趋势是从综合到分析，从词形的多变化到词形的少变化。原始印欧语是综合性语言，其语言结构不可分析，而现代英语是分析性语言，其语言结构可以分析。按词形变化多寡排序，印欧语系主要语言变化从多到少依次是：梵语、希腊语、拉丁语、俄语、德语。英语词形的变化经历了从多到少的演变过程，目前仅限于名词、动词和代词仍有词形变化。在欧洲语言中，只有英语没有形容词的词形变化。英语从5世纪中叶至今，历时近1600年，它原有的词形变化已大为减少。近代英语词形变化仅限于名词的数和格，代词的性、数、格和动词的时态。近代英语动词的词形变化远比古英语简单，例如近代英语ride只有5个不同的形式，古英语rɪdan却有13个不同形式。英国语言学家亨利·斯维特（Henry Sweet）把古英语时期称为"词形变化完备时期"（period of full inflection），把中古英语时期称为"词形变化减少时期"（period of levelled inflection），把近代英语时期称为"词形变化消失时期"（period of lost inflection）（李赋宁，1991: 2）。

(二)不列颠部落语言

谁是英国的原住民？这个问题很难考证，在此只能把先后来到这片土地的族群大致罗列如下。目前已知的英国最早的居民是凯尔特人（Celts），凯尔特人大约铁器时代活跃在欧洲大部分地区，是西欧最古老的土著居民，也是当今欧洲人的代表民族之一。罗马帝国时期，凯尔特人与日耳曼人、斯拉夫人一起被罗马人称为欧洲的三大蛮族。大约从公元前600年开始，他们从莱茵河下游以及塞纳河流域渡海来到今天的英国，他们的语言是凯尔特语。苏格兰人、爱尔兰人、威尔士人等都是凯尔特人后裔。

公元43年，罗马人成功入侵英国，史称"罗马征服"（Roman Conquest），该地区被称为不列颠行省，拉丁语写作Britannia，英语拼写为Britain，罗马人把他们征服的当地居民称作不列颠人（Britons）。公元410年，罗马人在不列颠的统治结束。罗马人统治期间，拉丁语只是小部分统治阶级的语言，大部分当地居民依然使用母语凯尔特语。

公元449年，朱特人（Jutes）入侵不列颠岛，开始了盎格鲁-撒克逊民族（Anglo-Saxons）对不列颠岛上凯尔特民族的征服，史称"日耳曼征服"（Germanic Conquest）。罗马统治不列颠时期，为免遭北方苏格兰人和皮克特人（Picts）攻击，罗马人从欧洲大陆搬来了雇佣军，这些雇佣军主要来自日耳曼民族的三个不同部落：朱特人、盎格鲁人（Angles）、撒克逊人（Saxons），因后两个部落人数众多，这些日耳曼人被统称为盎格鲁-撒克逊人。西罗马帝国的衰落，开启了欧洲的民族大迁徙浪潮（Migration Period），公元5—7世纪是日耳曼人大举迁入不列颠的时代，关于他们迁徙的起因有不同的说法。一说是为应付本土危机，罗马军团被迫撤离不列颠后，这些雇佣军反客为主、乘虚而入，填补了罗马人留下的真空，占领了岛上温暖肥沃的东南部平原地带，把凯尔特人赶到荒凉贫瘠的西部和北部山区。另一说来自《盎格鲁-撒克逊编年史》（The Anglo-Saxon Chronicle），据该书记载，公元449年不列颠国王沃蒂根（Vortigern, King of the Britons）主动邀请盎格鲁人到不列颠，目的是帮助不列颠对抗不断南下骚扰的皮克特人，报酬是获得不列颠东南部的土地。朱特人、盎格鲁人、撒克逊人说的是西日耳曼语的三种不同的、但是能够相互理解的方言，这三种方言融合形成了古英语。由于入侵不列颠岛的盎格鲁人最多，不列颠岛逐渐以盎格鲁人命名，被称为盎格鲁人的国土（land of the Angles），古英语写作Engla-land，即英格兰（England），而盎格鲁人的语言，古英语写作Englisc，指英格兰人的语言，即英语（English）（李赋宁，1991：36）。

公元597年，基督教正式传入不列颠，同时带来了拉丁语。异教的盎格鲁-撒克逊人纷纷皈依天主教，作为天主教官方通用语言的拉丁语也进入盎格鲁-撒克逊人的生活。基督教的传播引发了一场语言文字革命，拉丁字母取代了盎格鲁-撒克逊人使用的如尼文字母，由此开启了英语与拉丁语将近1400余年的借鉴、竞争和超越的复杂关系。

公元787年，北欧海盗入侵不列颠岛，史称"维京入侵"（Viking Invasions），开启了持续多年的武力移民过程。海盗来自现在的丹麦、挪威、瑞典，盎格鲁-撒克逊人把他们统称为丹麦人（Danes）。丹麦人的语言是北日耳曼语的一种，他们与盎格鲁-撒克逊人之间基本能够相互理解，丹麦语慢慢融入古英语。

公元1066年，法国诺曼人征服不列颠岛，史称"诺曼征服"（Norman Conquest）。诺曼人原本也是北欧海盗，公元9世纪和10世纪期间，他们入侵并定居法国北部海岸，法国人称之为诺曼人，意思是"来自北方的人"，古法语写作Normans，相当于英语的Northmen。他们定居的行省被称为诺曼底，意思是"诺曼人的土地"，法语写作la Normandie，英语写作Normandy。诺曼人接受了法国语言和文化，他们说的是法国北部方言，与标准的巴黎法语（又称为中央法语）之间还有区别。诺曼人统治英国后花了几百年的时间才放弃诺曼法语（Norman French），转而接受了英语。

社会变化深刻影响到语言发展历史。英语在近1600年的历史中，经历了大大小小各种社会变化，其中打破连续性、带来突变的事件或因素，成为英语发展史分期的依据。诺曼征服前的英语是古英语（Old English），法国诺曼统治时期的英语是中古英语（Middle English），引入印刷术之后的英语是现代英语（Modern English）。考察社会变化，及其引发的语言变化，有助于深入理解语言发展历程。

英语不是孤立存在的语言，而是与其他欧洲语言保持密切联系。外来族群的入侵，无可避免会带来入侵者的语言。这种新引进的入侵者语言不外乎面临三种命运：和入侵者一起扎下根来，成为入侵者和原住民共同的语言，例如盎格鲁-撒克逊人的语言；入侵者抛弃自己的语言，而使用原住民的语言，例如入侵英国的丹麦人、法国诺曼人的语言；入侵者和原住民的语言同时并存，但用途不同，例如：诺曼征服之后的英国，拉丁语、法语、英语并存，拉丁语是宗教、学术用语，法语、英语是世俗的语言，法语是政府、宫廷、法律用语，英语主要是下层普通人日常生活用语。

（三）凯尔特语

凯尔特人虽然并非不列颠岛的原住民，但却是有史可考的最早的居民。早在英语形成之前，不列颠岛上发现的最早的、唯一具有史料依据的语言便是凯尔特语，今天居住在苏格兰北部和西部山地的盖尔人（Gaels）仍使用这种古老的语言。凯尔特人后裔现在主要分布于西欧，现今的马恩岛人、苏格兰人、爱尔兰人、威尔士人、英格兰的康沃尔人以及法国的布列塔尼人，都属于凯尔特人，其中以威尔士人、康沃尔人、爱尔兰人为代表，他们中的许多人在学术和科学领域以及艺术和工艺领域都颇有建树，并为自己的凯尔特人血统而自豪。

囿于考古成果及文字资料的匮乏，学术界对于凯尔特人的起源、分布、语言、文化很难达成定论，许多说法依然笼罩在神话传说与主观臆测之中。从凯尔特一词的拼写，兴许能管窥他们的生活方式。"凯尔特人"一词除英语拼写形式Celt外，在欧洲其他语言中的拼写形式如下：法语写作Celte，德语写作Kelte，意大利语写作Celti，西班牙语、葡萄牙语写作Celta。这几种拼写形式词干相似，同源于希腊语的κελται或κελτοι（拉丁形式为keltoi）和拉丁语的Celtae。因此有学者猜测，"凯尔特人"（Celt）的得名可能与一种类似斧、锛的史前砍凿工具 celt 或 selt有关，他们应该十分擅长手工技艺和金属制作，这是他们有别于其他族群的象征和标志。

在漫长的历史时期，凯尔特人的活动范围曾经历了一个由小到大、再逐渐收缩的变化过程。大多数学者认为，法国东部塞纳河、罗亚尔河上游、德国西南部莱茵河、多瑙河上游地区是凯尔特人的发源地。约公元前10世纪初，他们首次在这些地区出现，随后的几个世纪中，凯尔特人以武装部落联盟为单位，向周围地区扩散、迁徙，进行军事移民。他们是欧洲最早学会制造和使用铁器和金制装饰品的民族，他们凭借铁制武器战胜了尚处于青铜时代的部落，公元前7世纪已在法国东部、中部各地定居。他们是战士、艺术家、铁匠、木匠、商人、矿工、建筑师。他们讲凯尔特语，信仰德鲁伊教（Druidism），流传至今的凯尔特神话包括大法师梅林的传说以及亚瑟王的传说。

学术界关于凯尔特人的身份也有争议。有人明确称之为民族集团（a group of peoples），也有人认为，这不是一个种族（race）或部落集团（a group of tribes），而是一个语言集团（a language group）或一种语言。凯尔特人的种族背景十分复杂，种族特征并非完全单一，属混合型集团，这表明其族源的差异性和多样性。大多数人认为，凯尔特人是古代欧洲一个由共同语言和文化传统凝合起来的松散族群，应属古代型的民族集团。这种族群显然不同于现代民族，现代民族是在古代民族集团经过长期的演化，不断分解、融合、重组的基础上形成的。当今欧洲已不存在一个完整的凯尔特单一民族，有的只是作为占凯尔特人遗裔的、依然说着印欧语系凯尔特语族诸种方言的若干个新型民族，譬如爱尔兰人、盖尔人、威尔士人、布列塔尼人等。在这层意义上可以说，凯尔特人在当今则仅意味着一个语言集团。

今人对凯尔特文化的了解，主要来自古代的作家和地理学家留下的记载，以及位于巴伐利亚、波西米亚和北奥地利的部分凯尔特人的埋葬仪式的考古发掘。凯尔特人也曾形成了一个比较松散的帝国，其版图包括欧洲中部，边界不是固定的，因为他们经常迁徙。当代考古学家通过对著作和遗迹的探索，发现西到不列颠群岛和西班牙南部，东至特兰西瓦尼亚和黑海都有凯尔特文明留下的印迹。

在古典作家的笔下，凯尔特人往往被描述为身材魁伟、长颅白肌、金发碧眼的壮汉，俨然一副欧罗巴人种和古诺斯（北方）类型的典型形象。这样的体貌特征与同属南欧地中海类型，身材相对矮小、肤色略暗、发色眼色较深的大部分希腊人、罗马人，形成鲜明的对照，因而难免引起他们的惊讶和关注。

公元前1世纪，古希腊地理学家斯特雷波（Strabo）对凯尔特人的印象如下：他们整个民族，都疯狂地爱好战争。能非常英勇而且迅速地投入战斗，并且无论什么借口你招惹了他们，你都将面对危险，即使是在他们没有任何武器的情况下，他们也会拥有力量和勇气。

凯尔特人或许是人类历史上第一个男女平等和性取向平等的民族，凯尔特民族的本土宗教德鲁伊教在传统上接受同性恋，凯尔特女性不但可以成为女王，还可以成为宗教领袖。后世的欧洲，在不遵从撒利克法的国家，女性可以继承王位，可是女性领导宗教的路却曲折得多。

凯尔特人曾经大规模迁移，曾经无处不在。从公元前5世纪起，他们开始向全欧洲渗透和扩张。他们成群结队地翻过阿尔卑斯山，把铁器的使用带往欧洲各地。他们生活在氏族公社，和古希腊人做生意，和古罗马人争战不休。大约从公元前6世纪开始，凯尔特人从欧洲大陆进犯并占领了不列颠诸岛，部分凯尔特人在今天的爱尔兰和苏格兰定居下来，其余的一部分占领了今天的英格兰南部和东部。

古凯尔特人没有首都，他们是以部族的形式长期存在的，其在欧洲的扩张可以理解为"举族迁徙"。进入中世纪之后，某些凯尔特人部落逐渐融合在一起，组成了现代意义上的国家。其中，爱尔兰的凯尔特人（即爱尔兰人）从北欧海盗手中夺取了都柏林，并把它作为自己的首都，而爱丁堡则被苏格兰的凯尔特人（即苏格兰人）选为自己的首都。

在进犯不列颠岛的同时，一部分凯尔特人越过莱茵河进入法国东北部，在塞纳河以北，阿登山区以西和以南的地区定居。公元前500年以后，法国已成为凯特人主要的居住地区。古罗马人把居住在今天法国、比利时、瑞士、荷兰、德国南部和意大利北部的凯尔特人统称为高卢人，把高卢人居住的地区称为高卢，面积60余万平方千米。凯尔特人曾经一度广泛分布在欧洲大陆上，先后征服的土地大致相当于今天的法国、西班牙、葡萄牙、意大利等国家和地区。

在罗马帝国崛起前，凯尔特人是一股不可低估的军事力量。公元前387年和前279年，凯尔特人分别入侵和洗劫了罗马和希腊，一些部落甚至曾深入今天土耳其的安纳托利亚地区。鼎盛时期的凯尔特人占据了从葡萄牙到黑海之间的大片土地，几乎可与后来崛起的罗马帝国媲美。然而，他们最终没能形成一个统一的国家。随着罗马文明的兴起，凯尔特文化开始走下坡路。面对用严格的纪律和先进的战术武装起来的罗马军团，身材高大、作战勇敢的凯尔特人也渐渐处于下风。凯尔特人洗劫罗马城这段惨痛历史一直被罗马人铭记在心，公元前59—前49年盖乌斯·尤利乌斯·恺撒（Gaius Julius Caesar）大败高卢的凯尔特人才得以一雪前耻。凯尔特文化的中心高卢在此后成为罗马帝国的行省，据称恺撒对高卢的征服，致使100万凯尔特人被斩杀，另100万沦为奴隶。

恺撒曾两次远征不列颠，但均未站稳脚跟。英国历史上真正的"罗马征服"

始于公元43年。时任罗马皇帝克劳狄乌斯（Claudius）率领4万大军，用了3年时间终于征服了不列颠岛的中部和南部。随后，整个英格兰被罗马牢牢控制住了。随着罗马军队的四处征战，凯尔特文化在欧洲大陆逐渐消亡，一点点融入罗马文化之中，只有在罗马人永远没能抵达的爱尔兰和罗马人永远没能彻底征服的苏格兰，他们仍延续着自己的王国。罗马人占领不列颠几乎长达四百年，公元410年，罗马帝国因内外交困，才不得不放弃在不列颠的军事存在。不列颠岛上的古老居民凯尔特人，因而才得以重新恢复自己的秩序。

不列颠岛凯尔特人面临的致命打击来自日耳曼人。大约在公元449年，居住在西北欧的三个日耳曼部族跨过北海，侵犯不列颠，填补罗马人撤离后留下的真空，史称"日耳曼征服"，亦称"条顿征服"（Teutonic Conquest）。入侵者遭到凯尔特人的顽强抵抗，征服过程拖延了一个半世纪之久。这过程中的一位凯尔特部落将军的英勇事迹，在结合了凯尔特传说中的三个英雄人物后，在欧洲广为传颂，终于在后世谱成了著名的亚瑟王的传说。及至公元6世纪末，不列颠诸岛上原先的居民凯尔特人，尤其是英格兰的凯尔特人，几乎灭绝殆尽，幸存者或遁入山林，或沦为奴隶。

少数幸存的不列颠凯尔特人主要聚居在爱尔兰、苏格兰、威尔士，他们不断为争取独立而与日耳曼人抗争。中世纪早期，爱尔兰岛的凯尔特人仍然保持着小股群居的习俗，公元800年前后，岛上的伦斯特（Leinster）、芒斯特（Munster）、康诺特（Connacht）和阿尔斯特（Ulster）这四个省才联合在一起。公元795年，维京人入侵爱尔兰岛，并从公元9世纪中叶开始在岛上建立永久定居点，其中最重要的一个定居点就是都柏林。公元1000年左右，布莱恩·博罗（Brian Boru）成为所有爱尔兰人的第一个国王，并率领爱尔兰军队于公元1014年在克朗塔夫（Clontarf）击败都柏林的北欧海盗丹麦人，重创了北欧海盗在爱尔兰的势力。1801年，爱尔兰王国和大不列颠王国统一，爱尔兰并入英国。1921年，英国被迫允许爱尔兰南部26郡独立，北部6郡仍属英国。

最初居住在苏格兰的大多是皮克特（Picts）人，他们也是凯尔特人的一支。公元6世纪，来自爱尔兰的一个名叫"苏格兰"（Scotti）的凯尔特人部落侵入苏格兰地区的西南部（如今的阿盖尔地区［Argyll］），在那里永久定居下来，并用自己部落的名字来为这块新夺取的土地命名。他们向南扩张，并融合了当地土著的皮克特人,皮克特人曾一直是罗马人的心腹大患。公元11世纪,苏格兰王国初具雏形,南方的英格兰王国很快表现出对这块土地的浓厚兴趣。1294年,苏格兰人则以和法国人订立"古老联盟"(Auld Alliance)作为对英格兰野心的回应。这个"古老联盟"也成了苏格兰人此后300余年的外交基石。1296年,英格兰国王爱德华一世,史称"长腿爱德华"(Edward Longshanks),武力吞并了苏格兰,史称"苏格兰人铁锤"(Hammer of the Scots)。苏格兰骑士威廉·华莱士(William Wallace)领导苏格兰人奋起反抗,1298年在斯特灵桥(Battle of Stirling Bridge)战役获胜后几乎为苏格兰赢得了独立。次年,在法尔科克战败之后,威廉·华莱士率领部下和英格兰人展开了游击战,1305年遭同伴出卖后被爱德华一世处死。此后,苏格兰贵族罗伯特·布鲁斯(Robert the Bruce)自立为苏格兰国王,继续带领苏格兰人争取独立,终于在1314年的班诺克本战役(Bannockburn Battle)中大获全胜,把英格兰军队从苏格兰国土上全部驱逐出去。1328年,英格兰国王爱德华三世被迫承认了苏格兰的独立地位。1603年,苏格兰和英格兰王冠合二为一(Union of the Crowns),苏格兰国王詹姆士六世(James VI)继承英格兰王位,史称詹姆士一世(James I)。1707年,英格兰与苏格兰两国议会批准合并协议(Acts of Union),组成不列颠王国(Kingdom of Great Britain)。

威尔士人(Welsh)是凯尔特人的一支,其得名非常荒谬。入侵不列颠的日耳曼人反客为主,把岛上原来的凯尔特居民,尤其是逃往不列颠西部的凯尔特人称为"Weahlas",意即"外国人",该词逐渐演变成"Welsh",即威尔士人。威尔士地区长期处于诸侯割据的分裂状态,从来没有一个诸侯拥有足够的实力来一统该地区。公元13世纪,英格兰国王采取了和威尔士众多二流诸侯国结盟的方法来阻止该地区发展成为一个强大的统一体。威尔士虽然常常处于英格兰人的势力范围之内,但一直是凯尔特人维护民族独立的堡垒。1282年,英格兰国王爱德华一世通过武力征服把威尔士置于英格兰的统治之下。威尔士人的民族情绪持续高涨,15世纪初由欧文·格林德(Owain Glyndŵr)领导的轰轰烈烈的起义便说明了这一点。《1535年及1542年威尔士系列法案》(Laws in Wales Acts 1535 and 1542)把英格兰与威尔士在行政、政治和法律上统合为一体。

凯尔特人讲的凯尔特语,是印欧语系下的一族语言,曾经在西欧十分流行,但是现在讲这种语言的人只局限在不列颠岛上的一些地区和法国的布列塔尼半岛上。凯尔特语大致可分为四个族群：高卢语及分支南阿尔卑高卢语、加拉提亚语等，古时候遍布从法国到土耳其，从荷兰到意大利北部的广大地区；凯尔特伊比利亚语，曾在阿拉贡和西班牙的其他地区使用；盖尔亚支，包括爱尔兰语、苏格兰盖尔语等；布立亚吞支，包括威尔士语、布列塔尼语等。前两个族群的语言又被称为"大陆凯尔特语"，后两个族群的语言又被称为"海岛凯尔特语"，前两个族群的语言已经灭绝，后两个族群的语言还在使用，英语中仍然能找到凯尔特语的蛛丝马迹。

不列颠凯尔特铜镜，其背面的螺旋线条及喇叭造型，是不列颠拉登凯尔特艺术（La Tène Celtic art）的典型特征。

日耳曼人来到不列颠时，凯尔特人已在此生息繁衍一千年，是毋庸置疑的不列颠主人，其语言凯尔特语具有悠久历史。然而若论及凯尔特语对英语的影响，却是不成比例地微不足道，主要体现在词汇方面，尤其是地名的借用。

英语是非常开放包容的语言，对丹麦语、拉丁语、法语等语言都大量吸收借鉴，唯独对凯尔特语却非常排斥，英语中的凯尔特影响有限。造成这种结果的原因，可以追溯到"日耳曼征服"后盎格鲁–撒克逊人对凯尔特原住民的态度：不是接触融合的怀柔政策而是赶尽杀绝的恐怖政策，语言上隔绝，文化上孤立，导致任何与凯尔特语有关的联系都被打上了耻辱标记。凯尔特人遭到大肆屠杀，为数不多的幸存者被赶到天涯海角的穷乡僻壤，然后被分而治之，最终被迫融入盎格鲁–撒克逊文化。"诺曼征服"后，诺曼法国人对不列颠的语言采取严格的等级制度，毫无疑问，凯尔特语处于最低等级。

古英语吸纳的凯尔特词汇主要有三大源头：首先，盎格鲁–撒克逊人在欧洲大陆时已经吸纳了部分凯尔特词汇，主要是与战争、冲突等有关的词汇，因为凯尔特人是欧陆著名的雇佣军；其次，盎格鲁–撒克逊人到达不列颠后借用的凯尔特词汇，主要是当地地名等专有名词；最后，从爱尔兰传入的凯尔特词汇或凯尔特化的拉丁词汇，主要是宗教词汇，爱尔兰传教士在基督教传入不列颠的过程中发挥了重要作用。

今天英语中大家熟悉的凯尔特词汇有河流、城市等名词，例如：泰晤士河（Thames）、伦敦（London）、约克（York）、利兹（Leeds）、林肯（Lincoln）。还有凯尔特语和盎格鲁–撒克逊语共同构成的合成词，例如：白金汉郡（Buckinghamshire）、莱斯特郡（Leicestershire）。关于基督教十字架这个单词，古英语是rood，从爱尔兰传入的凯尔特词是cross，目前后者使用更加广泛。

英语中为数不多的凯尔特语地名，反映了凯尔特人如何认识周遭的世界，体现了他们对地形地貌的观察。英语中凯尔特语词汇的匮乏，暴露了盎格鲁–撒克逊人通过排挤压制凯尔特语言，褫夺凯尔特人生存空间，用英语的权威性来建构入侵者的合法性，再次从侧面印证了语言是有效的社会政治工具，能够在社会分层方面发挥重要作用。

（四）盎格鲁–撒克逊英语

盎格鲁–撒克逊英语（Anglo-Saxon English），又被称为古英语（Old English）是指从公元449年"日耳曼征服"到1066年"诺曼征服"之间的英语。这并非单一的语言，而是3—4种有明显差别的方言。古英语时期有两个重要历史事件，给英语语言发展带来较大影响。第一个事件是基督教传入英国。公元597年，一个名叫奥古斯丁（St. Augustine）的神父从罗马来到英国传教，罗马语言文化和基督教一起传入英国，一批拉丁词汇进入英语。第二个事件是北欧海盗入侵英国。从公元787年开始，大批斯堪的纳维亚人开始在英国定居，丹麦国王还一度成为英国君主。斯堪的纳维亚人和盎格鲁-撒克逊人交往频繁，斯堪的纳维亚各国词语相继进入英语。对这两个事件，后面将有章节专门探讨，这里只讲盎格鲁-撒克逊人自己的语言发展脉络。

公元410年，罗马人结束了对英国的占领，随后，来自德国北部平原的三个日耳曼部落：朱特人、盎格鲁人、撒克逊人开始乘虚而入，占领不列颠。朱特人来自丹麦日德兰半岛（Jutland）、盎格鲁人来自德国石勒苏益格地区（Schleswig）、撒克逊人来自德国霍尔斯泰因地区（Holstein）。在拉丁文和早期日耳曼语中，盎格鲁人被称为Angli，该词来自名词angle，意思是"角"，意指他们世代居住的石勒苏益格的狭窄土地，像一个尖角伸入波罗的海。在古英语中，Angli 经过前元音音变，写作Engle。由于征服不列颠的这三个日耳曼部落中盎格鲁人最多，古英语用Angelcynn，即盎格鲁民族（Angle-race），来指代所有这三个部落；用England，即盎格鲁人的国土（land of the Angles），来指代所有这三个部落共同居住的土地；用Englisc，即英语（English）来指代这三个部落共同的语言。这三个部落说着不同的日耳曼方言，但彼此之间能听懂，英语就是由这三种日耳曼方言，主要是盎格鲁-撒克逊人的方言，融合而成的崭新混合语言。

日耳曼各部落在不列颠定居以后，各自占领一些地区。盎格鲁人占领了泰晤士河以北的英格兰大部分地区和苏格兰的低地，朱特人占领了南部肯特郡一带地区，撒克逊人占领了泰晤士河以南的大部分地区。各个部落建立了一些小王国，出现了英国历史上的七国时代（the Anglo-Saxon Heptarchy）。最初由盎格鲁-撒克逊人以及原住民罗马不列颠人所建立的王国的数目远远不止七个，但随着时间的推移，一些大国逐渐吞并了周边的小国，最后形成了以这七个大国为代表的七国时代。这七个王国的格局，也成为后来的英格兰王国的雏形。七国时代是指从公元5世纪到9世纪，居住在英格兰的盎格鲁-撒克逊部落的非正式联盟，由肯特王国（Kent）、萨塞克斯王国（南撒克逊Sussex）、西塞克斯王国（西撒克逊Wessex）、埃塞克斯王国（东撒克逊Essex）、诺森伯利亚（Northumbria）、东盎格利亚王国（East Anglia）和默西亚王国（Mercia）这七个小王国组成。

早期的日耳曼入侵者中，自由民地位比农奴高，但都依附于国王。随着以后几个世纪的战争和农业耕作，大部分自由民或是在压力下沦为农奴，或是依附贵族阶级的领主和乡绅。贵族阶级的领主和乡绅则是特权阶级，他们通过效忠国王，从国王那里获得领地，并对自己拥有的领地行使较大程度的自治权。盎格鲁-撒克逊诸王国的政府是由部落首领会议演化而成的，国王拥有王国的行政和司法大权，贵族阶级则组成国王的顾问会议，协助国王处理国政。国王将郡作为王国的基本的地区行政单位，由伯爵治理，在一些情况下这些伯爵将职位变为世袭，管理着几个郡。郡以下的行政单位为县，郡和县都有各自的法庭，郡法庭由本郡的治安法官掌管，县法庭由县长掌管。在盎格鲁-撒克逊时期，农业是第一产业，但入侵的丹麦人却是活跃的商人，在9世纪时，城镇的重要性开始增加。盎格鲁-撒克逊人在爱尔兰和罗马派来的传教士的影响下，开始了基督教化的过程。但爱尔兰宗教仪式和大陆宗教仪式上的差别几乎导致不列颠基督教会的分裂，这一巨大的分歧在663年的惠特比宗教会议（Synod of Whitby）上终于获得了解决。与此同时，修道院成为盎格鲁-撒克逊时期的文化中心，那里以精美的手抄本而闻名。

公元886年，西塞克斯国王阿尔弗雷德大帝（Alfred the Great, 848/849—899）吞并其他王国，统一了整个英格兰地区，他是第一个称呼自己为"盎格鲁-撒克逊国王"的君主，是英国唯一一位被授予"大帝"（the Great）称号的君主，他也被后人尊称为"英国国父"。他是盎格鲁-撒克逊民族的大救星，同时也是挽救英语命运的人，英国人认为，没有阿尔弗雷德就没有英格兰，没有英格兰就没有英语。他不仅带领臣民英

英国温切斯特的阿尔弗雷德大帝塑像，为纪念他逝世一千年而立。

勇反抗北欧维京海盗民族的入侵，还是一个善于学习的人，他鼓励教育和文艺，亲自组织并参加外国文学作品和学术著作的翻译，以及该国文学的抄写和校订工作。他40岁开始学习拉丁语，组织力量把拉丁语典籍翻译成英语，并把西塞克斯王国教育界的语言由拉丁语改为英语。在所有英国君主中，他第一个规定非神职贵族阶层必须接受教育，政府官员和军官必须具备读写能力。他亲自参与了英译圣比德（Saint Bede）《英吉利教会史》（*Historia Ecclesiastica Gentis Anglorum / The Ecclesiastical History of the English People*）的工作，英格兰（Angle-land / England）和英语（Englisc / English）这两个单词就是在翻译该书的过程中首次出现的。公元891年，他还组织编纂《盎格鲁-撒克逊编年史》（*The Anglo-Saxon Chronicle*），这是最早的英语文本，1154年完成的最后一版编年史《帕克编年史》（*Parker Chronicle*）是最后一部用古英语写成的文本。他大力完善国家的法律体系和军队结构，他甚至被某些天主教徒视为圣徒，英国圣公会尊称他为天主教英雄，并把他的光辉形象描绘在英国教堂的彩色玻璃上。

由于全国长期没有统一，古英语时期存在着多种方言，主要的方言有四种：

（1）诺森伯利亚语（Northumbrian）——亨伯河（the Humber）以北的方言；

（2）默西亚语（Mercian）——介乎亨伯河与泰晤士河之间的英国中部地区的方言；

（3）肯特语（Kentish）方言——居住在英国东南部地区的朱特人的方言；

（4）西撒克逊语（West Saxon）——泰晤士河以南的方言。

诺森伯利亚语和默西亚语这两种方言又合称为盎格里亚方言，即盎格鲁人居住地区的方言。这四种方言都曾一度占据主导地位，每种方言在英语形成的过程中都起到了不同程度的作用，但西撒克逊语保存下来的手稿最多，因而对后世英语的形成发展作用最大。

公元899年，阿尔弗雷德大帝去世后，其长子爱德华继位，史称"长者爱德华"（Edward the Elder），成为史上第二位"盎格鲁-撒克逊国王"。他是一位非常优秀的军事统帅，但他的继位引发了堂兄埃塞沃德（Ethelwald）的强烈不满。埃塞沃德的父亲是阿尔弗雷德的哥哥、前国王埃塞尔雷德一世（Æthelred），埃塞沃德认为叔父阿尔弗雷德的王位得自自己的父亲，如今叔父去世了，理应把王位归还给自己。他在丹麦人的支持下于诺森伯利亚宣布登基为英国国王，而同时爱德华则在泰晤士河畔加冕，从此进入两雄割据混战时期。902年，两位国王打了一场著名的"霍姆战役"（Battle of the Holme），爱德华获胜，埃塞沃德战死。

与此同时，爱德华与丹麦人也正式决裂，在与丹麦人的战斗中，他的两个姐妹给他很大帮助，一个是姐姐默西亚伯爵夫人，另一个是妹妹佛兰德斯伯爵鲍德温二世的夫人，尤其是姐姐埃赛弗丽达（Ethelfleda）以遗孀的身份继任为默西亚女伯爵（Lady of the Mercians）后，亲自率兵和哥哥一起对抗进犯之敌，多次获得胜利。公元917年，爱德华从丹麦人手中夺回了东盎格利亚，之后陆续收复了诺丁汉、林肯、斯坦福德等地，废除了丹麦人的法令，重新恢复撒克逊法，丹麦人退守少数据点之中，最终不得不投降。公元918年，当姐姐默西亚女伯爵去世后，爱德华把默西亚纳入自己的直接控制之下。

爱德华的女儿嫁给了西法兰克王国国王查理三世（Charles III），这个国王的绰号是天真者（Charles the Simple）或昏庸者（Charles the Straightforward），大概是因为他把塞纳河下游地区割让给了入侵的维京海盗，由此建立了诺曼底公国，成为当时英法两国的大患。不过当时由于查理对维京海盗的软弱，卡佩家族的巴黎伯爵厄德自立为王，查理三世一直在与卡佩家族争夺谁是正统国王。最初查理三世在斯瓦松战胜了罗贝尔一世（厄德的弟弟），然而法兰克诸侯们又推举罗贝尔的女婿勃艮第公爵鲁道夫继续与他作对。查理三世在923年的叛乱中被弗尔芒杜瓦伯爵赫尔贝尔二世俘虏，6年后死于监禁地。查理三世的妻子带着三岁的儿子路易逃回娘家英格兰。936年，鲁道夫去世后，路易被请回西法兰克，加冕为西法兰克国

第一位英格兰国王阿瑟斯坦向圣卡思伯特（St. Cuthbert）敬献福音书，绘于公元934年，现收藏于英国剑桥大学。

王，故他也被称为"海归"路易，不过30多年后，这位海归路易后代的王位还是被卡佩家族夺走了。

公元924年，爱德华死后，其四个儿子轮流当王。先是儿子埃塞维尔德（Ælfweard）继位，但他继位16天后去世，其同父异母哥哥阿瑟斯坦（Æthelstan, 894—939）继位，成为"盎格鲁-撒克逊国王"，同时也是第一位英格兰国王（First King of England）。随着丹麦人势力的衰退，北欧海盗中的另外一支挪威人的势力却在逐渐增强，成为阿瑟斯坦在位期间最大的敌人。阿瑟斯坦曾经多次率军击败挪威人，使得王国声威大振，就连僻处西部的威尔士诸侯也来觐见他。阿瑟斯坦终身未婚，没有子嗣，他去世后同父异母的弟弟埃德蒙（Edmund）继位，这时挪威人在都柏林国王奥拉夫（Olaf）的率领下卷土重来，再次攻占约克，逼迫埃德蒙国王承认其为约克王，之后的十几年间，为争夺约克，双方多次交战。946年，埃德蒙被闯入聚会的盗贼杀死，其弟弟埃德里德（Eadred）继位，终于击退了挪威人的入侵，于954年收复约克。

爱德华的四个儿子，打败了不断入侵的北欧人，使盎格鲁-撒克逊人的统治在英格兰全面复兴。955年，埃德里德去世后，其兄长、前任国王埃德蒙之子埃德维（Eadwig）继位，他在位期间，默西亚和诺森伯利亚的领主们拥立其弟埃德加（Edgar）为国王起来反叛。957年，埃德维在格罗斯特战役中被击败，被迫签订合约，将王国以泰晤士河为界一分为二，埃德维自己统治肯特和西塞克斯，而将北方领土交给了弟弟埃德加。959年，埃德维死后，埃德加统一了英格兰，届时王国大业已经稳定，埃德加的封号是"和平者（Edgar the Peaceful）"。他的主要功绩是将英格兰划分为郡，每郡设郡守，直接对国王负责，在郡下面设区，区下面是市，从郡、区到市有一套严密的司法系统维持治安，并建立规范的税收制度，原来的各个盎格鲁-撒克逊王国至此已经名存实亡了。

在诸侯分封体制方面，英格兰领先于欧洲大陆，避免了领主割据局面的出现。公元973年，埃德加在巴斯（Bath）举行了盛大的加冕典礼，从而奠定了日后英王加冕的先例，这次加冕标志着英格兰王国真正彻底的统一，成为一个高度集中的国家，而不是一群诸侯的松散联合体。同时英语开始发展成为英格兰的书面语言，英国文学也开始萌芽，英格兰民族和文化已基本成型。

因受到北欧海盗频频入侵的影响，古英语时期的文学艺术中心经历了由东北向西南发展的变迁。早期古英语文学作品是用诺森伯利亚方言创作的，由于斯堪的纳维亚人的侵略，英国的文化中心由诺森伯利亚南迁至默西亚，至公元9世纪，又进一步南迁至西塞克斯。古英语诗歌作品，通过西塞克斯抄写者的努力，才得以保存下来。在阿尔弗雷德大帝时期，古英语诗歌、散文有长足的发展，这些作品主要是用西撒克逊方言写成的。

古英语和现代英语迥异，无论在读音、拼写、语法和词汇上都有很大不同。

古英语的拼写与读音基本能够保持一致，不过当时没有什么拼写规则。古英语有七个单元音，三个双元音，单元音和双元音都有长音短音的区别（叶品娟，2009 (11): 113—114）。入侵不列颠岛的日耳曼部族主要是靠口语交流，没有成熟的书写体，后来不列颠人为了创作自己的文学作品而向爱尔兰僧侣学会了使用拉丁字母（田学军，2005 (2): 103—107）。

古英语语法和德语较相近，形态变化很复杂。古英语的名词有数和格的分别；数分为单数、复数；格分为主格、所有格、与格、宾格，一个名词共有8种变化形式。此外，名词还分阳性、中性和阴性。这些性的区分并不是以生理性别来判断的，例如妇女这个单词就是阳性名词。形容词的形态变化分为强、弱两种，它的数和格也共有8种变化。动词只有现在式和过去式两种时态变化，但根据不同人称有不同的变位，与之相比，现代英语仅现在时第三人称单数保留了 -s/-es 的变位。

古英语词汇与现代英语词汇有很大差异。古英语词汇大约有25000个到30000个，大多数古英语词汇都是西日耳曼语的固有词汇，因此有着浓厚的日耳曼语族的特点。这主要表现为复合法是重要的构词方法，复合词在古英语词汇中占有显著的重要地位。据统计，在史诗《贝奥武夫》（*Beowulf*）全部的3182行诗句中，竟有1069个复合词。有些复合词中不重读的部分，渐渐失去独立地位，而演变为词缀，如 for-, in-, -ful 等派生构词法在古英语中得到广泛使用。现代英语中共有24个名词后缀、15个形容词后缀，例如，-dom, -hood, -ship, -ness, -the, -ful, -ish 等词缀，都可溯源到古英语时期。但古英语词汇中也有一些从其他语言借来的词，凯尔特语、拉丁语、北欧语这三种语言对古代英语词汇产生了影响。原来居住在英国的凯尔特人的语言，只有极少数词进入英语词汇，主要是保存在英国地名里面的凯尔特词语。罗马帝国时期，罗马商人的影响力很大，罗马帝国解体后，罗马商人带给不列颠的拉丁语遗产仍然顽强地留存了下来，随着基督教传入英国，有更多的拉丁词汇进入古英语词汇。北欧海盗侵扰、定居不列颠,从而给古英语带来了许多北欧词汇,促使英语词汇不断扩大。

关于古英语的特点,张勇先教授在《英语发展史》(2014:43—46)一书中总结了十点:

(1)单词中的每个字母都发音,容易读出来(这一点与现代英语不同)。

(2)在单词的形态(拼写)和意义方面,古英语单词与相对应的现代英语单词有几种情况:相同或类似、形态相同但意义大相径庭、音形意全都不同。古英语原有的大约85%的单词被北欧语、拉丁语或法语取代。古英语保留下来的本民族词汇大多是单音节词,系现代英语最常用的基本词汇。

(3)含有古英语(日耳曼方言)成分的地名在英国中部和西南部依然常见。

(4)古英语单词的性、数、格繁复,类似现在的俄语语法或法语语法。

(5)古英语名词有三种非自然的性(即阴性、阳性和中性三种语法性别),修饰名词的冠词和形容词也要做出相应的调整,即名词的性、数、格不同,修饰这个名词的冠词和形容词也不同。

(6)古英语人称代词形式多变,其数量要比现代英语多得多。不但有主格、生格、与格和宾格的区别,还有阴性、阳性和中性的区别。古英语人称代词在数的方面也比现代英语复杂,比如,第一人称和第二人称均有单数、双数和复数的区别。

(7)古英语有两种时态,现在时和过去时,过去时的动词变化往往是不规则的。

(8)因外族入侵,古英语两次濒临灭绝的境地。古英语在求生存求发展的过程中,单词的屈折变化逐渐消失,句中词序逐渐形成主谓宾的固定模式。语法的简化和词序的固定使英语从一种综合性的语言变成了分析性的语言。

(9)与希腊语和拉丁语等古典语言相比,古英语是弱势语言。古英语对外来词的态度是来者不拒、不分内外、讲求实用,只要有用便予以接纳。

(10)古英语词汇比较简洁,但具有鲜明的民族特性,因而产生了强大的凝聚力和号召力。

盎格鲁-撒克逊英语诗歌主要有两种修辞方式:押头韵(alliteration)以及双字隐喻(kenning)。由诗歌头韵产生的许多短语一直保留至今,如全力地(might and main)、敌友(friend and foe)、出自喜爱而做的事(a labour of love)等。双字隐喻通常是由两个名词组成的复合名词，例如，"鲸路"(whale path)、"天鹅路"(swan road)、"海豹浴场"(seal bath)等都指大海；"天空的蜡烛"(sky's candle)和"天上的宝石"(heaven's jewel)都指太阳；"荣誉的挥动者"(glory's wielder)和"胜利的赐予者"(victory's bestower)指上帝；"古墓的守卫者"(barrow's guardian)和"夜晚的独飞者"(night's alone-flier)指恶龙；"战斗的闪光物"(battle-flasher)指刀剑等。

从罗马人撤离到诺曼人入侵这段时期之间，英国最重要的两部史料是阿尔弗雷德大帝组织集体编撰的《盎格鲁–撒克逊编年史》以及圣比德撰写的《英吉利教会史》，前者是用古英语写作的，后者是用拉丁文写作的。在英语语言文化史上，《盎格鲁–撒克逊编年史》地位更重要，它不仅记录了英国历史，还保存了古英语文本。《盎格鲁–撒克逊编年史》大约从9世纪后期开始编撰，一直到1154年结束编撰，目前流传下来的版本一共有9个，每个都不尽相同，其中7个版本收藏在大英图书馆，1个版本在牛津大学图书馆，1个版本在剑桥大学图书馆。

《盎格鲁–撒克逊编年史》主要是阿尔弗雷德大帝在位时期组织编写的编年史。从公元7世纪、8世纪起，盎格鲁–撒克逊各国已有人开始撰写编年史，但这些编年史都是地方性的，记载互有出入。阿尔弗雷德大帝统一英国后，需要有一部统一的历史记载，于是组织一批学者，把各地编年史加以校订增删，汇编成该部编年史。该编年史从公元前60年恺撒亲征不列颠写起，一直记载到公元891年，后来修道院修士续写到1154年英王斯蒂芬(Stephen of Blois)去世。不同版本记录的关于公元891年以前的内容基本相同，因为大都来自西塞克斯首都温切斯特藏本。公元891年后的内容就有很大出入，长短详略，各不相同。有的抄本在威廉征服英国后得到补充，例如坎特伯雷教堂就参与了增补工作。从书名看，《盎格鲁–撒克逊编年史》实际上应以5世纪中期，盎格鲁–撒克逊人来到不列颠开始记录，在此之前的材料都是转自其他史称有关本岛和欧洲大陆的事情。据该书记载，公元443年不列颠人派人跨过北海，邀请盎格鲁人前来协助抵抗皮克特人，此后朱特人、盎格鲁人、撒克逊人相继移居不列颠岛，建立了七个国家，形成"七国时代"。在此后的三四个世纪里，各国争雄，征战不已。到829年，西塞克斯国王埃格伯特(Egbert)征服默西亚，统一亨伯河以南之地。编年史称他为第八位"不列颠统治者",同时还列举了以前的七位国王,勾画出此前列国代兴、交替称霸的局面。编年史除记载王位继承及篡弑外,极少谈到列国的内政,更不涉及典章制度。然而在其字里行间,人们依然可以捕捉到某些有用信息。这部编年史用古英文写成,是优秀的古英语散文作品,有的地方还收入诗歌。这部编年史注重世俗历史,并较多地记录英国中部和南部的材料和口头传说。对于这部编年史,英国史学界自豪地称之为古英语史书的基础权威著作,一个西方国家以其自己的语言写成的第一部连贯的本国历史,一个西方国家以其自己的语言写成的散文著作。

大约950—1000年间,古英语诗人基涅武甫(Cynewulf)的四部手抄本诗集面世,几乎所有后世流传下来的所有古英语诗歌都收录在这四部手抄本中。

这一时期最著名的英雄史诗《贝奥武夫》(*Beowulf*),又译"贝奥武甫",完成于公元8世纪左右,讲述了斯堪的纳维亚的英雄贝奥武夫的英勇事迹。是迄今为止发现的英国盎格鲁-撒克逊时期最古老、最长的一部较完整的文学作品,也是欧洲最早的方言史诗,与法国的《罗兰之歌》、德国的《尼伯龙根之歌》并称为欧洲文学的三大英雄史诗。《贝奥武夫》的唯一手抄本是用公元10世纪古英语西撒克逊方言书写的,这个手抄本现保存于伦敦大英博物馆中。这部作品的作者已无从可考,可能是公元8世纪英国北部或中部一位基督教诗人,他把英雄传说、神话故事和历史事件三者结合起来,仿效古代罗马民族史诗《埃涅阿斯纪》(*Aeneid*),加上带有基督教观点的议论,写下了长达3182行的诗作。

这部英国最初的文学作品与许多国家的文学作品一样,不是书面的,而是口头的,靠口口相传保留下来。最初这类故事与传说都是由那些能说会道的人复述的,这些故事都是用歌唱的吟诵体裁来讲述的。那时的人们认为任何好故事,只有经过说唱或吟诵,才能更为动听。在早期撒克逊英国,游吟诗人吟诵表现人民英雄事迹的歌曲,每唱一次就对这些故事增饰一次,有的还把许多不同的故事编成一个长篇故事,通过口耳代代传递,最后才有写本。但写下来的只是其中一小部分,而保存下来的又是写本中的一小部分。

《贝奥武夫》取材于斯堪的纳维亚的历史和人物,这部史诗的神话成分也来自斯堪的纳维亚的民间传说:关于熊或蜜蜂与狼(Beo and Wulf / Bee and Wolf)的故事。这样一来,斯堪的纳维亚的历史事件和民间传说便结合起来,成为中世纪欧洲口头文学的重要传统。这个口头文学传统于公元6世纪中叶,由入侵不列颠岛的盎格鲁人带到岛上。随后，这个异教的口头文学传统又和基督教结合起来，最终被一位不知姓名的教会诗人用文字固定下来，这就是《贝奥武夫》史诗的创作过程。

　　这部英格兰的古典英雄史诗从发生的历史背景、地理位置、主要人物都与英国毫不相干。诗中的主人公贝奥武夫来自瑞典，在丹麦完成其英雄壮举。全诗分为两部分：第一部分讲述12年中，半人半魔的妖怪哥伦多（Grendel）每晚骚扰丹麦国王洛斯格（King Hrothgar）修建的宏伟宫殿，捉食洛斯格的士兵。此时恰逢瑞典南部济兹（Geats）王子贝奥武夫率家臣来访，欲帮助洛斯格国王除害。国王当晚设宴款待，妖怪哥伦多再次出现，捉食一名济兹战士，贝奥武夫与之格斗，扭断其臂，妖怪落荒而逃，因受重伤在回到栖身的洞穴后死去。第二天晚上，哥伦多的母亲前来为子复仇，贝奥武夫在一湖泊的洞穴中将其杀死。史诗第二部分描述贝奥武夫返回本国，被拥戴为王，统治国家五十年，举国大治。最后贝奥武夫以垂老之躯，杀死喷火巨龙，身受重创死去，史诗以贝奥武夫的葬礼结束。

　　虽然《贝奥武夫》取材于斯堪的纳维亚的历史和人物，但在《贝奥武夫》写作的时代，盎格鲁-撒克逊部落征服了古英国本土的凯尔特人，建立起了新的统治体系，《贝奥武夫》体现的是英国文化历史发展的轨迹，洋溢着浓烈的处在部落制晚期的盎格鲁-撒克逊民族的生活气息，传递的是极具英国特色的文化信号。盎格鲁-撒克逊民族克服了重重困难，最终在英国土地上定居，他们在享受胜利果实的同时，势必会对曾经的经历以及新的环境和生活做出思索。当时的自然条件和科学能力并不允许他们正确地解释广袤宇宙、浩瀚海洋、幽远森林里的神秘现象，这使得他们对周遭环境充满无限的想象，认为宇宙的神秘源于另一个世界的统治和安排，因此出现掌控着沼泽的妖怪，抑或守护着山洞里面财宝的喷火龙那样的角色也就不足为怪了。作为地球的主宰，人会期待掌控一切的权力，既然有了那么多的神怪，人们自然就会呼唤像贝奥武夫一样的英雄。德国著名剧作家莱辛说："一个有才能的作家，不管他选择哪种形式，只要不单单是为了炫耀自己的机智、学识而写作，他总是着眼于他的时代，着眼于他国家的最光辉、最优秀的人，并且着力描写为他们所喜欢，为他们所感动的事物。"《贝奥武夫》是盎格鲁-撒克逊时期人们集体智慧的结晶，代表的是那个时代的人们的喜好和愿望，具有鲜明的时代性，是记录盎格鲁-撒克逊时期英国人文风情的优秀画卷。

《贝奥武夫》是篇异教题材的故事，但绝不是一首只反映原始时代的诗篇。它是在基督教已传入英国后写定的，那时英国社会正在向封建社会过渡。因此，这首诗也反映7世纪、8世纪英国的社会生活与自然风貌，呈现出民间新旧生活方式的混合，兼有民族时期的英雄主义和封建时期的英雄理想，即前一时期的刚毅和后一时期的柔和相结合，前一时期的勇敢加上后一时期的美德，便更加高贵。《贝奥武夫》是封建主义黎明时期所复述的一个民族社会的故事，贝奥武夫这位英雄是一位民族的酋长，忘我无私，具有高度责任感。他虽然是部落贵族，但不脱离人民，体现了氏族社会瓦解时期部落人民的理想，体现了武士的品德。

史诗《贝奥武夫》反映了氏族部落社会的价值观念。对武士来说，最高的美德是忠诚和勇敢。忠于国王，也就是忠于集体。武士凭着勇敢来达到自我完善。虽然人们相信命运，但是勇敢的人也会从命运手里获得救赎。一个勇敢的战士，在最终被命运战胜以前，必须做出最英勇的事迹。这些事绩将使他永远活在后世人们的记忆里，这样他就获得了永生，成为永垂不朽的英雄。这些氏族部落社会的价值观念是异教的，非基督教的。另一方面，史诗《贝奥武夫》也是一部表现善恶斗争的基督教作品。哥伦多是该隐（Cain）的后代，他和水怪母亲代表邪恶。贝奥武夫战胜了他们，这就象征着善战胜了恶。火龙在教会的寓言里象撒旦（Satan）。贝奥武夫战胜了火龙，这也就象征着耶稣基督战胜了撒旦。在贝奥武夫身上的确也体现了救世主的精神。从这个角度看，古英语史诗《贝奥武夫》和17世纪约翰·弥尔顿（John Milton）的宗教史诗《失乐园》（*Paradise Lost*）似乎也有精神上的联系。

盎格鲁-撒克逊英语在其发展过程中受到许多语言的影响，尤其是拉丁语和法语，但德语对英语的影响却容易被忽视，盎格鲁-撒克逊人离开今天德国西岸地区，也标志着古英语与古德语分道扬镳，这两门同属西日耳曼语支的语言真的从此没有交集，只能渐行渐远吗？在探讨其他语言对英语的影响之前，有必要专门谈谈德语对英语的影响。

英语与德语的语法分离是世人皆知的故事，但英语不断从德语吸收新事物、新观点，从而大大丰富英语词汇的故事却容易被人遗忘。古英语属综合性语言，语法特点与现代德语很相似，名词、代词、动词、形容词均有复杂的词尾变化，然而英语在演变过程中慢慢摒弃了绝大部分词尾，变成了分析性语言，与德语走上了不同的道路。但是，鉴于德国和英国、美国历史上绵延不断的文化交流，英语能够不断从德语借鉴吸收新词汇，主要是科学技术词汇、哲学政治词汇、军事战争词汇以及日常生活词汇。

自中世纪以来，德国的科学技术一直比较发达，尤其是采矿业，许多矿物质是德国人首先发现的，因而也是由德国人首先命名的，英语中的许多矿物质的名称就是直接从德语借鉴的。例如：页岩（shale）、镍（nickel）、石英（quartz）、锌（zinc）等。德国科学家丹尼尔·加布里埃尔·华伦海特（Daniel Gabriel Fahrenheit, 1686—1736）发明了一套温标体系，因此以他的名字命名为华氏温度计量方法，英语用他的姓氏拼写为Fahrenheit。德国工程师鲁道夫·狄赛尔（Rudolf Diesel, 1858—1913）发明了柴油机，因此以他的名字命名该机器，英语拼写为diesel。

18世纪、19世纪德国古典哲学群星闪耀，大家辈出：康德的形而上学、黑格尔的唯心主义辩证法、马克思恩格斯的辩证唯物主义和历史唯物主义等，这些哲学大家的伟大思想催生了大量崭新的哲学政治名词，英语直接借鉴了这些词汇，例如：客观（objective）、主观（subjective）、超验（transcendental）、立场（standpoint）、世界观（world view）、剩余价值（surplus value）、阶级斗争（class struggle）等。

自19世纪末期，德国经济实力突飞猛进，尤其是在两次世界大战中，德国军事装备不断推陈出新，发明并命名了许多新武器、新做法，英语直接引进了这些词汇，例如：高射炮（flak）、装甲车（panzer）、闪电战（blitz）、黑市（black market）等。

论及德语对英语的影响，大量移居美国的德国移民功不可没，虽然最后他们大都放弃德语改说英语了，但他们给美国英语带来了许多脍炙人口的日常生活词汇，这些词汇也被英国英语接受了。1640年，德国人因追求宗教自由开始陆续移民北美新大陆，1670年移民规模扩大，19世纪移民达到高潮：19世纪中叶，德国先有土豆歉收引发的大饥荒，导致受灾农民背井离乡去美国，成为经济移民；接着1848年爆发了资产阶级民主革命，次年大批躲避迫害的德国城市居民远赴重洋去美国，成为政治移民。仅19世纪，就有近千万德国移民抵达美国，从而在美国形成了一个所谓的"德国带"（German Belt）：从东海岸的宾夕法尼亚州一直延伸到西海岸的俄勒冈州。据美国人口普查局（US Census Bureau）所做的《美国社会调查报告》(American Community Survey)统计,德裔美国人是美国最大的欧洲族裔,全球三分之一的德裔人口在美国,2014年德裔美国人高达4600万。德国移民给美国带去了幼儿园(kindergarten)、圣诞树(Christmas tree)、热狗(hotdog)、汉堡(hamburger)、淡啤酒(lager)、啤酒花园(beer garden)等,这些日常词汇慢慢变成英语不可分割的一部分。

第二章

英语与北欧语言：北欧语入侵

英语和北欧语言都同属于印欧语系日耳曼语族，英语来自西日耳曼语支，北欧语言来自北日耳曼语支，两者之间的亲缘性很近，能追溯到共同的原始日耳曼语。在英语形成的过程中，北欧语言是征服者的语言，是最早影响英语的强势外来语言之一，对英语的后续发展意义重大，尤其是在语法和词汇方面。探索英语语言丰富多彩的现象和原因，首先要讲古北欧语对英语的影响。

语法方面，英语和北欧语言是同根同源的语言，因此彼此都能轻易突破对方语言的防线，从而导致语言的融合与简化。受北欧语言的影响，英语的词性变化和词尾变化逐渐消失，例如，名词、代词、形容词，在数、性等方面的词形变化和复数词尾变化都趋于简化。这就是为什么北欧海盗入侵之前的古英语作品很难理解，而之后的作品则容易得多，主要是因为北欧海盗入侵是一个分水岭，在此之前的古英语语法与现代英语语法差别很大。动词短语是古北欧语的一大特征，现在英语动词短语丰富的表达性得益于对北欧语言的借鉴。

词汇方面，古英语与古北欧语这两个名字很容易使人误解，以为这是两种完全不同的语言，事实上这两种语言非常相似，尤其在词汇方面具有很大的共性，互通的词汇很多，例如，房屋（hus，即house）和土地（land）。由于这两种语言出现了地理上的阻隔，因此出现不同之处也是可以理解的。例如，古北欧语的定冠词在名词后面：house the，而古英语的定冠词在名词前面：the house。在英语方言中，仍能找到与北欧语言千丝万缕的联系，语言学家有理由认为，古英语与古北欧语的互动在北海两岸都在同时发生。后续来到不列颠的盎格鲁人会带来一些新的语言形式，而这种语言形式在欧陆家乡时可能已经深受北欧语言的影响。

（一）古英语与古北欧语

在英语语言发展的历史长河中，其语音、语法、词汇受其他语言影响很大。目前英语是世界通用语言，在国际交流中扮演着重要的角色，英语词汇总量已经超过了一百万，高于任何一种语言，这可归因于大量外来词进入英语词汇中。英语不断地吸收包括希腊语、拉丁语、基督教词汇、北欧语、法语等外来词，使自身词汇在获得丰富发展的同时，也吸收和接纳了异域文明。古北欧语是早期英语词汇的重要来源之一，在英语的发展过程中扮演了重要的角色。在特定的历史因素和社会环境作用下，古北欧语的传入使英语更具兼容并包的文化内涵。

北欧语属印欧语系日耳曼语族中的北支：北日耳曼语族，经历了原始北欧语（Proto-Norse）、古北欧语（Old Norse）和现代北欧语（Modern North Germanic Languages）三个阶段。公元8世纪时，原始北欧语开始向古北欧语发展，9—13世纪是古北欧语时期，14世纪开始进入现代北欧语时期，当代冰岛语、法罗语、挪威语、瑞典语、丹麦语等都属于现代北欧语言，其中后三种语言之间能相互理解。古北欧语分为三支：古西北欧语、古东北欧语、古哥得兰语（Old Gutnish or Old Gotlandic）。古西北欧语主要是指古冰岛语和古挪威语，其使用范围除了这两个地区，还包括爱尔兰、苏格兰、马恩岛、英格兰西北部、法国诺曼底等地。古东北欧语主要使用范围是丹麦、瑞典、基辅罗斯（Kievan Rus）、英格兰东部、丹麦在法国诺曼底的定居点。古哥得兰语主要使用范围是波罗的海的哥得兰岛（Gotland）及东部地区。11世纪时，古北欧语是欧洲的大语种，西起北美洲东海岸，东至伏尔加河流域的广袤地区都在讲古北欧语。古北欧语是屈折度比较高的语言，有不少名词和动词的屈折变化。

古北欧民族使用如尼文字（Rune），关于其最初的起源，目前尚无确切考证。公元前1—公元2世纪之间，史书上已有关于口述形式如尼文的最早记载，后来由于北欧和地中海地区的贸易往来，才促成了如尼文书面形式的出现。如尼文共分成三组，每组八个字母，每个字母都有各自的含义以及所代表的神话寓意。现行所知的如尼文系统主要有三支：古如尼文、新如尼文以及盎格鲁-撒克逊如尼文。

相传如尼文是北欧神话中众神之父奥汀（Odin）创立的。他用失去一只右眼的代价，才换取了参透如尼文的智慧，也就是智能之泉的智慧。据传当时奥汀为了寻求更高的智慧，而把自己吊在"生命之树"（Yggdrasill）上长达九日九夜，苦思冥想关于宇宙的奥秘。当他从树上下来的时候，就彻底领悟了如尼文。那时的如尼文是一种自然魔法系统，与季节和时令有关，崇尚大自然的力量与状态，并给人以启示和神谕。将对应的如尼文字母刻在战士的剑上，可以使勇士在战斗中更加强壮，并给敌人带来更大的痛苦和更多的死亡。魔法师会把如尼文字母铭刻在他们使用的工具上，并在字母上面撒上鲜血，以"激活"这些文字。

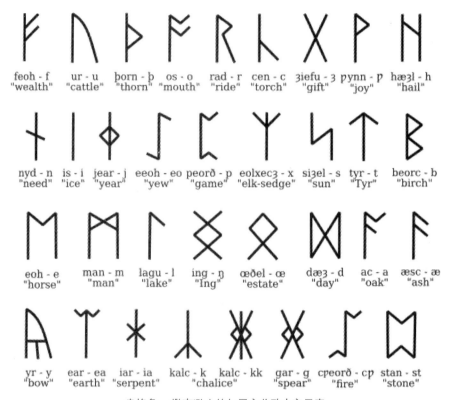

盎格鲁-撒克逊人的如尼文北欧古字母表

关于如尼文的词源，学界众说纷纭。如尼一词的意思是"神秘的"或"隐蔽的"，可以追溯到古斯堪的那维亚语中的"run"一词，意思是"秘密"；也可以追溯到哥特语中的"runa"一词，意思是"秘密的耳语"；还可以追溯到德语中的"Raunen"一词，意思是"密谈""切割"或"雕刻"，如尼文确实主要是切割或雕刻在石头、木块或骨头上。

如尼文除了可当作普通文字，应用于北欧日耳曼民族的字母中，还有神秘的占卜功能。可以将这些文字刻在兽皮、木片、石头、水晶、金属或是代表属于这些符号的宝石上面，做占卜之用。这些具有独特象征意义的如尼字母，体现了古北欧人的文化精髓，每一块如尼石上的符号都叙述了古老文字符号所蕴含的故事与奥义。

当然，在古时（甚至现在）如尼文不仅仅可以用来作为占卜，还可以用来追求渴望的结果。当人们心中有所渴求或希冀之时，就会从如尼字母中选出对应的字符写在纸上或者刻在木头、石块等上面，日夜携带。如果自己手书或篆刻的许愿用的如尼文发挥了作用，愿望和渴求实现了的时候，人们就会虔诚地、充满敬意地将它烧毁。人们认为感谢如尼文的帮助是应有的礼貌。用现代心理学的话来说，准备如尼手稿的仪式需要精神的集中与安静，它可能会使精神进入一个最佳

9世纪刻在瑞典石碑上的如尼文

运转和最高效益的过程。这样使用如尼文手稿,不是要预言或透视未来,而是要创造未来。

在某种程度上,如尼文与巫师的驱邪物和护身符性质相似,个人所携带的如尼字母可以保护自己免遭危险,或达到追求爱情和成功的目的。绑在一起的如尼字母叫作结合如尼,不同的如尼符文的组合,可以形成不同的祝福之语,人们像佩戴珠宝饰物一样戴着它们,目的是趋利避害,找到幸福和爱。

当古代斯堪的那维亚的海盗将如尼字母带出北欧时,如尼字母和基督教的象形文字共存了一段时间,但是后来基督教拒绝了这一混合物。另一方面,天主教会致力于消灭如尼文的使用,目的是摧毁异教徒的信仰体系,让异教徒改信天主教。

如今,人们客观回头考察北欧如尼文,禁不住会问:为何如尼文内涵会如此令人深思?或许它不仅代表了自然界的启示,也喻示了一种原生态的力量。比如,如尼符号随处可见,在建筑物、树丛中以及所有的曲线或直线之中,虽然它们没有一目了然的直观占卜意义,但是敏感的象征符号研究者,总会从中找到想要印证的特质——人类的洞察力、想象力、理解力以及如何开发人的无穷潜力。

目前发现的最早的如尼文字母刻片出现在公元8世纪,11世纪基督教在北欧普及后,拉丁字母逐渐取代了如尼文字母,最早发现的用拉丁文记录的如尼文本出现在12世纪中期,15世纪后如尼文基本退出流通领域,最晚发现的如尼文本出现在19世纪的瑞典。19世纪末,人们还期待在斯堪的那维亚偏远地区的教士们能够读、写或解释如尼字母。

在中世纪的欧洲,北欧是较晚采用拉丁语的地区,因此古北欧语是中世纪欧洲世俗文学作品的重要载体文字。目前发现的古北欧语文学作品主要来自冰岛,其中最著名的有北欧萨迦(Norse Saga)、冰岛萨迦、宫廷爱情、古典神话、旧约故事、语法典章、信函、政府公文等。

(二)北欧海盗入侵

公元8世纪末期至11世纪,来自北欧,尤其是丹麦和挪威的海盗和定居者频频骚扰英格兰。这一事件对英语的发展产生了重要影响。英格兰北部的北欧来客比南部多，因此北方受北欧语言影响更大，今天英国北方诸方言中依然能找到北欧语言的痕迹。英国历史上把那时候的丹麦人、挪威人、瑞典人统称为北方人（Norsemen），或译做北方来客，他们所说的语言称为古北欧语。英格兰书面记载中，早期入侵的北方人中最强大的是丹麦人，因此英国历史上用丹麦人（Danes）泛指北方人。也有用地名来指称人的，例如用斯堪的纳维亚人（Scandinavians）来指代北方人。

而这些北方人自己则倾向于用一个更加浪漫的名字维京人（Viking）自称，意即"居住在峡湾的人"。在古老的北欧语言中，维京这个词逐渐包含了两层意思：先是四处旅行，然后就是四处掠夺。难怪外族人认为维京这个词从诞生之时起就杀气腾腾，充满刀光剑影。维京人绝不是安分守己的良民，维京这一自称悍然宣告了他们的职业——海盗。

公元789年，维京人第一次登上有记载的历史舞台，《盎格鲁-撒克逊编年史》记录下了维京人在英国的身影：倒霉的英国税务官误认为维京人是商人，就

挪威奥斯陆维京海盗船博物馆（Viking Ship Museum）收藏的"科克斯塔德船"（The Gokstad Ship），大约建造于公元890年，是维京海盗势力最强盛时期的海盗船代表作，也是当今世界保存最完好的维京海盗船。

按惯例去征税，不想反被他们杀害了。这也是有关维京海盗的最早记录，而有关维京海盗的第二次记录就更让人瞠目结舌了。公元793年，英格兰的林第斯法恩（Lindisfarne）海岸突然出现了多艘龙首船，船上穿着毛皮大衣的维京人手持长矛、利剑和战斧，他们迅速登岸后就开始了疯狂的烧杀劫掠，把林第斯法恩修道院里的金银财宝洗劫一空，修道院的保卫者们竟然会因为宗教信仰而放弃战斗，于是有的修道士当场惨遭屠戮，有的被扔到海里，有的被掠走当奴隶。龙首船满载战利品扬帆远去时，他们身后留下了仍在熊熊燃烧的房舍和饱受蹂躏的当地人。公元794年，维京海盗故伎重演，袭击了伽罗（Jarrow）修道院，重演了林第斯法恩修道院的惨剧。这两个修道院都是不列颠的基督教圣地，维京海盗的袭击使不列颠的拉丁文明遭到了致命的打击。和更早前的盎格鲁人、撒克逊人一样，海盗迅速从武装入侵打劫升级为武力定居拓殖，很快占据了英格兰东部和北部的大片土地。

美国纽约摩根图书馆与博物馆（Morgan Library & Museum）收藏的《圣埃德蒙生活杂记》（Miscellany on the Life of St. Edmund），该书写于12世纪，这是书中描绘丹麦人入侵英格兰的插图。

这两场骇人听闻的洗劫宣告了一个新时代的到来。在之后的200多年里，疯狂的维京人的足迹遍布整个欧洲，甚至延伸到欧洲以外的世界。这些维京人总是突然从天而降、快速扫荡而去，令人猝不及防。一时间，谁也无法挡住他们掠夺的步伐，就连伟大的查理曼大帝（Charlemagne或Charles the Great）也束手无策。8世纪到12世纪的欧洲被后世称作"维京时代"（Viking Age），那是一个充满了血腥与掠夺的时代，也是维京人靠拳头和武器打天下的时代。穿着毛皮大衣的维京人与他们的龙首船谱写了一个传奇的时代。中世纪时的教会比较富有，还享有一定的特权，对于基督徒来说，教堂和修道院不仅神圣不可侵犯，还是人们走投无路时最后的避难所。可是对于维京人而言，教堂也好，修道院也好，都只是让人垂涎的肥肉而已。于是这些"遭天谴的异教徒"毫不留情地洗劫了教堂和修道院，所经之地皆是血与火的炼狱。当时欧洲的教堂里到处回荡着这样的祈祷声："上帝啊，保护我们逃过'北方来客'的侵袭吧！别让我们遇到他们的暴行。"

在北欧有一条不成文的规定，即长子才是家族的唯一继承人，非长子成人后必须离开家族，用拳头和武器去开拓自己的天地，这或许是维京人总在四处奔袭的原因吧。每个非长子都把让自己变得更强壮当成了第一要务，维京人比试马术、举重、划船、操帆和游泳，每年的部族大会就是北欧的奥林匹克。即便在漫长的寒冬里，他们也要摆上棋盘来厮杀几局，把战场上的攻守技巧融入下棋中。维京人并非只是头脑简单的武夫，这些所谓"粗笨"的维京人其实相当的心灵手巧，不仅擅长制造武器和工具，还擅长制造一些工艺复杂的珠宝。以胸针为例，他们通常会用白蜡制成胚，随后用白银或青铜浇铸成型，经

首任法国诺曼底公爵罗勒塑像，位于法国法莱斯市政广场（Falaise Town Square）。

手工打磨后再镶嵌上漂亮的彩石或珠宝。按说凭借这门好手艺,他们完全够资格成为珠宝商人,但与市侩的珠宝匠人相比,他们更喜欢做一个用剑说话的维京人。

随着基督教在欧洲大陆的推广,维京人在金钱和刀剑的利诱威逼下逐渐改变了信仰。他们放弃了乘坐龙首船四处劫掠的生活,漂泊不定的维京人从此在各地定居下来。维京人的营生原本是杀人掠货、绑肉票、求赎金,周而复始,没完没了,9世纪时他们已经常入侵法国北部,并在塞纳河下游定居。公元845年,一支维京海盗舰队沿塞纳河逆流而上,围攻巴黎,公元911年,不堪其扰的西法兰克王国国王查理三世(Charles III)终于选择了"割地求和",用一块封地向维京人"购买"和平。这块封地就是后世著名的诺曼底,而维京人首领罗

卡纽特大帝(Cnut the Great, 995—1035)携第一任王后给温切斯特海德修道院(Hyde Abbey in Winchester)敬献黄金十字架,天使在给卡纽特加冕。

勒(Rollo, 846—930)也因此成了首位"诺曼底公爵"(Duc de Normandie / Duke of Normandy)。作为交换,罗勒和他的手下放弃了原有的信仰,改信基督教,实行法国封建制度,使用法语,诺曼底公国也就成为法兰西文化区的一个组成部分。历史证明法国国王的这笔买卖做得并不亏,此后诺曼底除了原有物产外,又多了一

样特产——卓越的"Berserker",即"狂暴战士"。征服英国的威廉一世(William I,亦称William the Conqueror)、夺取西西里的罗伯特·圭斯卡家族(Robert Guiscard)、建立耶路撒冷十字军王国的鲍特温一世(Baldwin I)等,无一不是在诺曼底这块土地上成长起来的维京人的后代。与此同时,来到俄罗斯、法国和不列颠等地的维京人也被当地文化同化,不再是传统意义上的维京人了。而在维京人的大本营斯堪的那维亚,正好是从部落时代进化为王国时代的关键时刻,各部落首领,即新晋的国王们,正在为统治各自的王国而奔忙,再也顾不上出海打家劫舍了。当一个人的信仰被改变时,行为准则也随之发生了变化,维京人坐着龙首船四处劫掠的日子一去不复返。曾经遍布欧洲的维京海盗"消失"了,让欧洲人战栗的维京时代彻底结束了。有意思的是,虽然来自维京人的威胁消失了,因它而发展起来的欧洲尚武文化却不但没消失还更加发扬光大。之后,这种尚武文化在十字军东征中发挥得淋漓尽致。

公元8—11世纪,与当时其他欧洲国家一样,不列颠也遭到了北欧海盗的践踏与蹂躏。在入侵英国的北欧海盗中,尤以丹麦海盗最多。丹麦人在9世纪时攻占英格兰东部,建立了丹麦区,并袭击和占领了包括伦敦在内的许多重要地区和城镇。在此要详细讲述的是丹麦王子卡纽特(Cnut, 995—1035)。他1016年成为英格兰国王,1018年成为丹麦国王,1028年成为挪威国王,他统治的这三个国家史称北海帝国(North Sea Empire),他自己则被称为"卡纽特大帝"(Cnut the Great)。

1013年,卡纽特的父亲、丹麦国王斯韦恩一世(Sweyn Forkbeard)在英格兰建立了丹麦王朝,这是第一个登上英国王位的丹麦人,标志着几个世纪以来北欧海盗对英格兰的侵袭终于以体制化统治达到高潮。但他还未坐稳英格兰王位,就在第二年不幸堕马身亡,他的长子哈拉尔二世(Harald II)继承了丹麦王位,次子卡纽特王子则继承了英格兰王位。但英格兰当地贵族并不认可卡纽特,而是把流亡诺曼底的前英格兰王室后裔迎回国内,并起兵反抗,卡纽特措手不及退回丹麦。不过他很快便卷土重来,英格兰再次面临两国分治局面。1016年秋,卡纽特彻底打败了反抗的英国贵族势力,成为"全英格兰的国王"(King of all England)。1017年,他把英格兰诸王国重新分成了四个伯爵国,分别是西塞克斯伯爵国、默西亚伯爵国、东盎格利亚伯爵国和诺森伯利亚伯爵国。卡纽特刚登上英格兰王位时,密切关注在诺曼底公国避难的前英格兰国王后裔,埃塞尔雷德二世(Æthelred II)

的两个儿子。同为维京海盗，卡纽特深知诺曼底人的厉害，于是他采取了一个不同寻常的举动，在1017年迎娶了埃塞雷德二世的遗孀——诺曼底的爱玛（Emma of Normandy，首任诺曼底公爵的女儿，时任诺曼底公爵的妹妹），如此一来，一是与强悍的诺曼同宗结亲，二是前英格兰王子成了他的继子，失去了造反的理由。

1018年，卡纽特的哥哥丹麦国王哈拉尔二世（Harald II）死后无子，卡纽特又成为丹麦国王，并将丹麦和英格兰的行政机构合并，他抽取了大量英国赋税后，返回丹麦继承王位。1020年，他将撒克逊习惯法纳入其编制的法典之中。1028年，卡纽特征服了挪威，迫使苏格兰臣服，建立起了一个包括英格兰、丹麦、挪威、苏格兰大部分地区以及瑞典南部的帝国，几乎囊括了整个北海海岸，史称"北海帝国"，他自己当然也就成了"卡纽特大帝"。卡纽特还将女儿贡希尔达（Gunhilda of Denmark）嫁给了神圣罗马帝国皇帝康拉德二世（Konrad II）的儿子亨利，亨利也子承父业当上了神圣罗马帝国皇帝，即日后的亨利三世（Heinrich III），卡纽特的北海帝国在欧洲可谓盛极一时。

关于卡纽特有一个很著名的典故。当北海帝国诸事安定，富足强盛之后，宫廷中的逢迎拍马之风也逐渐滋生，卡纽特对此十分不满。当众人再次献媚，说天地万物都服从于卡纽特大帝，在大帝面前，就连海洋都要心生畏惧的时候，他终于忍无可忍发飙了。卡纽特领着大臣们来到海边，当众命令海水不得淹没他的靴子，海水当然不会服从这项命令，拍马屁的大臣们无不灰头土脸。当代历史学家诺曼·坎托（Norman Cantor）认为，卡纽特是盎格鲁-撒克逊历史上最高效的国王。

然而雄才大略的卡纽特离世10年之内，其继位者也相继去世。1042年，丹麦王室绝嗣后，英格兰人才迎回了自己的国王"忏悔者爱德华"（Edward the Confessor），但好景不长，1066年诺曼人征服了英格兰，卡纽特担心的诺曼威胁终成事实。虽然其北海帝国不过是昙花一现，但北欧文化对英国文化的影响却长存下来，今天在英语中还能寻到北欧语的痕迹。

（三）古英语的统一

语言是民族政治诉求的重要内容，在民族主义运动中起着对内唤醒民族意识,凝聚民族向心力,对外区别于他国的重要功能。语言是表情达意的工具,是思维的载体,对于塑造民族的共通意识和集体思维具有重要作用。同时,语言能够阐释和表达特定群体的文化,是人类创造性的体现,是文化群体身份建构不可或缺的要素。语言是身份认同的标志,是区分不同民族与文化的手段,在民族组成的诸要素中,宗教和语言居于核心地位。语言是外化的表情达意的工具,其民族属性历史最为悠久,民族国家的形成离不开民族语言的凝聚,英语在英吉利民族国家的形成中发挥了巨大作用。盎格鲁-撒克逊诸方言逐渐统一为以西撒克逊方言为主的古英语,则标志着英语在统一的过程中迈出了关键性的一步,古英语的统一离不开与古北欧语的他者视角的对比。

早期日耳曼拓殖者来到不列颠岛,以家族或者部落为单位定居下来,这体现了他们在欧洲大陆上复杂的族群来源,而这些单位最终也形成了独具特色的王国,史称"七国时代"。这并非七个疆域分明的盎格鲁-撒克逊王国,国境线不断变动,一个政权可能侵略另一个政权,如果被征服的王国得以保存其身份,而后又会重以古老的名字复现。6世纪末期,不列颠岛上总共有十二个王国,后来兼并为七个,8世纪末维京人入侵,把七国合并为四国:诺森伯利亚、默西亚、东盎格利亚和西塞克斯。

早在英格兰实现政治统一之前,英吉利民族中就已经有了"霸权"观念,这一观念在7世纪早期已经出现苗头,到8世纪早期已相当明显,专指英吉利走马灯式地变换霸主。《盎格鲁-撒克逊编年史》用一个专门的单词来指代这位霸主:"不列颠瓦尔达"(bretwalda),这个词可能是古英语单词"不列颠统治者"(Brytenwalda)笔误而产生的变体,"不列颠瓦尔达"就是一个可向英吉利其他君主行使宗主权的最高统治者。

而这些英吉利君主彼此之间并没有将对方视为外国人,他们热衷于攀亲认祖,展示长长的族谱,通过各支盎格鲁-撒克逊国王世系一路追溯到古英吉利神——都诺(Donar)和沃坦(Wotan)。在皈依基督教后,他们又成功地搭上了更显赫的一系,从都诺和沃坦发展到亚当。显示血缘联系的目的,在于强调这一庞大的族系是他们彼此都承认的大家庭,大家都是自己人,这里显然不包括邻居爱尔兰、威尔士、法兰克和丹麦的部落首领。

英国国家的概念尚未形成之前就已经有英吉利民族的观念了:"安格利"

（Anglii）是拉丁文的书面语，"盎格鲁民族"是本地化的说法，不管哪一种说法，都是通过语言来识别的，相比而言，意大利和德国要等到一千多年后，才通过语言和身份意识吹响统一政治体制的前奏。

在德国，普鲁士主导了统一进程，在意大利，皮埃蒙特（Piemonte）完成了统一，而在早于这两国一千多年前的英格兰，担此重任的是西塞克斯王国。西塞克斯可谓后来居上，在盎格鲁–撒克逊王国中最早崛起的是诺森伯利亚王国，该国占据了今天英格兰的东北部地区，其势力在7世纪达到顶峰，默西亚据守西米德兰地区（West Midlands），称霸于8世纪。在这两个王国均因维京人的掠夺而遭削弱后，他们的邻居西塞克斯王国才在南部称雄并最终统一了讲英语的民族。

8世纪到9世纪的激进派在定义一个民族的地位时，往往会采用语言这一标准，尽管他们承认语言并非永远都是唯一的判定标准，单一的民族为维持强烈的爱国主义热情，可能会使用好几种语言，比如瑞士就是这样的例子。相反，几个不同的民族也可能在同一个语言共同体内共存，比如都说塞尔维亚–克罗地亚语（Serbo-Croatian）的若干民族。总之语言是最常用的标准，因为语言是一个清晰的界碑，民族国家依靠语言维系国民意识。大多数民族运动，不管是否鼓动起一个民族建立一个单一国家或者是从别的国家中独立出来，事实上总是借助于一个"外国身份"的反面衬托才更加突显出来的，对意大利人来说，奥地利人就是外国身份，对德国人而言，那就是法国人。9世纪的英吉利人也不例外，他们眼里的外国人正是那个年代令全欧洲闻风丧胆、恨之入骨的维京人。

我们不难设想，最初的英吉利拓殖者——盎格鲁人、撒克逊人和朱特人——有着相似的血缘，讲属于同一语系的不同方言，遵循共同的风俗。但是300年独立发展的历史把他们塑造成了与北海另一边的日耳曼民族不一样的人，盎格鲁–撒克逊人转向基督教，而丹麦人则继续停留在异教中，两个民族使用相近的语言，但不能够通过普通的对话彼此理解，简单地说，一种异质感使英吉利人清楚地意识到自己人所共同拥有的特质是什么。

北欧海盗一点一点地蚕食鲸吞征服了盎格鲁–撒克逊王国，他们吞并了东盎格利亚，在诺森伯利亚建立了一个傀儡政权推行统治，兼并了半个默西亚，留下另一半与西塞克斯共治。他们得寸进尺又开始觊觎西塞克斯，但最终被唯一一位拥有"大帝"名号的阿尔弗雷德国王击败，阿尔弗雷德是一个有信仰有思想的人，一心想把他的王国建成求知者心中的圣地。在他执政早年，阿尔弗雷德有一次为躲避丹麦人的追击，败逃至萨默塞特郡（Somerset）的一处沼泽地，按照后来的编年史的记载，养猪人的妻子没有认出他显赫的身份，叮嘱他一定要留神照看好烤饼，但是心系国事的他却把饼烤煳了，愤怒的农妇因此厉声责骂他。当然，这个故事是杜撰的，没有杜撰的是，从那以后，阿尔弗雷德扭转了战局，击退了丹麦人的进攻。

英格兰的统一并非一帆风顺，阿尔弗雷德开疆拓土的成果由他的后辈巩固。他的孙子阿瑟斯坦（Æthelstan）打造了领土大致相当于现代英格兰的王国，但是盎格鲁-撒克逊和丹麦国王之间的战争一直延续到诺曼征服时期，英格兰作为一个民族国家的诞生在阿尔弗雷德战争时便已奠定了基础。

语言史学界热议的话题之一是：在北欧海盗建立的"丹麦区"内，古英语与古北欧语是否能彼此沟通（mutually intelligible）？如果不能沟通，是否能说明这是两门明显不同的语言呢？然而能否沟通并不是一个可靠的标准，20世纪初期，英格兰北部的矿工和南部的渔民沟通也会有障碍，但并不能据此认为他们讲的是不同的语言。能否沟通也不是一个客观的标准，谁能理解谁的语言才是能沟通呢？英格兰人与丹麦人接触越多，就越能理解丹麦语言，约克人就比温切斯特人觉得丹麦语好懂。

古英语和古北欧语其实没有太多可比性。今天学界谈起古英语，主要是指北欧海盗入侵英国后西塞克斯王国的官方语言，而北欧语则是指13世纪冰岛创作的系列萨迦文本。现在，今人欲通过比较西撒克逊书面语与古冰岛语作品，来试图了解9世纪时期"丹麦区"英国人与丹麦人之间的口头交流是否有困难，这显然是不现实的，并且很可能夸大这两种语言之间的差别。

北欧海盗的入侵，摧毁了默西亚王国、诺森伯利亚王国及其文学传统。阿尔弗雷德大帝感叹英格兰北方，即亨伯河（River Humber）以北，文明的衰落很可能是他个人的主观臆断。法国宫廷文学艺术的复兴给他留下深刻印象，也希望自己的宫廷能够复兴英国文学艺术，毕竟只有他的西塞克斯王国受到北欧海盗的骚扰最少，因而成为盎格鲁-撒克逊文化的避难所，也是英语复兴的唯一希望。10世纪时，西撒克逊方言毫无悬念地成为英语的主流方言。

10世纪中期开始，西塞克斯诸王开始自信地自称为英格兰国王（King of

England),而在此之前只能称作盎格鲁-撒克逊国王(Anglo-Saxon King)。同期,英格兰(England)这个概念和名词开始形成,意味着政治概念取代了民族概念,阿尔弗雷德大帝的重孙、西塞克斯国王埃德加(Edgar)是第一个在钱币上印上"英格兰人之王埃德加"(Edgar, the King of the English)字样的国王。

统一的国家需要统一的语言。盎格鲁-撒克逊语并非单一的语言,而是3—4种有明显区别的方言。作为一个崭新的民族国家,英格兰需要一门官方书面语言,西撒克逊方言自然成为官方书写的标准,后世称之为西撒克逊后期语言(Late West Saxon)。这也是一个政治概念,西塞克斯王国内部许多被统治阶级压根就对该语言没有认同感。在法国诺曼征服之前,英格兰各地都有书面文本保留下来,其中绝大部分都是公元900年后在西塞克斯王国写成的,这些文本不少原本是用其他方言书写,然后由西撒克逊方言转载。西撒克逊方言是官方记录的语言,《盎格鲁-撒克逊编年史》就是用该语言写成的。西撒克逊方言还是文学的语言,《贝奥武夫》和《十字架之梦》(The Dream of the Rood)都是用该语言写成的。目前,英国大学教授的古英语也主要是西撒克逊方言,目的是让学生能够读懂这一时期的古英语作品。

作为官方语言,西撒克逊方言与其口语逐渐拉开距离,最后成为一门丧失口头交流价值的古体语言,好似一枚跌入时光隧道里的琥珀,停止进化,完好地保留了该语言赢得独尊地位时期的特征。西撒克逊方言生命力顽强,北欧海盗入侵没有消灭它,甚至在诺曼征服后也保存下来了。西撒克逊方言的衰落,与外在侵略无关,却与内在权力和权威的丧失有关,西撒克逊方言的中心是西塞克斯首都温切斯特,当英格兰的首都由温切斯特迁到伦敦后,带卷舌音的西撒克逊方言不可避免地衰落了,进而失去了官方语言的荣耀,沦为英格兰西南部的乡村方言。

古北欧语是一面镜子,映照出了古英语的统一需求和统一特质,促进了英语的发展,对英吉利民族国家的形成功不可没。

(四)北欧语对英语的影响

北欧语对英语的影响,离不开北欧海盗对英格兰的入侵。8世纪开始,北欧海盗就频频光顾英国海岸，掠夺战利品后就返回北欧家乡。9世纪时，北欧海盗开始改变策略，不满足于掠夺战利品，而是想掠夺土地，放弃漂洋过海的不稳定生活，转而拿起农具，犁田为生。北欧海盗在英国定居下来有两个事件对北欧语和英语的影响较大，一个是历时近百年的"丹麦区"的设立，另一个是近30年的丹麦国王兼任英格兰国王的时期。

865—954年间，北欧海盗建立"丹麦区"，开始在英国定居。865年，盎格鲁-撒克逊人所称的"异教军"（Great Heathen Army）大举入侵英格兰，这次不再是掠夺后离开，而是想彻底征服英格兰四国：东盎格利亚、诺森伯利亚、默西亚、西塞克斯，并定居不列颠。异教军最终得逞，占领了英格兰北部和东部的大片土地，基本消灭了东盎格利亚、诺森伯利亚、默西亚，只剩下西塞克斯还在和北欧入侵者战斗。878年，西塞克斯国王阿尔弗雷德打败丹麦军阀古斯鲁姆（Guthrum），双方开始坐下来谈判，商谈签订系列条约。879年，阿尔弗雷德大帝被迫承认英格兰东北部归丹麦管辖，用丹麦法律治理，史称为"丹麦区"（Danelaw）。886年，双方正式签订条约——卫德莫条约（Treaty of Wedmore），明确了双方边界，承诺和平相处，丹麦人统治区包含14个郡，丹麦区实行丹麦法，盎格鲁-撒克逊的法律不再有效。10世纪早期，西塞克斯国王爱德华（Edward the Elder）收回大部分失地，954年，丹麦治下最后的诺森伯利亚和约克也被收复。

1013—1042年间，是丹麦王冠和英国王冠合二为一的时代。1013年，卡纽特大帝的父亲、丹麦国王斯温一世（Sweyn Forkbeard）成为英格兰国王，开启了丹麦和英国共治的时期，尤其是在卡纽特大帝在位期间，两国之间的制度性联系更加紧密，英格兰成为"北海帝国"的一个组成部分。

以上两个事件，不仅意味着两个民族、两个国家的军事政治经济版图的变迁，同时也代表着两门语言、两种文化的水乳交融。虽然古英语是大多数民众的语言，但因为丹麦人是胜利者、征服者，其北欧语的地位也非常高。古英语和古北欧语同属日耳曼语族，前者属西日耳曼语支，后者属北日耳曼语支，许多词汇同宗同源，但语法差异较大。北欧海盗定居"丹麦区"后，当地许多地名用北欧语命名，这显示北欧人可能是开疆拓土的先驱，去到了盎格鲁-撒克逊人未曾涉足的地方。878年，"丹麦区"的北欧人皈依基督教，消除了盎格鲁-撒克逊人与丹麦人通婚的障碍，两门语言、两种文化之间的交流融合更加紧密了。11世纪上半叶，卡纽特大帝时期，帝国的书面语是源于英格兰西部的西撒克逊英语方言，而通用口语则是深受北欧语影响的英格兰中部地区英语方言。总之，在这个古英语和古北欧语双语并行的时代，两种语言之间交流借鉴的机会很多。诺曼征服后，古北欧语的重要性大大下降，沦为少数族裔语言，其地位甚至在英语之下。语言的演变，语言的消亡是不可抗拒的规律，英格兰的古北欧语慢慢消失在英语的洪流中。

从公元8世纪开始，随着北欧海盗的日渐强盛，英国遭到来自斯堪的那维亚人的侵袭，其中尤以丹麦人为甚。到9世纪末，入侵者占据了整个英国的东半部，那时候丹麦人（当时英国把北欧人统称为丹麦人）已在大不列颠岛上建立了大片居留地。因此，8世纪后期到12世纪，英国人民就与来自丹麦和挪威的入侵者和移民有了更深层次的接触。这种接触从不同方面对英语产生了深远的影响。北欧人在入侵并定居英国的同时，也把他们的语言——北欧语带入了英国。在长期的定居过程中，北欧人与当地人在政治、经济、文化、民俗传统等诸多层面不断融合，为语言的变化提供了社会背景。英国文化在吸收接纳北欧文化时，并非简单地全盘接受，而是有意识地加以取舍，并融入自己的再创造，如借鉴北欧语言中的一些语素，进而形成一种具有北欧语特征的古英语特征，这在语法、词汇、地名人名这三个层面都有所体现。

虽说古北欧语和古英语是两种语言，但双方自说自话大概也能交流，显示这两种语言之间存在许多相似之处。古英语与古北欧语是联系较紧密的语言，两者读音有共通之处，在语法方面都是屈折度较高的语言，在词汇方面的相似度也很高。出现这种情况的原因有两点：首先是这两门语言都可以追溯到共通的原始日耳曼母语（Proto-Germanic）；其次是在北欧海盗入侵定居英国期间，带来了两种语言的融合，尤其是大量的古北欧语词汇从此进入了古英语词汇。

语法方面，北欧语对英语产生了很大影响，加速了古英语曲折词形的简化过程，促进了古英语语法的改变，即从依靠词尾变化向使用介词的方向发展，并使词序变化更为自由。古英语名词的性、数、格进一步简化，名词复数形式大都用-s表示。不规则动词的过去式开始向规则动词的过去式转变。英语中有许多动词短语，而这也是借鉴古北欧语的结果。当然，有学者认为动词短语不仅仅是北欧语特有的现象，凯尔特语也具备这一特征，因此英语中出现大量动词短语这一现象，可能是受到诸多语言的复合影响的结果，而很难判定具体哪种语言影响有多大。

地名人名方面，北欧语也给英语留下了独特遗产。英格兰东部和东北部的大量地名都有丹麦语的痕迹，据不完全统计有1500个北欧化的地名，主要集中在约克郡和林肯郡。例如，以典型的丹麦语"-by"（相当于town，意思是城镇）结尾的英语地名就超过700个，例如：德比（Derby）、格林斯比（Grimsby）、惠特比（Whitby）、拉格比（Rugby）等。以"-thorpe"（相当于village，意思是村庄）结尾的英语地名也很多，指远离城市的聚居区或村庄，例如：斯肯索普（Scunthorpe）等。在人名后面加上儿子一词（-son），表示父子关系，也是构成新人名的途径，而这也是典型的北欧风格的人名姓氏，例如：杰克逊（Jackson）、约翰逊（Johnson）、迪克逊（Dickson）、安德逊（Anderson）等。

词汇方面，随着大批北欧海盗侵略、武力定居不列颠，斯堪的纳维亚语词汇如同潮水般涌入了英格兰。英语中，来自北欧语的借词数量上仅次于来自法语和拉丁语的借词，但因为这些北欧语借词比法语和拉丁语更早进入英语，且是日常生活用语的一部分，使用频率高，是现代英语的核心词汇，因此对英语影响很大。如anger, cake, cut, get, ill, knife, sky, odd, happy, law等常用英语词汇其实都来源于北欧语，这些单词字母很少，通常只有3—5个。

古英语书面记录中保留下来的古北欧语词汇有接近150个，主要是"丹麦区"和卡纽特大帝时期流传下来的涉及政治、管理类的词汇。这150个词汇显然不能反映两种语言数百年交融的真相，之所以只有为数不多的古北欧语单词进入古英语，主要是因为流传下来的古英语书面文本是在西塞克斯王国写成的，而该王国是唯一独立于丹麦人势力的国家。诺曼征服后，出现了大量以中古英语写成的文本，在这些文本中可以找到更多的古北欧语词汇，正是在此基础上，学界认为英语从古北欧语借入的词汇一度高达2000多个，当今现代英语保留下来的古北欧语词汇就有400多个（Geipel, John. 1971: 69—70）。以下是部分来自古北欧语的英语单词：

名词：anger (angr), bag (baggi), bait (bæit, bæita, bæiti), band (band), bark (bǫrkR), birth (byrðr), dirt (drit), dregs (dræggiaR), egg (ægg), fellow (félagi), gap (gap), husband (húsbóndi), cake (kaka), keel (kiǫlR), kid (kið), knife (knífR), law (lǫg), leg (læggR), link (hlænkR), loan (lán), race (rǫs), root (rót), sale (sala), scrap (skrap), seat (sæti), sister (systir), skill (skial / skil), skin (skinn), skirt (skyrta), sky (ský), slaughter (slátr), snare (snara), steak (stæik), thrift (þrift), tidings (tíðindi), trust (traust), window (vindauga), wing (væ(i)ngʀ)等。

动词：are (er, 取代了古英语的"sind"), blend (blanda), call (kalla), cast (kasta), clip (klippa), crawl (krafla), cut (可能来自古北欧语kuta), die (døyia), gasp (gæispa), get (geta), give (gifa / gefa, 同时与古英语词"giefan"同源), glitter (glitra), hit (hitta), lift (lyfta), raise (ræisa), ransack (rannsaka), rid (ryðia), run (rinna, 同时与古英语词"rinnan"同源), scare (skirra), scrape (skrapa), seem (søma), sprint (sprinta), take (taka), thrive (þrífa(s)), thrust (þrysta), want (vanta)等。

形容词：flat (flatr), happy (happ), ill (illr), likely (líklígʀ), loose (lauss), low (lágʀ), meek (miúkʀ), odd (odda), rotten (rotinn / rutinn), scant (skamt), sly (sløgʀ), weak (væikʀ), wrong (vrangʀ), same (sami)等。

副词：thwart / athwart (þvert)

介词：till (til), fro (frá)

连词：though / tho (þó)

感叹词：hail (hæill), wassail (ves hæill)

人称代词：they (þæiʀ), their (þæiʀa), them (þæim, 古英语用híe, hiera, him表示)。

作为文化的外壳，语言的变体必然会带来文化的变化，海盗文化在英国得到了大力张扬，海盗身上所具备的敢于冒险、勇于开拓的精神唤醒了英国人隐藏在心中的扩张欲，其海外冒险和海外扩张的野心从此一发不可收拾。英国统治者曾宣称："海洋是开放的，从这个意义上讲，没有一个民族可以排斥别国在海洋上的任何可延伸区域的拓展。"在巨额利润的驱使下，英国政府及其上层统治阶级大力扶持，甚至直接参与海盗的掠夺活动中，这一情况在伊丽莎白一世统治时期尤甚。英国艺术家也不断创造各种海盗题材的作品来满足读者对海盗这一特殊群体的猎奇心理，海盗的形象频频出现在英国的诗歌、小说、戏剧和舞蹈之中。这些作品中，通常把海盗的形象无限浪漫化，美化海盗的掠夺活动，海盗也不再是凶恶狡诈的反面人物，而是化身成了敢爱敢恨、叱咤风云的海洋勇士，成为人人赞颂的民族英雄。

第三章

英语与法语：征服、逆袭与争霸

英法两国隔海峡相望，毗邻的地理位置天然地使两国的历史、文化、经济、政治盘错交结、水乳交融、你中有我、我中有你。频繁的交往中，作为交际媒介和文化载体的语言必然会留下鲜明的烙印，英语、法语的语言发展史和历史进程就这样巧妙地重叠了。

英语和法语虽同属印欧语系，但分属不同的语族：法语属印欧语系的罗曼语族（Romance），即拉丁语族，它实际上由拉丁语演化而来，而英语则属印欧语系的日耳曼语族，起源于盎格鲁-撒克逊语。虽然英语、法语属于不同的语族，但影响英语最大的语言却是法语，而不是其他的日耳曼语族语言。英语是一门非常开放的语言，在形成和发展过程中通过大量吸收外来语，不断丰富和完善自己，可以说世界上没有哪一门语言像英语这样包容。在英语吸收的众多外来语中，法语占据了最重要的地位。英语深受法语影响，起初是由于法国对英国的入侵，但如果仅仅是军事上的优势，不足以形成这种纵深的语言融合，更不足以使这些法语元素在英语中传承下去，而不是泯灭于英语发展的历史长河之中。因此，其中必然有更深层次的原因。除了语言的表层现象，任何一个民族的语言都包含且表达了本民族的文化内容及特点。当一种语言接触另一种语言时，自然也会接触到它的文化内容，如果文化内容足够先进便会被学习、保留，而语言作为文化的载体，其要素也才能真正被另外一种语言所吸收且传承下去。

发达的文明往往会引发相对落后文明的崇拜及效仿，而语言作为文明的传递和表达方式也就成为学习和传播的首要对象。今天英美文明的强盛，引发了英语在世界范围内的广泛传播，而近代法兰西文明的灿烂成果——法国哲学、艺术和文学的成就，使当时整个欧洲都拜倒在法国文明脚下，被"法兰西岛"的语言所吸引。正是在这样一种氛围中，英国感受到了学习法国文化的必要，英语欣然接纳了大量的法语元素。

11世纪末，法语已经是发展成熟的文学语言，享誉欧洲，是当时欧洲方言中最重要的语言，其重要性甚至可以与拉丁语相提并论。13世纪初，法兰西走向强盛，其经济、法律、教育和文艺蓬勃发展，展现了自罗马人以来史无前例的繁荣昌盛局面：手工业迅猛发展；农奴制度彻底消失；知识勃兴，巴黎、奥尔良等地相继出现一批著名大学；"经院哲学"兴起；哥特式建筑与雕刻日臻完美；文学成就熠熠生辉，以英雄史诗为代表的中世纪法国文学则对后世法国及欧洲文学产生了不容小觑的影响，并赋予了法语无穷的魅力，这些都推动了法语的对外传播。法兰西荣登基督教文明的新巅峰。

特别值得一提的是法国大学对英国大学的影响。中世纪欧洲的大学大体可分为两类：以博洛尼亚大学为代表的学生大学、以巴黎大学为代表的教师大学。两者的区别主要在于组织形式不同，学生大学由学生委员会雇用教师，支付教师薪酬，并有权解雇教师，学生是大学所有者，教师只是大学员工。在教师大学里，教师行会负责大学管理工作，校长由教师选举产生，学生的地位类似商业领域的学徒，教师类似师傅。法国历史上第一所大学巴黎大学（Université de Paris）是欧洲最古老的大学之一，1261年正式使用"巴黎大学"一词，其前身是建于1253年的索邦神学院（Collège de Sorbonne），亦即巴黎圣母院附属学校，该神学院的教学活动可以追溯到1150—1160年间的天主教修士宣教活动。13世纪，法国巴黎的师生自发组织起来，希望增补圣母院的神学教育，消息传出后，来自法国本地及英国的学生蜂拥而至。1253年，在圣吉纳维夫山上，罗伯特·索邦（Robert de Sorbon）为远道而来的学生准备好了校舍——索邦神学院，由于法国国王的支持，该学院很快成为中世纪知名的神学院，其盛名吸引了各国学者来此游学，其中包括意大利诗人但丁和哲学家圣托马斯·德·奎恩。

牛津大学是英语世界最古老的大学，其具体建校时间虽不可考，但可以肯定的是从1167年开始，从巴黎回到英国的师生推动了牛津大学的形成和发展。11世纪伊始，越来越多的教士从事经院哲学的研究，并到欧洲各地讲学，这种日益频繁的学术交流活动使得欧洲相继形成了几个讲学中心，如意大利的博洛尼亚和法国的巴黎，并在此基础上形成了各地教士都可以来讲学和听课的传统。在12世纪之前，英国是没有大学的，英国人只能去法国和其他欧陆国家求学。1167年英格兰国王亨利二世同法兰西国王菲利普二世发生争吵，亨利二世一气之下召回了在法国巴黎的英国学者，并禁止他们再去法国讲学或从事研究。另一说法是，法王一气之下，把英国学者从巴黎大学赶回英国。无论实情如何，这批英国学者从巴黎回国，来到牛津，从事经院哲学的教学与研究，从而使牛津迅速发展成为英国经院哲学教研中心，并成为继博洛尼亚和巴黎之后欧洲的第三个学术研究中心。

1066年，法国诺曼底公爵入侵英国，开始了在英国的诺曼王朝统治。虽然这一时期得益于军事上征服、政治上统治的便利，法语在英国广泛传播，但是如果没有文化上的优越性和吸引力，英国人对法语的使用不可能长达三个世纪，也不会在英语中使用如此多的法语借词，并把其中的70%都保留下来。以饮食为例，诺曼人到来之前，英国菜式相当粗糙，只有炖肉和简单的肉汤，但伴随法国文化的传入，中世纪的英国菜变得精致多了。英语中的烹饪词汇几乎都源于法语（以下为现代法语和英语的拼写对照），例如：cuisine→cuisine（烹调）；bouillir→boil（煮）；frire→fry（炸）；rôtir→roast（烤）；griller→grill（炙烧）；mincer→mince（剁肉）；braiser→braise（焖）；saucer→sauce（加调料）；brocheter→broach（用铁叉串肉）；toster→toast（烘烤）等。因新事物的引入，新事物的法语名称也被一并引入了。正如翻译家裘克安所说："早期引入的多为英语中没有的事物名称，以后则甚至引入类同的名词和概念。"

英法百年战争爆发后，法语逐渐失去了在英国的特殊地位，英语又重新成为英国的官方语言（official language）。但人们还是使用法语，只是把它当作一门外国语，还有人编写了儿童用的法语教材，把法语称之为一切上流人士都应该会的语言。13世纪末，英国人戈蒂埃·比比斯沃斯（Gautier de Bibbesworth）编写了一本很厚的法英对照词汇汇编，这成为法英词典的雏形。14世纪，英国又相继出版了几种法语语法手册，而在法国，晚至16世纪人们才开始研究法语语法，可以说法国语法研究起源于英国。这些都显示了当时英国人对法国文化、对法语的推崇。

历史上这些重大的变故使英语脱离了原本的发展方向，向法语靠近，最终走上了与日耳曼语"告别"的道路。一方面，尽管直到今天英语仍然属于日耳曼语族，但它与同语族其他语言已经相距甚远；另一方面，它虽然深受法语影响，但是与法语还是保持着明显的区别。因此，从某种意义上来说，英语似乎是由日耳曼语族和罗曼语族混合而诞生的语言。

(一) 诺曼征服开启的法语时代

法语对英语的影响并非是从诺曼征服（Norman Conquest）才开始的，早在盎格鲁-撒克逊时代后期，英国就同法国有着密切的联系，尤其是两国统治阶级之间的联姻，促使法语单词进入英格兰的语言文化和社会生活中。1042年，忏悔者爱德华（Edward the Confessor, 1003—1066）继承了英国王位，由于其母亲是诺曼底公爵的女儿，爱德华曾长期旅居法国，他的统治使法语登上了英国的官方舞台。他在位期间，其诺曼底亲朋好友在英国各级政府机关和教堂修道院都担任了重要职位，法语单词作为新文化和新生活的象征，开始进入英语词汇。例如，人们把法国贵族的住所城堡（castle）当作一种新式建筑的标志，从而取代了古英语中的城堡（burg）一词。然而在英法两种语言的关系史上，最重要的事件无疑是诺曼征服，法语正是凭此成为英国的官方语言。

法国贝叶博物馆收藏的贝叶挂毯（Bayeux Tapestry），可能制成于12世纪，长70米，宽50厘米，绣有诺曼人征服英格兰的历史场面，截图是1064年诺曼底公爵威廉给到访的哈罗德·戈德温逊提供武器的场景。

诺曼征服是以法国诺曼底公爵威廉（William, Duke of Normandy, 1028—1087）为首的法国封建主对英国的武力征服。1066年初，英王忏悔者爱德华死后无嗣，引发王位继承争端。诺曼底公爵威廉与西塞克斯伯爵哈罗德·戈德温逊（Harold Godwinson）皆声称享有王位继承权。英国贤人会议根据爱德华旨意，推选爱德华王后之兄哈罗德·戈德温逊为国王，这引起威廉的强烈不满，他以爱德华曾面许继位为理由，要求获得王位。1066年9月末，威廉召集诺曼底、布列塔尼（Brittany）、皮卡迪（Picardie）等地封建主进行策划，悍然率兵入侵英国，英王哈罗德·戈德温逊迎战。10月14日,双方会战于黑斯廷斯(Hastings)。英军战败,哈罗德·戈德温逊阵亡,伦敦城不战而降。12月25日,威廉在伦敦威斯敏斯特教堂加冕为英国国王,即威廉一世,开始了诺曼王朝(1066—1154)对英国的统治,残存的英国贵族顽强抵抗,均遭残酷镇压。1071年,威廉一世巩固了他对英国的统治,获得征服者的称号(William the Conqueror)。诺曼征服是英国历史上最后一次来自外国的武力征服,威廉一世是最后一位武力征服英国的外国人。

法国北部诺曼底公国是北欧海盗侵略法国的成果,诺曼人继承了海盗的冒险基因。北欧海盗不仅骚扰英国、爱尔兰,也频频光顾法国西北沿海地区。911年,不堪其扰的西法兰克王国国王查理三世(Charles III)选择"割地求和",用一块封地向北欧海盗"购买"和平。这块封地就是后世著名的诺曼底公国,而海盗首领罗勒(Rollo)也因此成了首位"诺曼底公爵"(Duke of Normandy)。诺曼人在法国北部定居大约100年之后,开始作为欧洲的军事列强之一迅速崛起。虽然这些北欧海盗的后裔已经皈依了基督教,并且说着流利的法语,但他们骨子里仍然是一群武士。

诺曼人的军事冒险在意大利取得了第一场胜利。大约1016年以后,诺曼的贵族开始到意大利寻求冒险,起初他们只是作为雇佣兵在其他民族的军队中作战,后来慢慢占领意大利南部地区,那里是拜占庭帝国的一部分。诺曼人利用骑兵与弓箭手的完美配合,反败为胜,最终把拜占庭人清出了意大利南部。诺曼人还与意大利北部的教皇利奥九世(Leo IX)爆发战争,凭借骑兵的优势,连教皇也成了他们的俘虏。随后诺曼人从他们所在的意大利南部边界出发,对阿拉伯治下的西西里岛发动了攻击,用船运送战马漂洋过海去打仗,这在当时无疑是非常先进的战略战术,最终征服西西里全岛。

诺曼人最伟大的军事政治成就是在1066年征服英格兰。1066年1月,英格兰国王忏悔者爱德华将王位传给具有盎格鲁-撒克逊血统的贵族哈罗德·戈德温逊,这令诺曼底的威廉公爵非常不满,他声称爱德华和哈罗德都曾经承诺让他当英国国王。威廉和爱德华是远房表兄弟关系,威廉称爱德华流亡诺曼底期间,曾选中他为英格兰的合法王位继承人,且哈罗德曾是威廉的阶下囚,当时哈罗德答应不与威廉争夺英格兰的王位。然而一旦回到英格兰,哈罗德并无为威廉让位之意,威廉率兵大举入侵英格兰,用武力把王冠从哈罗德头上夺了过来。

法国贝叶博物馆收藏的贝叶挂毯，可能制成于12世纪，长70米，宽50厘米，绣有诺曼人征服英格兰的历史场面，截图是1066年黑斯廷斯战役场景。

1066年1月6日，哈罗德登基后，他清楚威廉正在筹划进攻，于是把军队驻扎在英国南部一线，对敌船动向保持严密警戒。3月18日，英格兰遭到了攻击——然而威胁并不是来自南方的诺曼底，而是来自北方的挪威。觊觎哈罗德王位的挪威国王哈拉尔德·哈德拉达（Harald Hardrada）在英格兰北部登陆，并于9月20日在约克城外的福尔福德（Fulford）一役中击败了哈罗德的将领。在伦敦的哈罗德迅速挥师北上，9月25日，他在约克城斯坦福桥（Battle of Stamford Bridge）经过惨烈的战斗一举击败了哈德拉达的军队。然而，哈罗德还没来得及收拾战场，就不得不马不停蹄挥师南下，途经伦敦稍事补给后，便立刻迎战南方的新威胁。9月28日威廉在英格兰南部海岸登陆后，在黑斯廷斯建立了一个据点，命令部队洗劫当地的村庄，收集食物准备同哈罗德开战。10月14日，威廉与哈罗德在黑斯廷斯遭遇，诺曼人大开杀戒，战斗持续数小时，难分胜负，哈罗德被杀后，才最终打破胶着状态。诺曼人乘势追杀，一举摧毁了哈罗德的疲惫之师。战斗结束后，诺曼人继续向不远处的海港城市多佛尔挺进。盎格鲁-撒克逊人拒绝向长驱直入的诺曼人献出他们的首都伦敦。威廉故伎重演，命令其部队突袭与恐吓当地居民，最后伦敦不得不向入侵者打开了大门。1066年圣诞节当天，诺曼底的威廉加冕成为英格兰的国王，即威廉一世。在随后的几年中，威廉铁腕统治新领地，建立了许多城堡，以便让贵族通过这些城堡用残酷的手段控制附近的乡村地区。他奉行"铁血"政策，扑灭了反叛的星星之火。1072年，诺曼人真正完成对英格兰的征服后，便开始扩展新王国的版图，先是入侵了威尔士，而后在爱尔兰的一些地区定居下来。

诺曼征服在英国产生了重要影响，哈罗德的阵亡，标志着英国最后一位盎格鲁-撒克逊国王的离世，英国从此沦入300多年的法国异族统治。诺曼征服加速了英国的封建化进程，这一进程在盎格鲁-撒克逊时代就已经开始。威廉一世建立起强大的王权统治，把全部耕地的七分之一以及大部森林据为己有，还大量没收反抗的盎格鲁-撒克逊贵族的土地，分封给随他而来的法国封建主，酬劳亲属和随从。受封者要按照土地面积的大小，提供一定数目的骑兵，并亲自率领他们为国王作战。大封建主又把自己土地的一部分再分封给下级，也要求他们提供骑兵，通过这种土地分封建立起封建土地的等级所有制。土地的分封是随征战的进展逐渐进行的，各封建主手中的封地分散在全国各个地区，并不连成一片，这使他们很难做大，形成割据一方的霸主，从而难以与王权对抗。威廉不但要求臣属的下级宣誓效忠上级，而且也要求臣属的下级宣誓效忠自己，并服兵役。这和法国流行的封臣只对直接封主效忠的制度迥然不同。威廉还极力摆脱教皇对英国教会的干涉，让法国主教接管英国教会，从而把英国教会控制在自己手中。虽然威廉一世在统治机构、法律上仍沿用英国旧制，但他主要依靠法国贵族进行统治，一时间英国统治阶级几乎全是外来者。诺曼征服后，英国已有的庄园向封建庄园过渡，封建领主是庄园的最高统治者，大部分农民丧失人身自由，沦为农奴。农奴处境艰难，承担的义务不断加重，教会征收的什一税，扩及收成以外的其他产品如牲畜、羊毛等，称为"小什一税"。到13世纪时，农奴使用公有牧地的权利也被剥夺，农民不得不抗租、抗役，利用残存的村社组织和领主进行隐蔽或公开的斗争。

1086年8月1日，威廉在索尔兹伯里召开誓忠会，要求所有等级的领主都必须参加，向威廉行臣服礼并宣誓效忠。大会达成了"索尔兹伯里誓约"（Oath of Salisbury），确立了英国封建主都必须以对国王效忠为首要义务的原则。英国学者李德·布勒德（S. Rend Brett）在《英国宪政史谭》（*Story of the British Constitution*）中描述道："无论如何，自1086年以后，所有佃户，不问其所领之土地系直接得之于王者，或间接得之于贵族地主者，其对于王均属直接之人民。姑无论其间接属之于贵族地主也，所谓率土之滨，莫非王臣是也。"即国王的直属封臣再分封土地时，次一级封臣除宣誓"因为须有您的土地，我将效忠于您"外，还必须附加一句："除效忠国王之外。"因此，英格兰国王是名副其实的最高统治者，所有封建土地持有者都是国王的封臣。据统计，直接领受国王封地者称作国王的直属封臣，共1400余人。领地较大、年收入100英镑以上者约180人，称作男爵，其中12人是威廉一世的亲属或最受威廉宠爱的诺曼大贵族，他们共占有全国1/4的土地。男爵们分别承担向国王提供一定数量骑士的义务，大男爵提供40—60名，中小男爵提供10—40名。其余的1200多人是骑士，只领有一块采邑，只承担作为一名骑士的义务。教会同样承担骑士义务，高级教士全都成为威廉的直属封臣。占地较多的坎特伯雷主教、林肯主教、温切斯特主教、伍斯特修道院院长分别承担提供60名骑士的义务，领地较少的拉姆齐修道院院长只承担提供4名骑士的义务。

　　1086年，威廉在英国实行全面土地普查，拓印成土地清册，名为《土地调查清册》，又译作《末日审判书》(Domesday Book)。清册清楚地写着每郡有多少土地属于国王，多少属于大封建主或教会，每个封建主有多少臣属，每个庄园有多少土地、牲畜、依附农民、奴隶、自由农民，多少森林、草地、牧场、池塘、磨坊以至各种手工业等。登记的财产项目繁多，从不动产土地、房屋到动产耕牛、猪羊，甚至鹅鸭、餐碗等都在登记之列。编制土地清册的目的，主要是为了便于征税。英国人面对清查就像面临末日审判一样，因此该清册又被称为《末日审判书》。根据该普查的数据，11世纪末英国人口已达到150万，其中5%住在城市，大多数住在乡村。农业是居民的主业，牧畜业只盛行于东北部的约克郡和林肯郡一带。

英国国家档案馆收藏的《末日审判书》，书是1900年再版的，书的封皮是1869年制造的，书下压着的封皮是更早时期都铎年代制造的。

强大的王权和完备的封建制度是诺曼征服给英国留下的政治遗产。英国社会的封建化进程开始于公元7世纪时的盎格鲁-撒克逊时代。诺曼征服前，英国社会的政治制度是贵族民主制，国王和贤人会议（Witenagemot）共同统治国家。诺曼征服后，国王成为全国土地的最高所有者，他通过土地分封，建立了完备的封建君臣制度。诺曼征服是英国历史上的大事件，为400多年来盎格鲁-撒克逊封建制度的发展做了一个总结，同时又开创了英国封建制度全盛时期的新时代、新局面。从诺曼征服到亨利二世（Henry II）统治结束的近一个半世纪内，英国实现了封建制度从基础设施到上层建筑的全面建立，并在13世纪达到极盛。

诺曼征服给英国留下的语言遗产毫无疑问是法语，诺曼征服对英语的影响比英语史上的任何其他事件都大，开启了法语影响英语的大门。盎格鲁-诺曼人成为英国的统治阶级后，诺曼法语便理所当然地成为英国的官方语言，并开始全面渗透到英国的各个领域。诺曼法语之所以能在英国持续使用这么多年，主要有两个原因：首先，诺曼征服以后，英国国王同时兼任诺曼底公爵，在法国拥有大量的土地和利益，他需要同法国保持密切联系。其次，直到1200年，英国国王、贵族、地主、军人以及商人在法国待的时间并不比在英国待的时间短，因此法语的使用就顺理成章了。自1066年至1399年这三百多年间，英国国王都说法语，政界、法庭、军队、教育等领域也被说法语的诺曼人控制，学校用法语上课，贵族官吏等上层人士理所当然地使用法语，他们认为法语是高尚的语言，而英语则是粗陋的，只适合贫困农民等下层人士使用。诺曼征服后，上至统治阶级，下到他们的仆人都是诺曼法国人，与此同时，大批下层的诺曼法国人也来到英国定居寻求发展机会，并继续使用他们自己的诺曼法语，这一现象持续了300余年。中世纪的英国三种语言并存：法语长期是官方语言，宗教界通用拉丁语，英语属民间口语，书面英语面临消亡的危险。政府和贵族说法语，宗教和文化事业用拉丁语，底层的老百姓继续用英语。直到现在，英国人会说法语，依然是时髦的表现。

在英语发展史上，诺曼征服具有标志性意义，是古英语和中古英语的分水岭。诺曼征服标志着英国盎格鲁-撒克逊时代终结，诺曼王朝建立。英国再次融入欧洲大陆，在政治上依附法国，与法国一起参与了十字军东征，而兼任英国国王的诺曼底公爵一直觊觎法国王位，这也成为英法百年战争的导火索之一。法语成为英国官方语言，英语的发展进入低谷，英语似乎又一次面临着生死存亡的关键考验。从站在本国历史舞台中央的主角，沦为次要配角，这对英语而言焉知非福？正是在法国人统治期间，英语得以与法语亲密接触，古英语的读音、词汇、语法都因此发生了重大变化，从语言要素的各个方面大量借鉴法语，尤其是法语词汇，可谓赤裸裸的拿来主义，增强了英语的表达能力，标志着古英语向中古英语的过渡，为英语日后成为世界通用语打下了坚实的语言基础。

（二）法语垄断下的英语

盎格鲁-诺曼统治时期，法语作为统治阶级的语言，在英国处于官方语言的垄断地位。无论哪一个阶层，为了表明自己的高雅不俗，说话时总要用上几个法语词，这在当时已经蔚然成风。当然，不同于巴黎法语，这种法语已在诺曼法语基础上混合了相当的英语元素。而英语却成了下等语言，代表着低贱、平庸，通常流行于统治力量比较薄弱的农村和下层劳动人民群众。英法两种语言并存使用，且相互借鉴、相互补充、相互渗透，从而给英国民族语言的发展带来了极大的影响。当英国正式废除法语，采用英语为官方语言时，英语已发生了根本变化，完全不是原来的英语了。它吸收了法语词汇，是古英语与法语的混合体，在语法上摒弃了复杂多变的词尾，并过渡到以词序为组句的基本原则，成为一种崭新的语言，即中古英语。中古英语作为大多数普通英国民众唯一能讲的语言，依然顽强地履行着沟通、交流、记录的重任。在这300多年里，中古英语经历了"元音巨变""官方文书标准"以及印刷术的引入这三大事件，对日后英语的复兴有重要意义。

1."元音巨变"

大约从1350年开始，英格兰南部的英语读音开始发生变化，主要是长元音改变了发音方式。整个变化过程是循序渐进的，一直持续了350余年，大约到1700年才完成，也即英语的书写形式固定下来后，元音的发音方式才停止变化。

丹麦语言学家奥托·叶斯柏森（Otto Jespersen, 1860—1943）是第一个研究这一变化的人，他率先注意到1400年的中古英语与20世纪中期现代英语的读音有很大的区别，其长元音的发音方式与欧洲大陆语言相近，尤其是意大利语和德语，而与现代英语迥异。由于这种语音变化主要涉及元音，尤其是长元音，而辅音却基本不变，因此他把这个变化命名为"元音巨变"（The Great Vowel Shift）。"元音巨变"主要是指所有长元音的发音都提高了一个位置，只有两个高元音/i:/和/u:/是例外，这两个元音如果再提高一个部位就变成辅音了，因此它们就分别变成了双元音/eɪ/和/oʊ/，后来又演变成了现代英语里的/aɪ/和/aʊ/，具体变化请见下图：

单词 Word	元音发音 Vowel Pronunciation	
	元音巨变前的后期中古英语 Late Middle English before the GVS	元音巨变后的现代英语 Modern English after the GVS
bite	/i:/	/aɪ/
meet	/e:/	/i:/
meat	/ɛ:/	
mate	/a:/	/eɪ/
out	/u:/	/aʊ/
boot	/o:/	/u:/
boat	/ɔ:/	/oʊ/

"元音巨变"发生的确切原因一直是英语语言学和文化史上的未解之谜。有人认为是由于黑死病后英格兰东南部涌入大量移民，操各种方言的人群汇聚在一起，出于交流的需要，人们不得不调整各自的发音习惯，那些适中的、调和型的发音在伦敦发展起来，并逐渐成为规范发音，继而向各地扩散。总之，就是不同口音的人聚集到一起后，不断交流最后形成的折中发音方式。英语能成为世界语和这段历史也有关系。

"元音巨变"也有例外情况。英语中有部分单词发音非常特殊，例如"father"这个单词中的字母a，"to"和"do"这两个单词中的字母o等。由于这些单词都是超级常用词，其读音实在是太深入人心了，即便"元音巨变"也无法撼动它们。

"元音巨变"不仅改变了英语的读音，也改变了英国人对拉丁语的读音，导致英国拉丁语与欧洲大陆拉丁语的读音产生明显区别。正是这种改变，才引发了英国拉丁语的系列改革，同时也引起学者对英语读音的兴趣。

关于"元音巨变"终结的原因可能是书面英语的规范化。元音动若流水，辅音静若磐石。由于元音主要靠口型和舌头的变化决定，这是一种非常不稳定的发音方式，可以轻易地随性改变，而辅音相对来说就稳定得多，但是辅音再稳定，也没有印在书本上的文字稳定。如果没有技术进步的干预，像"元音巨变"这样的语音变化原本会一直进行下去，但是15世纪中叶以后，随着活字印刷术在欧洲的广泛传播，各种文字类印刷品在英国逐渐普及，英语的拼写也因之固定下来，英语的语音转变受其影响趋于缓和，最终停止变化，形成了相对统一的规范读音。然而，由于拼写和读音标准化的节奏并非完全同步，导致英语的拼写和读音有诸多不一致的地方。当然，方言、口音等导致发音产生地域或阶层差别的情况依然存在。印刷术将文字固化到纸张上，录音机将语音固化到磁带上，现代科技彻底改变了语言的外在环境，在现代语境下。"元音巨变"这种情况恐再难发生了。

2. 乔叟与"官方文书标准"

在英语标准化的道路上，有一个公务人员、一套行政机构，在中古英语向早期现代英语的顺利过渡中发挥了关键作用。它们是乔叟及官方文书机构。

杰弗里·乔叟（Geoffrey Chaucer, 1343—1400），是英国著名小说家、诗人，代表作品有《坎特伯雷故事集》（The Canterbury Tales）。乔叟出生于伦敦一个富裕的商人家庭，受过大学教育，精通法语、意大利语和拉丁语。1357年开始出入宫廷，后常出访欧洲，在意大利接触到了但丁、薄伽丘等人的作品，这段经历深刻影响了他日后的文学创作。乔叟逝世后，安葬在伦敦威斯敏斯特教堂的"诗人角"（Poet's Corner），他是第一位葬于此角的诗人。

乔叟的父亲是一位富裕的酒商，乔叟这个姓源于单词"Chaussier"（制鞋匠），暗示其祖先是鞋匠。13岁至17岁期间，乔叟任英王爱德华三世（Edward III）的儿子莱昂内尔（Lionel, Duke of Clarence）王子夫妇的少年侍从。1359年，参加对法作战时被俘，翌年由国王赎回；1361—1367年，在法学协会受训；1366年，与王后的女官结婚，此后多次代表爱德华三世出使欧洲大陆，到过比利时、法国、意大利等国，有机会遇见薄伽丘与彼特拉克，这对他的文学创作产生了很大的影响。1374年，乔叟任伦敦毛皮关税管理员，1382年，兼任酒类及其他商品的关税管理员。1385年，乔叟任肯特郡治安法官，第二年被选为该郡骑士代表出席议会下院会议。1389年，理查德二世（Richard II）亲政后，乔叟又先后担任过王室建筑工程主事和萨默塞特王室森林副主管。乔叟在庇护者失宠期间，被剥夺了官位和年金，经济拮据。他曾写过打油诗《致空囊》（The Complaint of Chaucer to His Purse），献给刚登基的亨利四世（Henry IV），为自己的贫穷申诉。

乔叟身处新旧制度交替时期，是脚跨两种社会的人。他同所有的人文主义者一样，不仅是封建社会的逆子，同时还是资本主义罪恶的批判者。一方面，他反封建、反教会，另一方面，又对刚刚产生的资本主义金钱利害关系进行无情揭露。乔叟以犀利的笔锋尖锐地揭露了教会僧侣们欺诈、贪婪和淫荡的本性，以及愚民政策和"禁欲主义"的本质，勇敢地冲破了宗教思想的藩篱。乔叟讽刺腐朽的世俗统治阶级，对濒于衰亡的封建制度进行了无情的揭露和批判。乔叟反对封建等级制度，宣传妇女解放，主张男女平等，颂扬自由忠贞的爱情。乔叟也大胆揭露了新兴资本主义的罪恶。

"英国语言之父"杰弗里·乔叟朝圣图，选自15世纪手写本《坎特伯雷故事集》，该版本被称为"埃尔斯米尔乔叟"（Ellesmere Chaucer），是最重要的《坎特伯雷故事集》版本之一，现藏于美国加州亨廷顿图书馆（Huntington Library）。

文学方面，在同时代的主要英国文学家中，乔叟无疑受外来影响最深，但从英国文学发展史的角度看，他又最具有"英国性"。尽管其墓志铭是用拉丁语写成的，他仍被尊为"英国诗歌之父"（Father of English Poetry），是中世纪最伟大的英国诗人，他首创的英雄双韵体（Heroic Couplet）为后世的英国诗人广泛采用。除了莎士比亚，乔叟算是英语作家中最杰出的一位。

语言方面，乔叟是第一位使用中古英语进行文学创作的宫廷作家，此举提高了英语的地位，赋予英语诗意的特质，因而被誉为"英语语言之父"（Father of the English Language）。乔叟沿袭继承了由但丁开创的用世俗民族语言进行文学创作的传统。乔叟那个年代，宫廷语言是法语，学术语言是拉丁语，英国各地民众之间鲜少接触，各地区所说的方言差别颇大，还没有印刷的书籍问世，英语缺乏统一标准，用英语创作需要勇气。乔叟原本完全有能力用拉丁语或法语创作，但他主动选择用下层人民的语言进行文学创作,扩大了英语的影响力,树立了英语的权威性。乔叟居住在伦敦,使用的自然是英国中东部各郡的英语,而不是英国北部或南部方言。《牛津英语词典》指出许多词都是乔叟第一次记录使用的,例如:acceptable, alkali, altercation, amble, angrily, annex, annoyance, approaching, arbitration, army, arrogant, arsenic, arc, artillery, aspect 等。乔叟的作品虽然比《贝奥武夫》更接近现代英语,但今人要读懂他的作品依然不是一件容易的事。"元音巨变"可能是造成理解障碍的原因之一,毕竟他的作品大都是元音巨变前的产物。有评论认为,他是推动英语标准化的第一人,对现代英语的形成做出了巨大贡献。此言不假,但更确切地说应该是以他为代表的"官方文书标准"的形成,对英语标准化起了更大的推动作用。

自诺曼征服以来,英国的官方文书都是用法语写成的。中古英语后期,在1430年左右,英国政府开始发布英语写成的官方文书,从而开启了英语的"官方文书标准"(Chancery Standard or Chancery English)时代,为英语的标准化奠定了基础。

英语中的"chancery"一词,是从法语中引入的拉丁词语,原意是教堂或法庭里用来做空间分隔的格子框架结构,后成为欧洲中世纪时期各国普遍设立的官方文书机构的名称。官方文书机构主要负责起草、发布、保存政府的各种文书和档案。该机构的负责人称为chancellor,以后该词用来指称高级政府官员,例如:该词在英国指大臣,在德国和奥地利都是指政府总理。英国最早的官方文书机构组建于诺曼征服之前,是英国的两大行政机构之一,另外一个是财政部。英国官方文书机构原本是王室机构的组成部分,13世纪从王室分离出来,在威斯敏斯特独立办公,负责起草、发布、保管王室颁发的特许状、书面状令、专利、公务档案、政府文书等文件。

英语的方言差异不利于经济发展和文化交流,也不利于国王政令的下达和民情的上传,于是致力于解决该问题的官方文书的书面标准便应运而生,该标准指导下的英文也开始大量出现在官方文件和正式场合。和乔叟一样,"官方文书标准"选择以伦敦为中心的英国中东部各郡的方言为基础,用这种方言写作的政府公务人员通常还谙熟法语和拉丁语,这两种语言会影响他们对英语的遣词造句,鉴于工作性质,主要以简洁达意为目的。"官方文书标准"的推广是一个循序渐进的过程,主要使用者是英格兰的政府公务人员,他们出于行政事务需要而使用英语。宗教界和法律界除外，前者依然使用拉丁语，后者大多数时候使用诺曼法语，有时使用拉丁语。"官方文书标准"推行半个多世纪后，1489年，英国议会停止使用法语，开始把英语作为官方语言，这是英语社会地位的重大转变，标志着中世纪英语向早期现代英语的过渡，而这一切的基础，都是敢为人先的乔叟和作风严密的官方文书机构奠定的。

3. 印刷术的引入

印刷术在语言标准化过程中发挥了重要作用。印刷术是人类大众传播媒介的第一个形态——印刷书报的技术基础，历史证明，这一技术革新首先发生在东方。公元7世纪，中国最早发展出了机械印刷的基本概念和方法。公元11世纪中叶，北宋毕昇发明了活字印刷术，但中国的封建文化妨碍了这一技术的推广应用，使其不论在本土还是对世界的影响都受到了限制。15世纪中叶，德国古登堡（Johannes Gutenberg）推出了活字印刷机，这是文艺复兴时期最伟大的技术创造之一。印刷术在欧洲的普及推广，对欧洲文艺复兴、宗教改革、民族语言及民族国家的形成产生了深远影响。

彼时的欧洲正处在中世纪向资本主义的转型时期，新兴的资产阶级与衰落的封建贵族及其精神支柱——天主教会正进行着全面的较量。城市复兴、商业经济崛起，圣奥古斯丁（St. Augustine of Hippo）的神学体系开始瓦解，基督教共同体演化为世俗的民族国家。起源于14世纪意大利的文艺复兴运动已散播到整个欧洲，鼓励商业企业、科学研究和技术创新的人文主义成为潮流，社会对知识的需求空前增加，欧洲涌现出一批著名的高等学府。欧洲自罗马帝国崩溃以来，由基督教共同体——罗马教皇和僧侣阶层垄断的抄写机构已不能满足社会的需求，人们迫切需要更便宜、更高效的文本制作方法，以代替传统宗教抄写机构里费时昂贵的手工书写，从而在更高的层次上扩大复制规模，使文本的传播空间向更大的社会范围扩展。正是在这一背景下，德国美因茨的工匠古登堡在对西欧榨酒机工艺改造的基础上，开始了活字印刷试验。经过10余年的努力，古登堡最终在1456年完成了这项试验，并印出了著名的《四十二行圣经》（*42-Line Bible*）。短短几十年中，该技术在德国及欧洲迅速普及，到1500年，已有1100多家印刷所遍及欧洲200多个城市，生产出了35000个版本、1200万本书籍，并导致印刷业古版书阶段的终结。

印刷术对欧洲民族语言、民族国家的形成功不可没。15世纪开始，西欧先后出现了三个强大的近代民族国家：西班牙、英国、法国，这是继教皇之后控制西欧的最有效的力量。作为一个新兴的共同体模式，民族国家的出现标志着治理方式的转型与近代国家的产生，它使过去长期存在的信仰与服从共同体朝着新型的意愿共同体转化，使传统的、建立在对神的崇拜之上的社会团结，变成一种主动参与和自主意愿之上的自愿合作。促使这一转化的关键是建立学校及传播人们普遍接受的文献、知识和新闻，以此为民众提供关于共同历史与共同命运的观念以及共同的道德教育，这是任何一个共同体包括民族国家所必需的。而实现这一目标的关键是必须有统一的民族语言，尤其是标准化的书面语言——文字。欧洲独特的社会发展道路，基督教的一统天下，使罗马拉丁语成为欧洲的通用语言。从神父、主教到医生，但凡有身份的人都以拉丁语为日常用语，而各地方言，如法语、意大利语、西班牙语、葡萄牙语、英语等，统统被视为土语和不成熟的语言，仅限于普通人的日常生活，远未实现规范化。建立民族国家的诉求、民族团结与民族认同使民族语言的规范化成为必须。统一的国家必须要有思想交流的正式媒介，民族国家必须确立自己的语言和文字的合法地位。应运而生的印刷术，正好迎合了新的社会统治者——民族国家的迫切需求，即打破狭隘自足的分立状态，实现民族统一的需要。在那个时代，虽然印刷的仍是《圣经》，但不再是教会控制下的清一色的拉丁文版本，而是各种语言版本的《圣经》。从1450年到1520年，德文《圣经》印了17版，意大利文有11版，法文有10版，《圣经》的英译本也获准在英国出版，1538年英王亨利八世还要求每一个教堂都必须购置一部英译本《圣经》以供教徒阅读。可见，正是形成中的民族国家以其无可匹敌的优势，通过印刷术这一媒介，让民族语言爆发出惊人的文化力量，从而推动民族国家赢得合法的社会地位。

威廉·卡克斯顿（William Caxton，1422—1490）是英国第一位印刷商，是莎士比亚之前对英语影响最大的人。他一生出版了约108部书，其中有26本是他自己的译作。他出版的书包括乔叟的《坎特伯雷故事集》、《伊索寓言》（*Aesop's Fables*）、《埃涅阿斯纪》（*Eneydos*）和托马斯·马洛礼（Sir Thomas Malory）的《亚瑟王之死》（*Le Morte d'Arthur*）等。

英国第一位印刷商威廉·卡克斯顿，绘于英国伦敦市政厅（Guildhall）窗户彩色玻璃上。

  1422年，卡克斯顿出生在英国肯特郡维尔德的林区，家中颇有一些地产，因此能够受到良好的教育。1438年，年轻的卡克斯顿前往伦敦，在著名的丝绸商人、后来的伦敦市长、国会议员罗伯特·拉奇（Robert Large）手下当学徒。1441年，拉奇去世以后，卡克斯顿跨海前往佛兰德斯的布鲁日创业，这里是欧洲羊毛交易中心，而他专门经营英国和欧洲大陆之间的纺织品贸易。在布鲁日的20多年中，他的事业获得了巨大的成功，成了富有的商人。1463年，他已经成为了低地国一带的英国商会会长，地位非常显赫，有时还代表英王从事外交活动。1469年，他辞去会长之职，应邀就任勃艮第公爵夫人、英国国王爱德华四世的妹妹玛格丽特（Margaret, Duchess of Burgundy）的咨询顾问。

  卡克斯顿通晓英语、法语、德语、拉丁语，经商之余，他喜爱阅读，尤其对文学感兴趣，自己也常常舞文弄墨。1469年3月，卡克斯顿开始翻译法国宫廷作家拉乌尔·勒菲弗（Raoul Lefèvre）的《特洛伊史回顾》（*Recuyell of the Historyes of Troye*）等书。他的翻译深受朋友的喜爱，朋友纷纷向他索要译本。卡克斯顿除了找抄写员之外，还亲自笔录译作送给朋友。但他很快就感到自己"管秃手拙，双目无神"，无法再抄下去了。而此时，古登堡于1450年发明的活字印刷术已从美因茨沿莱茵河顺流而下传到科隆。卡克斯顿得知这一消息后，于1471年前往科隆。在科隆，卡克斯顿交了昂贵的学费，刻苦学习印刷术，最后终于成为英国出版界的第一人。此时的卡克斯顿，以当时的标准来看，已是一个不折不扣的老人了。约在1474年，卡克斯顿带着一套铅字活版印刷的行头返回布鲁日，在那里创建了一个印刷所，他所印的第一部英文书就是自己翻译的《特洛伊史回顾》。这是有史以来印刷出版的第一本英语书，莎士比亚的《特洛伊勒斯与克里希达》（Troilus and Cressida）就取材于这本书。1475年，他与佛兰德斯印刷商科拉尔·芒雄（Colard Mansion）合作，在布鲁日印刷出世界上第一本铜版印刷书，这是一件划时代的大事。1476年底，卡克斯顿应英格兰国王爱德华四世之诏，返回英伦，在伦敦西敏寺附近建立了英国第一家印刷厂，开始大规模出版书籍。次年，卡克斯顿出版了在英国本土印刷的第一部英文书籍《哲学家的名言或警句》（Dictes or Sayengis of the Philosophres / Sayings of the Philosophers），这也是第一本印有出版日期的英文印刷品。1480年，他出版了第一部带有插画的英语版《世界镜鉴》（The Myrrour of the World），这是一部百科全书性质的书，也是他自己从法语版翻译过来的。到1491年卡克斯顿去世之时，他已经出版了一百多部书籍，其中80%是英文书籍，有一些还是鸿篇巨制，他自己亲自翻译出版的书就达26种。在这些"卡克斯顿版"的书中，以孤本或残篇留存到今天的尚有1/3，是英国最为珍贵的"摇篮本"（incunabula）书籍。

2002年，英国广播公司评选出了英国历史上最伟大的一百人，卡克斯顿榜上有名，排名第68位。就对英国语言和文学的贡献和影响力而言，除莎士比亚之外，大概无出其右者，卡克斯顿不愧是英国文艺复兴的助产士。卡克斯顿有长期的经商经验，了解市场，懂得出版什么才能满足读者（包括王室、贵族和平民）的阅读审美需求。在15年的伦敦出版生涯中，他出版的书籍几乎无所不包，其中有宗教经籍、神学著作、骑士传奇、诗歌、百科全书、历史、哲学及伦理学等。这些书籍极大地开阔了人们的眼界，促进了英国新文化的发展。另一方面，卡克斯顿丰饶的资财也保证他得以按照兴趣出版喜爱的书籍，而不必过多地考虑迎合市场需要。用今天的话来讲，卡克斯顿是一个有着出版理想的出版人，而他的出版理想恰恰是文学，这也是英国文学的幸运之处。卡克斯顿几乎出版了当时能够得到的所有英国文学作品。1478年他出版了乔叟的《坎特伯雷故事集》（1484年再版，并加上了木版插图），此后还出版了乔叟的《特洛伊罗丝和克瑞西达》（*Troilus and Cressida*）以及其他诗作。1485年改编出版了托马斯·马洛礼的《亚瑟王之死》。另外，卡克斯顿还翻译出版了很多外国文学作品，例如《伊索寓言》《列那狐的故事》（*The Historie of Reynard the Foxe*）等书。他出版的这些书籍不仅对英国早期文学的保存有着重大意义，而且深刻地影响了其后英国文学的阅读与创作。

  印刷术促进英语标准化的直接动力来自印刷商对经济利益最大化的不懈追求。古登堡和卡克斯顿发明印刷术的原动力兴许并非是致力于推进知识的传播，而是基于商业化的考量。随着印刷术在西欧的传播和普及，印刷业逐渐成为一个产业，因而对统一书面语言的需求也越来越强烈。因为只有书面语言标准化之后，潜在的读者群才能更大，市场前景也才会更加广阔。在卡克斯顿的时代，有多少个郡就有多少种方言。不管在口语还是书面语方面，英语还远未定型，印刷媒介带来的标准化对英格兰民族语言的书写和语法统一带来了可持续性和稳定性。卡克斯顿在出版英文书籍时，选用的是伦敦和宫廷中较其他方言更接近法语的语言，使英语的句法和文法大致定型。为了英语的规范化，他甚至还编了一本《法语英语词汇》（*The Vocabulary in French and English*），这是最早的双语词典之一。卡克斯顿朴实无华而又奇妙生动的个人写作语言，也对后世的英语写作产生了一定的影响。难怪有人说，在莎士比亚之前，卡克斯顿是对英语影响最大的人。1476年，卡克斯顿将印刷机引入英格兰后，白话文学开始蓬勃发展。宗教改革带来了白话文的礼拜仪式，最终产生了《公祷书》（*The Book of Common Prayer*），给英语文学带来了深远的影响。英语文学的文艺复兴一直延伸至17世纪中叶查理二世复辟为止，在戏剧、诗歌等方面产生了莎士比亚、马洛（Christopher Marlowe）、斯宾塞、琼森等一批享誉世界的文学大师。

（三）百年战争带来的英语复兴

  自诺曼征服以降的300多年里，英语与法语在英国的地位具有此消彼长的关系，而语言的消长深受英法两国关系的制约。作为隔海相望的近邻，当英国与法国关系亲密时，英国统治者的法国文化认同感高，说法语的热情相应高涨；而当英国与法国关系紧张时，英国统治者的法国文化认同感低，说法语的热情也相应低落。从征服者威廉一世开始，英国国王经历了从法王臣属到法国敌人的身份大改变，其自我身份认同也经历了从外国人到英国人的身份大转变。在指向这两大转型的过程中，英国法国之间发生了一系列里程碑似的事件。例如，1204年英国失去法国诺曼底；1258年，英国国王第一次同时以英法两种语言发布赦令；1337年，英国国王第一次在国会用英语演讲；1362年，英国法庭上停止使用法语；1489年，英国国会停止使用法语，并开始用英语作为官方语言。导致英国统治阶级坚决放弃法语、复兴英语的标志性事件是14世纪上半叶打响的英法百年战争（Hundred Years' War, 1337—1453），战争是暴力交际手段，使语言传播交融的渠道更多、更直接。

  百年战争爆发的原因错综复杂，涉及英法政治、经济、社会、国际关系等诸多因素。虽说通常认为百年战争始于1337年，但在此之前法国和英国早已累积了多年恩怨。北欧海盗骚扰侵略法国海岸由来已久，卡洛林王朝（Carolingian Dynasty）时期，法兰克统治者查理三世被迫同意北欧海盗在法国海岸诺曼底定居，这就是日后建立的诺曼底公国。1066年，诺曼底公爵威廉成功入侵英格兰，成为英格兰国王，同时统治着英格兰和法国诺曼底。12世纪中期，英国安茹王朝（House of Anjou）在法国占有广阔领地。英国安茹王朝君主亨利二世（Henry II）采取耍赖战略，一方面承认法国国王路易七世（Louis VII）是法律上的主人，另一方面又对法王的命令置若罔闻，根本不履行作为法国贵族的任何义务。对于一个不但拥有国王头衔而且领土比自己大两倍以上的强横逆臣，路易七世视亨利二世为眼中钉、肉中刺，想尽一切办法欲战胜亨利二世，夺回本应属于法兰西国王的领土。1216年，盎格鲁-诺曼统治者失去了对诺曼底的控制。12—13世纪，法国国王逐渐夺回部分被英王占领的土地。14世纪初，英国仍占据着法国南部阿基坦地区（Aquitaine），成为法国政治统一的最大障碍。法国人试图把英国人从法国西南部赶走，从而统一法国。英国当然不愿退出，并欲夺回失去的土地，如诺曼底、曼恩（Maine）、安茹等。另外，当时英法两国因为贸易利益的关系，都想争夺对佛兰德斯（Flanders）的实际控制权，双方的矛盾冲突进一步加深，最终导致百年战争爆发。

  1337—1453年间爆发的百年战争是英国和法国，以及后来加入的勃艮第

(Burgundy)之间的战争,号称世界上历时最长的战争,断断续续进行了116年,是中世纪欧洲最重大的军事冲突之一。英法两个王室的五代君主争夺西欧最大国家法国的王位,这也是中世纪欧洲骑士制度的巅峰之战,百年战争以后骑士制度就开始没落了,西欧的封建制度也开始瓦解了。百年战争以法国的胜利告终,战争促使英法两国现代民族国家的形成:法国完成民族统一,为日后在欧洲大陆的扩张打下基础;英国虽然丧失了几乎所有的法国领地,但英格兰的民族主义空前高涨,民族认同更加清晰,为日后在欧洲之外的扩张埋下伏笔,从此英国对欧洲大陆推行"大陆均势"政策,专注于欧洲之外的发展,成为全球最大的帝国,英语作为英格兰民族语言的地位也得到了提高。

法国王位继承问题是百年战争的导火索。1314年,法王腓力四世(Philip IV)留下三子一女后去世。根据王位继承规则,王位应由腓力的儿子继承,后来这三个儿子也相继去世,没有留下任何男性子嗣,1328年,腓力四世幼子查理四世(Charles IV)去世,始于987年的法国卡佩(House of Capet)王朝绝嗣。腓力四世的女儿伊莎贝拉(Isabella)是英国金雀花王朝(House of Plantagenet)的王太后,她竭力为自己的儿子英王爱德华三世(Edward III)争取继承法国王位。英国金雀花王朝早在12世纪便通过联姻等手段在法国拥有大量土地和财产,因此自认为属法王诸侯,但法王并不信任这些英国表兄弟,相反认为英国人的存在使自己无法获得英国人所占领的法国土地,进而无法进行领土扩张以及有效的中央集权统治。按理说,法王王冠应该落在腓力四世的外孙头上,然而因为这位外孙恰好是英王爱德华三世,所以法国贵族一致反对将法国王冠授予英国国王,为此他们专门推举腓力四世的侄子、瓦卢瓦王朝(House of Valois)的领袖为新法王。1328年,腓力四世的侄子加冕法王,史称腓力六世(Philip VI)。同年,法国占领佛兰德斯,英王爱德华三世下令禁止英国羊毛出口,而佛兰德斯地区为了保持原料来源,转而支持英国的反法政策,承认爱德华三世为法国国王和佛兰德斯的最高领主,使英法两国矛盾进一步加深。1337年,爱德华三世宣布成为法兰西国王,腓力六世则宣布收回英国在法境内的全部领土,并派兵占领基恩(Guyenne),挑起争端。爱德华三世作为阿基坦公爵和法国王侯,享有既持有公爵领地,又不受制于法王的独立地位。腓力和爱德华都没有考虑过向对方妥协,事实上,作为真正的中世纪骑士,他们都有打一场骑士战争的想法。1340年,爱德华昭告天下，鉴于法王腓力四世是自己的外祖父，因此自己才是法国王位的合法继承人。此后的400多年里，只要是公开的礼仪场合，英国王室都会反复重申爱德华的这项声明，直到法国王室被共和力量推翻。

经济问题是英法两国交恶的罪魁祸首。英国的经济命脉和王室国库的正常运转，在很大程度上依赖羊毛贸易。中世纪后期，佛兰德斯是欧洲羊毛贸易中心。生产羊毛的英国人在这里卖羊毛，而大部分由这些羊毛制成的呢绒商品则取原道返回英国。由于羊毛原料出口商和毛呢制成品进口商都要向英王缴税，因此佛兰德斯的羊毛制品厂商和经销商顺理成章地都愿意支持英国利益。然而，佛兰德斯伯爵却是一位法国王侯，佛兰德斯贵族也认同自己为法王一脉，他们自然希望独享佛兰德斯的财富，同时也可以一举两得地损害老对手英国人的经济利益。

百年战争分为四个阶段。第一阶段（1337—1360）英法主要争夺佛兰德斯和基恩，英国处于攻势。1337年11月，英王爱德华三世率军进攻法国，战争开始。1340年，英军在斯鲁伊斯海战（Battle of Sluys）中打败法军，英国控制了英吉利海峡，夺得制海权，防止法军渡海入侵。1346年8月，英军于陆上的克雷西会战（Battle of Crécy）大胜，又取得了陆上的优势。之后再围攻法国海防要塞加来港，11个月后成功占领加来港。1346年10月，英国在本土的内维尔十字之战（Battle of Neville's Cross）打败苏格兰入侵，擒获亲法的苏格兰王大卫二世（King David II of Scotland）。1348年，黑死病（Black Death）横扫整个欧洲，两国停战十年。1355年，英格兰再度进攻，夺取法国西南部的基恩和加斯科涅（Gascony）。1356年9月，普瓦提埃之战（Battle of Poitiers），法军大败，法王约翰二世（John II, 1350—1364年在位）及众臣被俘，英国借此向法国索取巨额赎金。英国人无限度地征收苛捐杂税和法国内部完全陷于经济破坏的状态，导致了1358年法国农民起义——扎克雷农民起义（Jacquerie Peasant Revolt）。法国王室则承受着英军横征暴敛、国家经济崩溃、平民起义反抗等内外煎熬，情势非常不利。1360年，法国被迫签订极不平等的《布勒丁尼和约》（Treaty of Brétigny），割让出卢瓦尔河以南至比利牛斯山脉的全部领土。此外，法王还需支付300万金币的补偿款，作为条件，爱德华放弃对法国王位的声索。

第二阶段（1369—1380），法国扭转不利战局。1364年，法国王子查理继位，称查理五世（Charles V, 1364—1380年在位）。他为了夺回失地，改编军队，整顿税制,加紧备战。查理五世用雇佣步兵取代部分骑士民团,并建立了野战炮兵和新型舰队。从1369年起,法国连续发动攻势,欲夺回被侵占的领土。法军新任统帅贝特朗·杜·盖克兰(Bertrand du Guesclin)以突袭和游击战术攻击英军,在蒙铁尔战役(Battle of Montiel)等多场战役大败英军。1380年,英军已退守至沿海区域,英王担心丧失在法国的全部领地。1396年,英法双方缔结二十年停战协定,英国仅保留波尔多、巴约纳、布雷斯特、瑟堡、加来五个海港,以及波尔多与巴约纳之间的部分地区。

第三阶段(1415—1424)英国伺机出击,重新占据主动。1415—1429年间,法国勃艮第、阿曼雅克(Armagnac)两派发生内讧,农民市民也起义反抗,英格兰借机重启战端。1415年8月,英王亨利五世(Henry V, 1413—1422年在位)趁查理六世(Charles VI, 1380—1422年在位)即位后法国统治阶级发生内讧之机,领兵进攻法国,英军于阿金库尔战役(Battle of Agincourt)大败法军。10月,英国与勃艮第公爵结盟,占领法国北部,法王查理六世无力抵抗。1420年5月21日,英、法在特鲁瓦签订几乎让法国亡国的《特鲁瓦条约》(Treaty of Troyes)。英王亨利五世成为法国摄政王,有权继承查理六世死后的法国王位,法国已沦为英法联合王国的一部分。1422年,英法的亨利五世和查理六世同年去世,两方新王亨利六世(Henry VI)和查理七世(Charles VII)为争夺法国王位再度交火。由于王位争夺(1422—1423)加剧,法国遭到侵略者的洗劫和瓜分,处境十分困难。捐税和赔款沉重地压在英占区的法国居民头上。1428年10月,英军围攻通往法国南方的要塞奥尔良城,形势危急,法国人民组成抗英游击队,袭击敌人。因此,对法国来说,争夺王位的战争已转变为民族解放战争。

第四阶段(1424—1453),法国反败为胜,取得英法百年战争的最后胜利。1428年10月,英军和勃艮第派系军队包围了奥尔良(Siege of Orléans),对法军十分不利。1429年4月27日,法王太子授予贞德(Joan of Arc, 1412—1431)以"战争总指挥"的头衔。她全身甲胄,腰悬宝剑,捧着一面大旗,上面绣着"耶稣玛利亚"字样,跨上战马,率领3000—4000人,向已被英军包围达半年之久的奥尔良进发。贞德先从英军围城的薄弱环节发动猛烈进攻,英军难以抵挡,四散逃窜。4月29日晚8时,贞德骑着一匹白马,在锦旗的带领下进入奥尔良,全城军民燃着火炬热情欢迎她。贞德率领士气高昂的法军,迅速攻克了圣罗普(Saint Loup)要塞、奥古

骑马的法国民族英雄圣女贞德，1505年手写本里的插图。

斯丁（Augustins）要塞、托里斯（Tourelles）要塞。5月8日，被英军包围209天的奥尔良终于突围成功。奥尔良战役的胜利，扭转了法国在整个战争中的危难局面，从此战争朝着有利于法国的方向发展。此后，法国人民抗英运动继续高涨，英军节节败退。1429年7月，法国王子查理在兰斯加冕，称查理七世。1430年，在康边城（Seige of Compiègne）附近的战斗中，当贞德及其部队被英军所逼、撤退回城时，这些封建主把她关在城外，最后竟以4万法郎将她卖给了英国人。贞德宁死不屈，她说："为了法兰西，我视死如归！"1431年5月29日上午，贞德备受酷刑之后在卢昂城（Rouen）下被活活烧死，她的骨灰被投到塞纳河中。牺牲时，贞德才19岁。贞德之死激起法国的民族义愤。1435年，勃艮第背弃英王，重新与法联合，促使法军转入大反攻。1437年，法军光复首都巴黎。1441年，法国收复香槟地区。1450年，法国和布列塔尼联军在福米格尼战役（Battle of Formigny）中大败英军，整个曼恩和诺曼底地区很快回到法国手中。1450年，法军解放诺曼底，并在巴约勒之战（Battle of Bailleul）中重创英军。1453年，法国夺回基恩。1453年7月17日，法军在卡斯提隆战役（Battle of Castillon）中歼灭加斯科涅的英军主力，10月19日波尔多英军投降，法国收复加来以外的全部英占领土。1458年，法军攻陷加来，英国失去了在欧洲大陆的最后一个据点。

战争体制方面，开始时，两国主要采用西欧原有的贵族兵源制，由各领主募集军队，有服役时间限制。这对跨海远征的英格兰很不利，于是英军转而招募更多来自下层的雇佣兵，并配合著名的长弓兵战术。法国则迫于战争初期的失利，必须扩张王室的统治权力以抵御外敌。因此在战争结束时，双方都已走上中央集权的道路。战争初期，英格兰在数次战役中的胜利，严重挑战了西欧贵族骑兵的军事垄断地位。战后，虽然胜利的法国仍保留着许多重骑兵传统，但步兵能够打败骑兵的思想观念已经流传开来，步兵的重要性由此不断提升，骑兵则最终走向消亡。

战术思想方面，战争初期，法国在各次大会战中都使用重骑兵正面冲击，到1415年的阿金库尔战役时，也模仿对手英国让部分骑兵下马徒步战斗，这说明骑兵和步兵的战场角色已大幅改变。法国借由平民出身的圣女贞德鼓舞士气取得最后胜利，更突显出以骑士贵族为主的法军在战争中的屡次失败，标志着贵族骑士阶层的衰退和民族战争特性的兴起。

武器装备方面，百年战争中，双方的武器装备都经历了改良和演化。14世纪开战时，当时最好的盔甲仍是锁链甲，这和数世纪之前相比并没有本质上的进化和改善，而15世纪战争中后期时，新形态的板甲已经成为贵族骑士们的普遍装备。在连续不断的围攻战中，双方逐渐重视起攻城武器的设计和应用。在后期，法军开始大规模使用火药及火炮作为武器而取得胜利，并在这些新型武器上具有科技领先地位，由此催生了新形态的战争方式。

百年战争，不论对英国还是法国人民来说都是一场灾难。当时又恰逢黑死病流行的时代，在战争和疫病的双重打击下，英法两国的经济大受创伤，民不聊生。西方历史学家指出："百年战争是一场持续百年的屠杀游戏。当两国的皇族及贵族为了自己所夺得的利益而庆祝的时候，那些痛失家园及亲人的无辜平民却只能无声地痛哭。战争打了一百年，人民也哭了一百年"（Desmond Seward, 1999）。在战争过程中，英法百年战争的性质发生了改变，这在战争史上并不多见。英法两国先为王位继承问题展开争权夺利的生死争斗，尔后演变为英国对法国的入侵，法国则被迫进行反入侵回击，战争性质从封建王朝混战变化到侵略与反侵略，其结果可谓完全违背了英法王朝统治者的预料。

百年战争以法国为主战场，给法国人民带来了深重的灾难，同时也促进了法国民族意识的觉醒。人们普遍意识到国王联姻不仅不能解决长治久安问题，反而容易引起王位继承权争夺和战争。民族女英雄贞德勇敢地捍卫民族利益，为了民族解放不惜牺牲自己的生命，唤醒了法国人的民族意识，振奋了民族精神。解放战争的胜利，不仅使法国摆脱了侵略者的统治，而且还使法国人民团结起来，民族感情迅速增强，国王得到了臣民的忠心支持。由此法国封建君主政体演变成了封建君主专制政体，王权进一步加强。百年战争之后的英国，在经历了一段内部的政治纷争（玫瑰之战）后，也建立起中央集权的君主专制国家，开启了英国走向强国的道路。

百年战争的过程中，席卷欧洲的黑死病对英语的复兴具有重要意义。关于黑死病的起源、性质、后果，目前还没有定论。原来认为是鼠疫，现在似乎又有人认为是通过病毒传播的流行性疾病。欧洲流行的说法是这是一场源于亚洲的瘟疫，公元1338年左右，在中亚草原地区发生了一场大旱灾引发的局部瘟疫。这场瘟疫通过人员流动向外四处传播，而传入欧洲的起点是黑海之滨克里米亚半岛上的卡法（Kaffa），一座被意大利商人控制的城市，隶属于东罗马帝国，而附近则是蒙古人建立的金帐汗国（Qipchaq Ulisi）。瘟疫先是在蒙古大军中蔓延，然后传到卡法城里。1348年，卡法商人把瘟疫带到欧洲本土，1349年春，瘟疫传入英国，并迅速蔓延到全国各地，甚至连最小的村落也不能幸免，导致英国农村劳动力大量减少，有的庄园里的佃农甚至全部死光，而城市因人口稠密，伤亡情况更加惨烈。同年5月，伦敦原有的5万居民只剩下了3万，直到16世纪才恢复到原来的数量。当时英格兰的第二大城市诺维奇（Norwich）也惨不忍睹，常住人口从12000人锐减到了7000人，该城从此再也没能重现昔日的辉煌。著名的牛津大学也是重灾区，三分之二的学生命丧黄泉。3万名教职员工和学生，死的死，逃的逃，一年之后只剩下了6000人。1351年，疫情初步好转时，英伦三岛和爱尔兰已经损失了总人口的40%左右，远远高于英国在英法百年战争中的伤亡总数。1352年后，黑死病在欧洲的肆虐势头开始减弱。不过在整个14世纪，这种令人恐怖的瘟疫仍时常死灰复燃，在1361—1363年、1369—1371年、1374—1375年、1380—1390年间，它又曾多次扫荡欧洲。经过一系列瘟疫的打击，欧洲人口大量死亡，至于具体数字，由于缺乏准确的统计，后世估计约为2500万，相当于当时欧洲人口的三分之一。即使在14世纪以后的300年间，黑死病也一直没有绝迹，所造成的恐怖后果，兴许只有20世纪的两次世界大战才可相提并论。

在语言方面，黑死病造成的后果是沉重打击了拉丁语和法语，提高了英语在英国社会中的地位。教堂、修道院、大学、文法学校是知识密集区，同时也是说拉丁语的高级知识分子聚集的地区。当瘟疫来临时，这些人口密集区自然是瘟疫蔓延的重灾区，神职人员和教师大批倒下，一时间竟然找不到可以替代他们的人，从而导致英国拉丁语人才的断代。英国的法语人才也遭到了类似的打击。说法语或会英法两种语言的人才通常集中在王宫庄园、各级军政机构以及商贾重地，因此而这些地方通常人口密度高，疫情惨重，因此英国的法语人才也遭遇了灭顶之灾。城市里说英语的下层百姓也在劫难逃，而农村由于人口稀少，受灾程度相对较轻。瘟疫过后，英国人口锐减，劳动力价格走高，这无疑提高了普通劳动者的价值，同时也抬高了英语的价值，因为英语是与这些普通人沟通的唯一语言。于是，教堂、学校里有了只会说英语的人，世俗统治阶级身边也多了只会说英语的人。令人闻风丧胆的黑死病加速了旧统治阶级语言的没落，加快了民族国家语言的崛起。

（四）法语对英语的影响

　　法语和英语的互动长达千余年，法语对英语的影响潜移默化，主要有三大浪潮：诺曼征服打开了诺曼法语影响英语的大门、13世纪中期巴黎法语开始进入英语、17—18世纪是法语影响英语的最后一波高潮，从此以后英语开始逆馈法语。

　　在诺曼征服之前，英法两国统治阶级之间已有一定的交流，这些交流促进了少量的法语单词进入英格兰的文化和生活中，这些词在当时是一种新文化和新生活的象征。伴随诺曼征服而来的是英格兰政府和上层阶级的重组，这势必会带来大量法语单词的涌入。然而在诺曼征服后的一百多年里，英语中的法语单词一度出现饱和状态，没有再增加。

　　13世纪早期，英国相继失去诺曼底和其他在法领地后，英法两国上层的直接联系遭到削弱，但两个民族之间的民间接触与融合却逐渐加深。1204年，英王失去诺曼底后，英国上层统治阶级被迫同时掌握法语和英语两门语言，14世纪英语开始广泛地运用于文学和上层阶级的演讲中。影响英语的法语主要来自两个地方方言：早期是诺曼底人的方言，后期是在法国中部享有很高声望的巴黎方言。自从法国处于中部地区贵族的统治之下后，英语中原有的诺曼底人的方言就被巴黎方言所替代，或被赋予新的意义，1250年是这两个时期的分水岭。1250年前，英语中的法语单词主要来自诺曼方言，大约有900个，其中最多的是较早进入英语的、与教会有关的法语单词。因为当时英国的教会是由法国人控制的，僧侣在传教时很自然地就将法语传播开来了。这些带有宗教色彩的法语词汇有不少都保留至今，比如miracle, canon, capelein（后来被另一个法语单词chaplain取代），cardinal, prior, Baptist等词都出现在12世纪。1250年后，英语迎来了借用法语的第二次浪潮，这是法语涌入英语的鼎盛时期。因为1250年后，习惯于使用法语的上层阶级开始重新使用英语，由于不熟悉英语，他们经常借用法语词汇来表情达意。通过这种方式，上层阶级为英语引入了大量的法语词汇，这些词汇涉及政府、法律、宗教、军队、食物等各个领域，英语中的法语词汇一半都是在1250年到1400年这150年间进入英语的。此次借用并非来自法国诺曼底，而是以法国中部方言为基础的巴黎法语，这个时期的法语使用不仅仅局限于英国上层阶级，而且受到了中产阶级的追捧，法语不再是贵族享用的特权，由此迎来了历史上所谓的"法语的全盛期"。1258年至1362年期间，法语在各种活动中得到广泛使用。

　　14世纪，英语中的法语借词大量增加，而且许多法语单词已经成为英语中的一个有机组成部分。当时的英国人在书信和地方档案记录中已大量使用法语。在英国诗人乔叟的《坎特伯雷故事集》中，不足150字的序言就使用了18个法语单词，可见当时的法语运用有多广泛。除此以外，在技术性的文章中，如对狩猎、烹饪等的描写，也可以看到不少的法语词。由于1362年以前法语是律师和法庭用语，所以英语中的法律词汇有相当一部分出自法语：大量与法律程序有关的词，如sue, plead, accuse, indict, arraign, depose, blame, arrest等都出自于法语；一些罪行名称也来自法语，如libel, assault, arson, larceny, slander, perjury；大多数与财产有关的词也是法语词，如property, estate, entail, heir, inheritance, chattels；只有少数词如will, own(er), landlord, goods, 还保留着英语原词。从1362年开始，英语逐渐取代法语的位置，成为法律用语，但仍有大量的法语词遗留其中，例如上面提到的那些词。14世纪后半期，法语的使用就逐渐减少了。

　　15世纪，英国人对法语的热情渐趋冷淡，法语逐渐失去了对英语的影响力。究其原因有以下几点：首先，在当时的法国，巴黎法语被认为是法国的标准语，而在英国广泛使用的盎格鲁-诺曼法语则被认为是不地道的法语方言。其次，于

1337年爆发的英法百年战争持续了一个世纪,加深了英法两国的宿仇,更激发了英国人对于使用法语的抗拒心理。更重要的是,英国上层阶级逐渐失去了他们在法院和政府部门的重要性,而农民、商人以及工匠艺人的地位开始提高,这使得英语的地位也相应得到了提升,毕竟英语是这些中产阶级所使用的语言。到了1362年,英国以法律形式规定了英语在官方场合的使用,并指定英语为议会使用的官方语言。虽然法语作为一种口语语言正在退出英国的历史舞台,但是在15世纪它仍是特权阶级的标志及时尚文化的象征。许多有关文化和时尚的词就来源于法语,例如时尚(fashion)和衣服(dress)这两个词本身就是法语单词;文学方面的文学(literature)、诗人(poet)、浪漫作品(romance)、悲剧(tragedy)、故事(story)等也都是法语单词。

16世纪,法国因较早从意大利吸收文艺复兴的养分,在宗教、哲学、艺术等领域都取得了辉煌的成就,尤以文学发展最为突出。16世纪的法国文学十分发达:拉伯雷的作品《巨人传》(*Gargantua and Pantagruel*)在欧洲文学史和教育史上占有重要地位。散文家蒙田的思想遍及五大洲,影响长达三个世纪,他的论文影响了包括莎士比亚在内的许多英国作家。随着法国文学的发展并取得辉煌成就,巴黎不仅成为法国文学之都,更成为整个欧洲文学之都,从而产生了文学和文化上的法国中心主义。此时的英国也开始了文艺复兴,文化发展的需要掀起了向巴黎学习各方面知识的热潮,翻译法国书籍蔚然成风,而印刷术的推行也大大便利了法国文化的传播。虽然英语在前几个世纪里从法语借了相当数量的词汇,这时却发现仍不够用。为了准确、充分地表达新思想、新概念和新事物,英语必须再次大量借用外来语。于是,通过传奇文学的译介,大量法语词汇被借入英语词汇中。另外,由于英国历史上中世纪战事频仍,而当时掌控军队和舰队的人大都说法语,且很多战事都在法国境内进行,故这一时期英语从法语中借入的词大多与战争有关。例如:陆军(army)、海军(navy)、和平(peace)、敌人(enemy)、武器(arms)、战役(battle)、战斗(combat)、围攻(siege)、防务(defense)、间谍(spy)、上尉(captain)、中士(sergeant)、齐射(volley)等,这些词直到今天都还在使用。除了与军事有关的词外,有关政治和社会的词也有一些,如:党派的(partisan)、藏匿处(cache)、花瓶(vase)等。

在法语对英语的影响史上,17世纪是一个熠熠生辉的年代,是法语最后一次大规模进入英语。17世纪，法国路易十三和"太阳王"路易十四时期，兴起了古典主义的文艺思潮，是欧洲的文化中心，文学、艺术空前繁荣，贵族沙龙（salon）成风。法国人的语言、服饰、举止皆被欧洲各国上流社会所模仿，是否会说法语是社会地位的绝对标志，例如在英国查理一世的宫廷中，如果一位女士不会说法语，就会遭人轻视。古典主义促进了戏剧、散文、绘画和建筑艺术的发展，创造了丰富多彩的文学艺术。这一时期，法国涌现出一批卓越的文学家和艺术家，如莫里哀、高乃依和拉辛等。当时法国的剧团经常到国外巡回演出，所以法国艺术家的作品也在欧洲广为流传。在古典主义兴起的过程中，法国上流社会沙龙文化的出现起了重要作用。沙龙实际上是当时上流社会社交和文学活动的场所，沙龙文化不仅风靡巴黎及外省，而且在整个欧洲上流社会也被竞相模仿。例如，当时法国大使科曼热在伦敦的沙龙就很受欢迎，宾客们皆是英国上流社会名士。查理二世在位期间，英语再一次迎来了借入法语词汇的高峰。查理和他的法国母亲感情笃厚，幼年接受过完备的法国式教育，16—30岁期间都住在欧洲大陆，更增添了他的法国气质，可以说查理二世的法国性格甚于其英国性格。复辟后，他和皇室贵族把对法语的深刻了解和对法国文化的由衷热爱带回了英国。查理二世喜欢看巴黎戏剧，因此复辟后在伦敦成立了两家王室特许剧院：皇家剧院（King's Company）和约克公爵剧院（Duke's Company）这些剧院常常客满，带动了英国戏剧业的兴旺发展，法国戏剧理所当然成为英国戏剧模仿的典范。当时兴起的宫廷面具舞也被冠以法文名称 Masque（假面舞会）。据统计，当时最负盛名的剧作家和批评家约翰·德莱顿（John Dryden）通过自己的作品把两百个左右的法语单词引入标准英语。1685年，法国废除保护新教的法令《南特法令》（*Edict of Nantes*），使大量法国新教徒逃亡到英国，这些难民的到来使法语词汇再一次大量涌入英语。这一时期法语对英语的影响主要体现在大量法语词汇的借入，这些法语词汇大都涉及文化生活，有相当一部分保留至今。例如：ballet（芭蕾）、boulevard（林荫大道）、coiffure（发型）、routine（惯例）、naive（天真的）等。另外，此时从法语引进的词汇有一个不同于其他时期法语借词的特点：这些词汇没有再经历英语化，而是直接使用了法语的拼写和读音，而且在说话时保留法语发音甚至被认为是一种时髦。这就是为什么在现代英语词汇中，有些单词从读音上就可以看出源自法语，如：chagrin（懊恼）、confidante（知己）、double（加倍）、rendez-vous（约会）、

attaque（进攻）、bombe（甜点）等。

18世纪，随着资本主义的快速发展，欧洲历史上出现了第二次伟大的思想解放运动——启蒙运动，而法国正是启蒙运动的中心。这一时期出现了一批伟大的启蒙思想家，如孟德斯鸠、伏尔泰、狄德罗和卢梭等，他们的作品和思想传遍了全世界。从17世纪后半叶一直到18世纪末，法语在欧洲享有很高的声誉，成为开展文化交流和宣传启蒙思想最适合的语言。欧洲各国宫廷都以讲法语为荣，当时法国的驻外使节甚至都不需要翻译人员随行。18世纪时，法语在欧洲的传播已经达到了鼎盛时期，在好几十年内成了欧洲的共同语言，完全取代了拉丁语在欧洲的传统地位。17世纪，法语在欧洲的至高地位，很大程度上得益于路易十四时期的强盛国力；18世纪，法国国力逐渐式微之际，法语依然在欧洲广受欢迎，完全有赖其光彩夺目的文化魅力。法国文化使全欧洲的上流社会都为巴黎的生活方式所倾倒。法国金碧辉煌的凡尔赛宫更为欧洲各地宫廷所艳羡，各国王室竞相模仿凡尔赛宫来建造自己的行宫和官邸。跟欧洲其他国家一样，与法国隔海相望的英国自然也深受法国的影响。对于英国文化人来说，到法国去接受教育是必不可少的，因此越来越多的英国人去法国留学。自1741年起，牛津大学和剑桥大学开设了法语课，法国文学作品，尤其是卢梭（Jean-Jacques Rousseau）的著作，深受英国读者的喜爱。英国作家大都通晓法国语言文学、熟悉法国作家。法国的古典主义启发滋养了他们，许多法国作品不仅被翻译成英语出版，而且还被模仿；有些英国作家如：霍勒斯·沃波尔（Horace Walpole）和爱德华·吉本（Edward Gibbon）等，不仅用法语通信，而且用法语写作。1713年出版的《格拉蒙伯爵回忆录》（Mémoires du chevalier de Grammont）就是英国人安东尼·汉密尔顿（Antoine Hamilton）用法语写成的。在英国，从外交家、政客到学者没有不会说法语的，这个时代可以说是为法国疯狂的年代，人们张口闭口似乎每句话都要点缀上一些法语词句。"法语热"过后，有些法语借词退出了英语，但还是有相当大的一部分被保留下来，这些词汇有些从读音上就可以看出是源自法语，如前文提到的 chagrin, double, rendez-vous, confidante 等；有些与英语融合成为现代英语词汇，如 attaque→attack（攻击）；bombe→bomb（轰炸）；soupe→soup（汤羹）；cravate→cravat（男式围巾）等。

19世纪，法语单词还在不断涌入英语，特别是在艺术、纺织品和家具方面。

家具类有：chiffonier（西洋梳镜柜）、parquet（镶木地板）、cheval（穿衣镜）、glass（镜子）；艺术类有：renaissance（文艺复兴）、baton（指挥棒）、motif（主题）、profile（轮廓）、macabre（令人毛骨悚然的）；服饰类有：rosette（玫瑰花结）、reticule（小手提袋）、fichu（三角形披肩）、lorgnette（长柄眼镜）、beret（贝雷帽）等。18世纪后，英国在政治、经济、社会、科学等方面逐渐崛起，19世纪法语加快从英语借入词汇的步伐。

20世纪英语对法语词的借鉴仍在继续。两次世界大战英法两国同属盟国，garage（车库）、revue（讽刺时事的滑稽剧）、fuselage（飞机机身）、limousine（豪华轿车）、camouflage（伪装）等词词都是那时出现的。20世纪美国国际地位的空前强大使英语成为世界通用语，此后英语词汇开始大规模逆馈法语。

从以上每一时期英语对法语的吸收发展来看，这个过程是从来没有间断过的，这种影响与两国的历史紧密相连，是历史的产物。法兰西的辉煌文明曾使法语在欧洲盛极一时，因此也使英语在发展过程中深受其影响。随着时代的变迁，这种影响不但没有消失，反而在英语中沉淀下来，让现代英语展现出各种各样的法语烙印。在英语语言的发展过程中，有的法语单词得以保存下来，更多的是被赋予了新的形式与意义，但仍可依稀看到法语的身影。英语强大的吸收和借鉴能力，极大地丰富了英语词汇，在可以预见的将来，这种吸收和借鉴还将持续下去。

下面具体从语音、拼写、语法、词汇四个方面说明法语对英语的影响。

发音方面，首先是引入法语的发音方式，促成新发音的产生，其次是改变英语原有的发音方式。英语forest（森林）（古法语forest，现代法语forêt），这个单词中的 /ɒ/ 音就是受了法语的影响；中古英语riche / rɪtʃ /（rich, 富裕的）（古法语riche，现代法语 riche / rɪtʃ /），这个单词中的 /ɪ/ 音也是受法语发音的影响。此外，这时候的英语产生了几个新的双元音，其中 /ɔɪ/ 这个双元音就是从法语中借来的，例如：中古英语voide（void, 空无所有的）（古法语voide，现代法语vide）。在辅音方面，字母k和c都可以表示 /k/ 的发音，这也体现了法语的规则，同时c可以发成 /s/，如city，因为法语中的c在e、i、y前往往发成 /s/ 的音。法语词汇的引入使英语发音系统产生了变化。在古英语中，当音素 /f/ 和 /s/ 用于词首和词尾时，它们所对应的音位变体分别是/ f / 和 / s /，而当他们用于浊音之间时，它们对应的音位变体分别是 / v / 和 / z /。但是，由于诺曼法语外来词的引入，在veal, victory, zeal 以及 zodiac 这些单词中，/ v /和 / z / 成为单独的两个音素，并且出现在之前不可能出现的位置上。

拼写方面，受法语影响，英国人也学习法国人按发音拼写单词的方式。相比语音而言，英语在拼写上受法语的影响应该更大，因为当时英语作为一种平民语言更多地运用于口语，书面材料往往是由文化贵族创建的，这些贵族通常按自己的口语来写作，连讲述英国发生的故事或传说都用法语来记载。虽然诺曼贵族及其后裔之后开始学习并使用英语，但每当他们碰到无法用英语表达的情况时便会借助法语，因而有些词汇的拼写就体现出诺曼人书写习惯的影响。13世纪中期，英语开始复兴后，那些在法国受过教育的教堂抄写员开始抄写英语文章。由于对法语比较熟悉，他们逐渐改变了盎格鲁-撒克逊语言的书写形式，转用法语取而代之。例如：/ u /这个音被写成ou或ow，如单词hous（现代英语是 house，古英语中是 hus）、cow（古英语是cu）。

语法方面，最早的英语语法书以拉丁语为蓝本，法语源于拉丁语，加之法语对英语长期的历史影响，诸多因素导致英语语法映像法语语法。英语摒弃了屈折形式，由综合性语言变成了分析性语言，以词序和虚词表达语法关系。英语、法语的词序都是主—谓—宾（定—状—补），英语虚词（冠词、介词、连词、助词）的使用位置与法语相同。

法语形容词通常处于所修饰名词中心词之后，而英语则是前置。但英语中不乏形容词后置的用法：secretary general（秘书长）、consul general（总领事）、consulate general（总领事馆）、attorney general（司法部长）、court martial（军事法庭）、letters patent（专利证）、proof positive（确证）、sum total（总额）等。这些形容词后置的词组早已成为英语中固定的习惯用法，而且是正式场合和书面语用法。在随意场合和口语中，这些词组可以改为形容词前置的英语结构。

英语动词时态的基本用法亦与法语相似。法语直陈式现在时对应英语一般现在时，法语直陈式简单过去时对应一般过去时，法语直陈式简单将来时对应一般将来时，法语直陈式过去将来时对应一般过去将来时，法语直陈式复合过去时对应现在完成时，法语直陈式愈过去时对应过去完成时，法语直陈式先将来时对应将来完成时。法语、英语中的现在分词、过去分词、被动语态均大同小异。

词汇方面，这是法语对英语影响最大的领域，英语词汇烙下了鲜明的法语印记。法语词汇大量进入英语，这些法语借词几乎涵盖了所有上流社会的生活用语和抽象概念。诺曼征服之后三百多年，法语借词如潮水般涌入英语，新增英语词汇主要由源自法语的词构成。英语和法语的密切程度超越了所有其他语言之间的关系，尤其是词汇方面。相对于语法体系和语音体系来说，词汇是开放型体系，能不断吸纳新词。当乔叟的作品把英语送上文学神坛时，英语和法语借词已大量混合，这些早期的法语外来语被英语发音同化，常常无法辨认。同时，也对英语语法、发音产生不同程度的影响。中古英语有一万多个单词借自法语，其中75%沿用至今，法语借词的数量达到中古英语总词汇量的25%（Baugh, Albert C. 1963），这使得现代英语中出现大量的同义词、近义词。

英语中的法语借词有五类：

一是直接借用的法语单词（直借词），其中有小部分保留了原型甚至发音。如：budget（预算）、sandwich（三明治）、salon（沙龙）、abattoir（屠场）、abbe（神父）、chauffeur（汽车司机）、religion（宗教）。英国贵族体系称谓中，只有earl（伯爵）是英语单词，其余全是法语：公、侯、伯、子、男爵及其夫人的名称依次是duke, duchess; marquis, marchioness; earl, countess; viscount, viscountess; baron, baroness。诺曼人统治期间，英国臣民饲养的动物用英语单词swine（猪）、boar（公猪）、ox（公牛）、cow（奶牛）、calf（牛犊）、sheep（绵羊）、lamb（羔羊）、deer（鹿），被烹调成美味的肉品后，在法国主人的餐桌上变成了法语的pork（猪肉）、brawn（碎猪肉冻）、beef（牛肉）、veal（小牛肉）、mutton（羊肉）、venison（鹿肉）。其他动物的食用肉，在英语中并无专有的法语词，所以仍然使用英语词meat（肉）来表达，如：驴肉为donkey meat，马肉为horse meat等。

二是根据法语词义和构造方式翻译成英语的单词（译借词）。如：gratte-ciel = sky-scrape（摩天大楼）; hors la loi = outlaw（无法无天）; par coeur = by heart（记牢）。大部分借词已被借入语同化，只能借助词源词典方能查明出处。如英语和法语的众多同形词：muscle（肌肉）、machine（机器）、costume（服装）、garage（车库）、debris（瓦砾）、telescope（望远镜）、exam（体检）、bouquet（花束）。英语和法语的基础词汇、自然科学和社会科学词汇中还有大量的同源词，形式不尽相同，但词根依然清晰可辨，如：error, erreur（错误）; superior, superieur（高级的）; hymn, hymne（赞歌）; adventure, aventure（冒险）; comedy, comedie（喜剧）。

三是法语的前缀、后缀加上英语词或英语的前缀、后缀加上法语词融合而成的新词（融借词）。诺曼征服后的三百年间，英语、法语已然水乳交融、浑然天成，非语言学者已难以辨别。如：法语前缀dis-、bene-、di-、sur-、eu-、petr-，可自由地加在英语动词和名词前，例如：disrupt, benevolent, dilemma, surpass, eulogize, petroleum等。法语后缀 -able, -age, -ance, -ity, -ress, -ture等加在英语词后，例如：resistible, sustainable, package, disappearance, oddity, heiress, miniature等。英语前缀un-加法语词为数甚众：unimportant, unchangeable等。英语后缀 -less, -ful, -dom, -hood, -ship等加上法语词：homeless, respectful, freedom, adulthood, friendship。现代英语里很多表示否定的前、后缀：un-, in-, il-, im-, ir-, dis-, mis-, mal-, a-, -less, -ard, aster- 等，其中只有un- 和 -less是英语，其余全是法语，法语对英语的影响已达到喧宾夺主、令人匪夷所思的程度。

四是法语将数千个拉丁词语和希腊词语传给英语、德语等欧洲语言（并行词）。英语词汇变得更加丰富，同一意思往往有三种词汇表达：英语单词、法语单词、拉丁语单词。

英语单词	法语单词	拉丁语单词
rise（升起，上升）	mount（爬上，装上）	ascend（攀登）
ask（问，要求）	question（询问，问题）	interrogate（询问，审问）
goodness（仁慈，善良）	virtue（德行，贞操）	probity（正直）
fast（牢固的，紧的）	firm（稳固的）	secure（安全的，可靠的）
fire（火）	flame（火焰）	conflagration（大火，火灾）
fear（害怕）	terror（恐怖）	trepidation（颤抖）
holy（神圣的，贞洁的）	sacred（神圣的，庄严的）	consecrated（神圣的）
time（时间）	age（年龄，时代）	epoch（时代，时期）

上表第一组英语单词最通俗，第二组法语单词次之，第三组拉丁语单词最为书卷气。发展到现在，一般情况下前两组单词的意义差别较小，它们与第三组单词差别较大。

五是诺曼征服初期，懂法语的英国人极少，为了交流只能大量同时并列使用英语、法语的同义词（叠借词），这就是现代英语中叠意词俯拾皆是的原因所在。如：law and order（法律和秩序）、lord and master（夫君）、act and deed（有约束力的契约)、safe and sound(平安无恙)、ways and means(方法手段)、acknowledge and confess(承认坦白)。法语词汇对英语的影响遍及各个领域、各种活动,如政府:government(政府)、authority(权威)、sovereign(主权)、parliament(议会)、treaty(条约)、alliance(联盟)、mayor(市长)等。宗教:clergy(教士)、cardinal(红衣主教)、parson(牧师)、vicar(主教代理)、communion(圣餐仪式)、faith(信仰)等。法律:bar(律师界)、judge(法官)、suit(诉讼)、jury(陪审团)、evidence(证据)、defendant(被告)、verdict(裁决)等。陆、海军:army(军队)、battle(战斗)、spy(间谍)、enemy(敌人)、captain(上尉)、archer(弓箭手)等。有关文明生活及服饰的词:fashion(时装)、dress(连衣裙)、habit(宗教服装)、robe(长袍)、lace(蕾丝)等。珠宝首饰:ornament(装饰)、jewel(珠宝)、ruby(红宝石)、pearl(珍珠)、diamond(钻石)等。饮食:dinner(正餐)、supper(晚餐)、feast(宴会)、mess(食堂)、beef(牛肉)、veal(小牛肉)、mutton(羊肉)、pork(猪肉)等。家庭生活:curtain(窗帘)、chair(椅子)、cushion(垫子)、blanket(毛毯)、towel(毛巾)、closet(壁橱)等。打猎:kennel(狗窝)、falcon(猎鹰)、chase(追捕)、warren(兔穴)、covert(隐蔽的)、quail(鹌鹑)等。艺术与科学:art(艺术)、painting(绘画)、sculpture(雕塑)、cathedral(大教堂)、mansion(宅第)等。医药:medicine(药物)、physician(内科医生)、surgeon(外科医生)、plague(瘟疫)、pain(疼痛)、remedy(治疗)等。当这些不胜枚举的法语词成为英语通用词汇时,可以说英国人是借助法语来表达思想的,这毋庸置疑地证明了法语词汇对英语的深远影响。

英语中的法语借词大部分是中世纪时借入的,现代英语中保留的一些词已在法语中消失:bacon(现代法语:lard)、nice(现代法语:délicat, beau)、noise(现代法语:bruit)、plenty(现代法语:abondance)等;另一些词形式一样,但意义已然迥异:grange(英:农庄)/ grange(法:粮仓)、sock(英:短袜)/ socque(法:木底鞋)、sot(英:醉汉)/ sot(法:蠢人)等。这些区别很微妙,有时以英语或法语为母语的人,在使用另一种语言时难免会感到困惑。这再一次证明词源学知识的重要性,词的选用取决于文章体裁和话语场合。源于法语的词应在庄重场合和正式书面语中应用;相对而言,英语原生词则较口语化。这是学习语言和应用语言时必须掌握和遵循的原则。

英语和法语的千年恩怨，是英法两国争霸在语言领域的体现。虽然英法大打出手的武力争斗已经过去，但两国语言领域的较量仍在继续。诺曼征服拉开了英法直接竞争的序幕，法国挫败了英国对欧洲大陆的野心，但英国在18世纪中期七年战争中打败法国，确立了世界殖民霸权。英国是七年战争最大赢家，法国在《巴黎和约》中被迫割让加拿大、密西西比河东岸，并从印度撤出，英国晋升海外殖民霸主，开启日不落帝国传奇。由于英国将这次战争的费用转嫁给北美殖民地，引起当地居民不满，七年战争之后13年，美国宣布独立。1814年拿破仑帝国覆灭，法国彻底丧失了欧洲霸主地位，但法语一直是欧洲的语言霸主，而欧洲依然是当时世界政治舞台的中心，法语继续在该舞台发挥重要作用，续写外交语言的辉煌。第二次世界大战后，美国强势崛起，联合国总部落户纽约，英语取代法语，成为第一外交语言，英语法语争霸的主战场由世界舞台回归欧洲。欧盟有28个成员国，24种官方语言，虽然其语言政策号称各国语言一律地位平等，但事实上鉴于政治历史背景，长期以来一直是法语独领风骚，进入21世纪后，英语才开始在欧盟各机构内大行其道，法国人无奈地看着英语在欧盟内攻城掠池，以锐不可当之势跻身欧盟第一大工作语言。然而近年随着英国脱欧愈演愈烈，英语法语此消彼长，欧盟的语言版图也充满变数。

关于英法竞争，还有几个涉及美国的小插曲。在美国独立战争中，法国支援美国，打击老对手英国。1803年，路易斯安那购地案（Louisiana Purchase）让美国从法国购买了密西西比河以西、落基山脉以东的广大疆域，使得美国国土面积翻了一倍。拿破仑之所以出售法国北美属地，一方面是向美国释放善意，另一方面还是为了对付英国。虽然当时拿破仑拥有全欧洲最强劲的军队，英国仍对法国构成军事威胁。法国希望当英法战争爆发时，一个强大的美国可以牵制英国。美国纽约的自由女神像（Statue of Liberty），以法国巴黎卢森堡公园的自由女神像作蓝本，是法赠送给美国的礼物，以庆祝美国独立100周年，同时纪念美国独立战争期间的美法联盟。自由女神像脚下是打碎的手铐、脚镣和锁链，象征着北美人民挣脱英国暴政的约束。法国支持美国为的是打击英国，却也变相支持了法语的竞争者英语。

第四章

英语与拉丁语：语言是政治

中世纪时期，拉丁语（Lingua Latīna）的宗教和学术地位至高无上，不容置疑，受到教会和王权的双重保护。作为后起的区域性年轻语言，英语不断从欧洲通用语拉丁语吸收营养，历时长达千年。英语崛起的路上，自然伴随着对拉丁语的挑战，也就是对教会和王权的挑战。16世纪，英语终于撼动了拉丁语的地位，成为英格兰当之无愧的民族语言。17世纪末，英语取代拉丁语，成为国际学术语言。

公元43年，刚登基的罗马皇帝克劳狄一世（Emperor Claudius）利用不列颠诸部落间的矛盾，终于成功征服了该岛，并在此设立行省，开启了"罗马不列颠"（Roman Britain）时代，拉丁语连同拉丁文化开始对不列颠产生潜移默化的影响。在阿古利可拉（Gnaeus Julius Agricola）担任不列颠总督期间，不列颠的本地贵族迅速罗马化，他是罗马著名史学家塔西佗（Publius Cornelius Tacitus）的岳父。阿古利可拉相当重视教育，极力推广拉丁语。受其影响，不列颠居民，尤其是氏族贵族，开始说拉丁语，崇拜罗马诸神，并效仿罗马贵族的生活方式，罗马文化和风俗习惯逐步渗入不列颠。除拉丁语之外，罗马人还借助罗马大道、罗马城镇和罗马庄园这三个载体来传播罗马文化。首先，罗马人占领不列颠后，以伦敦为起点，在南威尔士的卡那封、英格兰西北部的切斯特和北部的约克三个驻军中心地之间修筑了宽六七米、长8000多千米的道路，即著名的罗马大道。尽管罗马人修路的初衷是为了方便军事运输，但后来这些军事要道却突显出对当地商业发展、信息传递的巨大贡献（英国现在的主干道路还沿袭了近两千年前罗马道路的格局）。这些道路把奢侈品从西欧输入伦敦，然后再转运英国其他地方，而各地的皮革、锡、宝石、谷物、奴隶等也凭借这些道路，远销西欧，甚至南欧各地。其次，罗马人在不列颠大力推进罗马化的城镇政策。罗马人积极推广在其他行省取得成功的城镇化经验,利用凯尔特部族首领实行地方自治,以便统治分散的不列颠部落。公元1世纪下半叶,罗马人除了在不列颠建立伦敦、格罗斯特等5个自治市以及约克等3个军事重镇外,还设立了郡,并在每个郡设立一个首邑。最后,城市化的发展还使罗马文化通过城镇向乡村辐射。公元2—4世纪,不列颠的农业生产发展较快,粮食产量增加,生产工具改进,生产所有制方面也发生了较大变化,出现了罗马式的庄园。由于生活在罗马时代的大多数不列颠人仍对乡村有着难以割舍的眷恋,所以庄园在一定程度上促进了不列颠农村的罗马化。尽管以上三个载体将不列颠引入了文明世界,但是公元5世纪初,罗马帝国衰落,并最终撤离不列颠,罗马文明在古老的不列颠岛屿上来也匆匆去也匆匆,和罗马军团一起撤离的还有拉丁语。

虽然拉丁语在罗马帝国时期已经传入不列颠,但当时不列颠民众的语言是凯尔特语,说拉丁语的统治者人数很少,尽管罗马商人在推广拉丁语方面功不可没,但拉丁语的总体影响力有限。拉丁语与英语的互动,主要发生在基督教传入英国之后,因为拉丁语是基督教的语言。把拉丁语第二次传入英国的先驱是坎特伯雷主教奥古斯丁(St. Augustine of Canterbury, ?—604)。他是一名天主教本笃会修士,也是天主教会任命的第一位坎特伯雷大主教。奥古斯丁曾任罗马圣安德勒修道院的副院长,公元596年,他奉格里高利教皇(St. Gregory the Great)之命,率领40位传教士前往英国传教。行至法国,当地人警告这批传教士,到英国传教是非常困难的,因为英吉利海峡风浪险恶,旅途非常危险,可是奥古斯丁嘱咐众人继续勇往直前,不必担忧。公元597年,奥古斯丁一行人成功渡海到了英格兰南部肯特地区,受到肯特国王爱德培(Æthelberht)的欢迎,国王亲自在橡树下聆听圣道,将都城坎特伯雷城外的一片土地划拨给传教士建造教堂,并准许他们自由传教。奥古斯丁最重要的成就是把基督教引入英国,在英格兰建立了第一座教堂、第一所神学院、第一个教区,正是他建立了坎特伯雷主教座堂,因而被称为坎特伯雷的奥古斯丁,以区别于另一位同名的基督教学者希波主教圣奥古斯丁(St. Augustine of Hippo)。

奥古斯丁在坎特伯雷全力传扬基督教,还帮助肯特国王订立法律,兴办学堂,出版书籍,甚至游说肯特国王接受基督教的洗礼,而这一切都是以拉丁语为媒介完成的。根据圣比德记载,奥古斯丁在坎特伯雷建立的教堂,之后逐渐扩建为坎特伯雷主教座堂。肯特国王爱德培皈依基督教后，奥古斯丁派使者向教皇汇报工作，并请求多派传教士赴英。公元601年，又有一批传教士从罗马出发，他们带去了大量礼仪用品，如主教的披带、圣器、祭台布、祭衣、圣人圣髑、经书等。除了带去基督教，奥古斯丁及其后继传教士给英国带去的最重要的文化遗产便是拉丁语，因为拉丁语是教会认可的宗教语言。

拉丁语是现代罗曼诸语的先祖，拉丁语与希腊语同为影响欧美宗教与学术最深的语言。中世纪时期，拉丁语是当时欧洲不同国家之间沟通交流的媒介语言，也是研究神学、哲学、科学所必需的学术语言。近代以前，通晓拉丁语曾是欧美研究任何人文学科领域的必要前提条件；及至20世纪，拉丁语的研究逐渐衰落下去后，西方学术界才把对当今鲜活语言的研究列为重点。而今天英语在世界上的地位，堪称可以比肩历史上拉丁语的通用语地位，只不过流通范围更广、使用领域更多。

（一）威克利夫教派

语言是政治。使用拉丁语是服从教会的标志，而使用英语则成为反抗教会和挑战王权的象征，这无疑是14世纪英格兰语言发展的最大特色。反抗教会方面：1356年，牛津大学神学教授约翰·威克利夫（John Wycliffe, 1320—1384）用拉丁语发表了一篇攻击教会的文章：《教会末日》（The Last Age of the Church），从而拉开了英国宗教改革的序幕。挑战王权方面：主要体现在民众对政府政策的抗议，1377年，为筹措与法国作战的军饷，英国政府规定不论贫富人头税均是4便士，1381年更涨至5便士，这直接导致英格兰南方诸郡的农民揭竿而起，攻陷伦敦，并把英国宗教领袖坎特伯雷大主教斩首。到14世纪末期，英国的宗教诉求及政治诉求合流为罗拉德运动（Lollard Movement）。

威克利夫是14世纪英格兰著名神学家、哲学家，其宗教改革的重要成果是主持翻译了英语版《圣经》，这是英语语言文化史上第一部完整的英语《圣经》，史称"威克利夫《圣经》"。威克利夫主张改革教会；反对教会拥有财产和教皇在英国征收贡赋；主张建立脱离罗马教皇控制的英国民族教会，一切教会财产应由国王掌管；否认教士有赦罪权；反对敬拜圣像；要求简化宗教仪式并用民族语言举

英国神学家、宗教改革家、翻译家约翰·威克利夫（John Wycliffe, 1320—1384）正在给神父发放他翻译的《圣经》，由19世纪画家威廉·弗雷德里克·伊姆斯（William Frederick Yeames）绘制。

行圣事；相信《圣经》是教义的唯一泉源，并拥护将《圣经》译成英语的行动。这些改革主张得到下层贫苦人民和下层普通教士的拥护，对欧洲宗教改革运动起到了先导作用。在英国历史上所有杰出人物中，同时在英语语言、英语《圣经》以及新教信仰方面都做出巨大贡献的非威克利夫一人莫属了。

威克利夫的追随者被蔑称为罗拉德派（Lollards）。根据牛津英语词典的解释，罗拉德一词借自中古荷兰语，意思是"嘀咕""含混不清的发音"，最初是指黑死病期间掩埋死者的人以及他们边埋葬边为死者吟唱而发出的声音，后来逐渐有异教徒的贬义。罗马天主教用该词泛指欧洲新教改革之前的宗教改革运动，最早用来指活跃在意大利的方济会士，后来主要指威克利夫的追随者，即14世纪中期至英国宗教改革期间的西欧异教徒。威克利夫及其追随者自称为威克利夫教派，这是一个更加中性的称谓，该词指有学术背景（即有拉丁文神学背景）的人，而罗马天主教会则贬称其为罗拉德派，该词主要指没有学术背景、没有受过古典教育的人,或者即便受过教育也只是英语教育的人,这些人追随威克利夫,阅读英语《圣经》,挑战罗马天主教权威。英国第一批所谓的罗拉德派以牛津大学神学教授威克利夫在牛津大学的同事们为中心,1381年,威克利夫被牛津大学开除后,赫里福德的尼古拉斯(Nicholas of Hereford)继续发挥领导作用。1382年,坎特伯雷大主教威逼牛津罗拉德派放弃他们的观点,但这一派别继续扩张。1399年,亨利四世即位,标志着镇压浪潮的开始。1414年,罗拉德派的一次起义很快被亨利五世打败,起义遭到了残酷的报复,标志着罗拉德派公开政治影响的结束。1500年前后,罗拉德派开始复兴,到了1530年,老的罗拉德派与新的新教徒的力量开始合并。罗拉德派的传统有利于亨利八世的反教权立法。

威克利夫着手翻译英语《圣经》时,已经有法语版《圣经》,但却没有完整的英语版《圣经》。1382年,威克利夫的追随者、牛津大学神学系学者约翰·阿斯顿(John Aston)因异端邪说罪名,被押至坎特伯雷大主教面前受审,按惯例他应该说拉丁语,但为了让更多的英国人听懂自己的辩护,阿斯顿不顾警告,坚持用英语回答审判问题。这是英语第一次显示出对抗教会的力量,这一事件也坚定了威克利夫英译《圣经》的决心。

学者英译《圣经》不仅仅是一腔热血的冲动,还有坚实的市场基础。14世纪末期,英国已经形成了一个比较庞大的有钱有闲有英语阅读能力的群体,例如,富裕商人,尤其是从事印刷业务的商人,甚至直接参与了威克利夫英译《圣经》的编辑出版工作,威克利夫《圣经》译本已经有早期印刷作坊的编排痕迹,当时主要的印刷中心应该在英格兰中东部某地。英国社会底层的英语阅读能力也在提高,1391年,英国下议院议员集体上书国王,要求规定农奴学习英语为非法行为,虽然他们的要求没有得到国王的支持,但这显示英国底层大众有学习英语的需求。富裕商人和贫苦农奴学习英语的具体动机不尽相同,但是他们都有共同的使用英语的需求。

后世流传下来的威克利夫《圣经》有两个译本:约于1382—1384年完成的早期译本(the Early Version,或 EV)和1395年修订完成的后期译本(the Later Version,或 LV)。学界以前认为这些译本都是威克利夫自己翻译的,后来认为是集体努力的结晶,早期译本主要由赫里福德的尼古拉斯等人担纲完成,后期译本主要由威克利夫的秘书约翰·珀维(John Purvey)完成。至于威克利夫本人具体翻译了哪些部分，目前尚无定论，但他亲自参与了翻译，且该译本是在他的倡导、激励和影响下完成的，这一点毋庸置疑。威克利夫《圣经》英译本在翻译的过程中，遭遇了有的观点理念很难用英语表达的困境，因而不得不借鉴拉丁语和法语的概念及词汇。教会在批判威克利夫《圣经》英译本时也遭遇了同样的困境，因而不得不借鉴英语概念及词汇来达到攻讦批判的目的，这是拉丁语和英语深度融通的时代。

威克利夫认为《圣经》是基督教信仰的基石，具有最高权威，信徒皆是上帝的子民，有权通过阅读《圣经》领会上帝的旨意。事实上，当时英格兰教育落后，只有少数教士能够读懂教会颁布的官方拉丁文《圣经》，广大平民百姓和下级教士既没有拉丁文识读能力，也鲜有机会直接接触《圣经》文本。有鉴于此，威克利夫积极倡导应将《圣经》翻译成普通百姓自己的民族语言——英语。与同时代的其他欧洲民族语译本相比，该译本要著名得多，主要原因如下：首先，这是一部完整的通俗拉丁文《圣经》（*Biblia Vulgata*）的全译本，而其他民族语译本只是其中部分经卷的译本，多数为《使徒行传》和《福音书》译本；其次，该译本不是为权贵而译，而是为那些农民和工匠等社会下层群众以及下级教士而译，他们识读能力有限，通常是通过传唱和跟读记忆的方法学习经文。威克利夫《圣经》被英国人民广泛使用长达一个半世纪，直到1526年才被廷代尔翻译的英国第一本印刷体英语《圣经·新约》以及1535年迈尔斯·科瓦代尔（Miles Coverdale）译成的第一部完整的印刷体英语《圣经》取代，威克利夫译本的翻译和传播对中世纪英格兰文化产生了广泛而深远的影响。

自14世纪70年代起，威克利夫积极倡导《圣经》英译及《圣经》知识的普及运动，还经文于民间。14世纪末，威克利夫《圣经》译本的完成与广泛抄传不仅打破了天主教会对《圣经》及其阐释权的垄断，而且挑战了当时拉丁语作为教会唯一合法语言的至尊地位，因而引发了英国宗教界就拉丁语《圣经》能否被译成英语等欧洲民族语言的广泛争议。当时主流的观点认为英语是野蛮人的低等语言，没有语法结构，词汇贫乏，完全不能承担翻译《圣经》的重任。其实早在几个世纪之前，英国已经有人用英语翻译《圣经》章节，因此说英语不能翻译《圣经》不是语言学研判，而是政治性论断。1401年，英国议会还通过了火烧异教徒的决议，该决议把普通民众英语阅读能力的提高与威克利夫教派的煽动性传教活动直接挂钩,指控他们非法结社集会、非法创办学校、非法出书传教。15世纪初,教会规定在宗教领域全面禁止英语的使用,这一规定适得其反,至少是在短期内如此。教会不仅规定神学语言必须是拉丁语,还规定学术语言也必须是拉丁语,任何英语写作都难逃异端邪说的指控。连乔叟的《坎特伯雷故事集》以及《十诫》(Ten Commandments)的英译本都曾上过异端邪说的黑名单。

自从1378年威克利夫提出所有基督徒都有责任了解《圣经》知识之后,有关《圣经》译成民族语合法性的争论在英国国内一直存在。这一争论15世纪初在牛津学者中尤为激烈,早在1401年,牛津大学已经展开关于《圣经》英语翻译的合理性与合法性大辩论。英国著名史学家、伦敦大学教授玛格丽特·迪耐斯立(Margaret Deanesly)曾详细描述此次争论的过程和议题。以威廉·巴特勒(William Butler)和托马斯·帕尔默(Thomas Palmer)为首的保守派反对将《圣经》翻译成民族语,甚至把《圣经》民族语翻译的支持者们称为"异端",而以彼得·佩恩(Peter Payne)为代表的另外一部分学者则支持把《圣经》译成民族语的行为。随着牛津学者们争论的加剧,这一问题也吸引了越来越多的公众参与辩论,甚至连"售卖肉汁的厨师们也自认可以阅读威克利夫英语《圣经》"。起初,英国天主教会对于发生在大学校园和民间的关于英语《圣经》合法性的讨论没有过多关注,但随着时间的推移和参与人数的增多,这些争论逐渐引起了罗马天主教会的警惕,害怕教会尊威会受到冒犯和挑战。鉴于威克利夫教派在英国传播范围和影响力的日益扩大,教会反对《圣经》民族语翻译的决心与日俱增。

1407年10月,坎特伯雷大主教托马斯·阿伦戴尔(Thomas Arundel)在牛津召集了一次教士会议,主要议题就是英语《圣经》和英语宗教小册子的问题。这次牛津会议通过了13条针对威克利夫教派的章程。1409年,阿伦戴尔颁布了《牛津宪令》(The Constitutions of Oxford),此时距牛津会议出台初稿已经过去两年了。该宪令包括一系列的条款,这些条款对牛津大学的布道和教学等环节做出了新规定。例如,条款6、9到11涉及学校里有关神学问题讨论的限制,要求校方至少每个月都要询问每位大学生的宗教观点,并且禁止牛津师生阅读两类书籍:一是威克利夫的书籍;二是未经主教任命的十二人委员会一致同意而私自出版的任何书籍。条款1到5以及条款8涉及文法学校及其他环境中的布道和教学规定。这几个条款明确了无执照布道的违法性,禁止布道者在布道时讨论教士的犯罪问题以及圣餐礼仪问题，该禁令涉及的人员还包括学校教师。这些条款还禁止在大学以外展开对于信仰问题的辩论。在《牛津宪令》所有条款中，最引人注目的当属第7条。该条款原文如下："诚如受祝福的圣哲罗姆所见，把《圣经》从一种语言翻译成另外一种语言是一件危险的事情，因为在翻译中不容易保有原有的意义……因此，我们颁布命令，从今以后，没有人可以私自把《圣经》的任何片段翻译成英语或其他语言……而且没有人可以部分或全部地阅读任何此类书籍……有违背此条款者，将被视为错误和异端的倾向者而受到惩罚。"1409年颁布的《牛津宪令》是限制英国用本国语进行宗教讨论和写作的罪魁祸首。此后的一个多世纪里，英国《圣经》英译行为几近销声匿迹。

《牛津宪令》旨在打击威克利夫教派运动、限制《圣经》民族语翻译及传教自由。这是自1382年以来一系列反对威克利夫教派运动的顶峰，是英国历史上最为严厉的审查制度之一，其规定远远超出了镇压威克利夫教派异端的目的，查禁的范围涉及所有有关民族教会神学思想和民族语创作的内容，这也是英国教会首次对《圣经》英译做出书面禁止性规定。例如，宪令规定：未经主教或教区会议批准，无论是以书籍、文章或小册子等形式，任何人都不得将《圣经》翻译成英语或其他地方语言；禁止公开或秘密阅读或拥有民族语《圣经》译本，无论是威克利夫时期的还是之后的，部分译文还是全部译文。换言之，此次牛津《圣经》翻译辩论以基督教保守派的胜利而结束，《圣经》翻译的提倡者或支持者最终没有获得将上帝律法俗语化的合法授权，威克利夫《圣经》同样没有得到英格兰教会的认可，《圣经》文本的民族语化被禁止。对威克利夫《圣经》的全面查禁以及对威克利夫教派运动的残酷镇压是威克利夫宗教改革流产的重要原因，这在某种程度上将西欧范围内的宗教改革运动推迟了一百多年，直到路德时代才又一次掀起改革浪潮。威克利夫与欧洲宗教改革先驱的头衔擦肩而过，这份荣耀属于后来的马丁·路德，而威克利夫仅被称为"宗教改革的晨星"（Morning Star of the Reformation）。

《牛津宪令》的颁布进一步强化了英格兰有关基督教书籍的审查制度，任何涉及引用《圣经》语句、基督教信仰、教义、教礼等内容的文章、书籍、宣传册等都要经过天主教会的严格审查才能发行，甚至连英国"文学之父"乔叟的作品也不例外。如果没有教会的批准，任何以神学为主题的创作、讨论等都将被禁止。

在该宪令生效期间，英国俗语文学及神学作品的数量大幅减少，教会审查制度的加强，使英国文学特别是宗教文学受到极大的抑制，方言神学被禁止，英国宗教文化发展转入低谷时期，持续时间长达一百多年，1529 年该宪令被废止后情况才有所好转。《牛津宪令》的颁布，使英国文化发生了重大变化，深刻影响了民族语宗教作品的特质。此次辩论使得英格兰教俗两界对《圣经》语言和翻译的历史有了更多的了解，也使得立志改革教会的革新派更加坚定了普及《圣经》知识的信念，毕竟民族语化符合基督教历史发展规律，具有不可逆转性，对传播教义、振兴教会具有极为重要的意义。威克利夫宗教改革的意义可以归纳为以下三点：

1. 奠定了英国民族教会的神学思想基础

14 世纪，虽然罗马天主教会称教义理论建立在《圣经》基础之上，然而事实却大相径庭：神学是以《圣经》为基础的，但教会的权威却建立在教会法基础上。威克利夫《圣经》译本无疑是另立山头，树立了新的权威，对教会当局强制推行的教会法构成了威胁。支撑教皇权力的教会法是宗教改革道路上的绊脚石，威克利夫不仅要把这块巨石从改革的道路上挪开，还要完全清除路障，用一部崭新的律法取代教会法以及其他代表教皇权威的敕令、通谕等。对威克利夫教派来说，《圣经》是最好的律法，因为《圣经》是上帝的话语，是基督教的教义经典，威克利夫及其追随者立志完成整部《圣经》的英译工作，这一历史性的艰巨任务为英国人民反抗天主教权运动提供了强有力的武器。

威克利夫译本使得英国读者第一次有机会读到完整的母语《圣经》，这一母语译文是以精心筛选的通俗拉丁文原文为蓝本，本着忠实原意的翻译原则，对《圣经》原文给予充分的信任和尊重。对于英语读者而言，阅读母语《圣经》往往意味着疏远教会的拉丁语，使得人们进一步意识到西欧基督教世界唯一通行的拉丁文《圣经》如同威克利夫《圣经》一样也只不过是一种译文而已。使用了民族语英文的《圣经》全译本是威克利夫及其追随者带给英国人民的伟大礼物，它以直接的方式启迪英国人民，反对天主教会等级制度和教皇统治，揭露高级教士的言行不一，谴责教会当局与《圣经》内容不一致的要求和规定，鞭挞教士和僧侣的错误观点及堕落腐朽的生活方式。该译本赋予英国百姓直接阅读《圣经》的能力和权利，打破了罗马天主教会对《圣经》及其阐释权的垄断，动摇了教会的权威，使得原来只有少数教士才有能力和权利阅读的《圣经》，变成英国百姓日常生活的读物。

威克利夫《圣经》是为那些文化水平不高的下级教士和广大下层百姓而译，使得圣典真正变成英格兰百姓自己的书。当时流行的抄传译本中，不仅有价格不菲的精装本，也有价格合理的简易本。这些译本是普通家庭的良师益友，是孩子成长的导师，是日常生活的范例，更是人们信仰、道德和行为举止的标杆。该译本，特别是后期抄传本，通俗易懂，备受英国人民喜爱，威克利夫教派成员用英语巡回布道，并组成众多的读经小组，使得译本抄传更为广泛，对英国人民的宗教生活产生了广泛而深远的影响。译本所体现的对《圣经》的热爱和所传载的《圣经》权威思想深深扎根于英国人心灵深处，无论是英文《圣经》的阅读者还是聆听者，其思想都受到前所未有的启迪。译本中大量的短语和段落深深地印在信徒的脑海里，成为日常生活的新用语，甚至是行为准则。威克利夫译本使得《圣经》在人们心目中的圣洁地位得以回归，思想得到启发，信仰得以匡正，这样一来，普通信徒对教士的依赖就大大下降了。该母语译本使得英格兰人民的整个世界都发生了新变化，市民、士兵、下层百姓都欢呼雀跃地迎接这样一种新时代的到来，那些出身高贵的阶级也在细读以前从没有过的知识，甚至英王理查德二世的妻子安妮也开始认真品读英文《福音书》。尽管教会法严禁使用或阅读方言《圣经》，但是人们不顾遭受审判甚至死亡的危险，组成众多的读经小组，或公开或秘密，如饥似渴品读或聆听民族语《圣经》，沐浴基督的灵光，领受上帝的旨意。通过读经，人们摆脱了无知、偏见和阶级仇恨，实现了自我救赎，拥有了属于自己的宗教生活。对威克利夫《圣经》译者们而言，每个人都应该直接知晓上帝的律法，该律法应以准确而易于理解的母语译文形式呈献给大众，他们是英国新教传统的真正先驱。它极大地动摇了罗马教廷的神权教阶制度，沉重打击了天主教会的独尊地位，使教会神圣不可侵犯的形象不复存在，为英国民族教会的建立奠定了神学思想基础。威克利夫《圣经》译本犹如酵母，悄无声息而迅速地在英国社会各个方面发生影响，吹响了英国宗教改革的号角。

2. 促进了宗教自由、政治自由思想的普及发展

威克利夫《圣经》是第一部完整的《圣经》英语译本，也是一部为平民百姓翻译的英文《圣经》。威克利夫的改革主张和英文《圣经》不仅得到广大百姓的普遍拥护，而且得到知识界的支持。该译本不仅广泛传播了不同于罗马教会的新教思想，而且鲜明地表达了爱国主义思想，极大地激励了英国有识之士和广大群众，启发了英格兰大众的民族意识，加快了英国民族国家和民族教会建立的进程。通过读经，人们的思想得到澄清和解放，其行动更加积极主动，加速推进了个人自由与权利思想的演进。

在威克利夫《圣经》之前，人们不得不放弃自己的母语——英语，而改学法语或拉丁语，随着英语《圣经》的广泛抄传，许多家庭都拥有母语《福音书》，教会通行的拉丁语《圣经》逐步被英语《圣经》所取代。中产阶级逐渐成为英国社会中坚力量，民族主义蓬勃兴起，威克利夫《圣经》的广泛传播，进一步发挥了英语语言统一英国社会各阶级的不可替代的重要作用，同时母语《圣经》的使用，也进一步促进了英国民族意识和民族精神的兴起和发展。威克利夫敏锐地洞察到了英国人民急需一部完整的母语《圣经》，他将拉丁文《圣经》翻译成英语，赋予英国人民以真理、自由、道德、思想和行动的独立，以启蒙个体自由的方式，号召信徒反对教会的一切不合理要求和规定。

威克利夫有关民族语有利于信徒研读《圣经》及全面领会上帝真言的观点同样具有政治重要性。母语《圣经》的广泛传播，有利于揭露教皇的独裁、教士的傲慢、教堂对财富的贪婪、教会当局和神职人员的腐败和失职，以及世俗政权和社会在保护信仰方面的懦弱和不力等，使得所有丑陋现象在上帝律法的光照下更加清晰地大白于人世，民众反教皇、反教权、反专制的呼声进一步高涨。同时，在反教权的斗争中，母语《圣经》译本成为俗人手中有利的武器。各级教会当局极力反对将《圣经》翻译成民族语或地方语言，主要是担心一旦人们自由使用方言《圣经》，就意味着他们在思想和圣礼方面拥有个人自由，这是教会权威所不愿看到的。英国人民至今铭记威克利夫的先行者功绩，正是他大力提倡人人自由阅读《圣经》，才点燃了宗教自由和公民自由的思想火花。

基督教文明能否持久、民族道德与社会正义能否伸张，首先取决于人们能否自由阅读《圣经》，而威克利夫《圣经》则使英格兰百姓实现了这样的自由。一旦拥有母语《圣经》，思想得到启迪，人们就会逐渐不满长期的专制和奴役，进一步加快思想与行动的结合，最终拥有完全的自由与权利。英国人从盲从与无知逐步转变为更富理性或宽容，这本身就是一个伟大的奇迹，英语《圣经》正是背后的主要推手，威克利夫犹如一位智者和真正的英雄，打造未来战争强有力的武器，以反对盛极一时的教会等级制度。当时教会认为，将《圣经》翻译成英语，使普通人拥有母语《圣经》，就如同将珍珠送给猪一样，然而威克利夫坚信母语《圣经》是百姓自我解放的最强大的武器，也是确保人人享有政治自由和宗教自由的最重要的保证。

3. 丰富了英语语言的文学表达力

威克利夫《圣经》译本把英语提到了和拉丁语平起平坐的神圣地位。尤其是他的后期译本，采用灵活的意译方法，更多地遵从英语的语言表达习惯，充分考虑到英国大众的文化水平和实际需求，大量选用人们日常生活用语，浅显易懂，便于记忆和诵读，广受欢迎。威克利夫《圣经》译文生动流畅，对英语的发展做出了杰出贡献。

14世纪中后期，伦敦作为英格兰的首都已经成为全国政治、经济中心，商业和手工业发达，人员往来频繁，以中部方言为基础的伦敦方言逐步被各地人们接受，成为通用语。威克利夫《圣经》全译本以英国中部方言为主体，其广泛传播加速了英语标准语的形成。同时，该译本曾借鉴了200多种当时英国流行的方言，促进了英语语言的成长，为英国民族语言的统一做出了贡献。后期译本的许多词语不仅被1526年廷代尔的《圣经·新约》、1535年科瓦代尔的《圣经》所采用，而且还出现在1611年出版的《钦定圣经》(*Authorized Version*，又被称为*King James Bible*)中。除此之外，威克利夫及其追随者为英语引进了一千多个英语中未曾有过的拉丁语单词，这些单词大都被后来的翻译作品沿用，因此这些词汇也逐渐成为英语的日常用语。威克利夫《圣经》不仅促进了英语标准语的形成和统一，而且为英语语言的丰富和发展做出了重要贡献，并为后世《圣经》英译提供了良好典范。

威克利夫虽不熟悉《圣经》的希腊语与希伯来语原始文本，但是他消除了通俗拉丁文《圣经》的晦涩与含糊，使得《圣经》能以民族语的形式在民间传颂，其译文风格对后世《圣经》英译产生了深远的影响，在赋予英语以文学语言的形式方面，他与乔叟齐名。母语《圣经》译本的成功，从实践上充分证明了英语语言的表达力，改变了《圣经》英译反对者们对英语语言表达力的质疑，大大提高了英格兰人民对母语英语的自豪感与认同感。威克利夫《圣经》的完成、修订和传播，证明英语能够担当起英国神学、文学和教育的重任。英格兰人民如饥似渴地阅读母语《圣经》，赋予日常宗教活动和世俗生活更广泛的《圣经》内涵，并将更多的《圣经》故事和人物用于小说、诗歌、戏剧等文学创作，极大地丰富了人们的文化生活，有力地推动了英国中世纪文化的发展，也为亨利八世宗教改革的到来较早地准备了坚实的宗教新思想和社会基础。

《圣经》不仅是一部宗教经典，也是一部文学巨著。《圣经》对英国文学有着源远流长的影响，这要归功于那些孜孜不倦，甚至冒着生命危险把《圣经》译成英文的翻译家们。如果没有他们的努力，英国文学是很难从《圣经》中直接吸收营养的。威克利夫《圣经》不仅是威克利夫及其追随者们在宗教改革方面取得的伟大功绩，也是他们取得的最伟大的文学成就，是第一本用新的中古英语写成的重要的散文范例，对后世的《圣经》英译、英语语言以及散文有着深远的影响。众所周知，乔叟是英国中世纪最伟大的诗人，被誉为"英国诗歌之父"，而威克利夫则是英国散文的伟大创造者，被称为"英国散文之父"，其中威克利夫《圣经》是其最伟大的代表作品。

英国著名历史学家特里维廉（George Macaulay Trevelyan, 1876—1962）曾称赞威克利夫《圣经》是"一部令人钦佩的、艺术价值极高的作品，既是英语语言史的一件大事，也是宗教史上的一件大事"。威克利夫《圣经》译本及其广泛传播不仅对英国人民的宗教思想和宗教生活、英语语言文学以及英国人民个人自由与权利思想的演进都产生了深远的历史影响，而且打击了罗马教会传统的神学思想和教阶制度，有力地促进了欧洲大陆各国宗教思想解放和民族语译经活动的广泛开展，促进了欧洲民族语言的发展传播。

（二）英语学术传统

英国普通民众英语阅读能力的提高，不仅局限在神学领域，还体现在对教育及世俗学问的追求上。然而，英国社会有强大的既得利益集团，大力维护拉丁语在古典学术传统中的统治地位。直到16世纪，这种现象才出现转机，英语才战胜拉丁文，确立了在学术界的地位。

英国中世纪的教育经历了从宗教到世俗的转化过程。无论是学习法律、神学，还是技术工种，典型的中世纪教育是学徒制。教会提供的教育通常是从文科入手，即从修辞、逻辑、文法"三学科"（the Trivium）开始，然后进阶到算术、几何、天文、音乐四学科（the Quadrivium），更高级别的学问包括亚里士多德哲学、民法、教会法、医学及神学。教会和律师学院提供的教育，不仅对立志投身这两个行业的人有吸引力，对不打算进入这些行业的人也很有吸引力。尤其是读写知识很受大家的欢迎，社会各行各业都有需求。15世纪时，完全不想当神职人员的男生也对教会文法学校（grammar school）趋之若鹜，行业公会等世俗机构也逐渐对教育产生浓厚兴趣，慢慢接管了文法学校。例如，伦敦著名的圣保罗学校（St. Paul's School）就经历了辖权易手的事，该学校原本归属圣保罗教堂，后来由伦敦布商公会（London Company of Mercers）接管。教会教育逐渐向今天的普通教育过渡。

16世纪初，世俗知识积累和更新的速度在加快。例如，当时的人们迫切需要了解有关美洲新大陆的知识，而传统的教会学术体系却不能满足新的需求。当时，英语的地位已经逐渐巩固，英语作为书面语已经自成体系，在出版界很有影响力，其官方语言的地位逐渐得到认可，于是人们自然期待英语取代拉丁语成为学术语言，人们有理由相信崭新的世俗教育必将带来崭新的课程体系。

然而拉丁语课程体系要退出历史舞台也不是一朝一夕的事。即便是在英语授课的学校也需要教授拉丁语法，许多极力推崇英语教育的学者也用英语写过拉丁语法书，其中最著名的也许要算1549年出版的英文版《莉莉拉丁语法》（*Lily's Grammar of Latin in English*），该书收录了威廉·莉莉（William Lily, 1468—1522）和约翰·科利特（John Colet）的文章，该书在英国一直沿用了三百多年，是权威的拉丁文语法教材。当时流行的还有用英文写成的希腊语法书。

拉丁文的使用范围并不局限于教会和教育界，有的行业也用拉丁文。例如，英语的普及使用威胁到了医学行业，过去医生花了许多时间和精力通过学习拉丁语才进入医学行业，而现在的医生通过使用英语也能跻身医学行业，这在前者眼中无疑是不公平的捷径。

不仅仅是拉丁文容易引发争议，对古希腊语的学术研究也曾在英国引发争议。英国亨利八世宗教改革运动之后，英国大学不再教授罗马天主教律法，拉丁语也黯然失色，古希腊语成为大学时髦的新学科。威克利夫教派的翻译们深谙原文可靠性的重要价值，新的印刷技术的引进也使得书面文本的精确性标准大大提升。1509—1524年，德西德里乌斯·伊拉斯谟（Desiderius Erasmus）在剑桥大学担任古希腊文教授时，把他对文本精确性和细节的关注发展成为学术界的新标准。1516年，他用拉丁文翻译了古希腊文的《圣经·新约》，他在英国的追随者有托马斯·利纳克尔（Thomas Linacre）和托马斯·莫尔（Thomas More）。伊拉斯谟很关注古希腊文本的细节，他注意到时人对古希腊文的读音可能理解有误，因为按照当时流行的古希腊文读法，好几个不同的古希腊元音读音都是一样的。伊拉斯谟大胆地推测以前这些古希腊元音的读法不可能是完全相同的，一定区分度，他大力倡导恢复古希腊文以前的读音。他的后继者、1540年被任命为剑桥大学古希腊文教授的约翰·奇克（John Cheke）继承了他的衣钵，在剑桥大学宣传改良的希腊文读音，这引起当时剑桥大学校长史蒂芬·加德纳（Stephen Gardiner）的反对，1542年他专门发布命令禁止使用改良的希腊文读音。玛丽女王在英国复辟天主教时，约翰·奇克差点被史蒂芬·加德纳送上了异教徒的火刑柱。伊拉斯谟在法国巴黎推广传统希腊文读音也遇到了阻力，被称为"语法上的异端邪说"（grammatical heresy），他的著作还上了教皇的黑名单，禁止天主教徒阅读。

今人很难想象研究古希腊文的读音问题会威胁到教会的利益。但威胁确实存在，主要来自对古希腊文本的字斟句酌。当时教会规定拉丁文本的《圣经》具有至高无上的地位，古希腊文知识会挑战拉丁文本的权威性，进而动摇教会的权威，因此也就不难理解研究语音问题会演变成政治议题。

英语学术传统的确立并非一蹴而就。英国学术界对英语的歧视由来已久，认为英语是野蛮人的语言，不仅不适合用来翻译《圣经》，也不适合翻译古希腊古罗马的经典之作，用英语写作无异于把珍珠送给猪。当时不少用英语写作的学者也认同这种观点，认为英语是粗鄙简单的语言。16世纪，英国社会对英语书籍的要求不断扩大，这让学者陷入两难境地。一方面，他们认为英语不适合用做书面学术语言，另一方面，市场呼唤更多英语书籍，于是学者效仿一百多年前威克利夫教派翻译者的做法，从拉丁语、法语大量借词，同时创造新词，唯一不同的是这次规模要大得多。

16世纪在英语中大量引入拉丁词汇的代表人物是托马斯·埃利奥特（Thomas Elyot）。他引进的词汇包括：abbreviate（缩略）、acceleration（加速）、accommodate（容纳）、aristocracy（贵族）、barbarously（野蛮地）、circumscription（界限）、democracy（民主）、education（教育）、encyclopedia（百科全书）、historian（历史学家）、inflection（变音）、modesty（谦逊）、society（社会）、temperature（温度）、tolerate（容忍）等，这些词汇一直沿用到今天。当然，也有一些词汇并没有流传开来，或是后来慢慢退出了历史舞台。总体而言，这些从拉丁语引入的词汇很快得到大家的认可，并迅速流传开来，后人逐渐忘记了其外来词的身世。埃利奥特的做法，实际上是被逼无奈，迫不得已才在古典拉丁语写作与英语写作之间达成妥协，但这一做法遭到保守派和激进派的双重攻击，保守派认为学者根本不该用英语写作，激进派认为他的英语写作还不够彻底和纯粹。

从拉丁语大量借词开始受到攻击，这些拉丁词源的外来词汇被贬称为"学究词"（inkhorn terms）。攻击者认为英语有足够的能力表达任何概念，如果在当时的英语中一时找不到合适的词汇，可以去古代的英语里寻找，也一定可以找到达意词汇。剑桥大学古希腊文教授约翰·奇克就持这样的观点，他认为学者写作应该用干净、纯洁的英语，不要和外来语混用。奇克身体力行，在翻译《圣经》时坚持不用外来借词，而是自己创造一些英语词汇，但他生造的词汇很少流传下来。

英语借鉴拉丁句法却没有出现争议，也没有受到挑战。当时学者用英语写作，不仅引进了拉丁词汇，还引进了拉丁句法。在早期英语的印刷文本中，单词的组合是根据口语表达习惯结合在一起的，例如，英国第一位印刷家威廉·卡克斯顿（William Caxton）的作品会令今天的英语教师不知所措，因为这些文字只是当时口头英语的忠实记录，完全不符合今天的英语句法，但并不影响当时人们理解这些文字。因此，有学者据此认为卡克斯顿的写作水平不高。卡克斯顿只是继承了古英语时代以降的书面写作规范，即把口语转化成文字。我们今天熟悉的书面英语是拉丁语句法规范的结果，从16世纪30年代开始，书面英语逐渐向拉丁句法靠拢，可以进行语法分析。

英语作为一种学术语言，是在吸收拉丁语的基础上发展起来的，并在与拉丁语的竞争中脱颖而出的。

（三）英语《圣经》

在欧洲历史上，用民族语言翻译《圣经》是一件颇有争议的事情，这不仅是宗教问题，还涉及民族语言的地位，同时也关乎民族国家的权威。1229年，天主教会在图卢兹召开会议（The Synod of Toulouse），明文规定禁止用民族语言翻译完整版《圣经》，但事实上禁令并没有得到有效贯彻。到1500年时，欧洲已经出现了各种民族语言的印刷版《圣经》，例如西班牙语、意大利语、法语、荷兰语、德语、捷克语等译本，另外还有通俗版拉丁语《圣经》以及希伯来文的《圣经·旧约》。但是在英格兰，由于对威克利夫教派的镇压，该禁令依然得到严格执行。

教会禁止用英语翻译《圣经》的理由是防止英国人曲解天主教教义。教会认为，英译《圣经》貌似用英语单词表达同样的拉丁文意思，但事实上绝非这么简单，翻译在其中发挥了类似教士的关键作用。过去教徒要习得教义，必须有赖教士的文本解读，而现在这一工作交给了翻译来承担。英译《圣经》的翻译主要是对罗马天主教有不同看法的英格兰本土人士，因而引起了天主教会的高度警惕。教会认为只有拉丁文才能准确传达教义，而正确理解教义必须仰仗受过专业训练的神职人员。虽说普罗大众阅读英语译本后也能理解教义，但这一理解角度是受到翻译引导的，与神职人员的权威解读必定大相径庭。教会还有一个担心：读者会被日常英语单词误导，从而不能准确把握教义原文的深刻内涵。

英译《圣经》走过了一条艰难的道路。从1382年的威克利夫《圣经》英译本，到1611年的《钦定圣经》，英语翻译《圣经》经历了付出生命的代价以及获得王室赞助的荣耀，与英国政坛变革息息相关。前文威克利夫教派一节已经详细阐述了他主持翻译《圣经》的过程，本节主要讲在他之后英语翻译《圣经》的情况。重点要讲的关键人物是威廉·廷代尔（William Tyndale, 1494—1536）。伊拉斯谟在剑桥大学教授希腊文期间，吸引了许多英国学者前往请教，其中就有廷代尔。1510年，廷代尔从牛津大学来到剑桥大学，师从伊拉斯谟研习希腊文，这师徒二人走了两条不同的政治道路：伊拉斯谟是在天主教体制内发挥批评建议作用，而廷代尔则要激进得多,欲与天主教分庭抗礼、分道扬镳。廷代尔坚信,自己翻译的《圣经》能使耕田农夫的《圣经》知识都有可能超过僧侣,那些说英语粗鄙,不能翻译《圣经》的人是无耻之徒。

廷代尔是16世纪英国著名《圣经》翻译家和神学家,同时也是一位杰出的人文主义者,其《圣经》翻译具有重要的历史地位与影响。他是14世纪威克利夫之后的首位《圣经》英译者,是历史上第一位将希腊语和希伯来语《圣经》原文翻译成英语之人,也是采用印刷术出版英语《圣经》第一人,开创了《圣经》英译的新篇章。他的译本成为16、17世纪诸多《圣经》英译本的蓝本,其内容和风格均得到后世的继承与发扬,其译本所用语言奠定了现代英语语言的基础,影响了英语语言的风格,随之也对英语语言文学产生了深远的影响。此外,廷代尔译本在英国民众中普及了《圣经》知识,传播了改革思想,无疑对英国宗教改革乃至民族国家的建立起到了积极的推动作用。

廷代尔的翻译工作是在国外完成的。他平生恰逢欧洲宗教改革高潮迭起的狂飙年代,欧洲大陆各国纷纷推出自己的民族语言《圣经》译本,成为宗教改革先驱唤醒民众、抗衡天主教会的有力武器。身处英格兰的廷代尔深受宗教改革思想的熏陶,决意用英语翻译《圣经》。1509年,亨利八世成为英格兰君主,辅佐他的大法官和主理国务的大臣是沃尔西主教(Cardinal Wolsey),这君臣二人组合严厉打击英格兰的异端邪说,坚决捍卫罗马天主教会,教皇因此任命沃尔西主教为红衣大主教,并授予亨利八世"信仰捍卫者"(Defender of the Faith)的光荣称号。在那个时代的英格兰,欲把《圣经》翻译成英语是一件非常危险的事,廷代尔只好选择到国外去从事译经工作。

1524年,廷代尔在德国汉堡翻译了《马太福音》《马可福音》;1525年在英国商人的支持下,他在德国科隆完成了整部《圣经·新约》的英译工作,并于次年出版了直接译自希腊语的《圣经·新约》,随后还进行了希伯来语《圣经·旧约》的翻译工作,并完成了前五章。廷代尔用当时的英语口语作为传达上帝箴言的有效载体,其《圣经》英译本一经问世立即在英国广泛流传,受到民众的热烈追捧,从此普通民众皆能自行阅读《圣经》。不过,廷代尔也因此遭到了罗马天主教会以及以托马斯·莫尔为代表的反对派学者的严厉攻击。1529年,托马斯·莫尔接替沃尔西出任红衣大主教,成为亨利八世的大法官和主理国务的大臣,莫尔坚决反对廷

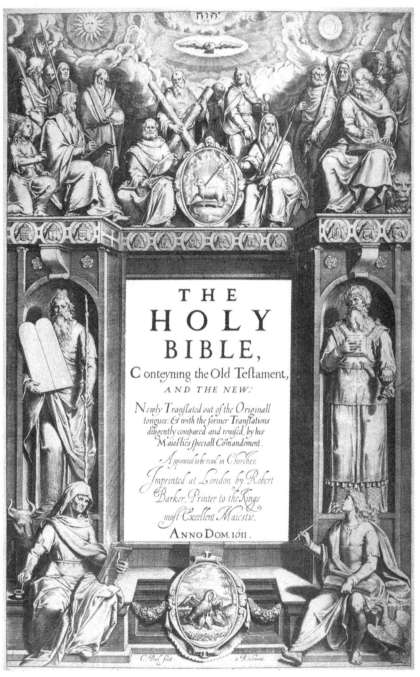

1611年第一版《钦定圣经》，文本周围都是耶稣的使徒，文本上方正中坐着的是彼得和保罗，他俩旁边坐着摩西和亚伦，文本旁边的四位使徒是四部福音书的作者：马太、马可、路加、约翰。

代尔的《圣经》英译工作。1536年廷代尔被教会以"异端"的罪名处以绞刑,尸首被焚烧。但是,廷代尔的名字并没有随着熊熊烈焰消失在历史的长河中,其在英语《圣经》翻译史、现代英语语言发展史、英国宗教改革史上的重要历史地位和影响有目共睹。

1. 16世纪欧洲民族语言译经背景

16世纪的欧洲,罗马天主教会认可的唯一《圣经》版本是拉丁语通俗版《圣经》,即武加大译本(Biblia Vulgata)。这部《圣经》是公元4世纪后期由天主教学者哲罗姆(Jerome)从希腊文和希伯来原文翻译而成的版本。16世纪欧洲民族语《圣经》翻译的先驱可谓大名鼎鼎的荷兰人文主义者伊拉斯谟。从1506年起,伊拉斯谟就开始搜集整理希腊文《圣经·新约》手稿文献,经过10年努力,最终于1516年将希腊文《圣经·新约》编辑出版。他在前言中这样写道:"我要使这些话译成各种语言,不仅苏格兰人及爱尔兰人,而且土耳其人及阿拉伯人均能阅读。我渴望种田的人一面耕地一面唱着它,纺织者哼之于穿梭的旋律中,旅行者以此为娱乐以排除其途中的无聊……我们也许会因从事其他的一些研究而后悔,但是当人从事这些研究时,一旦死亡来临,他就是幸福的。这些神圣的话给予你基督的谈话、治病、死亡以及复活的真实印象,使得他如此常在,以致如果他在自己的眼前,你未必会更真实地见到他"。伊拉斯谟希腊文《圣经·新约》的出版标志着一个崭新时代的发端,激发了欧洲各国民族语《圣经》的翻译浪潮。

1522年9月,受伊拉斯谟希腊文《圣经·新约》的感召,德国的马丁·路德以此书为蓝本,翻译出版了德文版《圣经·新约》。几周之内,路德的德文版《九月圣经》就销售了5000余本。随后的新版《十月圣经》则在两年内印刷了12000份,据估计同时期还有超过60余部盗版的德语《圣经·新约》问世。德文版《圣经·新约》的大量印刷发行将上帝的启示带入了千家万户,使德国普通民众有机会自行阅读并理解《圣经·新约》。另外,德文版《圣经·新约》的普及不仅促进了德意志民族语言的统一,也为宗教改革运动提供了理论武器,使得新教在德国各地迅速传播。这场源起德国的宗教改革很快蔓延到欧洲其他国家和地区。随着宗教改革运动的不断深入,各国涌动着用民族语言翻译《圣经》的热情。16世纪20年代,除英国外,几乎所有欧洲国家都有翻译成自己民族语的多部《圣经》

译本。

当整个欧洲都掀起宗教改革的浪潮时，英国仍然是个保守的天主教国家，当时在位的英格兰国王亨利八世坚决抵制席卷全欧的宗教改革运动。在《圣经》翻译成民族语这个问题上，亨利八世在很长时期内也持有坚决不可为的态度。除了世俗君主的反对，英国天主教会对英语《圣经》的限制也比欧洲其他国家更为严厉。尽管早在14世纪，英国就先后出现了两个版本的威克利夫英语完整版《圣经》，但在此后长达140多年的时间里，英国没有再出现过新的《圣经》民族语译本。之所以出现这种情况，主要归咎于1409年颁布的《牛津宪令》(The Constitutions of Oxford)。

进入16世纪后，随着都铎王朝经济的发展，英国社会政治生活发生了很大的变化，普通民众的自由意识和民族意识也与日俱增。首先，人口的增加带来劳动力和社会需求的相应增长，刺激经济发展和农业生产商品化进程的同时也促进了个人主义的发展。另外，15世纪以来，从欧洲大陆传入英国的文艺复兴思想和人文主义思想更是唤醒了英国民众尘封已久的自由意识。另外，都铎王朝专制君主制的建立和欧洲宗教改革运动的影响又使英国民众的民族意识空前高涨。所有这些变化对英国教会构成了越来越大的威胁。

长期以来，罗马天主教会的残酷剥削和神职人员的骄奢淫逸、愚昧无知引起了英国民众的普遍不满。普通民众对宗教的虔诚，与教会腐败堕落的现象形成鲜明的对比。这一时期在英国，教士阶层是令人厌恶的，但民众对宗教的虔诚信仰却是毋庸置疑的。受人文主义思想的启迪，英国民众对宗教信仰自由的渴求也日益强烈，其中一个表现就是对英语民族语《圣经》的呼唤。总而言之，16世纪初英国宗教状况就是由民众对教士阶级的憎恨及对信仰自由的渴望汇集在一起的纷繁画面。正是在这一历史背景下，廷代尔挺身而出，开始了自己翻译《圣经》的伟大事工。

2. 廷代尔的译经过程

1494年，在英格兰西南部的格罗斯特郡(Gloucester)紧邻威尔士边境的一个小村庄里，廷代尔出生了。廷代尔的家乡宗教气息浓厚，威克利夫思想深入人心。他童年时期在当地的文法学校学过英国历史和拉丁语等课程。1506年，廷代尔进入牛津大学莫德林学院（Magdalen College）求学。正是在该学院他才真正接触到希腊文《圣经》。在那段不短的时间里，他经过勤奋不懈的学习，在语言知识和其他人文艺术方面，尤其在他十分痴迷的《圣经》知识上，都取得长足的进步；即使是病卧在莫德林的宿舍楼里，他还私下为莫德林学院的师生诵读神学书卷，给他们传授《圣经》的知识和真理。1512年廷代尔取得学士学位，1515年获得硕士学位，在此期间他还获封圣职，成为罗马天主教教士。随后几年，廷代尔去剑桥学习神学，但因不满学院的教育方式，于1521年放弃神学的学习，返回故乡格罗斯特郡，受聘给当地贵族沃尔什爵士（Sir Walsh）的两名幼子担任家庭教师。重返家乡期间，当地普通教士对《圣经》的无知和蔑视让廷代尔大为震惊，从而萌发了翻译英语《圣经》的念头。约翰·福克斯（John Foxe, 1516/17—1587）在《殉道史》（*Actes and Monuments*, popularly known as *Foxe's Book of Martyrs*）中如此描述："廷代尔先生偶遇一位神职人员，据说是一位学问渊博之士。廷代尔与他交流、讨论神学上的事，该大博士被催逼到一个地步，脱口而出这样亵渎的话语：'我们宁愿不要上帝的律法，也不能不要教皇的法令！'……廷代尔……便反驳道：'我蔑视教皇和他的一切法令。'又说，倘若上帝让他活下去，用不了几年，他就可以让一个耕田农夫比他自己更通晓《圣经》。"（Votaw, Clyde Weber. 1918: 296）

1523年，因渴望将《圣经》译成英语，廷代尔离开家乡前往伦敦，寻求伦敦主教卡思伯特·滕斯托尔（Cuthbert Tunstal）的帮助，希望获得他的许可与资助，以便合法翻译《圣经》。为了证实自己的外语能力，廷代尔携带了一篇翻译样稿，是他翻译的古希腊修辞学家伊索克拉底（Isocrates）的一篇演讲稿。抵达伦敦后，他辗转托人引荐，同时将该译文转送给主教。然而等待他的却是久等无果的幻灭，主教最终没有接见他，只托人转告廷代尔说他那里早已人满为患，没有空缺，建议廷代尔去其他地方碰碰运气。廷代尔依然选择留在伦敦苦苦寻找译经机会，他一待就是一年多，伦敦经历是廷代尔译经生涯中的一个重要转折点。虽然他并未寻找到合法译经的途径，但这期间他有机会近距离接触到许多天主教高层教士，目睹了他们的堕落、无知、骄奢。伦敦之前的廷代尔，涉世不深，对高层教士的虚伪和堕落知之甚少，对天主教会还抱有一线希望。而滞留伦敦期间，他对教会的幻想彻底破灭了。他亲眼看到、亲耳听到教士如何吹嘘自己的权威，目睹高层教士腐朽的生活方式。这一切更加坚定了廷代尔用英语民族语言翻译《圣经》的信念，同时也意识到这将是一条布满荆棘的曲折之路。他回忆道："在伦敦我滞留了一年左右……最终明白了不仅伦敦主教的府邸里没有地方可以翻译《圣经·新约》，就是整个英格兰都没有可以做这件工作的地方……"

1524年，廷代尔秘密离开英国，前往德国。此时的他已无退路，根据当时的法律，未经许可离开英国被视为叛国。到达德国的廷代尔最初居住在科隆（Cologne），与助手威廉·罗伊（William Roy）一起翻译希腊语《圣经·新约》。1525年，他在科隆着手排印英文《圣经·新约》。不幸的是，由于印刷工人走漏风声，印好未装订的经文张页全部被科隆当局查抄。提前得到风声的廷代尔被迫带着已印制的《马太福音》逃离科隆，坐船前往沃尔姆斯（Worms）。1526年在将科隆版《圣经》重新修订后，廷代尔在沃尔姆斯首次将译自希腊文的《圣经·新约》全文印刷，由此翻开了《圣经》英译史上崭新的一页。不同于先前未印刷完成的科隆版《圣经》，沃尔姆斯《圣经·新约》版面设计为八开本，没有前言和注释。该书一经出版就被商人们通过各种方法偷运回英格兰和苏格兰，随即在全英国秘密流通。此后几年，沃尔姆斯版《圣经·新约》不断重印，各种盗版也层出不穷，在英国的传播也越发广泛。

廷代尔《圣经》英译本在英国国内的大范围传播引起了教会的严厉谴责和疯狂迫害。伦敦主教滕斯托尔在国内发布命令，要求各地教会立即搜查该书，并亲自主持公开焚烧活动，对于译者本人的搜捕行动也随之展开。面对巨大的危险，廷代尔没有退缩，而是继续自己的翻译事业。1526年至1528年间，廷代尔移居安特卫普（Antwerp），将大部分时间用于翻译《圣经·旧约》以及修订业已出版的《新约》，有限的休息时间也常常去照顾病人和穷人。1530年，廷代尔将已经翻译完成的《圣经·旧约》前五卷出版发行。1534年又出版了《圣经·新约》的修订本。此后的一段时间，除了对1534年《圣经·新约》做一些小的修正，他的主要工作是翻译《圣经·旧约》的剩余卷章。廷代尔的进度大概已完成《圣经·旧约》的历史书、《约书亚记》《历代志下》，也许有可能已经译完《约伯记》和《诗篇》。

1535年春天，危险不期而至。一个化名亨利·菲利普斯（Henry Phillips）的英国人在骗取了廷代尔的信任后设计将他逮捕。在生命的最后岁月，廷代尔被天主教会羁押于布鲁塞尔以北10公里的菲尔福德堡（Filford）长达16个月之久。然而即使是身陷囹圄，他仍未放弃继续翻译尚未完成的《圣经·旧约》。1536年，17名神学家和律师组成的陪审团，判处"拒绝悔悟"的廷代尔死刑。同年10月，各方营救均告失败后，年仅42岁的廷代尔被带上绞刑架，死后遗体遭焚烧。在火刑柱上，廷代尔用热切的声音，高声喊道："主啊！愿你开启英国国王的眼睛！（Lord, open the King of England's eyes.）"

英国宗教改革家、翻译家威廉·廷代尔行刑图，他在比利时菲尔福尔德（Vilvoorde）被送上火刑柱，临终高呼："主啊！愿你开启英国国王的眼睛！"

3. 廷代尔译经的历史地位

公元6世纪末，基督教在英国广泛传播。此后用英语对《圣经》经文进行解释的情况开始出现。但这种写于拉丁语经文字里行间的英语注释严格意义上尚不能称为翻译。真正意义上的英语民族语《圣经》翻译始于公元7世纪。其整个发展史可以分为两个时期：手抄本时期和印刷本时期。1526年廷代尔印刷本《圣经·新约》的面世是这两个时期的分水岭。

历史上第一部完整版英语《圣经》出现在1382年，由英国学者约翰·威克利夫主持翻译而成。威克利夫之后一个半世纪里，由于《牛津宪令》的限制，英国没有出现任何新的《圣经》译本，16世纪20年代廷代尔《圣经·新约》的问世才改变了这个局面。廷代尔《圣经·新约》有彪炳史册的重要意义：它是英国历史上第一本印刷出版的《圣经》，也是第一本从《圣经·新约》成书语言希腊语直接翻译而成的英文《圣经·新约》，从而开启了英语译经史的一个崭新时代。廷代尔翻译《圣经·旧约》同样具有非凡的历史地位和意义，他是历史上把希伯来语《圣经·旧约》译成英语的第一人。在他生活的年代，英国只有极少数几位牛津和剑桥的学者通晓希伯来语，许多英国普通民众甚至不知道有这样一门语言的存在，更不知道它与《圣经》之间的关系，因为当时所有与宗教有关的内容，无论是祈祷、唱诗、受洗等，都是用拉丁文进行的。另外，廷代尔之前的《圣经》英语译本，由于时代局限，均采用手抄形式，传播范围十分有限，普通英国民众难以触及。而廷代尔《圣经》译本则采用先进的印刷术出版发行，流传广泛。1526年春，人们花2~6先令就可以在英国的任何地方买到一本。此后几年廷代尔《圣经》译本不断印刷发行，在英国的传播也越发广泛。到1530年，英国市场上共有6个版本的《圣经·新约》同时流通，总计印刷册数大约有15000本。

廷代尔翻译《圣经》的事工打破了《牛津宪令》对英语《圣经》的禁锢，加快了英语《圣经》翻译的进程。廷代尔之后，即16世纪到17世纪初，《圣经》英译十分活跃，英国出现了数个有影响力的英语《圣经》版本。这些版本都以廷代尔的翻译作为蓝本，根据时代的发展不断地修订和完善。1535年，历史上第一本印刷版的英语《圣经》是由曾担任廷代尔助手的迈尔斯·科瓦代尔完成，该版《圣经》广泛采用了廷代尔的《圣经·新约》以及他所完成的《圣经·旧约》章节。1537年，第一部在英国合法出版的《圣经》是《马太圣经》（Matthew Bible），其《新约》以及《旧约·创世纪》只对廷代尔版本做了少许改动。1560年《日内瓦圣经》（Geneva Bible）的背后还是廷代尔的《圣经》译本。而倍受推崇的1611年《钦定圣经》也主要借鉴廷代尔的译本，有一种说法是钦定版《圣经·旧约》76%、钦定版《圣经·新约》83%的内容都来自廷代尔的译本（Tadmor, Naomi. 2010: 16）。

综上所述，廷代尔在《圣经》英语翻译史上起到了承前启后的作用，架构了一座连通古今的桥梁。因其在《圣经》英译史上的不朽地位，廷代尔被诺顿誉为"英语《圣经》翻译之父"。廷代尔的《圣经》英译本不仅具有重要的历史地位，同时也产生了深远的影响。

（1）对现代英语语言文学的影响

首先，廷代尔的《圣经》英语译本提高了英语语言的地位。16世纪廷代尔译经时，威克利夫译本所使用的14世纪中古英语已不能为普通大众所理解和接受，毕竟经过两个世纪的发展，现代英语已初具雏形。然而，在都铎王朝初期，大部分作品还是使用拉丁语，许多学者对英语语言持有怀疑态度，托马斯·莫尔的名著《乌托邦》（*Utopia*）就是用拉丁语写成的。在这样一个历史背景下，廷代尔英语《圣经》译本的出现和广泛流传，大大提高了英语语言的地位，提升了其在学术研究和民众日常生活中的影响力，促成了现代英语语言的广泛使用。

其次，廷代尔《圣经》英译本的问世，丰富了现代英语语言词汇，完善了其结构，奠定了其基础，并影响了其风格。一位作家可以通过两种方式丰富一门语言——可以直接引入新词或赋予词语新的应用，也可以间接地因其作品的流通使现有的表达形式具有更广泛的应用和新的价值。这两种情况都适用于廷代尔。因其英语《圣经》，一些罕见的英语单词成为大众的日常用语。例如："beautiful"（美丽的）这个人们十分熟悉且在英语语言中不可缺少的单词，在廷代尔以前没有哪个作家使用过，虽然这个词诚然并非廷代尔首创，但无疑却因他在《圣经》里的使用而普遍流行开来。廷代尔还创造了一些新的英语单词、习语和谚语。现代英语中的不少习语都源于廷代尔的《圣经》译本。"long-suffering"（坚忍的）、"peacemaker"（和事佬）、"scapegoat"（替罪羊）等英语词汇都来自廷代尔。其《圣经》译本中的遣词造句方式，很多已融汇在现代英语语法结构中。另外一点值得一提的是，在将《圣经》译成通俗语言的时候，廷代尔没有把自己的译本降低到俗语方言的水准，而是把这门语言提升到一个他所设定的简洁的标准。他的语言和风格在很大程度上影响了现代英语语言的遣词和文风，因此有一种说法是他对英语语言的贡献超过了莎士比亚和约翰·班扬（John Bunyan）。

再次，廷代尔对英语文学也产生了持久的影响。自从廷代尔译本印刷出版后，《圣经》才算是第一次在民间普及。而随着《圣经》的广泛传播，其对世俗文学的影响也愈发强烈。事实上，英国文学的许多作品是以《圣经》故事为题材。国内《圣经》文学研究专家梁工教授在其著作《圣经解读》中曾以17世纪英国著名作家莎士比亚、弥尔顿、班扬为例，分析他们作品中的《圣经》元素，从而清晰地展现出廷代尔《圣经》译本对英语文学的深远影响。据梁工统计，《圣经》为莎士比亚作品提供了重要素材，仅《威尼斯商人》（*The Merchant of Venice*）对它的引用就有六七十处，其中《马太福音》和《诗篇》是莎士比亚援引最多的文本。英国诗人弥尔顿的三部史诗《失乐园》（*Paradise Lost*）、《复乐园》（*Paradise Regained*）、《斗士参孙》（*Samson Agonistes*）则悉数取材自《圣经》。班扬更是深受《圣经》影响,他出身贫寒,除了阅读《圣经》之外,几乎没有受过其他教育。他在狱中创作的《天路历程》(The Pilgrim's Progress)涉及许多重要《圣经》人物,该书直接间接引用《圣经》高达380余处,可谓俯拾皆是圣经典故。以上三位作家生活的年代离廷代尔时代并不遥远,他们使用的《圣经》译本毫无疑问是以廷代尔译本为基础。因此,有理由认为廷代尔对英语文学产生了不可估量的深远影响。

(2)对英国宗教改革的影响

廷代尔译本在英国境内的广泛流通,把基督教教义传播到英国四面八方,打破了长期以来教会对《圣经》的垄断,在英国普通民众中普及了《圣经》知识。16世纪初期,拉丁语通俗版《圣经》依然是英格兰各地教堂的官方指定用书。为数众多的普通民众因不懂拉丁语,对《圣经》内容的认识和了解只能完全依赖神职人员,但不少英国低级教士的拉丁语水平并不比普通民众高多少。由于教士阶级的无知和堕落,加之西欧宗教改革浪潮的冲击,英国国内要求改革教会的呼声很高,民众对民族语《圣经》的渴望也十分迫切。因此,廷代尔《圣经》英译本在欧洲大陆一出版,就被偷运回国,在各地秘密流传。廷代尔译本的语言非常通俗化,同时词序和句法结构等都尽量采取英语的表达方式,目的是让文化层次较低的普通民众也能阅读《圣经》。约翰·福克斯在《殉道史》中记述的两个例子反映了廷代尔《圣经》译本对普通民众产生的巨大影响。1529年,伦敦的一位皮革商被捕后被带到主教面前,罪名是阅读廷代尔翻译的《圣经·新约》。然而审讯的结果却令主教和所有教士蒙羞,因为一个皮革商居然能和他们展开神学辩论,显然皮革商对《圣经》知识的了解令他们无力招架。皮革商最终被关入伦敦塔,两年后被烧死。另外一个故事的主人公是一名印刷工人,他把廷代尔翻译的句子印在一家新开张酒馆的桌布上,因而受到教廷的惩治。

除了普及《圣经》知识,廷代尔的英语《圣经》译本还以印刷体的形式向英国人民宣传了新教思想,推动了新教在英国的传播,为英国即将到来的宗教改革奠定了群众基础,对英国新教国家的建立产生了积极影响。对于廷代尔在英国宗教改革史上的巨大历史贡献,约翰·福克斯曾评价他说,他是上帝特别挑选的器皿,如同上帝的一把鹤嘴锄,铲动了教皇引以为豪的主教制根基。上千年来,西欧社会奉行教权至上的理念，罗马教皇被视为耶稣基督在人间的代表，掌管着"上帝之剑"，神圣不可侵犯。不仅教皇指令被奉为圣旨，教会法以及教会传统都凌驾在《圣经》之上。普通民众因《圣经》知识的匮乏，无法辨识真伪。《圣经》被译成英语后，更多民众有机会接触《圣经》，这无疑有利于新教思想在英国的传播和壮大。许多信徒循着《圣经》的章节不断深入探究基督教原旨，从而越来越远离中世纪罗马天主教传统，日趋新教化。从这一点看，廷代尔的通俗英语版《圣经》不仅使英国普通民众知晓了上帝福音和律法，知晓了罪与赎等基督教教义，而且清醒地认识到"因信称义"的含义。从此，那些曾为罗马天主教会带来权力和财富的教义失去了效用，教会借以控制民众、攫取钱财的宗教仪式失去了存在的意义，教会和教皇权威也被摧毁，英国宗教改革和民族国家建立的崭新时代随之到来。

廷代尔本人曾经对翻译《圣经》的缘由这样说过："什么使我决定翻译《圣经·新约》？因为我以前的经验使我意识到，要使普通人了解真理是不可能的，除非将母语《圣经》明白地摆在他们面前，这样他们才能看到过程、命令和经文的意义。否则的话，即使教给他们任何的真理，真理的敌人们也会将之熄灭……"一本英语版《圣经》不仅点亮了英国人的骄傲，还在一定意义上创立了一个全新的英格兰民族。正是廷代尔结束了旧世界，开创了新世界。2002年，英国广播公司评选出了英国历史上最伟大的一百人，廷代尔榜上有名，排名第26位（https://en.wikipedia.org/wiki/100_Greatest_Britons登陆时间2019年3月31日）。

（四）拉丁语遗产

拉丁语属印欧语系拉丁语族。早在大约公元前一千年，从北方不断涌来的移民把拉丁语口语带到意大利半岛，成为半岛中部西海岸拉丁部族的语言，也即拉提姆地区（Latium，意大利语为Lazio）的方言，从而得名拉丁语。罗马的崛起，使得罗马人的拉丁语逐渐在并存的诸多方言中取得了压倒性优势。公元前5世纪初，拉丁语成为罗马共和国的官方语言；公元前27年，罗马帝国建立，拉丁语成为新兴的罗马帝国的标准语。在罗马帝国全盛时期，随着罗马人军事和政治势力的不断扩张，拉丁语作为帝国统治的行政语言向西传播到西地中海诸岛屿、伊比利亚半岛和高卢（今法国），甚至跨过海峡，传入不列颠，向东传至多瑙河流域的达齐亚（今罗马尼亚），成为当时帝国核心地区通用的语言，后来甚至传入西亚、北非，与罗马帝国的版图相当。

拉丁语分为"古典拉丁语"（Latina Classica / Classic Latin）和"通俗拉丁语"（Sermo Vulgaris / Vulgar Latin）。罗马帝国奥古斯都（Augustus）皇帝时期使用的文言文称为古典拉丁语，而2—6世纪普通民众所使用的白话文则称为通俗拉丁语。古典拉丁语是古罗马的官方语言，在恺撒和西塞罗（Marcus Tullius Cicerō）的时代成熟。通俗拉丁语是口头语言，被罗马军队带到整个帝国，基本取代了原有的高卢语和古西班牙语，甚至公元5世纪瓜分罗马帝国的北方蛮族也乐于接受这种高度发达的文明语言。

基督教在欧洲取得统治地位后，拉丁语成为教会的官方语言，其影响力更加彰显。4世纪的《圣经》拉丁文译本是最具权威性的教科书，5世纪至15世纪，拉丁语是罗马天主教会统治下的宗教、文化和行政的语言，又是西欧各民族间的交际语言，称为中古拉丁语。20世纪初叶以前，天主教传统上用拉丁语作为正式会议语言和礼拜仪式用语，现代天主教会依然沿用拉丁语为第一官方语言。1963年，天主教教堂仪式才停止使用拉丁语。

拉丁语在西方学术界地位重要，长期以来西方学术论文大多以拉丁语写成。罗马帝国解体后，拉丁语口语慢慢消亡了，但拉丁语书面语却又延续了一千多年。鉴于古典拉丁语和通俗拉丁语的差别越来越大，中古拉丁语在一定程度上已脱离了古典拉丁语，因此文艺复兴时期的拉丁语作家认为当时流行的拉丁语不够规范和纯洁，有必要以古典拉丁作家为范式，推行复古的拉丁语，称作新拉丁语。现在拉丁语被认为是一种死语言，主要是指口语拉丁语只有少数基督教神职人员及学者可以流利使用，但在学术领域书面拉丁语依然有生命力，西方国家的大学依然提供有关拉丁语的课程，生物分类法的命名规则等依然使用拉丁语，医学界以正规的拉丁处方进行国际交流。

拉丁文字系拼音文字，拉丁字母历史悠久。很多人习惯将A—Z称为"英文字母"，事实上，应该称为"拉丁字母"或"罗马字母"，因为英语字母来自拉丁字母。公元前7世纪，拉丁字母已经诞生了，它以埃特鲁斯坎（Etruscan）字母为基础，埃特鲁斯坎字母又源于希腊字母。在26个埃特鲁斯坎字母中，罗马人只采用了其中的21个。公元前1世纪，罗马征服希腊后，吸纳了当时通行的希腊字母Y和

Z，并把它们放在拉丁字母表的末尾，于是新的拉丁语字母包含23个字母。中世纪时期才加上字母J，以便与字母I区别，后来又增加了字母U和W，以与字母V区别，最终形成今天的26个字母。

拉丁语是一种高度屈折的语言。它有三种不同的性；名词有七格；动词有四种词性变化、六种时态、六种人称、三种语气、三种语态、两种体、两个数。七格当中有一格是方位格，通常只和方位名词一起使用。呼格与主格基本一致，因此也有人认为拉丁语只有五个不同的格。形容词与副词类似，按照格、性、数屈折变化。虽然拉丁语中有指示代词指代远近，但却没有冠词。通俗拉丁语以及拉丁语的语言后裔对古典拉丁语做了很多修改和简化，比如古典拉丁语的中性词在拉丁语的后裔语言中已经不存在了（罗马尼亚语除外）。拉丁语在一定程度上缺乏希腊语的多样性和灵活性，这可能反映了罗马人讲求实际的民族性格。比起文学创作的多样和灵活，罗马人更关心政府和帝国的发展与扩张，对推测和诗意的想象不感兴趣。但是，即便在这种情况下，在众多古典时期大师笔下，拉丁语依然是堪与世界上其他任何内涵丰富语言媲美的文学、诗歌语言。

现代许多西方语言和拉丁语都有千丝万缕的联系。公元476年，罗马帝国崩溃后，拉丁语结合各地地方方言，逐渐形成了法语、西班牙语、葡萄牙语、意大利语、罗马尼亚语等，对不属于同一语族的英语也产生了相当大的影响。欧洲文艺复兴时期以后，这些民族语言逐步取代了拉丁语，在欧洲民族国家的形成中发挥了重要作用。16世纪后，西班牙与葡萄牙势力扩张到整个中南美洲，因此中南美洲又称"拉丁美洲"（Latin America）。

拉丁语在欧洲地位显赫，英语作为后起语言，其字母数量和形式与拉丁字母相似绝非偶然现象，而是彰显了拉丁语对英语的影响广泛而深远。拉丁语对英语词汇、语法、语音都有影响，其中尤其是以词汇影响最大。英语是古典语言的蓄水池，借鉴引进了大量的外来词汇，这是英语丰富和发展自身词汇的重要途径，也是英语生命力的源泉。英语词汇大概可分为三大部分：本族词汇、拉丁词汇、法语词汇，在外来的后两种词汇中，拉丁词汇占比应该是最大的。英语最常用的5000个词汇中，27%来自本民族、17%直接来自拉丁语、47%来自法语、9%来自其他语言，值得注意的是有许多拉丁词汇是通过法语间接进入英语的。

拉丁词汇进入英语主要可以分为四个时期。首先是大陆时期，盎格鲁-撒克逊人还在欧洲大陆时，其语言已经和拉丁语有了接触。当时他们常与罗马人进行各种贸易往来，罗马表示特定事物的拉丁词汇便已进入日耳曼语族各语言中，这一时期进入盎格鲁-撒克逊语的拉丁词汇主要是日常生活用语，例如：醋（vinegar）、油（oil）、葡萄酒（wine）、梨（pear）、梅（plum）、甜菜（beet）、枕头（pillow）、壶（kettle）、街道（street）、墙（wall）、殖民地（colony）等。

其次是古英语时期，公元597年基督教登陆不列颠，传教士引入基督教的同时，带来了大量与宗教有关的词汇，例如：天使（angel）、僧侣（monk）、修女（nun）、门徒（disciple）、弥撒（mass）、神父（priest）、祭坛（altar）、蜡烛（candle）等。

再次是中古英语时期，尤其是14、15世纪，大量拉丁词汇通过法语进入英语，这些词汇涉及神学、法律、医学、科学、文学等领域，例如：地狱边缘（limbo）、世俗的（secular）、合法的（legitimate）、杀人（homicide）、起诉（prosecute）、理性的（rational）、溃疡（ulcer）、婴儿期（infancy）、神经质的（nervous）、放大（magnify）、诗体学（prosody）、摘要（summary）、明喻（simile）等，《牛津英语词典》（The Oxford English Dictionary）把上面这些词都列为从拉丁语借入的词。

最后是现代英语时期，也即英国文艺复兴之后的时期，当时英国人文主义者热衷于直接研究古希腊、古罗马文化，古典语言和古典文学成为教育的重要内容，拉丁语和希腊语成为当时的学者撰写论文的主要语言，16—18世纪期间，英国许多哲学家、文学家、科学家等都直接用拉丁语写作，有学者把大量拉丁文献翻译成英语，于是许多拉丁词汇直接进入英语，大部分是学术词汇，书卷气较浓。例如：教育（education）、奉献（dedication）、仁慈（benevolence）、努力（endeavor）、尊重（esteem）、上诉（appeal）、民事的（civil）、勤学的（studious）等。《牛津英语词典》称，文艺复兴时期进入英语的外来词有12000个以上，英语词汇中大部分含有欧洲语言国际性成分的词，大都源于这一批拉丁词汇，这些词大都属于学术性词汇，用来表示抽象的概念及科技术语等。

英语词汇大量借鉴拉丁词汇，大约半数的英语单词直接或间接来源于拉丁语。很多英语词汇从罗曼诸语，如法语或意大利语等，演变而来，而这些罗曼诸语又是从拉丁语演变来的，例如以单词mercy（怜悯）为例：mercēs（拉丁语）→merci（法语）→mercy（英语）。有些词则是直接从拉丁语演变而来的，例如单词

serene（宁静）：serēnus（拉丁语）→ serene（英语），有些则是未经变化而直接采用，例如单词larva（幼虫）：lārva（拉丁语）→ larva（英语）。由此可见，相当多的英语词汇由拉丁语演变而来。另外，有些拉丁语是由希腊语演变而来，例如单词school（学校）：schǒlē（希腊语）→ schǒla（拉丁语）→ scōl（古英语）→ school（现代英语）。

英语采用如此众多的外来语后，确实丰富了原本单调的英语词汇。英语中不同词源的词表达相同或相似的意思，就变成了同义词或近义词。英语同义词就其样式而言，由于来源不同而形成成对同义词以及三词一组同义词。成对同义词指一个本族语词和一个外来词（来自法语、拉丁语或希腊语构成的同义词），这种同义词数量很多，例如：friendship—amity, hide—conceal, help—aid, world—universe, deed—action, foe—enemy, fatherly—paternal, freedom—liberty, love—charity 等。三词一组同义词由本族语、法语词和拉丁语或希腊语单词构成，例如：proverb—saying—aphorism, foreword—preface—prologue, end—finish—conclude, time—age—epoch, small / little—petite—diminutive, ask—question—interrogate 等。其中本族语词比较淳朴、常见，拉丁语或希腊语词有较浓厚的书卷语色彩，法语词大多介于两者之间。这些不同来源的同义词虽然表示同一个概念，但具有各自的侧重点及文体特征，从而使得英语成为一种表现力异常丰富的语言。

英语从拉丁语和希腊语引入了许多词根词缀，大大扩充了英语词汇。部分常见的前缀、后缀如下：

拉丁前缀	例词	拉丁后缀	例词
aero-	aeroplane	-ability / ibility	flexibility
anti-	antinuclear	-al	arrival
auto-	autobiography	-an / ian / arian	musician
be-	befriend	-ance / ence	appearance
bi-	bilingual	-ancy / ency	emergency
bio-	biosphere	-ant / ent	applicant
by-	by-product	-cy	accuracy
centi-	centimeter	-dom	freedom
co-	coexist	-ee	employee
col-	collocation	-er /or / ar	painter
com-	compassion	-ery	bravery

（续表）

拉丁前缀	例词	拉丁后缀	例词
con-	concentric	-ese	Chinese
contra-	contradiction	-ess	actress
cor-	correlate	-ful	handful
counter-	counteract	-hood	childhood
cross-	crossbreed	-ics	linguistics
de-	devalue	-ism	socialism
dis-	disadvantage	-ist	violinist
em-	embody	-ity / ty	cruelty
en-	endanger	-ment	movement
ex-	ex-wife	-ness	darkness
extra-	extraordinary	-ology	futurology
fore-	forearm	-ship	friendship
il-	illegal	-sion / ssion	decision
im-	impossible	-th	growth
in-	indirect	-ure	closure
infra-	infrastructure	-en	deepen
inter-	interchange	-ify	classify
intra-	intra-city	-ise / ize	modernize
ir-	irregular	-able / ible	questionable
kilo-	kilometer	-al	natural
macro-	macroeconomics	-an / arian / ian	suburban
mal-	malfunction	-ant / ent	different
micro-	microcomputer	-ary / ory	advisory
mid-	midnight	-ate	considerate
mini-	miniskirt	-en	golden
mis-	misfortune	-free	carefree
mono-	monoplane	-ful	careful
multi-	multipurpose	-ic / ical	atomic
non-	nonsense	-ish	girlish
out-	outlive	-ive	creative
over-	overhead	-like	childlike
poly-	polysyllabic	-ly	manly
post-	postwar	-ous / ious	dangerous
pre-	prepay	-some	tiresome

(续表)

拉丁前缀	例词	拉丁后缀	例词
pro-	pro-America	-ward	downward
pseudo-	pseudoscience	-y	guilty
re-	reuse	-ward/wards	eastward(s)
self-	self-employed	-wise	clockwise
semi-	semifinal		
step-	stepmother		
sub-	subdivide		
super-	supermarket		
tele-	telecommunication		
therm(o)-	thermometer		
trans-	transplant		
tri-	tricycle		
ultra-	ultramodern		
under-	undersea		
uni-	uniform		
vice-	vice-chairman		

拉丁语对英语语法影响较小。拉丁语单词进入英语后多半接受了英语语法规则的支配，被英语化了。例如，拉丁名词virus（病毒），是中性、单数、第一格，其复数第一格是viri。这个词是直接进入英语的，复数使用英语复数词尾-es即viruses。拉丁形容词longus（长的），有性、数、格、级的变化。这个词被英语借用后，去掉了词尾，剩下的词根成为英语形容词原形long，其比较级和最高级形式分别加上英语后缀-er和-est，变成了longer和longest。

英国近代语言学家试图把拉丁语的语法直接嫁接到英语中，例如强行规定禁止在to和后接动词之间使用副词，然而该法则在日常口语中并不能得到很好的贯彻。

现代社会，有时仍然能看见书面拉丁语。虽然英语也能表达同样的意思，但人们在引用名人名言，或者大学在择定校训时依然喜欢选择拉丁语来表达，以求达到永恒深刻、典雅隽秀的效果。例如：

Jus est ars boni et aequi. 法律就是善良和正义的艺术。

Nec hostium timete, nec amicum reusate. 不要怕敌人，也不要拒绝朋友。

Veni vidi vici. 我来，我见，我征服。——盖乌斯·尤利乌斯·恺撒（Gaius Julius Caesar）

Fortiter in rē, suāviter in modō. 行动要坚决，态度要温和。

Sī vīs pācem, parā bellum. 如果你想要和平，先备战。——韦格蒂乌斯（Flavius Vegetius Renatus）

Nil desperandum. 永远不要绝望。

Nemo mē impune lacessit. 谁也不可以欺我而不受惩罚。

Tempus fugit. 光阴似箭。（对应英语的Time flies.）——维吉尔（Virgil）

Vox populi, vox Dei. 民意就是天意。

Salus populi suprema lex esto. 人民利益高于一切。（直译为人民的利益是最高法律）——维吉尔

Non sibi, sed omnibus. 不为了自己，而为了所有人。

cōgitō ergō sum. 我思故我在。——笛卡儿

E pluribus unum. 合众为一。——美国国徽上的格言之一

Qui tacet consentit. 沉默即默认。

Carpe diem. 及时行乐。——出自贺拉斯诗经（Horace's work *Odes*）

Unus pro omnibus, omnes pro uno. 我为人人，人人为我。（对应英语的One for all, all for one）——瑞士国家格言、大仲马的座右铭

Tempus omnia revelat. 时间会揭露一切。

Veritas. 真理。——哈佛大学校训

Mens et Manus. 手脑并用。——麻省理工学院校训

Dei sub numine viget. 让她以上帝的名义繁荣。——普林斯顿大学校训

Lux et veritas. 光明与真知。——耶鲁大学校训

Novus ordo seclorum. 时代新秩序。——耶鲁商学院校训

Hinc lucem et pocula sacra. 此乃启蒙之所，智识之源。——剑桥大学校训

Dominus Illuminatio Mea. 主照亮我。——牛津大学校训

Sapientia Et Virtus. 智慧和品德（字面直译，官方中文校训为"明德格物"，语出《大学》）——香港大学校训

Via Veritas Vita. 方法、真理、生命。——格拉斯哥大学校训

拉丁语口头交流作用基本丧失殆尽后，西方社会依然迷信拉丁语的优越性，这无疑是发端于中世纪的迷思。在某种程度上，拉丁语的无用性正是其吸引力的源泉，既得利益集团不愿看见拉丁语就此消失在历史舞台上，许多大学和文法学校依然把拉丁语作为一门课程在传授，掌握一门死去的语言能谋得不错的差使。新的教育机构勇于摒弃无用的知识，但直到20世纪末期，拉丁语等古典学术依然是传统教育的重要组成部分，妇女最终也赢得了学习拉丁语的特权。

作为权力的语言，拉丁语独领风骚千余年。其地位逐渐被英语取代，英语也逐渐显示出拉丁语的特征，成为社会分层的标志之一。例如，英语中"学究词"（inkhorn terms）的出现，意味着开始出现了拉丁化的英语（Latinate English），这是英格兰新的权力语言。当然，英国社会一直不乏对"学究词"的攻击，总是有人提出应推广简洁淳朴的"撒克逊英语"（Saxon English），严格限制外来语的引入，但拉丁化英语的地位始终很难撼动。毕竟，从中世纪开始，英语就大量从外来语，尤其是拉丁语借词，15世纪时这一做法有增无减。以最早出现的英语字典为例，其目标读者就是有一定英语阅读能力，却没有拉丁语和希腊语背景知识的人。虽然拉丁语的实用性不断退化，但人们对古典语言语法的关注却与日俱增。这使得人们逐渐形成了语言有正确性与错误性的观点，即有关英语语法正误的看法，包括拼写、读音、句法等方面。在中世纪的英国，有文化的人讲拉丁语，普通人讲英语；在"光荣革命"后的英国，有文化的人讲拉丁化英语，而普通人则讲日常通俗英语。过去教士、神学家凭借拉丁语知识，垄断了对教义的阐释权，普通人的生活离不开神职人员；今天的医生、律师、公务员等凭借行话和专门术语，垄断了对疾病、法律、政策的阐释权，普通人的生活依然离不开这些所谓专业人士的服务。

历史上拉丁语的长盛不衰是今天英语渴望的目标。拉丁语起源于台伯河岸的村庄方言，随着罗马帝国的势力扩张而广泛流传于欧亚非三洲的帝国境内，并成为罗马帝国的官方语言。公元476年西罗马帝国灭亡，7世纪初东罗马帝国改官方语言为希腊语。在没有国家的支持下，拉丁语通常被认为是一种死语言，然而直到20世纪，人们对拉丁语的兴趣才开始减弱，转而重点研究活语言。罗马帝国之后拉丁语的传承，得益于宗教及学术的支持。拉丁语是基督教的语言，基督教在欧洲及全球的传播，增强了拉丁语的影响，从中世纪至20世纪初叶的罗马天主教会一直以拉丁语为通用语，其正式会议和礼拜仪式都使用拉丁语，部分基督教神职人员及学者可流利使用拉丁语。西方学术界的论文也大多用拉丁语写成,目前生物分类法的命名规则等仍使用拉丁语,许多西方大学仍提供拉丁语课程,拉丁语一度是学术的代名词。拉丁语是一把钥匙,通过该语言的学习,可以了解古罗马的一切及其后一千多年的欧洲历史文化,继而从源头解码西方文明。

　　英语是拉丁语的继承者及掘墓人,拉丁语曾经的功能纷纷由英语来承担,从而终结了拉丁语存在的意义。今天虽然英国国势已去,但英语却如日中天。除了当今世界头号强国美国的加持因素外,宗教、学术、政治、经济、法律、传媒、互联网科技等领域依然是英语的忠实拥趸,也是英语信心十足展望下一个千年的底气。然而英语会在英语国家衰落后依然是全球通用语吗?英语会重现拉丁语的千年神话吗?谁是英语的掘墓人?

第五章

英格兰英语：从"粗鄙"到优美

16世纪初，英国文人用英语写作时通常都会以致歉开篇，因为当时人们普遍觉得英语是一种粗鄙、恶俗、野蛮的语言。16世纪末，英国文人用英语写作时，心中充满了民族自豪感，笔下流淌着对英语的溢美之情。后世文人把16世纪视作英语的黄金世纪，后人认为当时流通的英语版《圣经》以及英国圣公会《公祷书》（*Prayer Book*）的语言质量非常高，使用的英语韵律优美，节奏铿锵，比今天的英语质量还略胜一筹。

用威廉·廷代尔的话说，在他那个时代，英语是田间犁地农夫的语言，50年后英语就完成了华丽转身，变成"英明的女王伊丽莎白一世"（Good Queen Bess）的语言。1558年，都铎王朝玛丽女王无嗣去世后，其同父异母妹妹伊丽莎白继位，从而开启了英国崛起的辉煌时代。在她治下，宗教方面，英国圣公会在罗马天主教和新教之间实现了微妙的平衡，而欧洲大多数国家都因宗教纷争陷入战争泥潭。伊丽莎白政府面临多重挑战：国内阴谋叛乱、被教皇驱逐出教会、外国武装威胁不断，但最终英国都挺过来了。16世纪80年代，弗朗西斯·德雷克（Francis Drake）打劫西班牙船队，环游世界，成为民族英雄。1588年，英国击败西班牙无敌舰队（Armada），成为海上霸主，并把爱尔兰纳入自己的统治之下，还在美洲建立起殖民地。在文学艺术方面，16世纪也是英国的黄金年代：英国音乐界群星闪耀，人才辈出——托马斯·塔利斯（Thomas Tallis）、托马斯·莫利（Thomas Morley）、威廉·伯德（William Byrd）、约翰·道兰（John Dowland）等；1564年，威廉·莎士比亚诞生；英国圣公会伦敦主教宣告了他的伟大发现——上帝是英国人。

英语当之无愧成为英格兰的国家语言，这门语言和这个国家一样，都是以伊丽莎白女王及其朝廷和首都为中心的。文物研究专家开始考据英语的光辉历史。当时的英国人自信心爆棚，认为自己取得的成就无与伦比，完胜古人，古人谁知道指南针、火药和美洲新大陆啊？充满爱国主义激情的英国人坚信英语的重要性堪比古希腊和古罗马的经典语言，英语作家开始挑战古典作家，英语学者开始研究英语、使用英语。英国16世纪正字法先驱理查德·马卡斯特（Richard Mulcaster）认为，英语已经日臻完善，值得追随，堪与古希腊雄辩家狄摩西尼（Demosthenes）使用的语言媲美（Mulcaster, Richard. 1582: 75）。马卡斯特的名言是："我爱罗马，更爱伦敦；我爱意大利，更爱英格兰；我尊重拉丁语，崇拜英语"（I love Rome, but London better, I favor Italie, but England more, I honor the Latin, but I worship the English.）（Mulcaster, Richard. 1582: 254）。

（一）撒克逊英语

英国学者开始抛弃拉丁语转而用英语写作，但这条道路并非一帆风顺。刚开始时，批评不仅来自拉丁语支持者，还来自英语支持者，后者认为学者抛弃拉丁语的程度还不够决绝彻底。以约翰·奇克（John Cheke）为代表的激进分子认为不仅要用英语写作，且写作内容也必须是英格兰本土题材，这代表了16世纪英国学界的一股潮流，即古典题材不再是人们关注的焦点，英格兰的撒克逊历史才更加激动人心，引人注目。

英国人对撒克逊历史的兴趣绝非偶然，是整个欧洲潮流的一部分，当时欧洲大陆对日耳曼人的关注骤升，起因是佛兰德斯医生范戈普（van Gorp）关于日耳曼语的论述。他的观点很新颖：日耳曼语是天堂的语言，伊甸园里讲的就是日耳曼语。日耳曼人没有参与修建挑战上帝的巴比伦塔，所以上帝没有惩罚日耳曼人，因此日耳曼语没有先天缺陷，而所有古典语言都是有缺陷的，希伯来语、希腊语、拉丁语等无一例外，都是被上帝做过手脚的语言，目的是让人感到困惑，从而无法有效沟通交流。日耳曼语最大的优点是元音、辅音数量庞大，能自由排列组合成海量的单音节词汇，任何一种语言，只要词汇量大，无疑表意更加精准，不容易出现指代不清的含混状况。范戈普的理论对欧洲的未来影响很大，尤其是对19世纪的德国影响很大，当时德国兴起了比较语言学热潮，重新建构日耳曼语族的语言体系，这对德意志民族统一、德国的建立都有正面意义。然而事物都有两面性，这一理论的负面效应也不容忽视：日耳曼语天生就比希伯来语优越，这种观点在后世的历次反犹主义运动中发挥了不光彩的角色。本书主要关注的是这种观点对英国的影响，尤其是16世纪中期英国宗教改革到17世纪中期英国内战，这一百余年间英国对自己的日耳曼撒克逊历史的关注。

范戈普强调日耳曼语表意精准，这一点非常重要。他认为词汇贫乏是希伯来语这些古典语言面临的最大缺陷，因此不得不一词多用，导致一词多义现象普遍，这给文本的理解留下很大解读空间，从而给读者的阅读效果带来很大的困扰。欲读懂一篇文章，往往需要参阅许多评论和阐释，因而中世纪天主教会长期坚称，《圣经》经文不是人人都能读懂的，必须借助专业神职人员的解读才能了解个中况味，洞悉其精妙之处。当《圣经》经文是用拉丁语或希腊语写成时，情况兴许确实如此，但如果英国新教徒阅读的是母语《圣经》文本，即以西撒克逊方言为基础的英语文本，则不会存在内容理解方面的困惑，因为撒克逊语言简明扼要，通俗易懂，不容易产生歧义，因而完全没有必要依赖神职人员的解读。

英国"历史文物学会"（Society of Antiquaries）会员的著作也深受范戈普的影响。该学会1580年成立，目的是研究历史文物，为伊丽莎白英国的崛起寻找历史注脚。该学会两名会员威廉·卡姆登（William Camden, 1551—1623）和理查德·罗兰兹（Richard Rowlands, 1550—1640）都是积极推广撒克逊文化的时代旗手。

威廉·卡姆登是英国历史文物学家，其代表作是《不列颠志》（*Britannia*）和《史册》（*Annales*）。他出生于伦敦漆匠家庭，就读于圣保罗私立学校，后升入牛津大学，在那里结识了英国著名诗人菲利普·锡德尼（Philip Sidney），锡德尼鼓励他进行历史文物研究。虽然没有拿到牛津大学学位，但他还是在著名私立学校威斯敏斯特学校（Westminster School）谋得教职，后来还升任校长。正是在该校教书期间，他可以利用学校假期四处游历，开展历史考古科研工作，为他后来的写作打下坚实基础。1586年，其代表作《不列颠志》出版，这是一本用拉丁语写成的历史书，是英国历史上第一本关于英伦三岛和爱尔兰的地方志，由于非常受欢迎，在10年之内发行了5版，每个版本都有大量的增补内容，1610年该书的英文版面世。1615年，卡姆登发表《史册》部分章节，这是英国历史上第一部详细记录伊丽莎白一世统治时期重大历史事件的著作，1625年英文版《史册》出版。卡姆登对英国历史的研究成果，为鼓吹以英国本土资料为创作题材的人提供了丰富的养料。

理查德·罗兰兹是荷兰裔英国历史文物学家、翻译家、出版家。他出生于伦敦东区木桶工人家庭，外祖父是来自荷兰的难民，但他聪慧好学，进入牛津大学，学习英国早期历史以及盎格鲁-撒克逊语言。他皈依了天主教，但牛津大学要求学员必须宣誓效忠英国国教圣公会，虔诚的罗兰兹宁可辍学也不改变自己的信仰。从牛津大学辍学后，他到金店当学徒，成为一名金匠，但他没有放弃对学问的追求，开始发表翻译作品和文学作品，后由于其坚定的天主教立场，被迫流亡国外，但他没有放弃写作，不断发表文章披露天主教神父在英国遭到的迫害。在巴黎期间，因为英国大使的干预，他还曾短暂入狱，在罗马期间，教皇给他提供生活费，他最后定居安特卫普，成了多产作家，他还把自己的姓改成了理查德·费斯特根（Richard Verstegan），费斯特根是他荷兰外祖父的姓。奇怪的是他这样一个批评英国政府的人，也选择用盎格鲁-撒克逊英语写作，他认同范戈普关于古典语言缺陷的说法，相信和英国人交流的最好语言非英语莫属。

从政治角度看，对撒克逊英语的兴趣，是英国更大范围内激进政治运动的产物，这场运动比英国国教圣公会更激进，在伊丽莎白一世统治时期，该运动对英国圣公会和政府总体上还是持支持态度，但伊丽莎白去世后，政治形势发生了新的变化，该运动也有所转向，转而支持清教。

16世纪，英国文人对撒克逊本土题材的兴趣和追求空前高涨。他们盛赞英语中的撒克逊特质：单音节词汇多、大量使用复合词，同时诋毁外来语的使用，尤其是法语借词的使用（Jones, Richard F. 1953: 241）。有的文人大势讴歌英语北方方言，因为这些地区的方言是英语中更古老的语言，因此会更接近撒克逊方言。英语和拉丁语最明显的区别体现在实词上，英语名词、动词、形容词这样的实词，主要是由大量的单音节词组成，而拉丁语实词则基本都有后缀，最少也在词根后面加一个音节的后缀。16世纪，英国爱国主义狂热分子鼓励大家使用单音节词，其中就有宫廷诗人乔治·加什科因（George Gasgoigne），正是他第一个神化伊丽莎白女王，塑造了嫁给英国和英国人民的童贞女王的神话。1575年，加什科因给诗人的建议是："诗句中尽量少用多音节单词，原因有很多：首先，英语中最古老的单词基本都是单音节词，谁的单音节词汇用得多，就证明谁才是真正的英国人，谁才最没有学究气"（Jones, Richard F. 1953: 115）。20世纪，英国首相丘吉尔的著名演讲也尽量使用单音节词："我们将在沙滩作战，我们将在登陆地作战，我们将在田间街头作战,我们将在山上作战,我们绝不投降。"(We shall fight on the beaches, we shall fight on the landing grounds, we shall fight in the fields and in the streets, we shall fight in hills. We shall never surrender.)丘吉尔这段话语言简练,鼓舞人心,只使用了一个外来词surrender(投降),其余单词都来自撒克逊英语,且大都是单音节词。由此可见即便到今天,撒克逊英语依然对盎格鲁-撒克逊民族具有特殊意义,是民族凝聚力的象征。

16世纪,围绕英语中单音节词汇利弊的争论很激烈,观点不尽相同。有人认为单音节词汇不利于诗歌的押韵,会阻碍诗意的流动,也有人认为单音节词是天然的诗歌语言,非常有节奏韵律感。17世纪中期,单音节词成为保皇党和共和派之间互相攻讦的武器,双方都拿单词说事儿:在英国内战前,共和派就用单音节词攻击王党及其与法国的联系(当时法国国王在经济上资助英王查理二世),而为斯图亚特王朝复辟歌功颂德的桂冠诗人约翰·德莱顿(John Dryden)则攻击单音节词,为王党辩护,双方隔空大打口水战。德莱顿兴许是英国历史上最早攻击对手语言质量的文人,他会挑出对方的句子,指出其内在的不一致性。然而德莱顿并非语言学家,从语言学角度看,他当年的许多指控缺乏依据,是禁不起推敲的,但他也算是开了一个很坏的先例,从那以后英国文坛总有人理直气壮指责他人不会使用母语,而自己却并不具备扎实的语言学功底。

复合词构词法,即通过把英语中现有词汇组合起来构成新词的方法,是避免从外语借词的有效手段。16世纪,英国文人热衷于通过使用复合词来表达对英语的热爱。1587年,英国著名拉丁语翻译家亚瑟·戈尔丁(Arthur Golding)在其翻译作品《关于基督教真理的作品》(*A Woorke Concerning the Trewnesse of the Christian Religion*)中使用了大量的复合词:tragediewryter, leachcraft, bacemynded, grosswitted, fleshstrings(muscles), witcraft(logic / reason), saywhat(definition), endsay(conclusion)等。英语中单音节词很多,把两三个单音节词合起来就能构成新词,英国人已经意识到复合词和单音节词一样,都是英语固有的美德,应该大力提倡国人积极使用。

16世纪,英国文人在文学创作中大量使用古英语词汇,追求古雅美,这其中的代表人物是文艺复兴时期著名的诗人埃德蒙·斯宾塞(Edmund Spenser)。他中学时就读于伦敦的"裁缝商公会学校"(Merchant Taylors' School),其校长理查德·马卡斯特（Richard Mulcaster）对他影响很大，这位校长是英国正字法先驱、辞典编纂学奠基人，下文还会详述他对英语的贡献。斯宾塞大量使用尘封的古英语词汇，并从乔叟那里借用古英语词汇，例如：eke（also）、quoth（said）、whilom（formerly）、ycleped（called）等。斯宾塞的这一做法后继有人，年轻的诗人约翰·弥尔顿（John Milton）也善用古英语词汇，并开启了把古词作为"诗歌词汇"（poetic diction）的传统。

（二）英语修辞与语法

中世纪文理教育最先学习的三门学科是修辞、语法、逻辑，这都是涉及语言的艺术，三者之间的联系非常紧密。修辞学最初是研究如何提高语言的使用效果的，尤其是在法庭上如何通过语言来说服对方。到文艺复兴时期，修辞学已经固化成一套如何遣词造句、如何修饰润色的规则。语法原本是指说话的艺术，但事实上主要涉及的是书面语言的形式，而语言形式与逻辑有不可分割的关系。中世纪时，这三门学科都是以拉丁语为媒介来教学的。16世纪，英语在崛起的过程中，几乎全盘借鉴了拉丁语的修辞、语法、逻辑，只不过是换了一种语言。其中尤其值得一提的是英语对拉丁语修辞的借鉴，才造就了今天修辞极为发达的英语。

修辞产生于公元前5世纪的希腊，在繁荣的雅典民主制下盛极一时。无论是在集会、诉讼等公共场合，还是私人的日常交往，修辞技艺都获得了普遍的应用。特别是在权力的获取与城邦的治理中，修辞运用更具有决定性的作用，直接影响到国家的决策与前途。修辞普遍受到重视，与长期修辞实践积累的丰富经验，都为修辞学的确立与研究奠定了基础，而这个任务就落到亚里士多德头上。他写了大量的修辞学论著，特别是在《修辞学》（Rhetoric）一书中，系统地总结了修辞技艺，阐述了较完整的修辞理论思想，他给修辞下的定义常常被引用：在每一事例中发现可行的说服方式的能力（the faculty of observing in any given case the available means of persuasion）。

西方对修辞的研究源远流长。古希腊智者是早期的修辞学家，他们认为人是万物的尺度，因而放弃了追求真理的自然派哲学传统，将通过说服而能影响和控制人的修辞奉为最高智慧。智者以传授修辞学为业,并为此编了很多实用性的修辞手册。这类作品都是从各自的修辞经验出发,虽然总结了一些说服技巧,但具有很大的随意性。柏拉图批判说,它们都没有解决怎样有效地使用各种方法,怎样才能使一篇文章形成一个整体等问题。在柏拉图看来,这类作品所讲的技巧缺乏技术的必然性,很难被初学者掌握,不过是一些修辞学垃圾。其实,智者的技艺真正遭到柏拉图反对之处,在于这些人漠视真理,一味迎合大众,正是在这个意义上柏拉图才将其贬为奉承的程序而予以摒弃。不过,简单的予以否定似乎没有意义,修辞术仍以一种巨大的力量在现实中发挥作用。相比之下,以追求真理自诩的哲学的现实作用却总显得微乎其微。诉诸来世的说教太苍白无力,柏拉图不得不正视修辞的价值所在,承认修辞学是一项重要的事业,没有其帮助,即使知道什么是真理也不能使人掌握说服的技艺。一方面,他坚决拒斥虚假修辞学,另一方面则试图构造一种真正的修辞学。这种修辞学首先要知道事实的真相,还要能根据不同的灵魂本性找到适合的说服方式。他认为,只有这样的修辞术才能在人力所及的范围内取得成功,即可以被人掌握。其实,柏拉图的改造不过是利用修辞术为哲学服务而已,这种理想的修辞术是哲学的修辞学,现实意义并不大。但这至少表明,修辞术已经受到柏拉图的重视。

亚里士多德正是在柏拉图的学院中从事修辞学的研究和授课的。在这里,他写成了其最初的著作:论修辞术的《诗学》(*Poetics*)。后来又写了大量修辞学论著,不过现在可见的主要是《修辞学》(*Rhetoric*)这部著作。亚里士多德极为广博的学术研究就是从修辞学开始的。亚里士多德对修辞学的研究态度可以说与柏拉图有着根本的不同。他认真研究智者及演说家所运用的现实修辞技艺,充分吸收和总结其实践经验,并试图对这种现实的修辞术的本质和特征进行理论分析与说明。因而,严格说来,真正的修辞学研究是从亚里士多德开始的。

亚里士多德同样批判了智者们的修辞术著作。在他看来,修辞术之所以能被研究和传授,在于它是一门技术。这种技术性特征体现在修辞术运用的说服论证上,至于其他则是附属性的非技术因素。亚里士多德认为,当时编纂修辞术的人,对于作为说服论证之躯干的推理论证只字未提,却大谈种种题外话。他们只关注敌意、怜悯、愤怒以及灵魂等情绪性因素,试图通过影响法庭上的陪审员而干预审判结果而已,他们心中除了造成某种性质的判决外再不考虑他事。这种修辞术完全没有把握和体现出修辞术的技术性特征，只不过是在钻制度不健全的空子而已。这也决定了他们只能无一例外地追求法庭上的辩论技巧，而涉及听众切身事务的公众演说，如果也这样玩弄离题伎俩，效果只会更差。总之，这类修辞术著作都没能揭示修辞技艺说服力的根源，无法使之获得广泛和可靠的应用。在亚里士多德看来，修辞术的价值不在于完成某个偶然性的说服过程，而要对普遍性的说服原理进行阐明。这就是亚里士多德修辞学研究的根本思路，从而也就使他与智者乃至柏拉图区别开来。

修辞一直是欧洲语言艺术的重要组成部分，但西罗马帝国崩溃后，语言艺术相对受到冷落。中世纪教会看到了修辞的传教价值，希波主教圣奥古斯丁（St. Augustine of Hippo, 354—430）是欧洲中世纪基督教神学、教父哲学的重要代表人物，他是修辞专业出身，曾在米兰教授修辞学，皈依基督教后，热衷于用修辞这种"异教"方式来传播基督教。随着欧洲教育的起步，尤其是中世纪大学的建立，修辞才重回大众视野，但此时修辞已屈居逻辑之下，成为学术性很强的专门学科，大学生们常常做一些形式大于内容的修辞训练。16世纪，伊拉斯谟重新唤醒了欧洲对古典修辞的兴趣，1512年，他完成了专著《丰富风格的基础》（*Copia: Foundations of the Abundant Style*），该书大受欢迎，在欧洲发行了150余个版本，成为欧洲各国学校经典的修辞教材。旅居英国期间，他完成了代表作《愚人颂》（*The Praise of Folly*），该书对英国16世纪修辞教学影响很大，伊丽莎白时期的文法学校纷纷要求学生仿写《愚人颂》，著文赞美无用之物。另一个对英国修辞学做出贡献的是西班牙修辞学家胡安·路易斯·比韦斯（Juan Luis Vives, 1492—1540），他是牛津大学的修辞学教授，英国国王亨利八世曾聘请他做长女玛丽公主的私人教师。他留下了许多关于修辞的著作和小册子，对英国文人产生了巨大影响。

16世纪，英语逐渐取代拉丁语的社会地位时，英国学者纷纷开始把拉丁语的语言艺术移花接木嫁接到英语上。由于英语这门语言本身就深受拉丁语影响，这样做也无可厚非，而最先嫁接的语言艺术就是修辞。16世纪中期，欧洲各国民族语言的修辞学蓬勃发展，英国文人开始用英语写修辞著作，而不再用拉丁语等古典语言创作。当然，这一过程非常缓慢，因为学者用拉丁语写作惯性太强，毕竟上千年养成的习惯不容易改变。

1524年，英国学者伦纳德·考克斯（Leonard Cox）推出了最早的英语版修辞著作《修辞术》（*The Arte or Crafte of Rhethoryke*），严格来讲这并非原创作品，而主要是译著，大都是翻译的马丁·路德的亲密战友菲利普·梅兰希通（Philip Melanchthon）的作品。

1553年，英国修辞学家托马斯·威尔逊（Thomas Wilson）出版了《修辞艺术》（*The Arte of Rhetorique*），该书被称为第一本用英语原创的修辞书，但书中大都沿用了古典修辞学的概念，例如，他提出了修辞五原则：创意、结构、风格、记忆、表达（Invention, Disposition, Elocutio, Memoria, and Utterance），这与古典修辞五原则（inventio, dispositio, elocutio, memoria and pronuntiatio）的拉丁语表述如出一辙。该书重点关注文章的行文结构，但同时也强调使用英格兰本土题材的重要性：我们不应该受到奇怪的学究词汇的干扰，要像普通大众那样说话，这是必须牢记于心的第一要务（Among all the other lessons this should first be learned, that wee neuer affect any straunge ynkehorne termes, but to speakes as is commonly receiued.）（Wilson, Thomas. 1553: 162）。当时有一种颇有市场的观点，认为修辞是建立在外来借词基础上的语言艺术，善于使用学究词的人才是有教养的英国人，才是一流的修辞学家。威尔逊毫不留情地批驳了这种观点，他认为从修辞角度看，完全没有必要使用外来借词，使用法语或意大利语等外来词汇，在他看来无疑是在"玷污国王英语"（counterfeiting the King's English）。

1589年，英国作家、文学批评家乔治·帕特纳姆（George Puttenham）出版了《英语韵文艺术》（*The Arte of English Poesie*），把修辞与宫廷联系起来。他指出，宫廷用语、伦敦方言、伦敦周围一英里（约1.6千米）范围内的语言，应该成为大家效仿的典范，这些英格兰南方绅士的说话、写作的方式是值得大家学习的，千万不要跟其他地方的人学习。他尤其看不起北方方言，认为那些地方的人大都是乡野粗人，贩夫走卒，发音不标准，拼写不规范。同时，他也批评使用拉丁语的人，尤其是大学学者，这些人就是喜欢古老原始的语言。他力主在诗歌创作中使用英国宫廷的语言。

16世纪，纯粹为修辞而修辞的写作手法在英国非常流行，这种修辞的目的不是有效表达，而是创造能带来愉悦和美感的文本。英国著名语法学家威廉·莉莉（William Lily）之孙约翰·黎里（John Lily）就很擅长这种修辞。1579年，他发表的著作《尤弗伊斯：才智的剖析》（*Euphues: The Anatomy of Wit*）就是这种修辞的典型代表，因此后人专门生造了一个英语单词euphuism，来指代这种辞藻华丽的夸饰文体。下面以该书中的一段为例，来了解其修辞技巧：

> Ah wretched wench Lucilla how art thou perplexed? What a doubtful fight dost thou feel betwixt faith and fancy? Hope and fear? Conscience and concupiscence? O my Euphues, little dost thou know the sudden sorrow that I sustain for thy sweet sake. Whose wit hath betwitched me, whose rare qualities have deprived me of mine old quality, whose courteous behaviour without curiosity, whose comely feature without fault, whose filed speech without fraud, hath wrapped me in this misfortune.

这段话显然辞藻华丽，且使用了多种修辞手法。例如，押头韵：faith, fancy; conscience, concupiscence; sudden, sorrow, sustain, sweet, sake；半谐音：wretched, wench；排比句式：whose…without。这段话讲的是Lucilla深爱着Euphues，她自言自语，为爱煎熬。这种描写存在的意义，并非仅仅是为了传达实际的意义，可谓是为了修辞而修辞。

修辞不仅与宫廷语言密切相关，还和大学紧密相连。17世纪之前，英国大学均用拉丁语修辞术训练学生。现存的约翰·弥尔顿的手稿，就包括他在剑桥大学读本科期间的修辞练习作业，主要是从两个相对的角度，练习思辨和修辞能力，题目本身的实际意义不大，例如"白昼和夜晚，孰优孰劣"？这类练习的最大特点是内容实属无稽之谈，重点考查的是独立于内容之外的文本语言结构和质量。弥尔顿正是从这些作业出发，踏上了诗歌创作之路。"快乐之人"（L'Allegro）、"幽思之人"（Il Penseroso）这两首诗就是他在剑桥读书期间写成的。

英语修辞脱胎于拉丁语修辞，在日后独立成长的道路上越走越远，越走越稳，不仅赋予英语语言华丽的文体、典雅的古风、震撼的表达，还大大提升了英语的语言内涵和素养，有助于英语的成熟和自信。

16世纪后期，英语语法作为独立的体系开始形成，然而在这一过程中，拉丁语，无论是从形式到内容，都深刻地影响着英语语法，有人甚至称这种影响为套在英语语法头上的"拉丁枷锁"。1586年，威廉·布洛卡（William Bullockar）出版了《语法手册》（*Pamphlet for Grammar*），这是英国历史上出版的第一本用英语写成的英语语法书，宣告了英语语法时代的到来。

威廉·布洛卡是16世纪英国著名的印刷商人，他发明了40个表音的音标字母（phonetic alphabet），这些雕成哥特风格的黑色字母，一经问世便在印刷行业推广开来。1586年，他借鉴著名语法学家威廉·莉莉1534年出版的《基本语法规则》（Rudimenta Grammatices），写成了英语语法书《语法手册》，该书使用了他自创的改良版英语拼写体系。虽然这本语法书是用英语写成的，但是16世纪英国的大部分英语语法书都是用拉丁语写成的，例如，1594年，保罗·格里夫斯（Paul Greaves）写的《英语语法》（Grammatica Anglicana）影响很大，但也是用拉丁语写的，这些拉丁语写的英语语法书，让英语看上去很像拉丁语。1685年，克里斯托弗·库珀（Christopher Cooper）出版了《英语语法》（Grammatica Linguæ Anglicanæ），这是英国历史上最后一本用拉丁语写成的英语语法书。英语语法书的出版，标志着英语和拉丁语一样，是一门规则性很强的语言。

理查德·马卡斯特（Richard Mulcaster, 1531—1611）是英国16世纪两所著名男子私立学校的校长，是英国第一个正式提出正字法的学者，号称英国辞典编纂学奠基人。马卡斯特出生于英国贵族世家，有良好教育背景，在伊顿公学、剑桥大学、牛津大学接受正规的传统古典教育，精通拉丁语、希腊语、希伯来语。牛津大学毕业后，他成为伦敦"裁缝商公会学校"（Merchant Taylors' School）的首任校长，这所学校是当时英国最大的学校，在该校期间马卡斯特完成了两部专著《位置》（Positions）和《基本准则》（Elementarie），为该校的拉丁语、希腊语、希伯来语教育制定了科学严格的教学大纲。他还担任了"圣保罗学校"（St Paul's School）的首任校长。他非常重视体育的教育价值，其著作是研究人文教育以及16世纪英国教育的宝贵资源。

1581年，马卡斯特完成了《位置》这部专著，书中提到了足球的诸多好处，他认为足球有重要教育意义，有利于学生的健康和体力训练。马卡斯特是16世纪最伟大的足球推广者，足球（football）这个单词就是他发明的，足球这种有组织团队活动也是他最早记录下来的，他还是最早倡导在足球运动中引入裁判员的人。

1582年，马卡斯特完成了他最重要的著作《基本准则》，该书是一本推广教学经验的指导性著作，主要是讲如何教英语。当时教育界的垄断语言是拉丁语，但他坚称英语有潜力取代拉丁语的地位，他呼吁大家多用英语写作，提高英语地位,重建民族自信。他说外国人常常对英语感到很困惑,因为书面英语充满了不确定性,单词拼写不稳定。他是时代的先锋,使英语成为学术语言,他对英语充满信心,认为英语简洁明了,在表情达意方面没有哪一种语言可以媲美英语。他深知在挑战拉丁语的道路上,英语面临的最大困难是缺乏统一拼写标准,于是提出一种介于严格按发音拼写和随意拼写之间的妥协办法,从此英语正字法走上轨道并迅速发展,1650年后基本固定下来了。

为了提升英语的学术能力,使其承担教育功能,马卡斯特在《基本准则》一书后列出了8000个复杂单词,他没有对这些词给出解释,而是仅仅列出单词,告诉大家这才是正确的拼写方式。当时人们在拼写单词方面自由度很大,尤其是单词末尾的不发音字母e的添加更是随心所欲,例如bad / bade这样的写法并行存在。马卡斯特这份单词表的出台,对推广规范拼写起到了积极作用,这份单词表代表了当时社会对词典的呼唤,人们已经意识到单词的意思和拼写字母之间的偶然性,因而迫切需要把各行各业人士所说的英语单词,都规范地记录下来,不管这些人来自哪个行业,受过何种程度的教育。《基本准则》面世22年后,第一本英语词典诞生了,这便是罗伯特·考德里(Robert Cawdrey)的词典。

罗伯特·考德里生卒年份不详,他对英语最伟大的贡献是在1604年出版了第一本英语词典《按字母顺序排列的词表》(*A Table Alphabeticall*)。考德里没有受过正规教育,但却自学成才,当上了教师,后来还当上了英国圣公会的教堂执事以及教区长,但最后却因为同情清教而失去了教职,不得不重操旧业,靠教书为生。他的儿子托马斯·考德里也是教师,正是他帮助父亲出版了词典。16世纪,富裕的英国闲暇阶层周游列国,在外国期间学会了不少新词,回国后话里话外都是外国语言,导致外国词汇源源不断涌入英语。罗伯特·考德里遣责这些人完全忘记了自己的母语,说如果他们的母亲还健在,肯定不明白这些人在讲什么。他担心英国人不清楚这些外来词的意思,因此决定编一本词典,该词典是按照字母顺序排列的,这在当时是一项伟大的创举,连最有学问的阶层也表示没有想到还可以这样排版。

罗伯特·考德里词典的名称很长,全称如下:A Table Alphabeticall, contayning and teaching the true writing, and vnderftanding of hard vfuall Englifh words, borrowed from the Hebrew, Greeke, Latine, or French, &c. With the Interpretation thereof by plaine

Englifh words, gathered for the benefit and help of all vnskilfull perfons. Whereby they may the more eafily and better vnderftand many hard Englifh wordes, which they fhall heare or read in Scriptures, Sermons, or elfevwhere, and alfo be made able to vfe the fame aptly themselues。这部词典的名称说明了一切：这是一份单词表，包含有从希伯来语、希腊语、拉丁语、法语等外语借入的词汇，有英语解释，目的是帮助不熟悉的人认识这些外来词，以便在阅读《圣经》、听布道时更好地理解这些英语单词，并熟练使用这些词汇。

这部词典的意义形式大于内容。词典有120页，收录了2543个单词，每个单词的定义很简单，通常只有一个单词来解释它，因而更像是一本同义词典。该词典的批评者认为词典实用性不强，且选编条目比较随意，缺乏明确标准，但没有人能否认该词典在英语发展史上的重要地位，这是英语词典的开山之作，其意义在于抛砖引玉，引发后人不断完善英语词典的编撰工作。此后的几十年间，许多英语词典纷纷问世。

（三）英语拼写改革

语言作为一种"表达观念的符号系统"（a system of distinct signs corresponding to distinct ideas），在交际时是以词为独立应用的意义单位。交际内容落实到书面上，即形成所谓的书面语，书面语必须以词的统一正确拼写为前提。因此，词的拼写法有时又叫作正字法或拼写法，在确定词的拼写方式时，所依据的词在语言系统中联系的总和，即该语言的拼写体系。任何语言的拼写体系都不是一成不变的，都经历了自然演变和人为改革两个方面的影响，尤其以人为改革步子最大，影响最深远。

中世纪时期，人们的拼写概念存在误区，以为单词拼写必须与发音对应起来，是读音的映射。伊拉斯谟写了许多关于希腊语的著作，他就是持这种观点，认为希腊语的拼写和读音存在对应关系。英语并非严格意义上的拼音语言，其拼写与读音的关系很复杂，绝非一一对应这么简单。16世纪时，英语拼写固化的是几个世纪以前的英语，已经跟不上读音的变化，从而显得非常古老了。英国学者无法套用伊拉斯谟的拼读理论来解释英语拼读现象，因而发出了要求改革英语拼写的呼声。

英语拼写改革史上，有两个革命性的阶段。一是16世纪、17世纪，二是19世纪、20世纪，本章主要讲16世纪中期至17世纪中期这段历史。英语拼写改革大约是从1350年左右开始的，在此之前，诺曼法语已经统治英国将近三百年；在那之后，英语慢慢恢复了官方语言的地位。但是在拼写方面，已与诺曼征服之前的英语大相径庭，毕竟三百年的法语印记无法一笔抹去，英语中已融入了大量的法语词汇，这是不争的事实。这个过程就是古英语向中古英语演变的过程。最先使用中古英语进行文学创作的是乔叟，他的作品建立起了中古英语最初的拼写规范体系，然而很快这一尚未发育健全的拼写体系便遭遇了两次沉重的打击。第一次是官方文书机构自以为是的求雅行为，该机构文书人员经常根据法语拼写方法更改英语拼写方法，这在第三章第二节第二点"乔叟与'官方文书标准'"（本书第52—54页）已有详细说明。第二次是印刷术的引进，1476年，威廉·卡克斯顿在伦敦开办英国第一家印刷所时，他已在欧洲大陆生活了三十多年，其英语拼写知识很难与时俱进，他聘用的比利时助手的英语拼写水平更是不敢恭维。当时每个印刷所为了追求自己与众不同的风格，不惜在英语拼写上做文章。另外，排字工人的工资是按行支付的，他们很乐意让单词变长。

英语拼写最大的变革发生在1525—1539年间。1525年，威廉·廷代尔翻译了《圣经·新约》，1539年，英王亨利八世宣布在英格兰印刷《圣经》是合法行为。在这之前的14年间，廷代尔的英文版《圣经》只能在国外印刷，主要是在荷兰印刷。荷兰印刷工人几乎不会英语，但这毫不妨碍他们随心所欲地按照荷兰语拼写方法更改英语拼写方法。例如：他们按照荷兰语拼写方式，在英语单词中加入了不发音字母h，ghost（荷兰语拼写为gheest，后来改成geest），aghast, ghastly, gherkin等。有的英语单词中的不发音字母h后来又去掉了，例如：ghospel, ghossip, ghizzard后来分别拼写成gospel, gossip, gizzard。

1568年，托马斯·史密斯（Thomas Smith）发表了《论英语书面语改革》（*On the Rectified and Amended Written English Language*），他是英王爱德华一世、伊丽莎白一世的国务大臣，是拉开英语拼写改革帷幕的第一人。他认为拼写应该是读音的忠实记录，每个字母应该有一个固定的读音。他反对一个字母有多个读音，认为这是对字母的滥用，他意识到英语的读音多于英语字母，因此他发明了一些字母来代表相应的读音。他坚信在盎格鲁–撒克逊英语时期，拼写和读音的关系是完美对应的，诺曼征服后法语的引入才打乱了英语拼读的和谐。伊拉斯谟认为应该改变读音来适应拼写变化，而史密斯则认为应该改变拼写来适应读音变化。

1569年，英国教育家、语法学家约翰·哈特（John Hart）发表了《正字法》（*An Orthographie*）这本小册子，对当时的英语拼写提出了尖锐批评，指责人们随心所欲、逻辑混乱。他认为英语拼写应完全按照音韵学的规律来，字母与读音之间应该是唯一的对应关系，他发明了6个新的辅音标记符号，来代表6个辅音：/ð/、/θ/、/tʃ/、/dʒ/、/ʃ/、/ŋ/，他还发明了区分长短元音的符号。他反对使用大写字母，认为这是另外一套与读音相对应的拼写体系。他认为宫廷读音是拼写应该记录的最佳读音方式。

在史密斯和哈特之后，许多学者，包括印刷商威廉·布洛卡等人，都纷纷发表关于英语正字法及语法方面的文章和书籍，呼吁改革英语拼写体系。词汇学家约翰·巴雷特（John Baret）提出应建立一个专门的政府机构，来负责规范语言。然而他们的建议大都因太激进、太超前于时代而不能被同时代的人接受。另外，他们由于对音韵学缺乏科学的认识，而不能提出拼写方面的合理化建议。关于音韵学研究，英国学界要到19世纪才能取得实质性进展。

16世纪，态度相对保守的学者提出的拼写改革方案获得了成功。1662年，威尔士历史学家、作家詹姆斯·豪厄尔（James Howell）出版了《语法》（*Grammar*）一书，提出了关于英语拼写的温和建议。例如，把logique改写为logic、warre改写为war、sinne改写为sin、toune改写为town、tru改写为true。历史证明后世英语基本采纳了他的建议。

16世纪，不少英国学者精通希腊语和拉丁语，对这两种语言写成的文学作品也谙熟于心。这些人总想在拼写形式上，把英语和古典语言联系起来。他们通常在英语单词里加上一些不发音的字母，以便使其看上去更像古典词汇，而不管其是否真的和希腊语或拉丁语词汇有任何词源上的联系。例如，det变成了debt（拉丁语的写法是debitum），dout变成了doubt（拉丁语写法是dubitare），sissors变成了scissors，sithe变成了scythe（讹传是从拉丁语单词scindere演变而来的），iland变成了island（讹传是从拉丁语单词insula演变而来的），ake变成了ache（讹传是从希腊语单词akhos演变而来的)。

莎士比亚也曾借笔下人物之口，讽刺英语拼写与读音的不一致现象。在他的宫廷喜剧《爱的徒劳》(*Love's Labour's Lost*)中，书呆子塾师霍罗福尼斯（Holofernes）坚称，应该改变读音方式去适应拼写方式，而不是改变拼写方式去适应读音方式。他认为应该把英语单词中不发音字母b读出来，例如，debt、doubt等单词中的b都应该读出来。

总体而言，英语中拼写和读音基本一致。英语属于表音文字，英语拼写能直接表示音位，单词的读音与拼写有着密切的联系，许多字母组合、词缀、词尾已构成固定的模式。20世纪70年代美国人进行了一次大规模的研究，用计算机分析了17000个英语单词，结果表明84%的词符合拼读规则，只有3%的词的读音不能预知（Crystal, David. 1988: 69）。

理论上，最佳的拼法中每一词素（lexical entry）应只有一种表达形式，拼写法的基本原则是不用其他标记而能通过一条总的规则预知语音的变化。英语正体现了这一条原则。英语中每一词素只有一种表达形式，例如：nation与national, nationality, nationalistic，这组词虽然表层上读音不同，但其词汇拼写（lexical spelling）一致，词义上的联系一目了然，它们构成一个词族，其成员是一个词项的不同形式。它们与另一词族：notion, notional, notionality，则意义不同，读音不同，属于不同的词项（vocabulary item）。在每一词族中有共同的词根，而成员间读音的变化遵循着重音规则、语音交替规则等音位实际发音的规则。英语字母没有其他附加的注音符号，没有重音符号，使得书写便捷。

英语和俄语、德语、法语不同，英语无须注音，其拼写形式即是注音。英语也不同于必须注音的文字，因为英语具有许多拼法规律，使得字母的读音在很多情况下无须注音，因此我们说英语是游移于无须注音和必须注音之间的一种特殊语言。英语国家教师在讲授本民族语言时，采用的是从拼法入手的自然拼读教学方法，只用重音符号和少数表示长短音的符号即可注音，他们的词典不用国际音标注音。英语单辅音的发音易于掌握，单辅音在相同位置时基本上发音不变，英语元音以及元音组合有规则可循，英语拼写和读音规则应用面广，实用性强，借助一些拼读规则，基本上能做到"见词能读，闻音能拼"。

虽然有许多英语单词的拼法符合规则，但另外一些"异端"的拼法也是客观存在的。在英语学习的每一个层面，既有系统性，也有特殊性。只要一个系统是客观存在的，就必然包含一个较大的范畴，将符合某一规定的诸多事物囊括其中。显然，如果只有一项内容，例如，所谓chicken体系，即把chick加后缀-en构成的复数形式说成是一个体系，就没有存在的必要了。但是，"体系"这个概念绝不能从孤立的数字角度来理解。着眼于语言整体，语言教学法强调语言发展过程中不同语言点之间错综复杂的关系，某种关系的重要程度取决于它为语言使用提供便利的程度。透过拼写体系，即可洞察诸多词汇在拼写上的相互联系。

一般说来，各种语言在拼写上要遵循以下原则：

1. 语音原则。即完全按照词的音位构成拼写。

2. 形态构词原则。以构词的形态单位即语素（morphs）为拼写单位，同一语素拼写相同，尽管它的读音可能有差异。

3. 历史传统原则。保持在历史上的拼写方式，而不顾它们在读音和形态上已经发生的变化。

4. 辨义原则。按不同的方式拼写同音词，以便在书面上加以辨认和识别。

以上是各种语言所采用的一般拼写原则。对英语而言，这套规则也是有效的，虽然不能完全解释英语中的所有拼写现象，但有利于发现英语拼写体系中一些具体的规律性特征。

当字母 i 和 e 连在一起出现在一个单词中时，其先后顺序有时让人感到棘手。老师也许会总结出如下的顺口溜，来帮助学生记忆：Write I before E, except after C; Or when sounded like A, as in neighbor and weigh. 意思是说，这两个字母连在一起出现在一个单词中时，一般情况下是先 i 后 e，例如grief 和 relief。但有两种情况例外：

1. 当它们紧跟在字母 c 后面时，如 receive 和 conceive；

2. 当这个字母组合的读音与字母相似时，如顺口溜中提到的两个例子。

但与上述说法不一致的情况自然还是有的：当字母 c 的读音与 sh 相似时，例如在conscience, 是先 i 后 e，而在 heifer 中，尽管该组合的读音与字母 a 相差甚远，e 还是出现在 i 的前面了。看来顺口溜终究只是顺口溜罢了，它没有把所有的情况都概括出来（事实上也很难做到这一点）。但这个顺口溜还是有其存在价值的，让学生质疑，找出一些特例，这本身就是一种学习的过程。

在动词conceive所对应的名词形式（加后缀-tion）中，字母 i 消失了，得到的是如下一组词：conceive → conception; receive → reception; deceive → deception; perceive → perception。这种名词形式为确定其动词形式中 e、i 的先后顺序提供了线索。问题的关键在于"先 i 后 e"型的动词根本就没有这种名词形式（加后缀-tion）。比如，relieve, grieve和achieve的名词形式分别是relief, grief和achievement。这样的例子很多，提醒人们应在更大的范围内考察语言，引导人们从直接相关的部分走向不那么直接相关的部分，绝不能观察到一小部分就满足了。当然，这离不开对形态学（morphology）知识有相当的了解。形态学研究的是词的构词方法，词的构成要遵循各种规则，而拼写体系往往可以反映出一个词独特的生成过程。举一个简单的例子：英语中有许多单词的词尾发音与"us"相近但拼写法却有-ous和-us之分，从下面的例子中不难看出这一点：dangerous, cactus, courageous, status, famous, impetus, illustrious, hiatus。

对上述各词加以分析，我们就会注意到两个事实：

1. 以-ous结尾的词都是形容词，构成方法是"词根加形容词后缀"，尽管在一些具体的情况下这种构成可能不是很明显（例如，dangerous 一词由danger派生出来，而curious一词的词根是什么就很难判断出来，虽然我们感觉到它也是由某个词根派生出来的）。

2. 以-us结尾的词都是名词，但它们的构词方式却不是"词根加词缀"。换句话说，-ous是一个后缀，而-us却不是，-us甚至不是一个语素。

因此，这种词尾的读音尽管相似，但落实到书面上的拼法却是有区别的。要想把它们正确地区分开来，就要用到派生形态学（derivational morphology）方面的知识了。

另一个类似的例子涉及-able和-ible两个词缀的区分问题。它们读音相似，都有一个/ə/元音；二者都是通常附加在动词词尾的形容词后缀，只是在拼写上稍有不同。看下面一组词：applicable, considerable, accessible, perceptible, estimable, compressible, commendable, digestible。

如果仅仅着眼于这些词的动词词根，还是不能弄清何时该用-able以及何时该用-ible，但形态学方面的知识却可以帮助我们取得突破性的进展。这类形容词词缀在附加到某一词根上之前，上述诸词还经历了一个删除的过程：applicable

并非直接由apply派生出来，而是源于它的名词形式application。首先是名词后缀-ation被删除，然后由形容词后缀-able取而代之。语言学家把这一过程称为"截缩"（truncation）。基于同样的原因，accessible也不是直接由其动词词根派生出来的，而是由名词形式accession转化而来的，但这一次被删除的是-ion，取代它的是-ible。由此可总结出一条规律：以-ation作后缀的名词，其形容词必然以-able结尾；如果是以-ion结尾的名词，其形容词尾则为-ible。perceptible一词也是这样的情况，我们应把它的名词形式perception联系起来，而不是联系它的动词形式perceive。这样做的另一个理由是，该词的名词形式有一个pt辅音组合，与形容词形式一致，而动词形式却没有这一结构，此外，上述观点还有助于领会durable与duration, visible与vision等词之间在拼法上的联系。这些词没有明显的动词词根，因此形容词形式也只能在名词形式里找到派生的依据。

还有另外几种情况与上述内容密切相关，例如：edible这样的词，它既无对应的名词形式也无动词形式，派生自然也就无从谈起。虽然inflate和dilate有对应的名词形式 inflation和dilation，但令人感到困惑的是它们的形容词形式并不是inflable和dilable，而是inflatable和dilatable。用"截缩"的观点来分析，学习者很容易把-ation看作一个独立的词缀，但就inflation和dilation这两个词来说，却完全不是这么回事。比较一下application中的-ation，就会注意到后者的-ation是一个附加在applic上的词缀，而applic实际上是apply一词的古英语写法，该词是"词根加词缀"的形式，与inflation和dilation的构词法不同。因此applicable这种拼法是合理的，而inflable和dilable却是错误的拼法。可见在处理此类单词的拼法问题时，仅考虑到名词形式还是远远不够的，还必须灵活运用相关的形态学方面的知识。

当然，以-able或-ible作后缀的词的类型远不止上述这几种情况。无法回避的问题是：当后缀附加在词尾时，原词的末尾字母会发生怎样的变化呢？如果末尾字母是通常所说的"不发音字母"（silent letter），其命运会有三种可能：被去掉、被保留或去留兼可。例如，note 变为 notable，必须去掉不发音字母e；manage 加后缀变为 manageable，必须保留字母e；likeable 和 likable 都是 like 的形容词形式的正确拼法，e 可去可留。如果词尾不是不发音字母，而是辅音时，该字母或被保留或被双写，比如 eat 和 regret 加后缀分别变成了 eatable 和 regrettable。这里有一个值得注意的地方：eat 包含一个长元音，而regret 的第二个音节包含一个短元音。如果单词的末尾音节已包含辅音群(consonant cluster),就不要再对末尾字母进行双写了,例如,test 变为 testable,think 变为 thinkable。

英语是表音文字,但英语的拼法看起来不是很不规则,字母与音素不对应的现象不少,然而,有些语言学家认为英语拼写优点很多,是几近完美的拼写法,英语拼写中的不规则现象是出于某种需要而产生的,并不是任意的变化无常。许多表面看似古怪难解的拼写和读音现象,实则为有趣的音系规则所致。一旦懂得其中的奥义,那些古怪的现象非但不怪,反而成了妙不可言、美不胜收的语言现象。

语言文字是社会实践的产物,为了适应社会需要,也为了便于使用,人们可以根据文字的发展趋向,必要时有意识地进行拼写体系的改革。英语作为一种典型的表音文字,事实上却有许多单词的拼法和实际读音不相符。例如 know 中的"k"和"w",write 中的"w"和"e",thought 中的"gh",knight 中的"k"和"gh",在现代口语中都不发音了,可是书写时却还保留着。据统计,英语中的一个 /i/ 音就有 20 多种不同的拼写方式,而法语 /ɛ/ 的音竟有55种,/à/ 音也有52种拼写方式(成昭伟,周丽红,2003: 74)。表音文字由于语音的变化而不能很好地记录词的读音时,拼写体系的改革就势在必行了。这样就需要改变许多词的拼法,使它们更符合实际的读音,甚至还要删除个别已经不读音的字母,增加个别新的字母。事实上,德国、西班牙和葡萄牙曾经进行过这样的文字改革,收到了良好的效果。当然,这种改革需要一个循序渐进的过程,绝不能一蹴而就。可以预见的是,英语拼法应该会更加系统化。

(四)女王英语

标准英国英语可以用君主英语来表示,如果当时是国王在位,就说"国王英语"(King's English),如果是女王在位,就说"女王英语"(Queen's English)。这种指代方式最早出现在16世纪伊丽莎白一世(Elizabeth I, 1533—1603)统治时期,因此最早的标准英语是"女王英语"。从伊丽莎白一世到维多利亚,英国两任女王开启的"女王英语"时代,涵盖了英国英语迅猛发展的关键时期,期间安妮女王时代英语语言文学掀起高峰。本节主要讲伊丽莎白一世时期的英语发展情况。

英女王伊丽莎白一世（Elizabeth I, 1533—1603）的木版肖像画，绘于 1588 年，以纪念英国打败西班牙无敌舰队，背景再现了海战场景，伊丽莎白衣着华贵，王冠珠宝生辉，右手放在地球上，显示英国的全球力量。该肖像画来自沃本庄园（Woburn Abbey），目前共有三幅相同主题的画，统称为女王的"无敌舰队肖像画"（Armada Portrait）。

莎士比亚是英国历史上的国宝级人物，他把通俗英语推广到极致，其作品也提到了"女王英语"。在《温莎的风流娘儿们》（朱生豪译）中，"快嘴桂嫂在讲到她家老爷回来后会有的盛怒情形时说，'……少不了一顿臭骂，骂得鬼哭神愁，伦敦的官话（即"King's English"）不知要给他糟蹋成个什么样子啦'"。显然，当时的"伦敦的官话"（即国王英语）不仅仅代表了"标准"，还是阶级、身份和修养的象征。这就是为什么"国王英语"在最初生活在澳大利亚的英国人嘴中总是带有调侃、讥讽和反抗的意味，从"英语就应该这样"，变成了"什么！国王的英语！国王在哪里？"无论是"女王英语"还是"国王英语"，这个名词显然反映了一个正本清源的概念，反映了一场自上而下的语言革命，令人想起英国早期与其他民族、国家之间复杂的联姻史、战争史，以及这个词出现时英国文坛上正在进行的文艺复兴，伊丽莎白女王一世长达45年的统治时期，堪称英语发展史上的黄金时期。

这位伊丽莎白女王接受过很好的教育，可以说、写六种语言：英语、法语、意大利语、西班牙语、拉丁语和希腊语，在那个女子不受正规教育的时代实属罕见。在登上王位之前，经历过丧母、丧父、被囚禁、被欺骗、被暗杀、被权力和宗教斗争洗礼；所有这些，加上她个人的智慧、谨慎、毅力和博大的雄心，使得英国在她的统治时期实现了独立的国家身份，即君主专权向议会主权的转化，确立了英国国教和英国君主为英国教会最高首领的地位，从而摆脱了罗马教廷的控制。与此同时，她实行重商主义政策，保护和发展本国毛纺织业和其他新兴工场手工业。她鼓励造船和航海业，建立各类海外贸易公司，例如：1581年，她正式向利凡特公司（Levant Company）颁发贸易专利证书，每年向奥斯曼土耳其（Ottoman Empire）出口价值约15万英镑的呢绒；1585年，英国在北非成立了摩洛哥公司；同年，沃尔特·罗利（Walter Raleigh）在北美东海岸建立了英国的第一个殖民地；1588年，英国在西非又成立了几内亚公司；同年，在英吉利海峡击败西班牙无敌舰队，开始跨入海上强国的行列；1600年，伦敦商人在伊丽莎白女王的支持下成立了著名的东印度公司。总而言之，在伊丽莎白女王一世的统领下，英国已经摆脱了她继位时赢弱、内困外扰和矛盾重重的局面，其经济繁荣、文化璀璨、海上称霸的局面已经形成。因此，那时的英国人用"女王英语"来标榜自己的民族语言——一个摆脱了长期被征服、控制、胁迫和欺凌的民族，一个在政治、宗教、文化、商贸和海上争霸都有了自己发言权的民族——这一切已经变得那么的自然和必要。

即便不为强调民族与霸气的需要，仅凭莎士比亚、培根、哈维的文字和思想，以及当时英格兰无敌的舰队、商队和英文版《圣经》，"女王英语"也会像蒲公英的种子那样遍布全球。至于为什么"女王英语"被"国王英语"取代了呢？因为1603年，伊丽莎白一世死后登上王位的是个男人——詹姆士一世（James I, 1566—1625），他一人统治两个王国，实现了两个王室的联合，但两国议会的联合要等到1707年，他曾孙女安妮女王时代才能实现，自此英国进入了大不列颠王国时代。

1603年，苏格兰国王詹姆士六世继承英格兰王位，改名号詹姆士一世（James I, 1566—1625），他的私人王室纹章也换了新颜：同一顶王冠下，左边是红白二色的英格兰玫瑰，右边是紫色苏格兰蓟花，代表英格兰、苏格兰都在他统治之下。

16世纪英语词汇量大增，是英国文艺复兴的产物，英国宗教改革为伊丽莎白英语创造了条件，这一时期英国最伟大的剧作家是莎士比亚，他通过大量脍炙人口的作品，为英语的发展做出了重要贡献。

威廉·莎士比亚（William Shakespeare, 1564—1616），华人社会尊称为莎翁，是英国文学史上最杰出的戏剧家，也是欧洲文艺复兴时期最重要、最伟大的作家之一。16世纪末到17世纪初的20多年时间在伦敦开始了成功的职业生涯，他不仅

约翰·莎士比亚故居，位于英国埃文河畔斯特拉特福（Stratford-upon-Avon），这里是他儿子英国戏剧家威廉·莎士比亚诞生之地。

是演员、剧作家，还是宫内大臣剧团的合伙人之一，该剧团后来改名为国王剧团。1613年左右，他退休返乡，3年后逝世。

　　1590—1613年间是莎士比亚创作的黄金时代。他的早期剧本主要是喜剧和历史剧，在16世纪末期达到了思想性和艺术性的高峰。接下来到1608年，他主要创作悲剧，崇尚高尚情操，常常描写牺牲与复仇，包括《奥赛罗》《哈姆雷特》《李尔王》和《麦克白》，被认为属于英语最佳范例。在人生最后阶段，他开始创作悲喜剧，又称为传奇剧。他流传下来的作品包括39部戏剧、154首十四行诗、两首长叙事诗。他的戏剧有各种主要语言的译本，且表演次数远远超过其他任何戏剧家的作品。

　　莎士比亚，出生于英格兰中部埃文河畔斯特拉特福一个富裕的市民家庭，其父是经营羊毛、皮革制造及谷物生意的杂货商，1565年接任镇民政官，3年后被选为镇长。莎士比亚7岁时被送到当地的一个文法学校念书，在那里读了六年的书，掌握了写作的基本技巧与较丰富的知识。除此之外，他还学过拉丁语和希腊语，他虽受过良好的基本教育，但是未上过大学。因父亲破产，他未能毕业就走上独自谋生之路，他干过各种职业，社会阅历丰富。1586或1587年，他到伦敦发展，当时戏剧正迅速地流行起来。他先在剧院当马夫、杂役，后入剧团，做过演员、导演、编剧，并最终成为剧院股东。1588年前后开始写作，先是改编前人的剧本，不久即开始独立创作。

　　莎士比亚用词高达两万个以上。他广泛采用民间语言（如民谣、俚语、古谚语和滑稽幽默的散文等），注意吸收外来词汇，还大量运用比喻、隐喻、双关语，可

埃文河畔斯特拉特福的圣三一教堂（Holy Trinity Church），这里是威廉·莎士比亚出生受洗的地方，也是他死后安葬的地方。

谓集当时英语之大成。莎剧中许多语句已成为现代英语中的成语、典故和格言。相对而言，他早期的剧作喜欢用华丽铿锵的词句，晚期作品则显得更加得心应手，既能用丰富多样的语言贴切而生动地表现不同人物的特色，也能用朴素自然的词句传达扣人心弦的感情和思想。

现代英语是由中古英语演变发展而来，莎士比亚作为使用早期现代英语进行文学创作的杰出代表，在传承中古英语、促进早期现代英语的形成和发展等方面做出了不可磨灭的贡献。莎士比亚不仅是一位举世闻名的文学大师，更是一位出类拔萃的语言大师，其对英语语言的影响和贡献很难被超越。

莎士比亚生活在中古英语向现代英语演变的时期，因此他在创作中不可避免地会受到中古英语的影响。其文学作品体现了对中古英语在词汇和语法上的继承。莎士比亚生活的时代正是早期现代英语的形成时期，他对于这一时期出现的新特征是乐于接受的，并大胆创新英语词汇，用作品将新创的词广泛传播开来，最终对促进早期现代英语词汇的形成和发展做出了巨大贡献。现在使用的许多单词都是由他首次使用之后而进入英语词汇的，或是因为他的使用使原来的词义或词性发生了变化。此外，他还创造出相当数量生动活泼、简洁精辟、色彩鲜明的短语或习语，极大地丰富了英语的表现力，也使其作品更富有情趣、诗意和魅力。

他使用过的单词和句子都被后来的作者有意无意地引用，许多单词和句子在反复引用中固定下来。有些作者在使用方式中再进行引申，使词意或句意得到了扩大。他作品的语言丰富多彩，他不但是遣词造句的高手，而且是善用修辞的能手。作品中比喻、笑谑、拟人、双关语等别开生面，许多佳句音韵美妙，或表现鲜明形象，或表达深刻哲理，有利于作品用词在日常生活中的广泛传播。

以下是莎士比亚剧中的部分名言佳句，已经成为英语语言不可分割的一部分。

Things base and vile, holding no quantity, love can transpose to form and dignity: love looks not with the eyes, but with mind.（*A Midsummer Night's Dream* 1.1）卑贱和劣行在爱情看来都不算数，都可以被转化成美满和庄严：爱情不用眼睛辨别，而是用心灵来判断/爱用的不是眼睛，而是心。——《仲夏夜之梦》

The course of true love never did run smooth.（*A Midsummer Night's Dream* 1.1）真爱无坦途。——《仲夏夜之梦》

Lord, what fools these mortals be!（*A Midsummer Night's Dream* 3.2）上帝呀，这些凡人怎么都是十足的傻瓜！——《仲夏夜之梦》

The lunatic, the lover and the poet are of imagination all compact.（*A Midsummer Night's Dream* 5.1）疯子、情人、诗人都是想象的产儿。——《仲夏夜之梦》

Since the little wit that fools have was silenc'd, the little foolery that wise men have makes a great show.（*As You Like It* 1.2）自从傻子小小的聪明被压制得无声无息，聪明人小小的傻气显得更吸引眼球了。——《皆大欢喜》

As you like it, all the world's a stage, and all the men and women merely players; They have their exits and their entrances; And one man in his time plays many parts.（*As You Like It*）世界是一个舞台，所有的男男女女不过是一些演员，他们都有下场的时候，也都有上场的时候。一个人的一生中扮演着好几个角

色。——《皆大欢喜》

Beauty provoketh thieves sooner than gold. (*As You Like It* 1.3) 美貌比金银更容易引起歹心。——《皆大欢喜》

Sweet are the uses of adversity. (*As You Like It* 2.1) 逆境和厄运自有妙处。——《皆大欢喜》

Do you not know I am a woman? When I think, I must speak. (*As You Like It* 3.2) 你难道不知道我是女人？我心里想什么，就会说出来。——《皆大欢喜》

Love is merely a madness. (*As You Like It* 3.2) 爱情不过是一种疯狂。——《皆大欢喜》

O, how bitter a thing it is to look into happiness through another man's eyes! (*As You Like It* 5.2) 唉！从别人的眼中看到幸福，自己真有说不出的酸楚！——《皆大欢喜》

It is a wise father that knows his own child. (*The Merchant of Venice* 2.2) 知子之父为智。——《威尼斯商人》

Love is blind and lovers cannot see the pretty follies that themselves commit. (*The Merchant of Venice* 2.6) 爱情是盲目的，恋人们看不到自己做的傻事。——《威尼斯商人》

All that glisters is not gold. (*The Merchant of Venice* 2.7) 闪光的并不都是金子。——《威尼斯商人》

So is the will of a living daughter curb'd by the will of a dead father. (*The Merchant of Venice* 1.2) 一个活生生的女人的意愿，却被过世的父亲的遗嘱所限。——《威尼斯商人》

Some rise by sin, and some by virtue fall. (*Measure for Measure* 2.1) 有些人因罪恶而升迁，有些人因德行而没落。——《一报还一报》

O, it is excellent to have a giant's strength; but it is tyrannous to use it like a giant. (*Measure for Measure* 2.1) 哎！有巨人的力量固然好，但像巨人那样滥用力量就是一种残暴行为。——《一报还一报》

I'll pray a thousand prayers for thy death but no word to save thee. (*Measure for Measure* 3.1) 我要千遍祷告让你死，也不祈求一字救你命。——《一报还

一报》

Beauty, wit, high birth, vigour of bone, desert in service, love, friendship, charity, are subjects all to envious and calumniating time.（*Troilus and Cressida* 3.3）美貌、智慧、门第、膂力、事业、爱情、友谊和仁慈，都必须听命于妒忌而无情的时间。——《特洛伊勒斯与克里希达》

You gods divine! Make Cressida's name the very crown of falsehood, if ever she leave Troilus.（*Troilus and Cressida* 4.2）神明啊！要是有一天克里希达背叛特洛伊勒斯，那么就让她的名字永远被人唾骂吧！——《特洛伊勒斯与克里希达》

Beauty! Where is thy faith?（*Troilus and Cressida* 5.2）美貌！你的真诚在何方？——《特洛伊勒斯与克里希达》

Take but degree away, untune that string, and, hark, what discord follows!（*Troilus and Cressida* 1.3）没有了纪律，就像琴弦绷断，听吧！刺耳的噪音随之而来！——《特洛伊勒斯与克里希达》

O, she dothe teach the torches to burn bright!（*Romeo and Juliet* 1.5）啊！火炬不及她那么明亮。——《罗密欧与朱丽叶》

My only love sprung from my only hate!（*Romeo and Juliet* 1.5）我唯一的爱来自我唯一的恨。——《罗密欧与朱丽叶》

What's in a name? That which we call a rose by any other word would smell as sweet.（*Romeo and Juliet* 2.2）名字中有什么呢？把玫瑰叫成别的名字，它还是一样的芬芳。——《罗密欧与朱丽叶》

Young men's love then lies not truly in their hearts, but in their eyes.（*Romeo and Juliet* 2.3）年轻人的爱不是发自内心，而是全靠眼睛。——《罗密欧与朱丽叶》

It is the east, and Juliet is the sun.（*Romeo and Juliet* 2.2）那是东方，而朱丽叶就是太阳。——《罗密欧与朱丽叶》

A little more than kin, and less than kind.（*Hamlet* 1.2）超乎寻常的亲族，漠不相关的路人。——《哈姆雷特》

Frailty, thy name is woman! (*Hamlet* 1.2) 脆弱啊,你的名字是女人!——《哈姆雷特》

This above all: to thine self be true. (*Hamlet* 1.3) 最重要的是,你必须对自己忠实。——《哈姆雷特》

The time is out of joint-O, cursed spite, that ever I was born to set it right! (*Hamlet* 1.5) 这是一个礼崩乐坏的时代,唉!倒霉的我却要负起重整乾坤的责任。——《哈姆雷特》

Brevity is the soul of wit. (*Hamlet* 2.2) 简洁是智慧的灵魂。——《哈姆雷特》

There are more things in heaven and earth, Horatio, than are dreamt of in your philosophy. (*Hamlet* 1.5) 天地之间有许多事情,是你的睿智所无法想象的。——《哈姆雷特》

There is nothing either good or bad, but thinking makes it so. (*Hamlet* 2.2) 世上之事物本无善恶之分,思想使然。——《哈姆雷特》

To be or not to be: that is a question. (*Hamlet* 3.1) 生存还是毁灭,这是个值得考虑的问题。——《哈姆雷特》

There's a special providence in the fall of a sparrow. (*Hamlet* 5.2) 一只麻雀的生死都是命运预先注定的。——《哈姆雷特》

The rest is silence. (*Hamlet* 5.2) 余下的只有沉默。——《哈姆雷特》

Keep up your bright swords, for the dew will rust them. (*Othello* 1.2) 收起你们明晃晃的剑,它们沾了露水会生锈的。——《奥赛罗》

O, curse of marriage, that we can call these delicate creatures ours, and not their appetites! (*Othello* 3.3) 啊!婚姻的烦恼!我们可以把这些可爱的人儿据为己有,却无法掌控她们的各种欲望。——《奥赛罗》

We cannot all be masters, nor all masters cannot be truly followed. (*Othello* 1.3) 不是每个人都能做主人,也不是每个主人都能值得仆人忠心的服侍。——《奥赛罗》

Nothing will come of nothing. (*King Lear* 1.1) 一无所有只能换来一无所

有。——《李尔王》

Love's not love when it is mingled with regards that stands aloof from th'entire point.（*King Lear* 1.1）爱情里面要是掺杂了和它本身无关的算计，那就不是真的爱情。——《李尔王》

How sharper than a serpent's tooth is to have a thankless child.（*King Lear* 1.4）逆子无情甚于蛇蝎。——《李尔王》

Blow, winds, and crack cheeks! Rage! Blow!（*King Lear* 3.2）吹吧！风啊！吹破你的脸颊，猛烈地吹吧！——《李尔王》

Tis this times' plague, when madmen lead the blind.（*King Lear* 4.1）疯子带瞎子走路，这就是这个时代的病态。——《李尔王》

Fair is foul, and foul is fair.（*Macbeth* 1.1）美即是丑，丑即是美。——《麦克白》

I fear thy nature; it is too full o' the milk of human kindness.（*Macbeth* 1.5）我为你的天性担忧，它充满了太多的人情乳臭。——《麦克白》

What's done cannot be undone.（*Macbeth* 5.1）做过的事情不能逆转。——《麦克白》

Out, out, brief candle, life is but a walking shadow.（*Macbeth* 5.5）熄灭吧，熄灭吧，瞬间的灯火。人生只不过是行走着的影子。——《麦克白》

The night is long that never finds the day.（*Macbeth* 4.3）黑暗无论怎样悠长，白昼总会到来。——《麦克白》

Cowards die many times before their deaths; the valiant never taste of death but once.（*Julius Caesar* 2.2）懦夫在未死以前就已经死了好多次；勇士一生只死一次。——《裘力斯·恺撒》

语言大师莎士比亚睿智隽永的文字，是"女王英语"皇冠上的明珠，推动英语从孤岛之言登上欧洲文坛，成为堪与当时欧洲主要语言媲美的重要文学语言，400多年后依旧熠熠生辉，魅力十足。

第六章

革命的语言：英国大革命的语言后果

1603年，英国女王伊丽莎白一世去世，16世纪的语言之争早已结束，英语已经顺利取代拉丁语，成为英国国教圣公会的宗教语言，英语还是一门很成功的文学语言，逐渐在各个领域都站稳了脚跟。新继任的国王詹姆士一世（James I）面临着全新的挑战，全新的挑战带来全新的语言后果。当时，政治斗争主要是国内不同派别之间的内斗，是居于统治地位的国教和政府与激进派、挑战者之间的关系。17世纪中期，政治斗争的语言后果体现在诸多方面，例如：语言理论的世俗化、英文版《圣经》的使用，英语书写形式的改变等。

1642年，英国爆发内战，建立了共和政府，1660年斯图亚特王朝复辟，这在英语语言发展史上是一个划时代的重要年份，这之后的语言与现代英语比较接近，今人阅读也不会有太多困难。尽管这之后的书面英语还是会用到今人不熟悉的拼写方式、不懂的单词义项，但总体而言，其表达方式与现代人的表达方式更接近，可见17世纪英国革命年代的语言也发生了革命性变化，见证了英语语言的重要转型。

（一）诺曼枷锁

以英国"历史文物学会"（Society of Antiquaries）为代表的知识界认为，英语的光辉历史可追溯到纯洁的撒克逊语言时期，在他们心中，撒克逊语是完美的，没有受到任何其他语言的污染。无论是不列颠原住民的凯尔特语、维京海盗的北欧语、诺曼人的法语，还是天主教的拉丁语，都没有能够撼动撒克逊英语的地位。诺曼征服后，诺曼法国人把英国人置于其统治之下，也想把英语置于法语之下，但诺曼人最终失败了。多少世纪以来，英国人一直和诺曼枷锁抗争，在语言学领域也不例外。

公元1066年，诺曼底威廉公爵征服英国后，诺曼贵族成为英国的统治阶级，规定诺曼法语为上流社会、法律、政策和商务中使用的主要语言。由于诺曼贵族与英国平民阶层之间交往的需要，不可避免地产生了语言融合现象。法语词汇大量融入英语中，使得英语词汇极大地丰富起来。现代英语词汇的很大一部分是由法语单词构成的，其中不少是在这个时期借用的。诺曼贵族与英国平民之间的等级差别，导致英语中出现了诸多同义词的特殊语言现象。同时，语言的民族性、阶级性也得到了验证。诺曼征服两个多世纪以来，没有一位英国要人讲盎格鲁–撒克逊英语，因为这完全是下层民众的低等语言。有人怀疑狮心王理查一世（Richard, the Lion-hearted）一生中从来没有讲过一句英语。英国著名历史小说家沃尔特·司各特（Walter Scott）对此有犀利评论，他借小说《艾凡赫》（*Ivanhoe*）中的一位小丑之口说：当家畜活着需要饲养时，用的是盎格鲁–撒克逊英语名称——cow（母牛）、calf（小牛）、sheep（羊）和pig（猪）；当它们成为饭桌上的美味佳肴时，又换成了诺曼法语名称——beef（牛肉）、veal（小牛肉）、mutton（羊肉）和pork（猪肉）。

然而，诺曼人尽管征服了英国，却并未能征服消灭英国人民的语言，平民百姓从未放弃自己的语言。大约在诺曼征服300年后，英语重新恢复官方语言地位，成为一种灵活、严密、丰富而动人的表达思想感情的工具。而诺曼法语却沦为滑稽可笑的代名词，成为在古老的神秘剧中反派角色使用的逗人发笑的语言。最终，法语仅被当作与邻国交往使用的外来语。诺曼征服不但未使英语消亡，反而促进其持续发展，这大概是自认强大的征服者所未料到的。

在诺曼征服之前，不列颠群岛就是一个多民族、多文化和多语言共存的地区。除了盎格鲁–撒克逊人外，该地区原住民凯尔特人的后裔威尔士人、苏格兰人、爱尔兰人、康沃尔人都有各自的语言，都保持和发展了自己的文化。从8世纪末起，以丹麦人为主体的北欧人大批入侵和武力移民又带来了斯堪的纳维亚语言和文化。当然，特别重要的还有当时同基督教联系在一起的欧洲超级语言拉丁语以及拉丁文化。因此，当诺曼人作为征服者入主英格兰后，该地区本来已经十分复杂的语言和文化状态变得更加丰富多彩。在诺曼征服之后的几个世纪里，除西西里岛的诺曼王国之外，不列颠群岛是西欧多种语言和多元文化最突出的地区。

在这样复杂的环境中，要同分别以基督教的宗教权威和统治阶级的政治权力为依靠的拉丁语和法语竞争，显然处于劣势的英语举步维艰，却终于在15世纪百年战争后形成了统一的英格兰民族的民族语言，实属不易。但从另一方面看，这种多语言并存和竞争的环境也为英语的发展提供了极为有利的条件，使它能直接而大量地吸收各种语言的词汇和表达法。正是在中古英语时期，英语经历了英语史上最深刻的变化和发展，逐渐发展成为表现方式特别丰富，适应力特别强的现代语言，为未来英语文学的大繁荣创造了极为重要的条件。

英语最终能成为英格兰的民族语言，自然有诸多因素，其中最根本的原因显然是占人口绝大多数的盎格鲁-撒克逊人继续使用自己的语言。毕竟追随威廉公爵来到英格兰的冒险者不过两千来人，加上后来陆续到来的八千余人，在当时英格兰约150万的总人口中，也仅占0.67%而已。其次，盎格鲁-撒克逊时代的西塞克斯王国政府十分重视教育和文化发展，大力推行标准语言，古英语已发展成为当时欧洲非常发达的民族语言，其书面语承担着从历史记录、政府文件到诗歌创作的所有书写功能，这在当时欧洲民族语言中是独一无二的。这也是在诺曼征服之后的几个世纪里，英格兰原住民在主流社会中已丧失话语权的情况下，英语书面语仍能顽强存在和发展的重要原因。

英语及其书面语能摆脱诺曼枷锁，顽强生存和发展的根本原因是，诺曼人虽然消灭了盎格鲁-撒克逊贵族，但当时知识分子的主体实际上是宗教界人士，特别是修道院里的僧侣。虽然教会上层，特别是各地主教和大修道院院长，逐渐被诺曼人或欧洲大陆人取代，但从总体上看，这个受教会保护的阶层并没有受到太大冲击。由于这个知识分子阶层的存在，在诺曼人入主英格兰之后相当长的时期内，古英语继续用于书写，并逐渐发展成为中古英语。在中世纪，特别是在12世纪新的宫廷文化兴起之前，修道院不仅是宗教场所，同时也是文化中心，当时西欧绝大多数图书资料都保留在修道院。有学者指出，在当时的欧洲，"修道院是仅有的图书馆"（Wilson, Richard M. 1968: 6）。至于文学作品，那也主要是由修道士们所创作或者记录、抄写的。特别值得一提的是《盎格鲁-撒克逊编年史》（以下简称《编年史》）的撰写。那是阿尔弗雷德大帝开创的一个在英国历史上值得大书特书的文化事业。即使在诺曼征服之后，《编年史》的撰写也没有中断，而是在4个修道院里继续进行，其中在彼得堡修道院的书写一直持续到

1154年。

僧侣和教士们在相对来说比较独立于王权之外的修道院和教堂里坚持使用英语书面语,对于英语语言的发展和英语文学的传承做出了不朽贡献。除了用于宗教传播(因为绝大多数教民只懂英语)和《编年史》的撰写之外,英语还被继续用于诗歌创作。实际上,当时的诗人主要就是修道士和神职人员,他们熟悉古英诗传统诗艺,他们创作的一些诗歌作品有幸得以保存下来,例如,1087年征服者威廉去世时,彼得堡修道院的《编年史》撰写者就写下一首现在被命名为《威廉国王之歌》("The Rime of King William")的英语诗。在同时或稍后的年代里,还出现了《杜尔翰》("Durham")、《坟墓》("The Grave")、《灵魂对肉体之演讲》("Soul's Address to the Body")、《阿尔弗雷德的谚语》("The Proverbs of Alfred")、《末日》("Latest Day")和《圣女》("Holy Maidenhood")等英语诗歌作品。1200年前后,由于12世纪法国新诗运动的辉煌成就,法国文化在西欧的影响空前强大,法语在英格兰的政治文化领域(除宗教和学术外)迅速取代了拉丁语的统治地位。

虽然古英语在诺曼入侵之后仍然在使用,古英诗传统依然在产生新的作品,但不论是英语语言还是英语文学都处于前所未有的变化之中,同时英语语言的变化也影响着英语诗歌的发展。修道院里保留下来的文献,特别是《盎格鲁-撒克逊编年史》,为今天研究英语的变化与发展保存了不可多得的宝贵材料。这些材料表明,英语的变化在诺曼征服之后不久就开始表现出来,但严格地说,那并非主要来自法语的影响,英语发生变化的主要原因还是在英语自身,毕竟早期中古英语发生的一些变化其实在口语中已经长期存在,也就是说,在诺曼征服之前,盎格鲁-撒克逊语已经处在变化之中,诺曼征服对英格兰社会、政治和文化产生的重大影响以及诺曼法语进入英格兰只是加速了这一语言发展的进程。我们今天所说的古英语,或者说从流传下来的绝大多数政治、宗教、法律文献、文学作品以及《盎格鲁-撒克逊编年史》里所看到的古英语,实际上并不完全是当时人们在日常生活中使用的语言,而是一种由西塞克斯王国政府以西撒克逊方言为基础推行的书面语,它同古罗马时期的拉丁语一样,与人们日常使用的语言已经有了相当距离。我们今天看到的古英语文学作品,几乎全是在10—11世纪使用这种标准书面语誊写的手抄稿。然而当这个最后的盎格鲁-撒克逊王国覆灭之后,特别是在诺曼王朝用拉丁语取代了英语的官方地位之后,英语书面语失去了政治权威的支持,其标准性也随之失去了权威,它使英语的地位大为降低;但另一方面,书面英语反而因祸得福,减少了束缚,能向日常生活中的英语靠近。因此在修道院里继续使用英语的修道士们在遵循古英语传统的同时,也逐渐开始使用一些更接近日常生活的用语和语言形式。所以,英语中发生的这些早期变化很可能是因为书面英语向日常生活用语靠近的原因。

由于日常英语同书面英语之间的差异,也因为修道院同世俗社会之间的距离,诺曼征服之后修道士使用的书面英语(也就是我们今天看到的早期中古英语)的变化是循序渐进的。学者通过对《盎格鲁-撒克逊编年史》的研究认为,直到1121年,也就是诺曼征服之后大约半个世纪,《盎格鲁-撒克逊编年史》里的英语还大体上可以算是古英语,到12世纪中期《盎格鲁-撒克逊编年史》的撰写终止之时,那些后期记载里的语言才与古英语相去甚远而更接近现代英语。

1603年,斯图亚特王朝的詹姆士一世继承英格兰王位后,关于撒克逊英语与诺曼法语之争已经演变成了关于詹姆士一世继位合法性之争。长期以来,英国人认为诺曼征服是给自由的撒克逊人套上了枷锁,自1066年以来的所有英国王朝都能追溯到共同的祖先诺曼征服者威廉一世,因此这些君主都不是英国人,而是外国人,是法国人。都铎王朝设立的"历史文物学会",在为王室合法性辩护的路上也频出奇招。以威廉·卡姆登(William Camden)为代表的"历史文物学会"专家学者发明了一套解读英国王室历史的另类理论:亚瑟王是不列颠时期的传奇领袖,是带领本土凯尔特人在威尔士抗击入侵的盎格鲁-撒克逊人的英雄,都铎王朝号称有威尔士血统,因此是亚瑟王的传人,而斯图亚特王朝的詹姆士一世则从两条线继承了亚瑟王血统,一是苏格兰血统,二是都铎血统。然而詹姆士一世本人似乎并不看好这套理论,他上台不久后,"历史文物学会"就解散了(后来又成立了独立的"苏格兰历史文物学会"和"伦敦历史文物学会",这两个学会直到今天依然还在孜孜不倦地按需润色英国历史)。

表面上看,17世纪上半叶学界仍在继续撒克逊英语与诺曼法语之争,实际上是关于英格兰法律的权威性之争。当时激进分子认为来自苏格兰的斯图亚特王朝是诺曼人的后裔,是法国人的亲密战友,他们藐视英格兰法律,妄图消灭英语。英国内战期间，革命党人发现撒克逊英语在人民心中有非凡的号召力，是挣脱诺曼枷锁的有力武器，是时候清算诺曼王朝的遗毒了。1649年，查理一世被送上断头台后，人们奔走相告，欢庆推翻了诺曼压迫者。当时，人们呼吁取消威廉一世"征服者"的名号、英国贵族主动放弃诺曼姓氏及头衔、废除诺曼法律、恢复"忏悔者"爱德华一世时期的法律、这些法律必须是用英语书写的。最后一条其实是要清理英语中的法语借词。

　　上述反诺曼的举措反映了当时民众对简洁英语的追求，这一目标在英国"光荣革命"（Glorious Revolution）后才基本得以实现。1688年，英国资产阶级和新贵族发动了推翻詹姆士二世统治、防止天主教复辟的非暴力政变。这场革命没有发生流血冲突，因此历史学家将其称之为"光荣革命"。1689年，英国议会通过了限制王权的《权利法案》（The Bill of Rights），奠定了国王统而不治的宪政基础，国家权力由君主逐渐转移到议会，从此英国建立起了君主立宪制政体。

　　1685年，詹姆士二世全然不顾国内外的普遍反对，违背以前政府制定的关于禁止天主教徒担任公职的《宣誓条例》（Test Act），先是委任天主教徒到军队任职，后又任命更多的天主教徒到政府部门、教会、大学去担任重要职务。1687年4月和1688年4月，他先后发布两个"宽容宣言"（Declaration of Indulgence / Declaration for Liberty of Conscience），给予包括天主教徒在内的所有非国教教徒以信教自由，并命令英国国教的主教在各主教区的教坛上宣读，引起英国国教主教们的普遍反对。同时他还残酷迫害清教徒，向英国工商业主要竞争者——法国靠拢，严重危害了资产阶级和新贵族的利益。1688年6月20日，詹姆士二世得子，意味着其信仰英国国教的女儿玛丽没有希望继承王位。为防止天主教徒承袭王位，资产阶级和新贵族决定推翻詹姆士二世的统治。由辉格党（Whigs）和托利党（Tory）的7位名人出面邀请詹姆士二世的女婿、荷兰执政奥兰治亲王威廉（Prince of Orange）来英国，保护英国的宗教、自由和财产。信奉新教的威廉接受邀请，并于9月30日发布宣言，要求恢复他的妻子玛丽，即詹姆士二世第一个妻子所生的长女的继承权。1688年11月1日，威廉率领1.5万人在托尔湾登陆。消息传到伦敦，詹姆士二世出逃德意志，途中被截获送回伦敦。后经威廉同意，詹姆士二世逃亡法国，从此法国对英国的政治影响趋弱，法语对英语的语言影响也相应弱化。1688年12月，威廉兵不血刃进入伦敦。1689年1月，议会举行全体会议，宣布詹姆士二世逊位，由威廉和玛丽共同统治英国，史称威廉三世和玛丽二世，同时议会向威廉提出一个《权利宣言》（*Declaration of Right*），宣言谴责詹姆士二世破坏法律的行为；指出以后国王未经议会同意不能废除任何法律；不经议会同意不能征收赋税；天主教徒不能担任国王，国王不能与天主教徒结婚等。威廉接受宣言中提出的要求，并正式批准其为法律，即《权利法案》。

英国内战和"光荣革命"的政治意义毋庸赘述，其语言学意义是破除了诺曼枷锁，英国人有权选择自己的君主，有权选择自己的语言，英语朝着更加简洁的方向发展。

（二）《圣经》语言

14—16世纪，英国出现了10个代表性新教《圣经》的译本，除《威克利夫圣经》外，这些译本都以路德的宗教改革思想为纲领，并受英国当时历史和知识状况影响，呈现建制世俗化和智识世俗化倾向。英译本《圣经》回归原本，强调字面意思，拥护王权，展现英国本土社会生活，提倡民族语译本，是新兴社会阶层反教权主义的重要手段和英国近代化的重要组成部分，也是英语发展史上的重大转折性事件。

基督教的兴起、传播和改革常伴随着对《圣经》的重释与翻译。文艺复兴之后，宗教的社会和文化意义弱化，宗教逐渐成为私人事务，在公共领域逐渐去政治化。民族—国家体制的建立、理性主义的发展、经济增长的持续以及宗教世俗化是不可阻挡的历史潮流，在中世纪晚期随着欧洲经济、政治和社会状况的逐步变化早已萌芽。这一时期英国资本主义经济初步发展，培养了新兴市民阶层，世俗王权加强，民众民族意识日增。14—16世纪在欧洲思想领域，文艺复兴弘扬人文主义，宗教改革倡导因信称义，启蒙运动推崇理性主义，相继挑战天主教神学体系，这些思潮陆续传入英国。同时，造纸与印刷术的普及，降低了《圣经》印刷成本，16世纪英国经济和教育发展，民众识字率提升，《圣经》从宗教精英和王公贵族独享的奢侈品转变为普通民众能够消费的公共文化产品；另一方面，罗马教会日益腐朽，引发强烈不满，宗教改革人士不断揭露僧侣和教会的贪婪，反对教廷干涉俗权，主张建立独立于罗马教廷、不依附任何外国势力的民族教会和以世俗王权为核心的独立民族国家。在此背景下,《圣经》民族语译本成为实现这一历史诉求的客观需要和推动力,14—16世纪英国《圣经》翻译呈现出明显的世俗化倾向。

英国宗教改革先驱约翰·威克利夫的译本,正式拉开了《圣经》翻译的世俗化序幕。甚至在更早的《七十子希腊语译本》(Septuagint)中,世俗政治与权力纠葛就与神秘体验共存。《圣经》英译本的世俗化涉及建制世俗化和智识世俗化,前者表现为宗教改革者借助《圣经》翻译推动教会建制改革,即王权和俗权代替教权,僧侣淡出平信徒(laity)宗教生活,普通民众享有《圣经》阐释和翻译权;后者涉及情感、信仰与宗教体验的转变,即随着人文主义的传播与理性科学意识的增强,宗教信仰成为个体的心灵感受,《圣经》翻译由关注上帝的超验神性转向人类的临即经验,彰显人类自主权。14—16世纪期间,英国《圣经》世俗化历程中出现了十部代表性新教译本:

译本	译者或修订者	原本	地位与特征
《威克利夫圣经》(1382,1388)	威克利夫及其门徒尼古拉斯·赫里福德(Nicholas Hereford)、约翰·特里维萨(John Trevisa)、约翰·珀维(John Purvey)等	哲罗姆《拉丁文圣经》	首部英译本《圣经》
廷代尔的《新约》(1526)与《摩西五经》译本(1530)	威廉·廷代尔	首部直接从希伯来语《旧约》与希腊语《新约》翻译而成的译本	首部印刷版英译本《新约》
《科瓦代尔圣经》(Coverdale's Bible, 1535)	迈尔斯·科瓦代尔	《新约》根据廷代尔译本修订编辑,《旧约》中《摩西五经》和《约拿书》以廷代尔译本为基础	首部完整的印刷版英译本《圣经》
《马太圣经》(Matthew Bible, 1537)	约翰·罗杰斯(John Rogers,化名托马斯·马太Thomas Matthew)	廷代尔和科瓦代尔译本的综合体	译本有旁批与评论

(续表)

译本	译者或修订者	原本	地位与特征
《塔弗纳圣经》（Taverner's Bible, 1539）	理查德·塔弗纳（Richard Taverner）	以修订《马太圣经》为基础，改变其词与风格，并参照希腊语原本修订其《新约》译本	删除或缓和了《马太圣经》中尖锐的新教注释，首部在英国境内印刷的《圣经》全译本
《大圣经》（Great Bible, 1539）	迈尔斯·科瓦代尔	依据《马太圣经》修订而成	欲取代《科瓦代尔圣经》和《马太圣经》，英国教会脱离罗马教皇管辖后首部钦定《圣经》译本，放在教堂供教徒阅读
《埃德蒙·贝克圣经》（1549，1551）	约翰·戴（John Day）汇编，埃德蒙·贝克（Edmund Becke）修改编辑	依据塔弗纳《旧约》和廷代尔《新约》完成	回归廷代尔译本，塔弗纳译本纠正过的一些错误仍在该译本出现
《日内瓦圣经》（Geneva Bible）	《新约》（1557）译者威廉·惠廷厄姆（William Whittingham）；《旧约》（1560）译者安东尼·吉尔比（Anthony Gilby）、托马斯·桑普森（Thomas Sampson）等	依据希伯来语和希腊语原本翻译，参考了其他语言的译本	首次用活字铅印的小型版《圣经》，采用罗马字体而非古代哥特式黑体印刷
《主教圣经》（Bishop's Bible, 1568）	坎特伯雷大主教马修·帕克（Matthew Parker）组织监督修订	以《大圣经》为基础	第二部钦定英译本，取代《大圣经》在教会供教徒阅读
《钦定圣经》（King James Bible, 1611）	詹姆士一世组织学者修订	以《主教圣经》为基础，也参考其他译本	学术和文学价值突出

英国也经历了君权神授，拥护王权的时期。中古欧洲是处于罗马天主教会统辖下的基督教大世界，共同信仰让欧洲各民族产生精神认同感，对国家、民族和君主没有迫切需求。14—16世纪资本主义生产关系发展后，城市兴起，市民阶层壮大，民族意识觉醒，渴望建立独立的民族国家和民族教会以推动经济进一步发

展,世俗王权也希望摆脱对教皇长期的依附。各国王室和民众都渴望摆脱教会的经济剥削和政治束缚,二者结成同盟,国王被拥立为实现国家统一、民族独立的核心力量,世俗王权取代教权,成为国家的精神象征,基督教大世界的教权主义与普世主义开始衰落。

英国在王权与教权的较量中建立起以都铎王朝为核心的民族国家,这种新的政治体制用"主权在王"的民族国家概念代替"主权在神"的基督教信条,君权统治代替了神权统治。英国历史上加强王权和建立近代民族国家与宗教世俗化几乎同步进行,宗教改革期间倡导的"民族教会"对民族国家的形成产生了关键推动作用,《圣经》英译本的出版与流通成为教权与王权较量的场所,也加速了"上帝的选民"转型为现代民族国家公民的历史进程。这一时期的《圣经》翻译带有浓厚的王权色彩,新教译者充分借助插图、序跋、旁注等多种途径向王权靠拢,呼吁将教权置于王权之下,翻译的政治与国家的政治交织在一起。

《马太圣经》和《科瓦代尔圣经》都在1537年得到亨利八世钦定,后面这个版本修订后经国王特许再版,1539年获得授权在英国全境发行,定名《大圣经》,王室要求全民阅读并将这一译本提供给每个教堂。科瓦代尔在致国王的献词中称,译本中的任何错误应由具备神圣智慧的国王亲手纠正、修改或完善,第二版导言称译本"蒙陛下最仁慈的特许"。译本卷头插图有幅木刻画,亨利八世端坐于王座,上方云端浮现耶稣头像,曰:"我找到了称心如意之人",言下之意是亨利八世才是基督在人间的代言人,明显宣扬了君权神授的思想。

《日内瓦圣经》是献给伊丽莎白一世的,译者在首版序言中自称"英国教会在日内瓦的谦卑子民"。然而,"詹姆士一世、雅各宾时期文化及英国国教都具有宗教改革和保守传统双重性质,寻求在卡尔文教义和天主教保守主义间的中间道路"(Rather, Michael G. 2009: 1—9)。詹姆士一世继位时,《日内瓦圣经》在民众中的地位已取代了《主教圣经》,詹姆士一世认为前者的注释渗透着加尔文宗教的政治和社会思想,严重威胁王权,遂于1604年亲自组织学者修订和重译《圣经》。新译本有四页致国王的献词,对"最高贵强大"的君主极尽赞美,声称当伊丽莎白女王这颗西方耀眼的明星陨落时,英国人深恐宗教混乱会将英伦大地丢进黑暗,而詹姆士一世如太阳光芒万丈,消除了民众恐慌。献词结尾祈祷国王的支持,因为他的赞助将让译者在面对国内外天主教徒或国内诽谤时安心释然

（Metzger, Bruce M. 2001: 34）。译者视国王为国家秩序和统一的依靠，拥护王权至上的观念。

《钦定圣经》翻译时"国家全能论"（Erastianism）在英国广泛传播，国家机构与教会奋力争夺实际统治权。译者深悟国王"遵守和支持英国君主制和英国国教内部等级结构"的赞助目的（Rather, Michael G. 2009: 1），秉承地方官员或世俗政权是授权地方教会的正当机构的新教信仰，在译本中大量添加"office"和"ordain"等暗含官方授权教职的单词。如《提摩太前书》第3章第1节的"the office of a bishop"，第10节和第13节的"the office of a deacon"，《希伯来书》7章第5节的"the office of the priesthood"，《使徒行传》第1章第22节的"must one be ordained"。在整个译本中，"ordain"使用44次，"the priest's office"使用29次。此外，译者增加了希腊语原文中没有的某段圣职授予的历史，如《提多书》（The Epistle of Paul to Titus）第3章第15节括号中的内容。《圣经》其实不涉及任何圣职授任的具体手段或形式，译者的强调和补充都有神学、教会或政治和现实动机（Johns, Lorin L. 2004: 115）。詹姆士一世是译本最高赞助人，希望新译本传播以君为父的观念，即国王是民众的政治和精神领袖，国王、《圣经》和教会的统一将确保英国人民的统一。译者用"office"和"ordain"这两个单词强调教会和政治组织结构的等级制，正迎合了国王的意志，有助于将秩序施加于分裂的教会，支持君主掌握神权并巩固其世俗权力，体现了国王作为国家象征对全体教俗臣民行使统治权的思想。

为维护君主统治资质，译者还有意渲染君主的阳刚形象，典型例证是对希伯来语"saris"的翻译。这个词在古代主要指被阉割的奴隶或俘虏，以《圣经·旧约》为例，该词共出现42处，《钦定圣经》仅17次直译成"eunuch"（阉割者），通常含混地译为"officers"（官员）或"certain officer"（某官员），有13处译为"chamberlain"（贵族的管家或宫廷大臣）。历史学家娜奥米·塔德莫尔（Naomi Tadmor）认为译成"chamberlain"有历史依据：首先，古以色列被阉割的奴隶或战俘若忠诚主子常会受到嘉奖，并有机会参与管理皇家事务；其次，"saris"对应的希腊语"eunouchos"的字面义是"keeper of the bed"（整理床铺者），除指被阉割男子，也可指皇家私人侍从、管家或大臣；再次，《圣经·旧约》亚拉姆语（Aramaic Language）译本中，"saris"有时译成"ray"，即大臣或高级军官；最后，阉割奴隶和俘虏在近代早期的西欧被鄙弃（Tadmor, Naomi.

2010: 140—143)。总之,"eunuch"意味着女人气,不应与国家高级官员相联系。《创世纪》第39章中约瑟夫被卖给埃及人波提乏(Potiphar)为奴,原文中波提乏身份就是"saris"。威克利夫译为法老的"geldyng"(阉马),《日内瓦圣经》也使用"eunuch"保留其太监身份。其他译本则将太监变身为刚毅的军官:廷代尔、《马太圣经》《大圣经》和《科瓦代尔圣经》译为"chefe marshall";《主教圣经》译为"chief officer";《钦定圣经》译为"an officer of Pharaoh's, and captain of the guard"。多数英译本将被阉割男性形象弱化、删除或代之以各种充满阳刚气的称谓,授予太监军衔或官职,以维护君王威严。若君主整日被阴柔侍臣包围,不仅招致同性恋嫌疑,也有损阳刚之气,君王的统治资质必将大打折扣。

由于拥护君王为民族教会领袖,译者一定程度上得到了王权的支持和庇护。威克利夫公开反对教权至上论,支持国王维护国家主权,其译本被都铎王朝中与教皇决裂、支持宗教改革的君主(亨利六世、亨利七世、爱德华六世和伊丽莎白一世)私藏。宗教裁判所宣判威克利夫有罪后,他受国王和贵族庇护免于出庭受审。直到16世纪中期,英国统治阶级仍将英语与下层社会联系在一起,"在将历史、法律和宗教文本翻译成英语的态度上,统治精英似乎关注通过审查或启蒙来控制未受正规教育之人"(Brennan, Gillian. 1989: 18—36)。英译《圣经》由此成为权力操控的形式,是世俗统治精英向大众传递信息、控制其思想以维护社会稳定和等级制度的工具。

英语《圣经》民族语译本走过了一条艰辛的路。为维护与平信徒的等级界限,教会通过拉丁语和神秘阐释将《圣经》据为己有,使之成为遥不可及、只能膜拜的圣言。教会宣称《圣经》是神圣经典,不仅其教义和训诫必须严格遵守,其文字也不能更改,上帝之言只能用希伯来文、希腊文和拉丁文书写,英语等民族语言野蛮粗鄙,用它们翻译圣言是在亵渎神灵。14—16世纪,基督教大世界内部开始形成独立的民族共同体,这些共同体寻求各种途径表达自己的民族身份,以民族语重译《圣经》成为不可抵挡的历史潮流。14世纪时,英语成为英格兰通行的口头语言,随着民族意识的高涨、民族文化的发展和识字率的提升,普通民众用英语阅读与解释《圣经》、直接与上帝交流的欲望日益强烈。英译者顺应这一潮流,抵抗僧侣特权,赋予平信徒阐释文本和制造意义的权力。他们采纳街头巷尾的俗语，将古老的《圣经》场景拉进具体的世俗生活，使它成为人人可及的公共读本。读者无须借助教会和僧侣深奥而枯燥的阐释就可直接领受上帝的意旨，这种平等的阅读和阐释权是公民平等权的体现。过去教会为了自身利益对《圣经》妄加解释，现在平信徒可以将自己对经文的理解与僧侣的传道相比较，从而做出自己的独立判断。

新教译者也在理论上论证了英译《圣经》的合法性。他们破除了拉丁语至高无上的权威，捍卫民族语平等传达《圣经》的权力，提出上帝之言可以超越语言障碍得以传递。威克利夫坚信语言无非是种习惯，同样的福音无论用希伯来语、希腊语、拉丁语或英语，都能传递。廷代尔宣称希伯来语的词汇和词序与英语相似，两者关系较之拉丁语和希伯来语间关系更紧密，因此鼓励字对字英译《圣经》。《钦定圣经》译者认为，即使最糟糕的英译本"也包含了上帝之言，不，就是上帝之言"（Metzger, Bruce M. 2001: 189），普世真理并非僧侣和贵族的专利，也能被语言各异的普通人领受。

对民族语译者而言，要真正让普通人接触和阅读《圣经》，必须使用贩夫走卒能接受的朴素语言。威克利夫坚持为买不起译本的农民和工匠译经，伊拉斯谟的《圣经·新约》译序称："但愿农夫能在犁边吟诵《圣经》，织工能在织布机边用《圣经》驱散心头的烦闷，旅行者能用《圣经》消遣以解除旅途的疲劳"（谭载喜，1991: 79）。路德传承了伊拉斯谟的理想，坚持平民主义（populism），译本采用妇孺市井的德语。廷代尔也曾说过，他可以让一个耕田农夫比他自己更通晓圣经。法裔美国文学批评家乔治·斯坦纳（George Steiner）认为这些话语是《圣经》翻译理论史上的分水岭，提出了"翻译在人从宗教领域迈进世俗领域的精神历程中发挥关键作用"的观点（Steiner, George. 1976: 258）。通过民族语译本，《圣经》跨越宗教精英狭隘的范畴，向大众开放，无论其年龄、性别、职业、身份与国籍，这种语言策略是《圣经》翻译世俗化的重要手段。

除采纳通俗民族语言，译者和编订者还重视以印刷手段提高译本的可接受性和传播效果。《日内瓦圣经》采用数字标号分节、在括号中将可替换单词用斜体表示、提供注释、地图、表格、插图、各章概述等帮助读者理解和记忆。这些新颖手段使它成为16世纪、17世纪最受英国大众欢迎的《圣经》。英译本的语言优势与印刷策略有效提高了《圣经》普及程度，普通家庭拥有《圣经》成为社会常态。"1570—1630年间，英译本《圣经》数量增长了10倍，高于欧洲任何新教国家。……仅莎士比亚一生中，即1564—1616年间，就出现了211个《圣经》版本，共销售了大约422000余本"（Tadmor, Naomi. 2010: 9）。英译本《圣经》的广泛传播也加快了其他相关文献的普及，提高了科学知识和新思想传播的速度和效率，大大提升了英语的地位，推动了英国民族语言和文字的统一，促进了民族国家的诞生。英语不仅展示出宗教语言的实力，也逐步发展成文学语言，《威克利夫圣经》与《坎特伯雷故事集》共同奠定了英国文学语言的基础。

英语语言的表达非常丰富，在语言使用中，谚语、成语、典故等比比皆是。对于不熟悉《圣经》的英语学习者来说，可能会在语言的学习中遇到种种困难，因为《圣经》在其几百年的英译过程中，对语言的表达产生了深远的影响，下面从四个方面解读《圣经》翻译中对英语语言的表达的影响。

第一，增添词汇派生新词义。英译《圣经》主要译自拉丁文本。通过转译，许多拉丁词借入英语词汇，例如：altar（祭坛）、angel（天使）、apostle（信徒）、candle（蜡烛）等。《圣经》中的许多宗教词语成为英语中的日常名称，如Sabbath（安息日）、Good Friday（受难节）、Carnival（狂欢节）等。而更多源于《圣经》的词，则派生出新的词义，且派生意义更活跃，使用频率更高，如manna（天赐；吗哪）源于《旧约·出埃及记》，当摩西率领以色列人出埃及时，在旷野断食，此时天降食物，众人取而食之，称之为"manna"。现在该词指"不期而遇、令人振奋的东西；精神食粮"。单词creature, deluge, incarnation, purgatory, sanctuary, 原义分别指：上帝创造的有形无形的事物、上帝降的大水、道成肉身、炼狱或暂时的苦难、祭献上帝的场所，现在派生的常用意义分别是：生物、洪水、化身、涤罪、避难所。在《圣经》中，该隐（Cain）是人类始祖亚当和夏娃的长子，该隐以种地为生，其弟亚伯以牧羊为业，该隐和亚伯各自将自己生产的物品用作祭物，供奉耶和华，耶和华却只喜悦亚伯供奉的祭品，而看不中该隐所献的谷物，该隐因嫉生恨，一日趁田间无人，杀害了亚伯。由此可知，该隐是个性情狂暴，容易发怒的人。在英语中"Cain"便成为"devil"（魔鬼）的代名词，英语就用to raise Cain表示"大吵大闹，大发脾气，找麻烦"等意思。这些单词的原始意义只用于宗教范围内，其派生意义则在日常生活中广泛使用。

第二，英语谚语的来源。《圣经》是英语谚语的来源之一，《圣经》中的箴言、警句汇集了不同年代为人处事的格言谚语，包括智慧、言行、善恶、修养、处世、传道等诸多方面，这些语言简洁明了、朗朗上口，大都来自民间，在英语的发展过程中逐渐积淀下来。例如：

How much better to acquire wisdom than gold! To acquire understanding is more desirable than silver.（Proverb 16:16）. 智慧胜黄金，理解胜白银。

Turn from evil, and do good. 离恶行善。

Seek peace and follow after it.（Psalm 34:14）寻求和睦，一心追赶。

Be not desirous of his dainties: for they are deceitful meat. 不可贪恋他的美食，因为那是哄人的食物。

For there shall be no reward to the evil man; the candle of the wicked shall be put out. 因为恶人终不得善报，恶人的灯也必熄灭。

Blood is thicker than water. 血浓于水。

There is no crown without any cross. 王冠的荣耀由苦难铸成。

As a man sows, so he shall reap. 种瓜得瓜，种豆得豆。

As a jewel of gold in a swine's snout, so is a fair woman which is without discretion. 女人貌美无识，有如金环套于猪鼻。

Man proposes, but God disposes. 谋事在人，成事在天。

第三，英语成语典故的来源。《圣经》是英语成语典故的来源之一，随着基督教的传播，《圣经》中大量的典故深入人心，并逐渐成为习语进入了英语词汇。比如大家熟悉的伊甸园（Eden）、橄榄枝（Olive）等，都清晰地展示了成语与《圣经》的关系。比如英语的一个短语："背十字架"（bear one's Cross），这一典故来自《马可福音》第8章第34节至第35节（Mark. 34—35）。当时耶稣向门徒预言他到耶路撒冷将被害，门徒彼得慌忙拉住他，劝他不要去，他责备彼得说："若有人要跟从我，就当舍己，背起他的十字架来跟从我。"此语告诫门徒，要经得起各种磨炼和痛苦，甚至不惜牺牲生命。因此，"背十字架"就成了背负重担、困苦与忧伤，进而表示愿走牺牲生命、舍己为人的道路。"一碗红豆汤"（a mess of pottage）源自《圣经》中雅各仅仅用一碗红豆汤，就换得哥哥的长子权力，寓意"眼前的小利，因小失大"。"约瑟的彩衣"（Joseph's coat）源自《圣经》中雅各为幼子约瑟做了一件彩衣,结果招致长子的忌恨,长子剥掉约瑟的彩衣,并将约瑟卖掉,又将彩衣涂上羊血后带给父亲,使父亲相信约瑟已被野兽所害而悲痛不已,寓意"因福而得祸"。"死亡之吻"(a kiss of death)源自《圣经》中记载犹大出卖耶稣时,以吻耶稣作为暗号,寓意"表面友好而实际上出卖别人的行为"。"灾祸将至"(the writing on the wall)蕴涵着很深的文化内涵,它源于《圣经·旧约》中的《但以理书》(Daniel)中的一个典故,讲的是巴比伦王国尼布甲尼撒一世的儿子伯沙萨国王,一次与千名大臣在宫中饮酒作乐,突然有一手指头在宫中墙壁上写下一行谁也看不懂的字,国王大惊失色,宣召天下能人解读其意,最后国王将以色列的先知但以理(Daniel)召来,怪字才被破译。原来那些字的意思是:"由于一直忽视神的存在,巴比伦要灭亡,伯沙萨将被杀",果然国王当晚毙命。因此,"the writing on the wall"就成为一条习语,表示"灾祸将至或厄运临头的预兆"。另外,还有许多来自《圣经》的成语,如:"像拉撒路一样穷"(poor as Lazarus)、"像所罗门一样聪明"(wise as Solomon)、"肮脏钱"(filthy lucre)。总之,来自《圣经》的成语很多,在《当代英语成语》中,直接源于《圣经》的成语就多达475条(蒲凡,王山,1994[3])。

第四,形成丰富的语言特色和突出的文体特点。英语《圣经》,特别是《钦定圣经》的语言极具特色。它不但忠实地保持原《圣经》口头文学的风格,又加以提炼和润色,用优美、简洁的散文写成,部分地方运用了韵律,读起来朗朗上口,朴实简明。现摘取《钦定圣经》的一段为例进行说明。

> In the beginning God created the heavens and the earth. Now the earth was formless and empty, darkness was over the surface of the deep, and the Spirit of God was hovering over the waters. And God said, "Let there be light," and there was light. God saw that the light was good, and he separated the light from the darkness. God called the light "Day," and the darkness he called "Night." And there was evening, and there was morning—the first day. (Genesis 1: 1—5)

这段文字的语言简洁有力,句式短小精悍,句子衔接连贯流畅,一目了然,易于理解。绝大部分的词都是英语本民族的单音节词,简单明了,节奏鲜明,读来如行云流水,清脆悦耳。《钦定圣经》所使用的单词只有6500多个,可谓言简意赅,但是表述的内容却极为丰富,因此它被当作英语表述的范本。但《钦定圣经》毕竟是一部古书,其中不乏古雅语言,这些古代词汇,也被人们广泛接受,成为高雅英语的典范,尽显庄重儒雅的古典风韵,这主要表现为使用古雅词汇、习惯用法和具有浓重的古典拉丁散文文体的色彩。然而正是其具有的典雅高贵的气质和鲜明的文体特点,使其一直被当作英语的典范,影响着后世名人名家。美国总统林肯的演讲以深刻优美而著称,他的语言风格就深受《圣经》影响。

基督教在西方国家影响深远,作为基督教经典的《圣经》对西方国家诸多方面有着极为深刻的影响,其中也包括英语语言。尽管英语语言在历史和时代的演变中是不断变化的,例如:有的旧词消亡了,有的新词产生了。但源于《圣经》中的习语、格言、典故词和派生词等,同英语语言中的基本词汇一样,都具有极大的稳固性。这些词已经完全渗透到英语语言的各个方面,而其中有大量的词语,在表达上富于联想,让人回味无穷。《圣经》及其自身的文化在英语语言的发展史上起到了不可估量的作用。了解《圣经》文化对于我们今后进一步深层次地学习英语语言有很大的帮助。

(三)学术思想革命

英国社会发生政治革命的同时,学术领域也在进行翻天覆地的革命。这一时期,英国的弗朗西斯·培根(Francis Bacon, 1561—1626)和英国皇家学会(Royal Society)是引领学术思想革命的弄潮儿,对英国的学术发展做出了开创性贡献。然而英语语言发展似乎独立于这场轰轰烈烈的学术思想革命之外,依然在崇尚权

英国哲学家、作家弗朗西斯·培根(Francis Bacon, 1561—1626)塑像,位于剑桥大学三一学院教堂,培根12岁就进入该学院求学。

威的老路上惯性前行,只是权威换上了崭新的面孔。

传统上,人们认为学术是对过去知识的继承,有不容置疑的权威性。宗教知识的源泉是《圣经》和教会神父的著作,世俗知识的源泉是古希腊和古罗马学者的思想及著述。在这种学术传统下,英国学者能发挥的空间有限,基本只能传承、注解、阐释权威的古典学术。例如,1636年之前,牛津大学解剖学教授的主要工作只是解释希波克拉底(Hippocrates)和盖伦(Galen)的思想,维护亚里士多德(Aristotle)的权威。希波克拉底是古希腊著名医生、欧洲医学奠基人,被西方尊为"医学之父";盖伦是古罗马最伟大的医生,是古代学术的集大成者;亚里士多德是古希腊著名思想家。

16世纪晚期,这一局面开始发生改变。英国学者不再盲目崇拜古典学者及其思想,而是大胆挑战古人在科学领域的权威。这些英国学者的代表人物是弗朗西斯·培根,他的思想在英国革命年代发挥了重要作用。培根是英国文艺复兴时期著名的散文家、唯物主义哲学家、实验科学的创始人,是近代归纳法的创始人,同时还是对科学研究程序进行逻辑组织化的先驱。主要著作有《新工具》(*Novum Organum / New Method*)、《学术的进展》(*Advancement of Learning*)以及《学术的伟大复兴》(*The Great Instauration*)等。在西方实践哲学的历史演变中,培根和同时代的伽利略都起着重要的转折作用,他们共同开创了一种反亚里士多德的技术实践论传统,这一转折对此后整个西方的实践观念具有重要的影响。

培根出生于伦敦一个新贵族家庭,幼时受到良好的语言、圣经和神学教育,年仅12岁就到剑桥大学三一学院深造,大学学习使他对传统观念和信仰产生了怀疑,开始独自思考社会和人生的真谛。培根曾作为英国驻法大使的随员旅居法国巴黎,短短两年半的时间里,他几乎走遍了整个法国,这使他接触到不少新鲜事物,汲取了许多新思想,并且对其世界观的转变产生了极大的影响。培根21岁取得律师资格,23岁当选为国会议员,决心变革一切脱离实际、脱离自然的知识,并且把经验和实践引入认识论,这是他"复兴科学"的伟大抱负,也是他为之奋斗一生的志向。1603年,伊丽莎白一世去世,詹姆士一世继位。由于培根曾力主苏格兰与英格兰的合并,受到詹姆士的大力赞赏,因此平步青云,扶摇直上,受封为爵士,并成为詹姆士的顾问,历任首席检察官、枢密院顾问、掌玺大臣等重要职务。1621年又授封为圣阿尔本子爵(Viscount St. Alban)。同年,培根被国会指控贪污受贿，被高级法庭判处罚金四万英镑，监禁于伦敦塔内，终生逐出宫廷，不得担任议员和官职。虽然后来罚金和监禁皆被豁免，但培根却因此而身败名裂，从此不再涉足政坛，开始专心从事理论著述，写成了一批在近代文学、思想史上具有重大影响的著作，其中最重要的一部是《新工具》。另外，他以哲学家的眼光，思考人生问题，写出了许多形式短小、风格活泼的随笔小品，集成《培根随笔》。1626年3月底，培根坐车经过伦敦北郊，当时他正在潜心研究冷热理论及其实际应用问题。当路过一片雪地时，他突然想做一次实验，便宰了一只鸡，把雪填进鸡肚，以便观察冷冻在防腐上的作用。但由于他身体孱弱，经受不住风寒的侵袭，支气管炎复发，病情恶化，于1626年4月9日病逝。

培根在哲学上最大的贡献在于，提出了唯物主义经验论的一系列原则；制定了系统的归纳逻辑，强调实验对认识的作用。培根的《新工具》对唯物主义经验论哲学起了巨大的推动作用。以经验观察为方式的研究自然的方法，是建立在对客观对象的深刻分析的基础上的。这种对物质世界的客观把握，对于英国唯物主义的形成有着深刻的促进作用。培根以后，霍布斯（Thomas Hobbes）把培根所开创的唯物主义传统加以系统化和片面化，形成了典型的近代意义上的机械唯物主义；而培根的经验主义倾向的认识论，经过霍布斯，被洛克（John Locke）论证和发挥，形成了系统的唯物主义经验论思想；培根把整体割裂开试图把握本质的方法，给唯心主义形而上学带来了理论基础。培根的《新工具》带给后人的是经验主义、形而上学和唯物主义的理论温床，对后世哲学思想产生了很大影响。

逻辑史上，有记载的最先使用归纳思想的是柏拉图，亚里士多德在其著作里论述了这种方法。但是真正把归纳逻辑创建成体系的却是培根。培根在他的著作中详细阐述了这种方法的目的、原则、方法、局限，使得归纳法以完整的姿态呈现在世人面前，最早创建了体系化的归纳逻辑。培根的逻辑是以自然科学为主要研究对象，在此之前的科学认识是一种不自觉的认识活动。但是自从培根归纳逻辑问世之后，科学认识又多了一条途径。人们可以更多地借助观察、实验，经验材料进行科学研究。现代科学的建立，使归纳逻辑应运而生，归纳逻辑的产生，反作用于科学，促进了现代科学的发展。另一方面，当代科学逻辑，就是在培根的归纳逻辑的启迪下发展起来的。自然科学重视观察、实验，分析综合的传统，是与培根所开创的传统分不开的，培根的归纳逻辑无疑为自然科学认识打开了又一扇窗。

皇家学会（Royal Society）虽说是在培根去世后成立的，但其受培根思想影响很大，是培根思想的重要后继者。皇家学会是英国资助科学发展的组织，成立于1660年，其宗旨是促进自然科学的发展。它是世界上历史最长而又从未中断过的科学学会，在英国起着国家科学院的作用。皇家学会最初是一个由12名科学家组成的小团体，当时称作无形学院。他们在许多地方聚会，包括成员们的住所以及伦敦学术中心格雷沙姆学院（Gresham College）。其中知名的成员有约翰·威尔金斯（John Wilkins）、乔纳森·戈达德（Jonathan Goddard）、罗伯特·胡克（Robert Hooke）、克里斯托弗·雷恩（Christopher Wren）、威廉·配第（William Petty）和罗伯特·波义耳（Robert Boyle）等。早在1645年之时，他们曾聚在一起探讨弗兰西斯·培根在《新亚特兰提斯》（New Atlantis）中所提出的新科学。最初这个团体并没有立下任何规定，目的只是集合大家一起研究实验并交流讨论各自的发现。团体随着时间改变，在1638年由于地理因素分裂成了两个社群：伦敦学会与牛津学会，牛津学会较为活跃，还一度成立了"牛津哲学学会"，并制定了许多规则，如今这些规则记录仍保存在牛津大学博德利图书馆。伦敦学会依然在格雷沙姆学院（Gresham College）聚会讨论，与会成员也逐渐增加。1658年，在护国主奥利弗·克伦威尔（Oliver Cromwell）的军事独裁时期，学会被迫解散。查理二世复辟后，学会才继续运作，这个团体被视为皇家学会的前身。

1660年，查理二世复辟以后，伦敦重新成为英国科学活动的主要中心。此时，对科学感兴趣的人大大增加，人们觉得应当在英国成立一个正式的科学机构。1660年11月，克里斯托弗·雷恩（Christopher Wren）在格雷沙姆学院做了一场讲座后，伦敦的科学家召开了一个会议，正式提出成立促进物理—数学实验知识的学院。约翰·威尔金斯（John Wilkins）被推选为主席，并拟定了一份"被认为愿意并适合参加这个规划"的41人名单。

不久，罗伯特·莫雷（Robert Moray）带来了国王的口谕，同意成立"学院"，莫雷就被推选为这个组织的会长。两年后查理二世在许可证上盖了印，正式批准成立"以促进自然知识为宗旨的皇家学会"，布隆克尔子爵（Viscount Brouncker）当选为皇家学会的第一任会长，第一任的两个学会秘书是约翰·威尔金斯和亨利·奥尔登伯格（Henry Oldenburg）。1660年11月，皇家学会创立时会员约为100人，10年后就增加到了200人以上，但是在17世纪末，人们对科学的兴趣开始下降了，所以在1700年只剩下125位会员。这以后会员人数又有增加，到1800年达到500人，但是这500人中真正谈得上是科学家的还不到一半，其余都是名誉会员。1847年后，学会决定院士的提名必须根据科学成就来决定。

英国皇家学会继承培根思想，促进了科学的发展，然而遗憾的是17世纪这场轰轰烈烈的思想革命对英语语言的发展影响甚微。语言研究不受科学新思维影响，依然还在崇尚权威，只不过享受权威待遇的不再是拉丁语，而是英语。

17世纪，拉丁语的口头交流价值几乎已经丧失殆尽，只有少许着眼国际读者的文人仍然还在用拉丁语写作。但拉丁语的地位依然崇高。在语法领域，1549年出版的英文版《莉莉拉丁语法》依然畅销，后续又有几本拉丁语法书相继面世，拉丁语的地位固若金汤。17世纪上半叶，信仰天主教的语法学家约瑟夫·韦布（Joseph Webbe）提出了崭新的语言教学法，即通过口语交际法学习语言，而不是当时流行的通过语法学习语言，他甚至还用这种方法来教拉丁语，没有人怀疑教授拉丁语的必要性。这是一种非常超前的教学法，几乎就是20世纪流行的交际教学法的前身。威廉·莉莉的老师、信仰清教的中学校长约翰·布林斯利（John Brinsley）致力于通过拉丁语传授英语，这种教学法把拉丁语的一切特质也转移到英语上了，尤其是语言的权威性。17世纪的英语语法书还在延续16世纪的老套路，英语语法和拉丁语语法纠缠在一起，很难清晰区分两者。拉丁语对英语有指导性作用，英语语法书继续用拉丁语写作，这令英语看上去更像拉丁语。

伊拉斯谟（Erasmus）关于希腊语的著作带来一个很大的副作用，就是让大家以为书面文本会有一种正确的发音方法。这种关于古典语言的权威态度，使得英语语法学家也开始强调英语的正确拼写和发音方法。1640年，西蒙·戴恩斯（Simon Daines）在其著作《英语正字法》（*Orthoepia Anglicana*）中提出了英语的正确发音方式，但他没有说明出台所谓正确发音方式标准的依据是什么。1653年，约翰·沃利斯（John Wallis）发表了《英语语法》（*Grammatica Linguae Anglicanae*）一书，该书收录了单词thou，虽然这个单词早已从口语中消失了，但其生命在语法书上又延续了很久。

1660年时，英国学校教授英语的方法完全借鉴了教授拉丁语的方法，因此人们把对拉丁语的权威膜拜之情转移到英语上，大家对待英语的方式就好比英语是一门属于过去的死语言。这种态度与17世纪英国的学术思想革命背景格格不入，虽然有个别学者欲以科学的方式研究语言，但效果不彰，总体而言语言被排斥在科学之外。

（四）英国革命的语言学产物

17世纪的英国资产阶级革命，是从清教反对国教开始的，是用宗教作掩护进行的反封建斗争。英国资产阶级革命披着宗教外衣，是由英国当时所处的特定历史条件决定的，是不成熟的资本主义经济发展阶段的产物，在那个宗教势力十分强大的时代，革命者只能从宗教教义中寻找革命的依据。正因为如此，革命吸引了社会各阶级、各阶层参与。随着革命的深入发展，资产阶级和新贵族抛开了宗教外衣，在公开的政治战线上作战，而且在革命期间产生了一整套资产阶级的政治思想理论，它们成为革命中先进的思想武器，加速了资产阶级革命的胜利。在这场轰轰烈烈的革命运动中，除了政治、思想、经济、社会方面的深刻影响，还有语言学方面的遗产。在探讨语言之前，先回顾一下英国革命的宗教背景及思想成果，有利于理解革命的语言遗产。

首先，16世纪、17世纪的英国，刚刚脱离中世纪，宗教影响依然存在，资产阶级反对封建专制，首先必须反对教会。在中世纪社会生活中，教会占有很特殊的地位，不仅有物质剥削，还有精神奴役、思想禁锢、教育愚弄。当时在欧洲占统治地位的意识形态，是以罗马天主教会为中心的神学思想，这种神学的目的，就是要人们听天由命，屈从忍受，甘做奴隶，将希望寄托于来世，从而为封建剥削制度和封建等级制度辩护，这样就在人们思想上形成了只有神才能拯救自己的观念。

其次，英国国教完全成为封建统治的支柱，反对封建统治首先必须反对国教。在中世纪末期，欧洲开始了宗教改革，在这场改革的推动下，英国在16世纪30年代也进行了宗教改革，但这场改革是由英国国王亨利八世操纵进行的，目的是为了巩固其封建统治。改革的结果是国王又成为教会的最高首领，揽宗教与国家权力于一身。新确立的国教完全成了国王的附庸，而且国教仍然保存天主教的组织形式，从而避免那些较严格、较民主的形式。特别是到了英国革命前夕詹姆士一世统治时期，还不断地恢复天主教，极力宣扬"君权神授"的理论。革命开始时，英国教会还保留着古老的制度，大主教和主教不仅是教区的教会首脑，是宗教事务和部分民事案件的审判官，而且是上议院的议员，还是封建大地主，拥有庄园和依附农奴。革命前的英国已经成为政教合一的封建专制国家，在这种条件下，"当时反对封建制度的每一种斗争，都必然要披上宗教外衣，必然首先把矛头指向教会"（马克思，恩格斯，1972: 390）。

再次，革命前英国的经济情况和人民的思想水平，决定了革命者只能从宗教教义中找寻革命依据，也便于发动群众参加反封建斗争。资产阶级从加尔文教派中找到了反封建的现成思想武器。加尔文教派主张取消天主教烦琐的宗教仪式和礼拜，建立廉俭的教会组织，并主张主教由全体会众选举产生，相信发财致富是上帝选民的意志，并鼓励不断聚敛财富。"加尔文教的信条正适合当时资产阶级中最勇敢的人的要求"（马克思，恩格斯，1972: 391）。

英国资产阶级革命，由于特定的历史条件，决定了它利用宗教外衣作掩饰，开始进行反封建的斗争。但随着斗争的深入和发展，宗教思想逐渐被冲淡，代之以公开的唯理论的思想。法国首相基佐（François Pierre Guillaume Guizot）在他的《1640年英国革命史》（*History of the English Revolution of 1640: from the accession of Charles I to his death*）中就明确指出："在16世纪的德国，革命是宗教的而非政治的。18世纪的法国，革命是政治的而非宗教的，但17世纪英国革命是宗教信仰精神与政治自由精神并驾齐驱，同时进行了政治的和宗教的革命。"基佐看到了英国革命因条件的限制，一方面不得不利用宗教号召人民，另一方面已经转向了公开的政治革命。

英国资产阶级革命后期，资产阶级、新贵族抛开了宗教外衣，公开提出了政治上的要求。1649年查理一世被送上断头台，英国建立了共和国，一种新的社会政治制度诞生了。革命期间，在意识形态领域出现的极其鲜明的社会政治思想代替了宗教，成为号召人民革命的思想旗帜。随着革命的需要，在资产阶级和新贵族中出现了一批著名的政治思想家。例如：托马斯·霍布斯（Thomas Hobbes）在革命时期就创立了自己的政治学说，他在《利维坦》（*Leviathan*）一书中，提出了国家起源的契约学说。约翰·弥尔顿（John Milton, 1608—1674），在革命初期，写了许多小册子，宣扬人类的自然权力和人民主权的理论，反对君主制，拥护共和制。弥尔顿是英国诗人、政论家、民主斗士，作为英国文学史上最伟大的诗人之一，代表作有长诗《失乐园》《复乐园》和《斗士参孙》。1625年,弥尔顿进入剑桥大学,并开始写诗,大学毕业后又攻读了6年文学。1638年,弥尔顿到欧洲游历,1640年英国革命爆发后,毅然投身革命运动之中,并发表了5本有关宗教自由的小册子,1644年,弥尔顿又为争取言论自由而写了《论出版自由》(*Areopagitica*)。1649

英国诗人、政论家约翰·弥尔顿失明后,向三个女儿口述《失乐园》。1826年法国著名画家欧根·德拉克洛瓦(Eugène Delacroix)绘制。

年，革命胜利后的英国成立共和国，弥尔顿发表了《论国王与官吏的职权》（"The Tenure of Kings and Magistrates"）等文，以巩固革命政权。1660年，英国封建王朝复辟，弥尔顿被捕入狱，不久获释，此后他专心写诗。英国革命催生的社会政治思想对以后的资产阶级革命产生了重大影响，成为18世纪法国与美国资产阶级思想的先驱。

英国革命的语言学产物，主要不是体现在英语的读音、拼写、语法、词汇、修辞等具体方面，而是体现在使用语言的方式上。书面语在任何时候都受制于两个因素：作者表达思想的需要以及当时普遍认为正确的行文方式。16世纪文本受文艺复兴修辞影响很大，作者大都关注行文风格以及词汇选择。17世纪英国革命爆发后，时人对语言采取了更加实用的策略，即倾向于使用简洁的语言来表情达意。同时，这一时期也出现了不好的苗头，即对语言采取不宽容态度，尤其是不能容忍其他人使用语言的方式。

第一，行文风格更加客观、直接。1644年，弥尔顿发表了一个关于为离婚辩护的小册子，文章的写作风格和今天迥异，下面以文章开篇对国会发表的演讲为例：If it were seriously asked, (and it would be no untimely question) renowned parliament, select assembly! Who of all teachers and masters, that have ever taught, hath drawn the most disciples after him, both in religion and in manners, it might not untruly be answered, custom. 按照现在的标准看，以上这段书面语的行文特征在现代口语里可以接受，但用在书面语中欠妥。例如，弥尔顿在文中直接和读者交流，向他们喊话。这个书面文本的前言很长，前言里的内容适合现在餐后演讲，而不适合作为书面语写下来。显然这篇文章使用语言的方式已经过时了。几年后，布隆克尔子爵发表了一篇关于枪支后坐力的文章，该文前言简短提及社会需要研究枪支后坐力，然后就开门见山直接描述自己所做的实验，并辅以图表以及数学演算过程。这篇文章中完全看不到说话人的身影，毫无疑问是一篇典型的现代书面文。短短几年间，行文方式就发生了巨变。

第二，使用语言传递信息的方式也发生了变化。传统上，《圣经》和古希腊古罗马经典著作是知识界可以引用的权威信息来源，阅读包含这些信息的文本对读者要求很高，最好读者也是圈中人，具备同等的知识结构，才能准确理解用典的意义。这事实上限制了受众的规模，毕竟不是人人都懂宗教典故和古希腊罗马典故的内涵。在英国革命时期,许多文人投身革命,发表大量小册子,动员民众支持革命,他们深知自己的目标读者是街头普通人,不会拉丁语,宗教知识有限。因此,他们必须要节制用典。继续以弥尔顿的"离婚"小册子为例,文中有这样几句话: a most injured statute of Moses: not repealed ever by him who only had the authority, but thrown aside with much inconsiderate neglect, under the rubbish of canonical ignorance; as once the whole law was by some such like conveyance in Josiah's time. 要读懂这段话,读者必须知道摩西法则包含离婚条款,在弥尔顿的时代,大家热议的话题是离婚条款是否依然有效。"教会的忽视"(canonical ignorance)指的是罗马天主教廷或英国圣公会的失察。读者还必须知道约西亚(Josiah)是谁。当然,弥尔顿是受过很好的教育,故其文中用典不少。他10岁写的诗,可能今天的读者也会存在理解困难的问题,主要就是没有共同的典故知识。

第三,激进的共和派作家以旧瓶装新酒的方式,引用《圣经》内容,目的是为现实斗争服务。《圣经》在他们手里是新的权威修辞宝库,用过去的故事影射当下的财富分配与社会结构问题。英国著名神学家威廉·珀金斯(William Perkins)曾说过,《圣经》里包含许多神圣的科学,他说鉴于传统社会认为创新是错误的,因此大家搞科研时不得不祭出《圣经》的旗号。1640—1660年是英国革命最如火如荼的年代,这20年间革命党人和保王党人在各个领域短兵相接,在语言战场上,双方都引用《圣经》箴言典故,针锋相对,为自己的立场辩护。这场论战让人看到自相矛盾的场面,如果说《圣经》什么都能证明,也就意味着什么也不能证明,这场论战的结果是:1660年后,人们不再把《圣经》视为知识的源泉,对《圣经》的引用大为下降,语言历史学家对《圣经》的关注也大不如昔。

第四,在某些文本中,尤其是文学作品中,古希腊古罗马文人的权威性已经被莎士比亚等英国文人取代了,这一趋势在诗歌中表现最突出。今天,英国文人在创意写作中引经据典时依然不需要标明引文出处,这些典故是写给懂的人看的。作者和读者之间自古就有默契,大家都有心照不宣的共同知识源泉。弄懂典故是读者的责任,而不需要作者明示。如果有作者写道:毁灭还是生存(to be or not to be),这就需要读者调动自己的知识储备,去分析这句话在文中的作用,当然读者首先得知道这是引用的莎士比亚的名言。17世纪革命年代涌现出了许多新的文体和文本,例如广告和政治宣传。这些文本的作者有明确的写作目的,但读者不一定能够完全理解作者的目的,这之间会产生偏差。对这类文本而言,一定要区分作者意图和读者解读,这两者之间总有一道鸿沟。

第五,知识产权概念开始萌芽,实证类知识的引用开始需要标明出处,否则就有抄袭之嫌。直到今天,报刊文章、字典、语法书等非虚构文本,依然把知识视为人类共同的财富,因而引用别人观点时并不标明出处,这种做法是可以理解的。但实证类知识是由有名有姓的个体发现的,不能在《圣经》或古典典籍中寻得先例,因此需要指名道姓说出相关人员,这些信息也有利于帮助读者明辨真伪。解读现代文本也需要专门知识,尽管不再是古典或宗教知识。在现代社会,学术是属于个体的知识产权,因而在引用别人观点时一定要明示出处。剽窃(plagiarism)就是使用别人的观点,却不标明出处,相当于偷窃别人的知识产权。在英文里,plagiarism这个单词的原意是绑架奴隶或小孩,1621年,第一次作剽窃知识产权使用。在那之前,由于人们没有知识产权的概念,因而plagiarism也没有"剽窃"这一用法。

第六,赋予老词全新的时代意义,这里以第二人称代词"你"(thou)为例。1660年,英国宗教领袖、贵格教派(Quakers)创始人乔治·福克斯(George Fox)写了一篇文章,帮助老师区分第二人称代词"你"的单数复数问题,文章题目是《教师单复数入门教材》("A Battle-door for Teachers and Professors to Learn Singular and Plural"),下面引用一段为例: Do not they speak false English, false Latine, false Greek … that doth not speak thou to one, what ever he be, Father, Mother, King, or Judge, is he not … an Ideot, and a Fool, that speaks You to one, which is not to be spoken to a singular, but to many? O Vulgar Professors, and Teachers, that speaks Plural when they should Singular … Come you Priests and Professors, have you not learnt your Accidence. (Fox, George. 1660: 2—3)

表面看,福克斯是在谈语法问题,有人甚至简单地据此称他为规定性语言学家,但从他使用第二人称代词thou可以看出他的政治观点。一个世纪以前,即1570年时,在英语日常口语里已经基本没人使用thou这个单词了。1583年,异见人士约翰·刘易斯(John Lewis)被判在火刑柱上烧死,罪名是散布异端邪教及颠覆政权行为,这些行为中的一条是用thou来称呼所有人。关于thou的用法,英国历史学家、布道师托马斯·富勒(Thomas Fuller)1655年给出了一个非常精辟的总结:

"上级对下级说话可以用thou，含有命令之意；同级之间说话也可以用thou，含有亲密熟悉之意；下级对上级说话用thou，如果是出于无知，就有滑稽之意；如果是明知故犯，则有藐视之意"（Thou from superiors to inferiors is proper, as a sign of command; from equals to equals is passable, as a note of familiarity; but from inferiors to superiors, if proceeding from ignorance, hath a smack of clownishness; if from affectation, a tang of contempt.）（Hill, Christoper. 1975: 247）。

福克斯是贵格教友，他教导人们用thou来称呼、指代位高权重者，其实是在发表政治宣言，表明其不畏权贵的政治态度，犹如后世的革命者使用"公民"（citizen）或"同志"（comrade）来表明自己的政治立场一样。福克斯指出，复数第二人称代词的用法可以追溯到罗马皇帝，而教皇是导致欧洲各国语言滥用复数第二人称代词的源头。福克斯援引拉丁语法这个古典权威，为自己的观点佐证，他理所当然地认为拉丁语法规则适用于英语等其他欧洲语言。17世纪中期，贵格教派在英格兰北部势力较大，那里人使用thou（你）的频率要远远高于英格兰东南部居民。

在英国革命期间，拉丁语的权威地位并未受到根本挑战。把前瞻性的激进社会政治理念与语言的保守立场（例如，使用古老词汇）结合起来，并非是福克斯的专利发明，也不是新的语言现象，只不过在英国革命年代更加突出罢了。

第七章

学术语言及贵族语言："圈内人"与"圈外人"

17世纪末期,斯图亚特王朝复辟后,国王回来了,主教回来了,上议院回来了,审查制度早就回来了,拉丁语和法语又成了法庭的语言,并再现学术。1661—1665年间,英国出台了《克拉伦登法典》(*Clarendon Code*),这是由四部法律组成的法典,要求国家公务人员必须信奉英国国教圣公会;所有宗教仪式必须使用圣公会的《公祷书》,当时2000多名神职人员因反对这一规定,而被教会清退;非国教宗教团体集会人数不得超过5人,全是家庭成员聚会的例外;不服从国教的神职人员不得担任教职,导致牛津和剑桥的许多宗教异见人士毕业后不能谋到教职,1689年《宽容法》(*Toleration Act*)出台后局面才有所改观。这一系列法律在圈内人(insiders)和圈外人(outsiders)之间划出了一道泾渭分明的界限,圈内人是指拥护现政权的政治、宗教团体及个人。正是在这一时期,圈内人和圈外人这两个单词开始在英语中广泛使用。也正是从这一时期开始,关于如何使用英语也形成了圈内人和圈外人两个集团,圈内人希望英语形成一套统一规范,跻身学术语言及贵族语言的殿堂。

(一)语言科学

1660年,斯图亚特王朝复辟,英国貌似又恢复了革命前的局面,然而没有什么能够阻挡历史滚滚向前的步伐,英国不可能再回到昔日革命之前的状况,而是进入新旧共存的复杂情势。新思想带来新格局,英国学术界和上流社会都经历了革命的冲击,英国皇家学会(Royal Society)正是在科学领域突飞猛进的大背景下建立的。语言与科学产生了神奇的联系,本节主要探讨语言的科学。

语言的科学是指这个时代，在科学的探索和观察精神的指引下，语言学者开始从科学的角度来研究语言。理查德·霍奇思（Richard Hodges）对英语的拼写和读音非常有研究，尽管其公开声明的研究目的是帮助读者节省时间，提高阅读《圣经》的效率。1644年他在《英格兰报春花》（*The English Primrose*）一书中，尝试着用一套崭新的方法来注解传统的英语拼写，即在元音字母上方标注数字来明示其发音，目的是方便读者见字识音，看到一个单词就能够念出读音，这套方法很有效，现代音标诞生后才退出历史舞台。1653年，他在《真实写作最显见的方向》（*Most Plain Directions for True-writing*）一书中，仔细研究了同音异义词（homophones），指出了许多拼写不同、意思不同，但发音相同的单词，例如：courses, courseth, corpses, 其中第二个词中的动词后缀"eth"读作 /z/，第三个词中的字母"p"是不发音的，为后人保存了不少有关词的消亡、音的改变的具体例证，令今人对当时的单词拼写及读音有了更深入的认识。他还列举了不少同音词组，例如：She had a sister, which was an assister, who did greatly assist her.（她有一个妹妹，非常乐于助人，曾给她帮过大忙。）在这句话中，sister 与assister后两个音节读音相同，如果her的首字母h不发音，则assist her与assister读音也是相同的。18世纪后，英国学者对英语口语及发音的研究很少超越单个词语的读音问题，回望霍奇思的研究，则显得更加可贵。

17世纪末，英国语言学家推出不少关于英语发音和口语方面的文章和专著，这些作品带有很强的技术性特征。1659年，巴西特·琼斯（Bassett Jones）发表了《话语艺术之理性》（"Herm'aelogium: or an Essay at the Rationality of the Art of Speaking"）。1665年，欧·普赖斯（O. Price）发表了《发音器官》（*The Vocal Organ*），书中附有发音器官图，旨在通过观察发音器官，传授拼写与发音的方法。1669年，威廉·霍尔德（William Holder）把自己在英国皇家学会的发言整理发表，题为《演讲要素》（"Elements of Speech"），这是一部关于语音学的先驱作品，其原则是记录发音的字母拼写方式应与自然发音高度吻合，作品还有为聋哑人准备的附录。1670年，乔治·沙伯斯哥塔（George Sibscota）发表了《聋哑人话语》（"The Deaf and Dumb Man's Discourse"），从而拓宽了英语语音学的研究领域。

这一时期，英国语言学家的研究领域空前广阔，无不闪烁着科学理性的光辉。1643年，罗杰·威廉姆斯（Roger Williams）发表了《解码美洲语言》（*A Key into the Language of America*），研究17世纪北美新英格兰地区的印第安语言，主要是阿尔冈琴语（Algonquian language），这是第一部英文写成的研究北美印第安语的著作。1644年，H. 曼纳林（H. Manwaring）出版了《海员词典》（*The Seaman's Dictionary*），为海员的沟通交流提供切实帮助。1668年，约翰·威尔金斯主教（Bishop John Wilkins）指出马来语的庞杂性，他认为马来语是当时世界上最新的语言，是由一群说不同语言的渔民因沟通需要而创造出来的，这些渔民来自缅甸勃固、暹罗、孟加拉，以及马六甲附近的国家，渔民用各自母语中最简单的单词拼凑出了马来语（Leonard, Sterling A. 1962: 47）。1691年，约翰·雷（John Ray）出版了《英语单词集》（*A Collection of English Words*），该书按字母顺序给出了两个单词列表，一个是按英国北方人的发音拼写的，另一个是按英国南方人的发音拼写的，并给出了词源（Ray, John. 1691）。这些研究拓宽了学界对方言以及世界其他语言的认识与理解。

　　英国语言学家还意识到了人们对世界通用语的需求，原因主要有二：迫切需要有一种崭新的国际语言来取代日薄西山的拉丁语；各国民族语言的无序竞争引发不少宗教和政治分歧。英国学者纷纷发表看法，弗朗西斯·洛杜威克（Francis Lodowyck）是该领域的先驱，著述颇丰：1647年，发表了《通用写作》（"A Common Writing"）；1652年，发表了《全新完美语言的基础》（"The Groundwork for the framing of a New Perfect Language"）；1686年，其论文"论全球通用字母"（"An Essay Towards an Universal Alphabet"）发表在《皇家学会哲学会刊》（*Philosophical Transactions of the Royal Society*）上。1653年，托马斯·厄克特爵士（Sir Thomas Urquhart）发表了《全球通用语言概论》（*An Introduction to the Universal Language*）。这些研究是英国学者对世界通用语的最初思考，是英语迈向世界通用语的第一步。

　　然而斯图亚特王朝复辟后，英国学界对语言的关注重点已然发生了改变，由对语言本身的科学研究，转向王室庇护下的商业发展及殖民扩张。1661年，苏格兰语言学家乔治·达尔加诺（George Dalgarno）发表了《符号艺术》（*Ars Signorum*）一书，试图设计一种全球通用语，他在书中提到了英王查理二世对全球通用语的看法："目的是促进不同语言民族之间的交流互动，沟通有用知识，开化野蛮民族，传播基督福音，增进商业往来"（诺尔斯，2004: 108—109）。这一时期的语言研究自觉担负起了发展经济、扩张海外殖民地的重任。

斯图亚特王朝复辟后，英国出版的有关英语拼写的小册子开始为商业服务，读写能力不再是少数人的特权，而是广大勤勉学子的应尽义务。1661年，托马斯·亨特（Thomas Hunt）出版了《拼写勘误》（*Libellus Orthographicus*），其副标题是"勤勉学童指南"（the diligent school boy's directory）。1671年，托马斯·利耶（Thomas Lye）出版了《孩童的喜悦》（*The Child's Delight*），是仿照早期《圣经·旧约》的风格写作的，其中有一封信，是写给英格兰兼具才华与努力的学校教师的。1673年，亨利·普雷斯顿（Henry Preston）发表了《正确拼写的简要说明》（"Brief Directions for True Spelling"），文中包括信函、发票、汇票、债票、收据等，其目标读者是刚开始做贸易的年轻人，俨然是今天专门用途英语的早期版本。1674年，伊莱沙·科尔斯（Elisha Coles）发表了《英格兰校长全书》（*The Compleat English Schoolmaster*），其副标题是"根据当前牛津及伦敦正确发音得出的最自然、最简易的英语拼写方法"（or the Most Natural and Easie Method of Spelling English. According to the Present Proper Pronuntiation of the Language in Oxford and London）。牛津是中世纪学术的古老中心，伦敦是国际贸易的崭新中心。科尔斯坚信，英语单词的拼写必须与其读音相一致。1680年，托拜厄斯·埃利斯（Tobias Ellis）出版了《英国学校》（*The English School*），这是一本教学生正确拼写英语单词的书，扉页印有英王查理二世的名言："敬畏上帝，尊重国王"（Fear God, and honour the King）。1685年，克里斯托弗·库珀（Christopher Cooper）出版了《英语语法》（*Grammatica Linguae Anglicanae*），目的是教外国人和本国学生学习英语的发音、拼写及语法。1693年，约瑟夫·艾肯（Joseph Aickin）发表了《英语语法》（*The English Grammar*），目标读者是英国学校师生，希望学校能够不依赖拉丁语，而直接教授英语知识。

语言的科学犹如昙花一现，虽然绚烂却短暂。斯图亚特王朝复辟后的二三十年里，英国学界从科学角度探索研究语言的势头减弱，成果不多。英国学校的主流观点又回到过去的权威传统，语言又一次无可避免地受制于当时流行的政治及社会看法。王朝的复辟，带来权威的回归，英语的发展也受制于语言权威，无论是拼写还是读音，都受到规定性语法的深刻影响。

(二)科学语言

科学的语言是指这个时代,人们开始强调语言的质朴无华与简洁实用。

文艺复兴时期,英国学者普遍重视修辞,因而非常看重学识的展示及写作的技巧,这种修辞很适合当时的文体,例如纯粹的学术训练,或廷臣的文字游戏。富含各种修辞手法的文本,是适合在闲暇时把玩的艺术品,作者的睿智与技巧深得志同道合者的欣赏。修辞性文本与纯粹实用性文本非常不同,后者主要是向读者传达信息或说服读者。在激进的宗教人士眼中,传统修辞说得好听点是没有任何作用,说得不好听点是只有阻碍作用。约翰·威尔金斯主教(Bishop John Wilkins)坚决反对在布道时滥用修辞,认为语言的晦涩艰深恰好暴露了思想的浅薄无知,最伟大的学识体现在最质朴的文风之中。曾几何时,不少神职人员在布道时喜欢模仿《圣经》里的修辞风格,但1660年后这种做法也开始过时了,语言的浮夸矫饰完全失去了市场。

流行文风的转向,显示17世纪末期的英国学者面临一个全新的难题:昔日的写作风格不合时宜了,他们必须要创造出一种新的文章体裁来。1651年,英国著名政治哲学家托马斯·霍布斯(Thomas Hobbes)在《利维坦》(*Leviathan*)第四章中论及演讲时,写到运用隐喻、借喻或其他修辞手法是非常荒谬可笑的。霍布斯谴责修辞,但在莎士比亚作品中,这些修辞并不荒谬可笑,个中缘由恐怕与写作目的有关,霍布斯在写政治哲学,而莎士比亚在写戏剧诗歌。这一时期英国学者对待语言的科学精神和态度,要求语言必须精准传情达意。

科技论文的写作,需要作者采用朴实的写作风格。1667年,英国罗切斯特主教托马斯·斯普拉特(Thomas Sprat)发表了《英国皇家学会历史》(*History of the Royal Society*),他在书中提到英国皇家学会对科技论文的写作方式非常关心,反对使用似是而非的借喻及其他修辞手法,反对辞藻华丽、口若悬河的浮夸文风。学会主张返璞归真,尽量用简明语言传达准确信息,要有数学推演一般的清晰逻辑。英国皇家学会推崇工匠、农民、商人的朴素语言,而不是智者、学者的矫饰语言。

英国皇家学会提倡的质朴文风,与都铎王朝伊丽莎白时代的宫廷贵族文风迥异,与英国内战时期的革命文风也有不同。托马斯·斯普拉特认为英语一直在不断完善，但英国内战打断了这一进程：战争期间英语词汇量大增，一部分来自激进宗教团体提出的概念理论，一部分来自域外的奇思妙想。因而有必要对英语来一次大清理，指出不好的单词，不要再使用；能够改进的单词，修正后可以留用；好的单词要发扬光大。对单词的重音、语法等都需要完整梳理。

在托马斯·斯普拉特等人的努力下，英国学界终于确立了一种崭新的文风，即朴实无华的非韵文写作风格。虽说这种文风产生的需求是特定的，但效果却是广泛的，未来的几百年间，不仅科技论文的文风是质朴的，其他文体，例如公开发表的作品、政府法令，甚至私人日记等体裁都有文风质朴的特点，也是英语区别于其他国家语言的重要标志。

科学的语言带来的质朴文风，俨然成了英语写作的神话，但凡事都是过犹不及的。长期以来英国学界有一种迷思，认为斯图亚特王朝复辟之后的一个世纪里，涌现出了最优秀的英语非韵文，被誉为"英语非韵文的世纪"（Century of English Prose）。在第一位罗马帝国皇帝奥古斯都统治时期，军事独裁者在权力争斗中败下阵去，贵族统治者又上台了，这段时期被称作奥古斯都时代（Augustan Age），同时也是拉丁文学的黄金时代。英国斯图亚特王朝最后一位统治者是安妮女王（Queen Anne, 1665—1714），她在位时期被称为英国的奥古斯都时代，意即这段时期是英国文学的黄金时代，名家辈出。约翰·德莱顿（John Dryden）、乔纳森·斯威夫特（Jonathan Swift）等都恃才傲物，自认是最优秀的作家。18

安妮女王塑像，位于英国伦敦圣保罗大教堂前。某位反对托利党的政客曾讽刺道：这尊塑像很传神，女王屁股对着教堂，充满渴望地盯着酒馆。

世纪，英国规定性语法学家大都认为约瑟夫·阿狄生（Joseph Addison, 1672—1719）的作品是完美的代名词。塞缪尔·约翰逊（Samuel Johnson）在《诗人列传》（*Lives of the Poets*）里提出，无论是谁，如果想形成亲切而不粗俗、雅致而不造作的英语行文风格，必须夜以继日地研读阿狄生的作品。然而有评论家指出，约翰逊自己的文风却与阿狄生相去甚远。在这个"英语非韵文的世纪"里，很难找到文风不质朴的作品，但同时那个时代的作家之间的关系比较紧张，文人相轻现象特别严重，都认为别人的语言有瑕疵，只有自己才是语言大师。在科学的时代，这是非常不科学的看法。

英国诗人、剧作家约瑟夫·阿狄生肖像，18世纪初由英国著名宫廷画师戈弗雷·内勒（Godfrey Kneller）绘制。

（三）语言规范

17世纪，英国社会剧烈变革，人们不仅在政治思想和宗教信仰方面的合规压力很大，在语言方面的合规压力也同样巨大。因而，设立官方机构，监督语言的使用，负责语言标准的制定和推广就成为不二选择。其实，英国曾有过设立官方语言标准机构的呼声，早在16世纪70年代，即伊丽莎白一世时期，就曾提出过这一建议，但无果而终。1617年，英国历史学家、诗人埃德蒙·博尔顿（Edmund Bolton）呼吁设立皇家学院（Royal Academy），负责语言文学事务，该建议甚至得到当时的国王詹姆士一世的赞许，但1625年国王去世后该建议又不了了之。

在规范民族语言方面，欧洲大陆国家走在英国前面，其做法带给英国许多启示。1582年，在意大利的佛罗伦萨成立了著名的"秕糠学会"（Academia della Crusca），Crusca在意大利语中的意思是"糠"，隐喻学会的工作类似谷物扬场，旨在纯洁意大利文艺复兴时期的文学语言托斯卡纳语。由于该学会成员的努力，加上文学大师彼得拉克和薄伽丘都使用这种语言写作，因此用托斯卡纳方言书写的作品毫无疑问成为16世纪和17世纪意大利文学的典范，该学会成员后来以语言上的保守而闻名。1612年，秕糠学会出版了第一本意大利语词典：《意大利语法词典》(*Vocabolario della Lingua Italiana*)，这也成为法语、西班牙语、德语和英语类似工程的先行范本。

1635年，法兰西学术院（Académie Française）成立，法国国王路易十三亲下诏书予以批准，法国宰相、枢机主教黎世留（Cardinal Richelieu）亲自负责组建，目的是规范法国语言，使标准规范的语言成为全体法国人及所有使用法语的人们的共同财富，并提升法语在国际上的地位。法兰西学术院由40名院士组成，院士为终身制，去世一名才由本院院士选举增补一名。法兰西学术院最初由红衣主教黎世留监护，他去世后由掌玺大臣赛吉埃（Pierre Séguier）护持，受到路易十四及后续历任法国国王、皇帝和国家元首庇护。学术院成员最初在院士家中聚会，1639年后会议改在掌玺大臣赛吉埃家中举行，1672年后在罗浮宫举行，从1805年至今在法兰西学术院宫殿举行。除了1793年至1803年法国大革命时期外，三个半世纪以来，该学术院一直在有规律地运行。学术院院士的终极目标是维持发展变化中的法语的清晰、纯正，具体而言，就是通过编撰词典来规范语言的正确运用，同时也通过院士的建言以及制定专业术语来实现这一目标。为了法兰西语言的规范、明晰、纯洁并为所有使用者理解，法兰西学术院的院士们于1660年出版了语法书《皇家语法》(*Grammaire de Port-Royal*)，1694年编辑出版了第一部法语词典《法兰西学术院词典》(*Dictionnaire de L'Académie française*)，此后于1718年、1740年、1762年、1798年、1835年、1878年、1932—1935年出版了修订版本，1992年开始编撰出版第九版。该学术院院士囊括了为法语的辉煌做出过杰出贡献的诗人、小说家、戏剧家、哲学家、医生、科学家、人类学家、艺术批评家、军人、政治家和宗教家。法兰西学术院组成人员的丰富多元性，展现了法国智库的包容形象，体现了该院忠实于才华、智慧、文化、文学和科学想象力的办院宗旨。

17世纪，德国也成立了好几个语言协会，这些协会对德语的态度，类似于英国"历史文物学会"对英语的态度，即认同日耳曼语的优越性，主张维护日耳曼语的纯洁性。

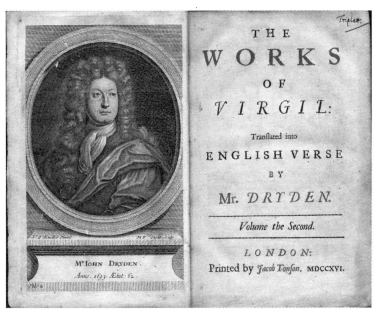

英国诗人、剧作家约翰·德莱顿（John Dryden）翻译的《维吉尔作品集》（*The Works of Virgil*），第二卷扉页，1716年出版。

1664年，英国"历史文物学会"下设了一个语言专门委员会，负责提高英语水平，这是英国最接近语言标准机构的组织。该专门委员会有22个委员，其中包括约翰·德莱顿、托马斯·斯普拉特、约翰·伊夫林（John Evelyn）、塞缪尔·佩皮斯（Samuel Pepys）等。斯普拉特提出了散文风格的规范性问题。伊夫林提出了进行语法和拼写改革的建议，并呼吁编撰字典，出版优雅文体的典范文章，他说，字典就是"收录所有纯洁英语单词的词典……在编撰出版新的版本之前，不要创新，亦不鼓励创新"（lexicon or collection of all the pure English words ... so as no innovation might be us'd or favour'd, at least, till there should arise some necessity of providing a new edition）（诺尔斯，2004: 112）。专门委员会认真讨论了这些建议，但却没有采取实质措施。17世纪晚期，已有几本英语字典相继面世，但这些字典都是个人之作，其语言不受官方的规范或控制。

语言专门委员会的成果有限。虽然其初衷是设立一个语言学机构，但事实上很快就演变成一个政治机构，斯普拉特、佩皮斯等委员会成员把这里变成了给君主歌功颂德的地方。早在成为委员会成员之前，德莱顿也跟着唱起了赞歌，1659年，曾把第一部长诗《纪念护国英雄奥利弗·克伦威尔》（*Heroique Stanzas to the*

Glorious Memory of Cromwell）献给克伦威尔，讴歌这位清教徒领袖。1660年，斯图亚特王朝复辟，他写了《回来的星辰》（"A Poem on the Happy Restoration and Return of His Sacred Majesty Charles the Second"）一诗，歌颂斯图亚特王朝复辟以及查理二世复位，德莱顿成了查理二世的御用"宣传主管"，1668年成为英国第一位"桂冠诗人"（Poet Laureate）。语言专门委员会成员主要是保王党人，当时最著名的大文豪约翰·弥尔顿同情革命，因而不是该委员会成员。语言委员会虽然在语言学方面缺乏建树，但却改变了英语与政治的联系：英语书面语越来越规范，但不再是激进分子、伦敦人或宫廷显贵的语言，而是沦为权贵阶层攻击异见人士的有力武器。

语言专门委员会中，对英语语言发展做出最大贡献的非德莱顿莫属。他是英国著名诗人、剧作家、文学批评家。一生主要为贵族写作，为君王和复辟王朝歌功颂德，是英国古典主义时期重要的批评家和戏剧家，通过戏剧批评和创作实践为英国古典主义戏剧的发生、发展做出了杰出的贡献，玄学诗人（the Metaphysical Poets）一词就是他最先提出来的，是英国戏剧史上戏剧评论的鼻祖人物。从1660年王政复辟到17世纪结束，他一直是英国文学界的主导人物，深刻地影响了亚历山大·蒲柏（Alexander Pope）等年轻作家，历史学家沃尔特·司各特（Walter Scott）称他为"光荣约翰"（Glorious John），在欧洲文学批评史上享有崇高地位，文学史家把他创作的时代称为"德莱顿时代"（the Age of Dryden），以便向他致敬。

德莱顿出生于英格兰北安普敦郡的清教徒家庭，大约在1644年进入伦敦著名私立学校威斯敏斯特学校学习，受到良好的古典文学教育。1650年就读于剑桥大学，1654年毕业获得文学学士学位，在清教徒摄政政体结束前开始走上文学创作之路。1663年，德莱顿娶了诗人朋友罗伯特·霍华德爵士的妹妹，婚姻生活虽然不幸福，但却帮助德莱顿跻身王室和贵族的生活圈子。同年，德莱顿的第一部剧本《狂热骑士》（The Wild Gallant）上演，不过反响平平。1667年，他发表了早期著名的诗歌《神奇的年代》（"Annus Mirabilis"），描写1666年伦敦大火、瘟疫以及英荷战争等重大历史事件。德莱顿获封为桂冠诗人后开始在宫廷任职，此后写了许多政论诗，如1681年的《押沙龙与阿奇托菲尔》（"Absalom and Achitophel"），攻击力图把蒙茅斯公爵立为王位继承人的辉格党人，是德莱顿优秀讽刺诗的代表作。1682年的《奖章》（"The Medal"）一诗，也攻击辉格党，嘲笑他们愚弄煽惑民众。同年又写了讽刺诗《马克·傅莱克诺》（"Mac Flecknoe"）。德莱顿原本是清教徒，1682年他写了《俗人的宗教》（"Religio Laici"）一诗，斥责天主教，歌颂英国国教，谴责不信奉国教的英国人。1687年詹姆士二世企图把英国变成一个罗马天主教国家，同年，德莱顿又改宗天主教，并写了《牝鹿与豹》（"The Hind and the Panther"）一诗，盛赞罗马天主教会，把它比作洁净、不朽的牝鹿，辱骂英国国教为肮脏凶残的豹。光荣革命后，为了谋生，德莱顿再次转向戏剧和其他类型的创意写作。德莱顿的颂诗中，最著名的是1687年献给音乐女神圣西西莉亚的抒情颂歌：《圣西西莉亚日之歌》（"A Song for St. Cecilia's Day"），以及1697年的《亚历山大的宴会，又名音乐的力量》（"Alexander's Feast, or the Power of Music"），诗中把音乐颂扬为无与伦比的美妙艺术（后来由著名德国作曲家亨德尔谱成曲子）。德莱顿的颂诗和讽刺诗确立了英国诗歌的古典主义传统。1700年的《古代和现代寓言集》（*Fables Ancient and Modern*）是一部以诗歌的形式来论述奥维德、乔叟和薄伽丘的作品。尽管德莱顿在伦敦的文学声望无人能敌，他自己也很努力，但正如其所言，晚年挣扎在"困窘和疾病"中，死后葬于伦敦威斯敏斯特大教堂的"诗人角"，算是终享哀荣。

作为英国"历史文物学会"语言专门委员会成员，德莱顿希望该学会发展成为专业性强的语言文学学会，甚至可与法兰西学术院媲美，他十分欣赏法兰西学术院，同时对英语也很有信心。在《敌对的淑女》（*Rival Ladies*）这部悲喜剧的致辞中，德莱顿称，1660年以来，几位伟大的作家（毫无疑问也包括他自己）大大提升了英语的品位，这是从诺曼征服到1660年间所未曾有过的英语盛世。在悲剧《格拉纳达的征服》（*The Conquest of Granada*）第二部的后记里，德莱顿花了很大篇幅专门讲语言，他认为拜查理二世所赐，当代英语达到了前所未有的高度："如果现在有人问我，我们的语言为何如此优雅？我必须归功于王廷，尤其是国王，他以身作则，给语言带来规则，这绝不是奉承。他个人的不幸，也是国家的不幸，使得他有机会……旅行。待他返回时，发现这个国家不仅（政治上）陷入叛乱，（语言上）也变得野蛮。他那高贵的天性宽恕了叛乱，他那优雅的礼仪改造了野蛮。"（Now if any ask me, whence it is that our conversation is so much refin'd? I must freely, and without flattery, ascribe it to the Court: and, in it, particularly to the King;

whose example gives law to it. His own mis-fortunes and the Nations, afforded him an opportunity ... of travelling. At his return, he found a Nation lost as much in Barbarism as in Rebellion. And as the excellency of his Nature forgave the one, so the excellency of his manners reform'd the other.）（诺尔斯，2004: 112—113）

德莱顿大肆攻击前人的语言缺陷，仿佛是为了证明他生活那个时代语言的进步。他不攻击上一代人，而是攻击上上代人，包括莎士比亚、菲尼亚斯·弗莱彻（Phineas Fletcher）、本·琼森（Ben Jonson）等都难逃他的口诛笔伐。他援引了琼森的许多病句，来说明语言已经受到污染，例如，"Though Heav'n should speak with all his wrath"这句话中的his，德莱顿认为琼森用词不当，也许是德莱顿自己不知道在古英语里his可以用作it的所有格，后来才被its取代了。德莱顿还反对双重比较级，例如："Contain your spirit in more stricter bounds"，他认为不应该用more stricter。德莱顿反对以介词作为句子的结尾单词，例如："The Waves, and Dens of beasts cou'd not receive; The bodies that those Souls were frighted from."他认为不应该用介词from来结束这个句子，并坦言最近自己的写作中也会犯这种错误。今天，仍然有语法学家认为句子不能以介词来结尾，至于具体原因谁也说不清楚。拉丁语不能用介词来结尾，但英语与拉丁语是结构完全不同的两种语言。用介词来结尾是北日耳曼语的典型特征，故有学者猜测这可能是北欧海盗入侵时给"丹麦区"英语留下的语言遗产，最后发展成为了地方方言特征。

德莱顿还批评莎士比亚不自信，因为莎翁认为英语不如拉丁语稳定。莎士比亚在《特洛伊勒斯与克里希达》（*Troilus and Cressida*）的致辞里写道："我常常很困惑，不知道自己写的是规范语言还是错误语言……摆脱困惑的唯一办法是把英语翻译成拉丁语，毕竟拉丁语的词意要比英语稳定。"（I was often put to a stand, in considering whether what I write be the Idiom of the Tongue, or false Grammar ... and have no other way to clear my doubts, but by translating my English into Latin, and thereby trying what sence the words will bear in a more stable language.）（诺尔斯，2004: 113）德莱顿说莎翁这种观点，与140年前反对把拉丁语圣经翻译成英语的人如出一辙，都不看好自己的民族语言。

德莱顿反对使用单音节词汇，认为这些词汇辅音太多，阻塞了语流，听上去非常娘娘腔。很显然，在意识形态争论中，德莱顿把语言作为武器，打击政治对手。英国革命前,激进分子大力鼓励使用单音节词汇,矛头针对的是王权及法语。而现在德莱顿反对单音节词,目的是为王权辩护,毕竟查理二世流亡欧陆期间曾靠法国国王接济度日(Hill, Christoper. 1980: 167—168)。尽管德莱顿开启了通过语言攻击他人的传统,但这并不能抹杀他作为时代标志性人物的历史地位,以他为代表的英国文人,为英语的规范奔走呼喊,试图提高英语地位,使其可以媲美欧洲大陆语言。

英国"历史文物学会"下设的语言专门委员会,虽然没有取得太多具体成果,但其思想还是很有影响,丹尼尔·笛福(Daniel Defoe)就很赞同该委员会的理念。笛福是英国著名作家,当时是和政府有不同看法的异见人士,1697年他呼吁建立和法兰西学术院类似的官方学会(academy),来承担净化语言的功能。他说:该学会的宗旨是促进典雅教育,完善英语,扭转语言规范长期遭忽视的状况,建立语言纯洁规范的标准,无知与做作给英语带来很多不规范用法,这些都应该被清理干净。(The Work of this Society shou'd be to encourage Polite Learning, to polish and refine the English Tongue, and advance the so much neglected Faculty of Correct Language, to establish Purity and Propriety of Stile, and to purge it from all the Irregular Additions that Ignorance and Affectation have introduc'd.)

笛福倡导的官方学会没有教士、医生和律师。他认为学会成员结构如下:12名贵族、12名绅士、12名语言大师,不包括英语不好的学者,比如,行文生硬做作,喜用长难句、多音节词汇的人,都是应该排除在外的人。他建议学会经常举办关于英语的讲座。他最反对的是男人讲话时咒骂带脏字儿,当然女人更不应该使用这些语言。他认为,50年前咒骂带脏字儿是保王党人的标志,理性自尊的中产阶级是不会这样说话的。

在安妮女王统治后期,英国著名诗人、散文家约瑟夫·阿狄生和著名作家乔纳森·斯威夫特也呼吁成立官方机构,规范英语的使用。正是从这个时期开始,英国文坛出现一种声音,认为英语退化了,变化带来的是语言污染。阿狄生对单音节词没有好感,一方面认为单音节词能使表达更简洁,但同时也失去了语言的优雅。他特别反对动词过去式和过去分词缩写形式,例如drown'd, walk'd, arriv'd等,原本-ed是要发音的,缩写后就少了一个音节,许多单词就变成了单音节词,这是他最不愿意看见的。他还反对随意缩写单词,例如mayn't, can't, sha'n't, wo'n't

英国作家、政论家乔纳森·斯威夫特 1735 年作品的扉页,描绘了他坐在主任牧师座椅上(他是爱尔兰都柏林圣帕特里克大教堂的主任牧师),小天使正在给他加冕,向他致谢的姑娘是爱尔兰的化身,图下拉丁文是仿照古罗马诗人贺拉斯的名言写的:我建造的纪念碑比黄铜更持久(I have completed a monument more lasting than brass)。贺拉斯的原句是:我给自己建造的纪念碑比青铜更持久(I have made me a monument more lasting than bronze)。黄铜在这里是双关语,既指建造纪念碑的材质,也指硬币,即斯威夫特脚下散落的用黄铜铸造的面值半便士硬币。当时英国政府指定铸币商人威廉·伍德(William Wood)垄断在爱尔兰发行铜币的业务,伍德为赚取利润偷工减料,引起爱尔兰人民的愤慨,斯威夫特在其匿名作品《布商的信》(Drapier's Letters)中揭露了伍德的卑鄙行径,英国政府悬赏寻找作者未果,只能请牛顿去核查伍德铜币是否造假,发现确实掺假后,这些硬币在爱尔兰停止流通,转而发行到英属美洲殖民地。

等，他也反对姓名的缩略昵称，例如Nick, Jack等。他认为随意省略关系代词who, which, that等也是不对的，因而很有必要成立一个专门官方机构来规范语言。

斯威夫特也呼吁成立官方机构，他写了一篇非常有名的文章"纠正、改进和确定英语语言的建议"（A Proposal for Correcting, Improving and Ascertaining the English Tongue），其中的名言是："在此，我以全国博学有礼人的名义抗议……我们的语言非常糟糕，每天改进的步伐完全赶不上堕落的步伐……有许多例子证明，该语言完全不符合语法规范。"（I do here, in the Name of all the Learned and Polite Persons of the Nation, complain ... that our Language is extremely imperfect; that its daily Improvements are by no means in proportion to its daily Corruptions ... and, that in many Instances, it offends against every Part of Grammar.）斯威夫特认为英语不如欧洲大陆语言，比意大利语、西班牙语、法语要落后，英语欲与欧洲语言竞争，必须要从规范标准入手。他提出了语言兴衰的理论，希望可以避免英语的衰落。他也反对使用单音节词，他最关心的是多年以后，读者还能否看懂自己的作品，因为他最反对语言的变化。

弗朗西斯·培根比斯威夫特早100多年就看到了同样的问题，但他采取了不同的解决方案。为了确保自己的作品不会因为英语的改变而无人能懂，培根把自己的作品翻译成了拉丁语。

从1660年查理二世复辟，到1714年安妮女王去世这期间，见证了英语标准化的重要转型阶段，语言需要规范的观念深入人心。从14世纪开始，社会因素及技术进步就促使英国全国上下使用统一的规范书面语，1660年后，即便是在远离首都的地方，教堂和法庭的抄写员都自觉地向全国性书写规范看齐。语言内生求同求稳的发展规律，与权力外在施加的统一规范压力，两者共同作用，促进英语标准的形成。

1660年以前，对于英语态度的分歧是纵向的，在分歧的两个阵营里都有各种不同的社会阶层人士。而1660年以后，对于英语态度的分歧是横向的，在分歧的两个阵营里只有相同的社会阶层，即语言分歧的一个阵营是高等阶级人士，而另一个阵营是低等阶级人士。

（四）贵族语言

英国社会长期存在着明显的社会等级差别，这主要是由于英国贵族体制（British nobility）强大而持久的影响造成的。在英国历史上，贵族体制从未被彻底否定过。尽管英国贵族在历史上多次出现衰落，但每次都能绝处逢生，再次迸发出新的活力，并一直在英国发挥独特的作用。英国贵族文化已成为英国文化的重要部分。文化与语言是共生共存、相互依赖、互为关照的，解读英国贵族体制有助于理解掌握英语贵族词语的来源，并知其所以然。

在英国，贵族概念始终有着广义和狭义之分。广义贵族（aristocracy）一词源于希腊和拉丁文，在希腊文中原有"杰出、优秀"之意，可以用来指大贵族。但在含义较广的拉丁文中，该词除了用指大贵族外，还包括地位较低的自由人，尔后同形异义地转化为英文词，意为服兵役的自由农民。从诺曼征服到近现代，aristocracy用来称呼包括骑士在内的大小贵族。五级贵族形成之后，为了区别，又用 peers 以及集合名词 nobility 和 peerage 专称拥有议会上院出席权的高级贵族（即公爵、侯爵、伯爵、子爵和男爵），或者说是狭义的世袭贵族。现在nobility除指上院贵族外，有时还泛指政界要员。

与欧洲大陆的西班牙、葡萄牙、法兰西等国贵族相比较，英国贵族集团的人数较少，欧洲大陆一人获封贵族，全家都是贵族，而英国贵族封号属于个人，其家属严格意义上并非贵族。在某些欧洲大陆国家，贵族人数一度约占国家总人口的5%，但国家不承认也不管理贵族事务。而英国世袭贵族（公爵、侯爵、伯爵、子爵、男爵、准男爵）家庭大约2000个，约占英国家庭总数的0.01%，归英国司法部管理。英国贵族尽管是一个人数较少的精英团体，但却是一个相当复杂而系统的等级制群体。从封建贵族出现至今，英国大贵族主要包括两类：教会贵族（lords spiritual）和世俗贵族（lords temporal），这些人是英国议会上议院成员，英国其他人都是平民（commoners）。在大贵族和平民之间是乡绅阶层，即没有贵族爵位称号的小贵族或低级贵族。与欧洲多数国家的贵族体制相比较，英国贵族体制的一个重要特点是低级贵族不能出席上院，没有像五级贵族那样的政治和司法特权。

教会贵族是基督教传播和教会势力扩张的结果，教会和修道院享有特权与地产。英国国教设立了坎特伯雷和约克两个大主教区、若干主教区以及众多基层教区的宗教管理体系，形成了以大主教（archbishop）、主教（bishop）、修道院长（abbot）、隐修会长（prior）和中下级教士为序列的教会等级制。在16世纪宗教改革之前，英国教会贵族人数多于世俗贵族人数，1536—1540年间英王亨利八世解散修道院后，英国教会贵族人数锐减，一直保持在26人。目前，英国国教有42个主教区，从42位主教中选出26人进入议会上议院，成为教会贵族。坎特伯雷大主教、约克大主教、伦敦主教、杜伦主教、温切斯特主教这5人自动进入上议院，成为教会贵族，其余主教按担任主教的任职年资排序，资历最深的21人成为教会贵族。教会贵族号称有宗教组织的神权理想与行为准则，同世俗贵族相比，教会贵族的划分即"教阶制"一直比较清晰，教会贵族人数较少，目前在英国上议院中的占比为3.3%。

　　英国世俗贵族，分为有爵位的大贵族以及没有爵位但有贵族纹章的小贵族。有爵位的大贵族人数少，目前大约有800人，按爵位从高到低分别是公爵（Duke）、侯爵（Marquess）、伯爵（Earl）、子爵（Viscount）和男爵（Baron）这五级爵位体制，大贵族是财产和地位可以世袭的上院贵族，享有政治和司法特权。1999年英国宪制改革后，英国上议院的世袭世俗贵族只有92人，从这800个大贵族中选举产生。小贵族主要是由土地乡绅（landed gentry）构成，包括准男爵（baronet）、缙绅（esquire）、绅士（gentleman），处于大贵族和平民之间，是英国社会的中坚精英，但却不能进入上议院。英国世俗贵族并非是一个整齐划一和凝固不变的封建等级，而是包含了经济实力、社会地位与政治态度各有差异的有产群体。"英国世俗贵族阶级属性的变化次数之多，在世界各国中当是独一无二的"（闫照祥，2000：91）。从盎格鲁-撒克逊人入侵不列颠至20世纪，英国世俗贵族先后有过四种阶级形态，即部落贵族、封建贵族、工商贵族，以及终身贵族（life peer）。

　　英国世俗贵族体制和名号在过去一千多年间不断变化，较大的变化有五次。第一次是在盎格鲁-撒克逊时期；第二次是在诺曼征服之后，大约在14—15世纪形成五级大贵族制；第三次是1611年，在低级贵族"乡绅"之上增设了一个世袭"准男爵"的新头衔，这是詹姆士一世恢复14世纪做法、增加国库收入的手段；第四次是1867年，首次出现非世袭的法律贵族，即上议院高级法官（Law Lords）；第五次变化发生在1958年，依据"终身贵族法案"（Life Peerages Act），英国不再增添世袭贵族（hereditary peer），同时开始册封爵位不可世袭的终身贵族。

英国最早的世俗贵族是原始贵族,被称为"哥塞特"(gesith)。哥塞特的意思除包含着地位显赫重要的意思之外,还含有"首领的扈从"(a member of the lord's comitatus)、"国王的友伴"(the companion of the king or great lord)之意。哥塞特平时出入宫廷,帮助国王治理国家,战时则聚集在国王麾下,出谋划策,率兵杀敌。哥塞特这一贵族群体一度被称作"哥斯特坎德"(gesithcund)。大约在9世纪,哥塞特这一不列颠贵族称呼渐渐被"塞恩"(thegn / thane / thayn)代替。塞恩和哥塞特的原义有着微妙的差别,塞恩效劳的对象可以是国王,也可以是贵族,这意味着塞恩这一贵族群体内部的等级之差,即塞恩地位的高低主要取决于其服务对象地位的高低。塞恩中的上层是那些经常出入王宫,在宫廷中担任要职的国王近侍,国王为了维护自身的权威,也希望高级塞恩保持较高的社会地位。得到国王重用的高级塞恩大多非富即贵,他们又可拥有自己的塞恩,人数不等。

王室通过文书形式办理封赐土地的手续,所赐土地被称为册封地(bookland),以别于按照部落传统方式分配的份地。有了领地之后,塞恩造舍独居,不必陪住宫廷,其生活费用和武器装备也靠领地收入操办,不再向王室领取。就这样,军事义务和土地占有密切结合起来,国王与贵族的关系逐渐成了封君和封臣的关系,封建贵族制逐渐形成。

大约在9世纪,"郡长"(ealdorman),即"头人"(elder man or chieftain)被越来越多地用来称呼塞恩中的大贵族,即高级塞恩,多是军事领导。早期的"郡长"大都出身高贵,原本就是王室,只不过在王室兼并中被更大的王室征服了,因而只能屈尊做"郡长"。后期的"郡长"主要是国王的密友,是授命管辖一郡或数郡的封疆大吏,因而逐渐具备了"方伯""伯爵"或"亲王"的含义。以丹麦人为主的斯堪的那维亚人入侵不列颠之后,引入了丹麦语的郡长"jarl",受其影响英文单词"郡长"ealdorman逐渐演变成了"eorl""earl",即"郡长"(ealdorman)变成了"伯爵"(earl)。相应之下,他们的权力管辖范围或领地也由原来的郡长领地(ealdormanty)改称为伯爵领地(earldom)。伯爵出现后,不列颠贵族已大致分为两类:其一,被称为伯爵的大贵族,其地位类似诸侯。其二,被称为塞恩的中小贵族,他们仍需承奉王命,护卫宫廷,随军作战。

在盎格鲁-撒克逊时代的中后期,英国的封建贵族虽然已有等级差别,但始终没有形成整齐划一的等级体系。在多数情况下,哥塞特、塞恩和伯爵等词乃是某个时期流行的或约定俗成的称呼，而非严格的、正式的和统一的法定称号。直到11世纪前期，大贵族伯爵和普通中小贵族塞恩的等级差别才终于明朗化。

1066年，法国诺曼人的统治加快了英国新型贵族制度的发展，开创了封建贵族制度的兴盛期。英国的公爵、侯爵、伯爵、子爵和男爵五级爵位体制大致定型于13—15世纪，是在漫长的岁月里逐渐形成、最终成为定制的。英国爵位的等级结构呈金字塔型，公爵、侯爵较少，伯爵、男爵最多。在英国五级爵位中，按爵位出现先后顺序排列，最早出现的是伯爵，然后是男爵、公爵、侯爵、子爵，下面按爵位高低逐一介绍。

1337年，英国金雀花王朝的爱德华三世创立公爵（Duke）爵位，任命自己的长子黑太子爱德华为康沃尔公爵（Duke of Cornwall）。英国公爵爵位是诺曼征服之后的产物，是仅次于国王或亲王的最高级贵族，诺曼征服之后的最初几位诺曼王朝的英王没有任命公爵，因为他们本身也只是法国的诺曼底公爵。虽然早在盎格鲁-撒克逊时代英国已有关于仅次于国王的高级伯爵duces的记载，duces是拉丁语dux（头领）的复数形式，但一般认为duke直接源于法语单词duc，意思是"首领"。数百年来，英国公爵爵位主要授予王室要员和宫廷近臣，例如，英国女王伊丽莎白二世的丈夫菲利普、长子查尔斯、长孙威廉分别获封爱丁堡公爵（Duke of Edinburgh）、康沃尔公爵（Duke of Cornwall）、剑桥公爵（Duke of Cambridge）。此外，只有军功盖世者方能获此殊荣，例如斯图亚特王朝时期英国著名将军约翰·丘吉尔（John Churchill）获封马尔伯勒公爵（Duke of Marlborough）、1815年在滑铁卢打败拿破仑的英国将军阿瑟·韦尔斯利（Arthur Wellesley）获封威灵顿公爵（Duke of Wellington）。

1385年，英国金雀花王朝末代君主理查德二世创立侯爵（Marquess）爵位，任命第9任牛津伯爵为都柏林侯爵，一年后都柏林侯爵擢升都柏林公爵，其侯爵爵位由王室收回。侯爵由法语单词marchis演变而来，指统辖一处的封疆大吏（ruler of a border area），marchis一词究其词源，可追溯到法语单词marche（边疆）以及拉丁语单词marca（边疆）。在英格兰，侯爵一词最初指镇守威尔士、苏格兰边疆的领主。到了15世纪，这级爵号被贵族们所看重，上升到贵族爵位中的第二级地位。该爵位一度数量很少，目前大多数侯爵同时具有公爵爵位。19世纪末20世纪初，英国驻印度总督卸任后，通常被授予侯爵爵位——而同期英国首相卸任后，却被授予伯爵爵位——彰显印度在大英帝国中的重要地位。

公元800—1000年间，盎格鲁-撒克逊时代已经有关于雄霸一方的伯爵（Earl）的记载。11世纪初丹麦人入侵不列颠后，英国正式创立了伯爵爵位。Earl一词是由丹麦语eorl演化而来，英国伯爵与法国伯爵称号count并无继承或连带关系。诺曼征服后，法国统治者没有沿用法语公爵count一词，而是采用日耳曼语公爵earl一词，可能是因为count在英语里和cunt（〈忌〉阴道；女性的阴部）发音很像。在盎格鲁-撒克逊时代的后期，因王权不够强大，英国广大地区曾划为几个较大的伯爵管辖区（Great Earldom），当时最著名的伯爵是首任西塞克斯伯爵戈德温（Earl Godwin），其子哈罗德·戈德温逊还曾短暂登上英格兰王位，但却在与诺曼底公爵威廉的王位争夺战中败下阵来，亡命丧国。

1440年，英国兰卡斯特王朝的亨利六世创立了子爵（Viscount）爵位。Viscount先源自古法语viscomte一词，可追溯到拉丁语vicecomes，意思是vice（副）+ count（欧洲大陆的伯爵），原为郡守，地位在伯爵之下，男爵之上，但有时可能是实力强大的诸侯。目前英国有270位子爵，他们大都同时还拥有更高的爵位。

1066年，诺曼征服后威廉一世创立了男爵（Baron）爵位，奖励和他一起征服英格兰的法国贵族。虽说男爵一词可追溯到盎格鲁-撒克逊时代的beorn，即"勇士、贵族"（warrior, nobleman），但一般认为该词来自法语单词baron，其词源是拉丁语baro，意即"仆从、士兵、雇佣军"（servant, soldier, mercenary）。最初，但凡通过军事效力直接从国王获得土地的军官都被称作男爵，男爵在世俗贵族中占很大比例，因此Baron一词长期作为英国贵族的集合名词使用，英国历史上诸侯反对国王的战争都被称为诸侯战争（Barons' War）。到12世纪亨利二世时期，男爵内部发生分化，与王室关系密切、封地较多者又被称作大男爵（Greater Baron），其余的称为"小男爵"（Lesser Baron）。

在五级贵族之上的王室贵族中，还有一个颇为独特专为王储而设的称号——威尔士亲王（Prince of Wales）。该称呼最早是为一度统一过全国的威尔士王子Lywelyn ap Gruffyddz创立的名号。威尔士并入英格兰后，英格兰国王把威尔士亲王之头衔授予英格兰王位的继承者，从此这个封号成了英国王储的专用头衔，表明英格兰统治威尔士的决心和意志。

在五级贵族之下，英国还有四个受人尊敬、人数众多的小贵族阶级，由高到低分别是：准男爵（baronet）、骑士（knight）、缙绅（esquire）、绅士（gentleman），他们统称为乡绅（gentry）。乡绅是英国封建社会中晚期出现的新兴资本主义生产关系的代表，肇始于12世纪末，形成于16世纪末。这期间的英国是一个以农业生产为主的国家，由于土地财富是衡量社会地位的最终尺度，因此，在城市赚了钱的人往往要投资于土地，加入乡绅的行列。经济实力的上升终究会带来社会政治地位的变化，一些精于管理的乡绅在社会等级的阶梯上步步高升。少数上层自由土地持有者经营有方，不断购进或租进土地，形成了一个富裕的"纽曼"或"自耕农"（yeoman，其复数为yeomen，统称为 yeomanry）阶层。纽曼是位于小农（small husbandmen）和大农场主（large farmers）之间的耕种者（independent cultivators / independent owners-occupiers）。杰出的纽曼可被授予缙绅或绅士的头衔，从而跻身乡绅行列。中世纪晚期英国村庄的头面人物都是杰出的纽曼。纽曼和绅士非常接近，以至于出现了"宁为纽曼头，不做绅士尾"的英格兰谚语。封建社会晚期，英国社会贵族以外的中等阶层之间界限日益模糊起来。绅士、缙绅和骑士常常混同起来，英国史学家也常把这三种人笼统地称为"绅士"（李自更, 2003(11):135）。拥有财富的乡绅阶层的政治地位亦大有提高，许多乡绅在司法界及地方政府中谋得一官半职，有的乡绅还跻身中央大员之列。一部分乡绅与贵族财富相当，甚至富过男爵，于是有的乡绅购买爵位正式跻身高级贵族，出入宫廷，列席议会。

15世纪、16世纪以来，英国资本主义迅速发展，引起社会阶级结构的变化，封建旧贵族开始衰落，乡绅新贵族快速崛起，有经济实力、并精于钻营的乡绅在社会等级的阶梯上步步高升，成为英国贵族中的新贵（New Man）。这些新贵大都出身寒微、但却识文有术，因而被称为"起于尘土之人"（men raised from the dust）。这些人在新的资本主义生产关系中如鱼得水，工商实业经营得风生水起，其政治地位也水涨船高。英国议会是英国政治权力的核心舞台，其上议院和下议院之间的权力竞争也毫无悬念地偏向下议院一边，毕竟下议院才是真正权力的中心。由于议员不能同时兼任上下议院成员，有的贵族成员为了能成为下议员，甚至愿意放弃世袭贵族爵位，不当上议院议员，而竞选下议院议员。英国女王伊丽莎白二世之女安妮公主所嫁的两任丈夫都没有贵族头衔，其子女也都自愿放弃贵族爵位，而选择做平民。

英语诞生之际，"gentle"与"noble"含义相近，都有"高贵的"之意，故"绅士"(gentlemen)又被称为"贵族"(noblemen)。gentleman一词在英国封建社会中可以泛指"老爷、贵人",当时在英国人中流传着这样一句话:亚当种地、夏娃织布时,谁又是贵人呢?(When Adam delved and Eve span, who was then the gentleman?)18世纪中叶起,gentleman一词广泛使用,甚至达到滥用的程度,英国每个生活水准高于庶民的平民都自称为gentleman,这使得"贵族"从gentleman原有的概念中分离出来。现在英语演讲开场白"女士们、先生们"(ladies and gentlemen),虽然都使用了贵族成员的两个称号,但却已经没有任何贵族含义了,仅仅表达演讲者对听众的尊重。

英国上层社会的家族大都有世袭贵族头衔,象征着他们的地位与社会等级。对于贵族的称呼也因其等级不同而有差异。对地位最高的公爵,一般必须称其为"某公爵",如Duke of Cornwall(康沃尔公爵),Duke of York(约克公爵)等。对公爵及其配偶的尊称是"大人"(Your Grace)。对拥有侯、伯、子等爵位的人来说,可以使用他们确切的爵位名称,如Marquess of Winchester(温切斯特侯爵),Earl of Lincoln(林肯伯爵)等。对侯爵的尊称是"最尊敬的"(Most Honorable),而对侯爵以下的则称"阁下"(Right Honorable Lord)。

勋爵阁下(Lord)——这是与侯爵、伯爵、子爵、男爵等贵族地位平等的人之间的尊称。例如:Earl Nelson可称为Lord Nelson。My Lord 和 Your(His)Lordship通常用于身份低于侯爵、伯爵、子爵、男爵、准男爵的人对他们的尊称。在My和Lord之间还可以加表敬的形容词,例如:My Good Lord, My Honorable Lord, My Noble Lord等。

爵士(Sir)+名字或姓名是对准男爵、骑士、乡绅、绅士的尊称。以英国著名物理学家艾萨克·牛顿(Issac Newton)为例,其尊称可以有三种形式:Sir Issac Newton, Sir I. Newton, Sir Issac,都表示"牛顿爵士"之意,直接称呼多用最后一种。但不能使用Sir + 姓氏的格式。例如,不能说Sir Newton。爵士的夫人称"Lady",后面加上她丈夫的姓,而不用她自己的名。称爵士的夫人为"Lady",而不能用"Mrs"。有的妇女由于其自身的贡献或名气而被封为爵士。这时她的名前就要加"Dame"的尊称,而不再使用一般的"太太""小姐"或"女士"的称呼。

Lady + 姓氏通常用于下列两种人:侯爵、伯爵、子爵、男爵彼此之间对爵位对等一方的夫人的尊称；地位较低之人对准男爵等低级贵族夫人的尊称。夫人（My Lady, Your / Her Ladyship）是对侯爵、伯爵、子爵、男爵的配偶的尊称。如果爵位、职称、学衔等几种称号用在一起，通常的次序为：职称、学衔、爵号、姓名。例如：Professor Doctor Sir Wallace（教授博士爵士华莱士）。

在等级社会里，权力的金字塔会带来语言的金字塔吗？英国贵族体系确立了贵族在社会上的尊崇地位，同时也确保其语言的权威性与示范性，然而英国贵族与英语的关系却很难一概论之，必须分开探讨。英国最大的贵族是王室，然而鉴于英国王室的外国属性，其对英语的贡献实在有限。英国历史上主要有9大王室：西塞克斯王朝（House of Wessex）、丹麦王朝（House of Denmark）、诺曼王朝（House of Normandy）、安茹王朝（House of Anjou）、金雀花王朝（House of Plantagenet）、都铎王朝（House of Tudor）、斯图亚特王朝（House of Stuart）、汉诺威王朝（House of Hanover）、萨克森–科堡–哥达王朝（House of Saxe-Coburg and Gotha），最后这个王朝从名称上一看就知道是来自德国贵族的王朝，在第一次世界大战期间，鉴于英德处于敌对交战态势，英国王室为了平息民怨，于1917年改国号为温莎王朝（House of Windsor）。

在这9大王朝中，来自英格兰本土的只有西塞克斯王朝和都铎王朝这两个王朝，前者催生了撒克逊英语，后者催生了英格兰英语，都是英语在王室赞助下获得大发展的黄金时代。尤其是伊丽莎白一世时期，是英格兰民族国家形成、并崛起欧洲的时期，也是现代英语形成的关键时期，宫廷的语言习惯和规范成为全民竞相模仿的完美标准，可以说此时的王室拥有语言的权威。

斯图亚特王朝虽然来自苏格兰，其母语是苏格兰语，但也为英语的发展做出了贡献。斯图亚特王朝第一位君主詹姆士一世是一位非常有才华的学者，但他却被自己的废臣安东尼·韦尔登爵士（Sir Anthony Weldon）奚落为"基督教世界最睿智的傻瓜"（the wisest fool in Christendom），这一称号伴随了他几百年，直到20世纪历史学家才给他"平反"，严肃认真对待其学术成果。詹姆士一世上台后，延续了伊丽莎白一世时期英格兰文学艺术的繁荣，其最伟大的成就是组织编纂了以自己名字命名的《钦定圣经》，为英语的定型打下了坚实基础。1660年，斯图亚特王朝复辟后，查理二世复位，后人认为他带来了英语标准的普遍提高。在英国革命期间，虽然下层民众可以快速夺取政治经济军事地位，但短期内无法确立其语言的文化权威性。1688年光荣革命后,迎来了威廉三世和玛丽二世的共治时代,但作为荷兰人,威廉三世很难树立英语权威的形象。

丹麦王朝和诺曼王朝是武力征服不列颠的外来王朝,其君主不屑于说被征服者的语言,给英语带来的是致命打击,几乎把英语推向灭绝的边缘。安茹王朝和金雀花王朝都是来自法国贵族的王朝,其君主高度认同法国,对法语和法国文化有天然好感,对英语和英国文化兴趣不大,对英语发展采取自生自灭的态度,英语的权威性很难附会到这些王朝君主身上。

汉诺威王朝初期对英语没有任何贡献,其末代君主时期方重建英语权威。1714年,54岁的德意志人汉诺威选帝侯乔治继承英国王位,史称乔治一世(George I, 1660—1727),他原本在英国王位继承人序列中排名五十开外,但规定天主教徒不能继承王位的法律出台后,他一跃登上英国王位,他的继位号称是"英国历史上最大的奇迹"(the greatest miracle in British history),英国从此进入汉诺威王朝。乔治当上英国国王后依然热爱家乡汉诺威,有五分之一的时间在德国居住。

英王乔治一世肖像,现藏于伦敦英国国家肖像馆。

由于汉诺威王朝最初两任君主基本不会讲英语,令英语从整个王廷绝迹。乔治一世只会讲德语和法语,完全不懂英语,也不打算年过半百才开始学习英语,因此需要借助翻译与自己的臣民对话,非常不便。这位不会英语、对英国政治传统缺乏了解和兴趣的英国国王无为而治,在英国政治制度上留下了浓墨重彩的一笔。继位最初几年,他还能勉强参加内阁会议,1718年后就不再出席会议,把国务完全交给大臣去处理。久而久之,乔治一世不出席内阁会议成为惯例。在国王不参会的情况下,为了在讨论时取得一致的意见并把意见集中起来通报国王,在内阁大臣中出现了一个主持讨论者，此人就成为内阁事实上的领袖——首相。正是在乔治一世时期，英国内阁产生了第一任首相罗伯特·沃波尔（Robert Walpole），从此开创了英国首相制度，内阁的权力得到极大的加强，对英国的政治制度产生深远影响。汉诺威王朝最后一任君主维多利亚女王（Queen Victoria, 1819—1901）和母亲在德国长大，母语是德语，维多利亚为继承英国王位也曾苦学英语和英国宫廷礼仪，但在她统治后期，英国成为"日不落帝国"，英国民族自豪感爆棚，民众自信心飙升，英国王室很受欢迎，臣民愿意把帝国的荣耀奉献给维多利亚女王，同时把英语的权威也一并奉上。

1835年维多利亚自画像，当时她还是公主，两年后成为英国女王。

1901年，维多利亚女王去世，其子爱德华七世继位，拉开了萨克森-科堡-哥达王朝的序幕，虽说该王朝血统上是德国贵族，但其君主却是在英国成长、以英语为母语的英国人，然而此时历史已进入20世纪，英语君主立宪制下君主的影响力日渐式微，其语言影响力也相对下降，大众传媒的语言影响力节节攀升，语言权力早已从王室旁落，王室很难成为英语发展的指路明灯。另外，英国君主要面对的挑战很多，包括王室的存废等大问题，语言不是其关注的重点。

过去的一千余年里，如果王室大部分时间都不是英语权威，那么英国贵族呢？他们是英语权威吗？贵族为英语发展做出了多大贡献呢？事实上，越是大贵族，越是与王室过从甚密，凡事向王室看齐，以王室的好恶为标准，因而贵族的语言能力、文化品位与王室惊人地相似，同样很难为英语做出多大贡献。丹尼尔·笛福就曾公开谴责贵族的不良语言习惯：说话时总喜欢带脏字儿骂人。例如，典型的贵族话语是：杰克，该死的杰克，干嘛呢，你这个婊子养的狗杂种？我的天哪，怎么这么长时间？……贵族打猎时，猎狗稍有差池，他们会骂该死的猎狗；马稍有迟疑不前，他们会骂该死的马；他们把人叫作婊子养的王八蛋，把狗叫作婊子养的狗杂种（Jack, God damn me Jack, How do'st do, thou little dear Son of a Whore? How hast thou done this long time, by God? ... Among the Sportsmen 'tis, God damn the Hounds, when they are at a Fault; or God damn the Horse, if he bau'ks a Leap: They call men Sons of Bitches, and Dogs, Sons of Whores.）（诺尔斯，2004: 115）。笛福最忧虑的是贵族妇女说话也很不文雅，和男人一样喜欢带脏字儿，他认为这非常失礼，不合规矩，就像在大法官面前放屁，或在女王面前讲淫秽段子一样，与贵族身份完全不相符合。在英国内战期间，说话带脏字儿甚至一度成了保王党人的特征，保王党人还因此被称作"该死党"（Dammees），因为这些人也常常学着贵族的腔调说"该死的"（damn me!）。贵族无论做什么、说什么，依然是贵族，这是由其世袭血统决定的，和语言无关。

历史是人民群众创造的，语言历史更是普罗大众创造的。在英国历史上，为英语文学和语言做出贡献的多是平民。语言和知识一样，能带来社会阶层的向上流动，却很少能直接导致社会阶层的向下流动，即贵族低下的语言质量并不会令其身份低下，但平民高尚的语言质量却会带来身份地位的擢升。对语言文字特别较真的人，鲜少来自较高社会等级，但语言文学的成就确实可以造就贵族。例如，培根因为卓越的语言文学成就获封男爵、子爵。语法大家罗伯特·洛思（Robert Lowth）成为伦敦主教，跻身教会贵族。丹尼尔·笛福原名叫丹尼尔·福（Daniel Foe），他自己在姓氏前增加了一个表示贵族血统的前缀"De"，声称是德波夫（De Beau Faux）贵族家族的后裔，鉴于他在英语语言文学史上的彪炳地位，大家也就不去深究，顺水推舟传开了他那响亮的新名号。著名文人通过与贵族联姻跻身上流社会的例子也很多，例如：约翰·德莱顿迎娶了贵族朋友的妹妹，通过这段并不幸福的婚姻，进入了王室和贵族圈子。约瑟夫·阿狄生与富有的贵族寡妇（沃里克伯爵夫人）成亲，名利双收。萧伯纳的《卖花女》更是对语言与社会地位的精彩演绎。

厘清语言脉络、制定语言标准是典型的中产阶级活动。17世纪、18世纪正是英国资本主义迅猛发展时期，中产以上的新兴资产阶级通过文学家、语言学家树立了资产阶级语言的权威性，资产阶级新贵族的语言俨然成为新的上流社会语言标准，但表面上新贵族依然需要老贵族的庇护。1714年汉诺威王朝乔治一世上台后，英国文人作家继续渴望获得王室和贵族的庇护，希望他们能赞助自己的作品。语言变体具有社会价值,中产阶级利用所谓的"正确"语言形式,可以在自我及普通粗人之间划出一条泾渭分明的界限,从而达到区分身份的识别作用,长此以往,英国的语言与社会阶层之间便建立了紧密的联系,内化为英语的语言特质。

  研究语言的阶级性,很容易发现贵族阶层的语言用法有不符合中产阶级新贵标准的时候,事实上贵族的用法有时与下层社会的用法具有惊人的相似性。最典型的例子是这两个阶层在发音上有以下三大共同特征:在现在分词中不能发出ing中的辅音/ŋ/,例如:huntin'(狩猎),shootin'(射击)fishin'(垂钓);省略词首辅音/h/,例如:humble(谦逊)听上去像'umble;把短元音/ɔ/读作长元音/ɔː/,例如:often(经常)与orphan(孤儿)读音相同,gone(走了)与lawn(草坪)押韵。如何看待这些不合规的发音方式,完全取决于说话者的社会地位,如果是贵族这么发音,那是高雅的发音方式;如果是底层民众这么发音,那则是缺乏教养的粗鄙发音方式。

  17世纪、18世纪的英国语言文学史鲜少记录普通人的语言行为方式,到19世纪随着教育的普及,语言学家才开始从方言入手,认真研究普通英国人的语言。如果用维多利亚时代中产阶级的语言标准,去观察英国城市化过程中工人阶级的语言,不难发现英国工人完全没有学好自己的母语。

第八章

大不列颠英语：从经济优势到语言优势

1707年，在斯图亚特王朝末代君主安妮女王统治下，苏格兰和英格兰两国议会批准两个国家联合，成立了"大不列颠王国"（Kingdom of Great Britain）。在18世纪，大不列颠虽经历了数次革命、叛乱、运动，王位几经更迭，但当时君主立宪制是代表社会进步的先进制度，英国的资本主义萌芽、人文思想与现代科技都在突飞猛进，其海上霸权与世界贸易日益扩大。1801年，爱尔兰并入大不列颠王国，成立了"大不列颠及爱尔兰联合王国"（United Kingdom of Great Britain and Ireland），英国统一了大不列颠岛及爱尔兰岛，英语成为这些地区的官方语言。

18世纪，英国农业革命取得丰硕成果，人口激增。英国农业革命是指17世纪中期至19世纪晚期农业生产方式发生巨大变革的过程，包括圈地运动、机械化、四轮作业、良种培育等，其结果是农业生产效率大大提高。贵族出身的农业改革家，例如，查尔斯·汤森（Charles Townshend）、杰思罗·塔尔（Jethro Tull）等人，大力改进耕作方法，引进全新作物，推出新型农耕工具及方式，大大提高了英国农产品的数量和质量。在资产阶级革命前，英国还是一个封建专制的农业国家，以国王为首的封建贵族集团是这个国家的统治者。1700年，英格兰和威尔士共有人口550万，其中410万人居住在农村。最大的城市是伦敦，其人口也只有20万，其他城市的人口最多不超过2万。1801年，英国人口增至900万。农业革命一方面提供了大量的农产品以支持人口的增长，另一方面又分流出大量农村剩余劳动力，为工业革命储备了人力条件。

18世纪也是英国工业革命蓬勃发展之际。英国工业革命始于18世纪60年代，通常认为它发源于英格兰中部地区，是指资本主义工业化的早期历程，即资本主义生产完成了从工场手工业向机器大工业过渡的阶段。工业革命是以机器取代人力，以大规模工厂化生产取代个体工场手工生产的一场生产与科技革命。英国工业革命以棉纺织业的技术革新为起点，以瓦特蒸汽机的改良和广泛使用为枢纽，以19世纪三四十年代机器制造业机械化的实现为基本完成的标志。一般认为，蒸汽机、煤、铁和钢是促成工业革命技术加速发展的四项主要因素。英国最早开始工业革命，也是最早结束工业革命的国家。17世纪时，英国资产阶级政权的建立促进了资本主义的进一步发展，英国的殖民扩张为资本主义的发展积累了大量资本，圈地运动为资本主义的发展提供了大量生产所必需的劳动力。18世纪中期，英国成为世界上最大的资本主义殖民国家，国内外市场的扩大对工场手工业提出了技术改革的要求，因此以技术革新为目标的工业革命首先发生在英国。英国工业革命的发生绝非偶然，是英国社会政治、经济、生产技术以及科学研究发展的必然结果，使英国社会结构和生产关系发生重大改变，生产力迅速提高，这次革命从开始到完成，大致经历了一百年的时间，影响范围不仅扩展到西欧和北美，推动了法、美、德等国的技术革新，而且还扩展到东欧和亚洲，俄国和日本也掀起了工业革命的浪潮，标志着更大范围内工业革命新高潮的到来。

18世纪是繁荣和进步的时代，英国各地一片欣欣向荣。语言领域也精彩纷呈，首先，新技术新产品带来了许多新词汇，扩大了英语词汇量；其次，农业人口流向工业中心，促使地方口音的形成；最后，英国的经济优势开始转化为语言优势，英语由语言输入大国开始变为语言输出大国。由于农业革命、工业革命对英语的影响有一个显著的滞后效应，18世纪英语给后世留下的印象是有文化、有品位的优雅语言，是封建农业文明时代语言的最后绝唱，是被温馨回忆的玫色眼镜美化了的语言幻象。这一印象也许不够客观全面，也许仅仅反映了少数特权阶级充满怀旧的浪漫情愫，也许没有充分体现工农业革命残酷代价的一面，但18世纪英语的重要性毋庸置疑，18世纪末形成的标准英语为现代英语奠定了坚实基础。

（一）英语标准修订

18世纪的英国语言学者大都被后人视为规定性语法学家，然而这是以偏概全的看法。这些语言学者只不过继承了17世纪学者对语言标准的不懈追求，到18世纪时，这些标准逐渐成熟、定型。

　　语言标准是指使用某种语言的人所应共同遵守的语音、词汇、语法、书写等方面的标准和典范。语言规范化指根据语言发展规律，从语言的语音、词汇、语法等角度出发，从分歧或混乱的现象中，找出甚至确定大家都应遵循的规范，指出不合规范的用法，通过语言研究的著述如语法书、词典、语言学著作等明文规定下来，并通过各种宣传教育的渠道，推广那些合乎规范的用法，限制并逐渐淘汰那些不合规范的现象，使人们共同遵守语言规范而进行有效的交际，使语言循着一条统一的正确道路向前发展。

　　英语标准的形成走过了一条漫长的路。18世纪，英国文人已经认识到英语标准的重要性，许多学者纷纷发表自己对语言标准的看法，涌现出了一大批的词典和语法书。其中最重要的是1755年塞缪尔·约翰逊（Samuel Johnson, 1709—1784）编撰的《英语词典》（*A Dictionary of the English Language*），以及1762年罗伯特·洛思（Robert Lowth）编写的《英语语法简介》（*A Short Introduction to English Grammar*）。

讽刺塞缪尔·约翰逊文学批评思想的漫画，画中他赤裸上身，绕着金光闪闪的希腊帕纳索斯山（Mount Parnassus）作赎罪之行，该山是缪斯女神之家，他身后是太阳神阿波罗和众缪斯女神。漫画作者是英国著名漫画家詹姆斯·吉尔雷（James Gillray）。

《英语词典》又被称为《约翰逊词典》(Johnson's Dictionary),是英国学者塞缪尔·约翰逊编辑的英文词典。约翰逊的词典既不是第一本,也不是最早的几本英语词典,但却是英语史上最重要的词典之一。早期英语词典大多组织不善,解释过于生硬模糊,而1755年4月15日出版的《约翰逊词典》基本克服了这些问题。该词典一直是英语的词义标准和句法典范,并被评论家称为英语史和英国文化史上的划时代成就。1928年,《牛津英语词典》(The Oxford English Dictionary)第一版各卷终于出齐,《约翰逊词典》才被取代,英语才有了新的标准。

约翰逊出生于小康的书商之家,母亲生他时已年届四十,在当时可谓高龄产妇。他出生时没有啼哭,先天体弱,不幸又染上瘰疬(scrofula),手术在他的脸庞和身上留下了永久疤痕。他弟弟出生后,父亲开始陷入债务危机,家庭经济状况恶化。约翰逊从小聪慧过人,3岁时母亲就教他背诵祈祷书,4岁开始上学,7岁进入当地有名的文法学校,并在拉丁文学习上崭露头角,这时他开始出现抽搐症状,后人据此猜测他患有抽动障碍症(Tourette Syndrome),9岁时,他在文法学校跳级进入高年级。后来多亏其母亲继承亲戚遗产,家庭经济状况方有所改善,约翰逊在19岁时入读牛津大学,然而在大学学习13个月后,因无力负担学费而被迫从牛津辍学。由于没有大学文凭,且有抽动障碍症,约翰逊很难找到理想的工作。25岁时,他和46岁的富有寡妇结婚,在妻子的资助下创办了自己的学校,然而却只招到3名学生,经济损失惨重,创业失败后他赴伦敦发展,开启写作生涯。

约翰逊并非英国历史上第一个词典编纂者。在他之前的150年里,英国已经有了20多本词典,其中最早的是托马斯·埃利奥特爵士(Sir Thomas Elyot)1538年编纂的拉丁语英语"词书"(wordbook)。这些早期词典最大的不足是结构混乱,释义随意,大都只收录所谓难词,即专业技术性词汇、外来词汇、古词等,没有关注当代英语的使用。另外,以前书籍因为珍贵稀少而自带神圣光环,到约翰逊的时代,随着民众读写能力的提高以及印刷术的普及,书籍开始走入寻常百姓家,因而对拼写规范的需求更迫切了。

1746年,伦敦的出版商联合起来邀请约翰逊编写词典,开价1500个金基尼(相当于2018年的22万英镑),这对约翰逊而言无疑是笔巨款,他答应在3年内交稿。当时法兰西学术院(Académie Française)编词典,动用了40名学者,历时40年才完成一部词典，而约翰逊实际上干了9年才完工，1755年他编写的词典正式出版。虽然出版商的预付金按当时的标准算高的，但约翰逊需要支付买书、场地租金、人员工资等费用，日子也一直不宽裕。他曾四处寻求赞助人，登门拜访过国务大臣蔡斯菲尔德伯爵（Earl of Chesterfield），不料被拒之门外，约翰逊只好带着6位助手投入编词典的浩繁工程。在词典编撰工作开始后的第6年，约翰逊经历了丧妻之痛，一度心灰意懒，几乎放弃，但他最终还是坚持下来了。词典快完成时，国务大臣蔡斯菲尔德伯爵又向他示好，约翰逊没好气地回绝了他。词典完成前，约翰逊的朋友劝说牛津大学领导，如此重要的鸿篇巨制，应当出自牛津人之手，于是牛津大学为约翰逊补发了文学硕士学位。1765年，都柏林圣三一学院授予约翰逊名誉博士学位；1775年，牛津大学也给他颁发了名誉博士学位，后人在提到他时都尊称他为"约翰逊博士"。

《约翰逊词典》是史无前例的巨著。该词典收录了42773个词条，引用了114000个文学例句，例如，仅take这个词条就占据了5页，列出了134个定义，其释义一共有8000多个单词。该词典块头很大，每页上下长46厘米，左右宽51厘米，当时没有哪一家出版社能独立印制这样的巨著，只能是联合出版。英国历史上除了少数特制《圣经》的纸张规格更大，其他印刷物没有比约翰逊词典更大的。该词典原定分上下两卷出版，但实际却是分四卷出版。该词典价格不菲，每本定价相当于2018年的642英镑，这直接导致该词典销量有限，在词典首次出版后的30年里，先后推出5个版本，总销量6000本。

约翰逊独创了一套全新的词典编纂方法，奠定了现代英语词典编制之基本原则。以前人们编词典，是将字母表分段，分给不同的人去负责。约翰逊抛弃了这种方式，他大量翻阅16世纪中叶以来的名家著作，画出考虑引用的句子，并在书页边上写下该句子所归属的单词。他前后雇用了6位助手，负责将句子抄在纸条上，并按单词顺序，分别插入80个笔记本。这一工作大致完成后，约翰逊根据收集的例句，厘定单词定义，分出细微区别，并写出单词的词源。按通常编法，不同人为不同单词所查找的材料，可能高度重复，比如两人都会翻阅莎士比亚和弥尔顿。这样的重复劳动，在约翰逊的编法里，都杜绝了。约翰逊的词典新编法，需要编者具有过目不忘的记忆力，好在博闻强识，正是约翰逊的特长。

约翰逊的工作得到了世人的认可。18世纪下半叶被称作英语史上的"约翰

《英语词典》又被称为《约翰逊词典》(*Johnson's Dictionary*)，是英国学者塞缪尔·约翰逊编辑的英文词典。约翰逊的词典既不是第一本，也不是最早的几本英语词典，但却是英语史上最重要的词典之一。早期英语词典大多组织不善，解释过于生硬模糊，而1755年4月15日出版的《约翰逊词典》基本克服了这些问题。该词典一直是英语的词义标准和句法典范，并被评论家称为英语史和英国文化史上的划时代成就。1928年，《牛津英语词典》(*The Oxford English Dictionary*)第一版各卷终于出齐，《约翰逊词典》才被取代，英语才有了新的标准。

约翰逊出生于小康的书商之家，母亲生他时已年届四十，在当时可谓高龄产妇。他出生时没有啼哭，先天体弱，不幸又染上瘰疬(scrofula)，手术在他的脸庞和身上留下了永久疤痕。他弟弟出生后，父亲开始陷入债务危机，家庭经济状况恶化。约翰逊从小聪慧过人，3岁时母亲就教他背诵祈祷书，4岁开始上学，7岁进入当地有名的文法学校，并在拉丁文学习上崭露头角，这时他开始出现抽搐症状，后人据此猜测他患有抽动障碍症(Tourette Syndrome)，9岁时，他在文法学校跳级进入高年级。后来多亏其母亲继承亲戚遗产，家庭经济状况方有所改善，约翰逊在19岁时入读牛津大学，然而在大学学习13个月后，因无力负担学费而被迫从牛津辍学。由于没有大学文凭，且有抽动障碍症，约翰逊很难找到理想的工作。25岁时，他和46岁的富有寡妇结婚，在妻子的资助下创办了自己的学校，然而却只招到3名学生，经济损失惨重，创业失败后他赴伦敦发展，开启写作生涯。

约翰逊并非英国历史上第一个词典编纂者。在他之前的150年里，英国已经有了20多本词典，其中最早的是托马斯·埃利奥特爵士(Sir Thomas Elyot)1538年编纂的拉丁语英语"词书"(wordbook)。这些早期词典最大的不足是结构混乱，释义随意，大都只收录所谓难词，即专业技术性词汇、外来词汇、古词等，没有关注当代英语的使用。另外，以前书籍因为珍贵稀少而自带神圣光环，到约翰逊的时代，随着民众读写能力的提高以及印刷术的普及，书籍开始走入寻常百姓家，因而对拼写规范的需求更迫切了。

1746年，伦敦的出版商联合起来邀请约翰逊编写词典，开价1500个金基尼（相当于2018年的22万英镑），这对约翰逊而言无疑是笔巨款，他答应在3年内交稿。当时法兰西学术院(Académie Française)编词典，动用了40名学者，历时40年才完成一部词典，而约翰逊实际上干了9年才完工，1755年他编写的词典正式出版。虽然出版商的预付金按当时的标准算高的，但约翰逊需要支付买书、场地租金、人员工资等费用，日子也一直不宽裕。他曾四处寻求赞助人，登门拜访过国务大臣蔡斯菲尔德伯爵（Earl of Chesterfield），不料被拒之门外，约翰逊只好带着6位助手投入编词典的浩繁工程。在词典编撰工作开始后的第6年，约翰逊经历了丧妻之痛，一度心灰意懒，几乎放弃，但他最终还是坚持下来了。词典快完成时，国务大臣蔡斯菲尔德伯爵又向他示好，约翰逊没好气地回绝了他。词典完成前，约翰逊的朋友劝说牛津大学领导，如此重要的鸿篇巨制，应当出自牛津人之手，于是牛津大学为约翰逊补发了文学硕士学位。1765年，都柏林圣三一学院授予约翰逊名誉博士学位；1775年，牛津大学也给他颁发了名誉博士学位，后人在提到他时都尊称他为"约翰逊博士"。

《约翰逊词典》是史无前例的巨著。该词典收录了42773个词条，引用了114000个文学例句，例如，仅take这个词条就占据了5页，列出了134个定义，其释义一共有8000多个单词。该词典块头很大，每页上下长46厘米，左右宽51厘米，当时没有哪一家出版社能独立印制这样的巨著，只能是联合出版。英国历史上除了少数特制《圣经》的纸张规格更大，其他印刷物没有比约翰逊词典更大的。该词典原定分上下两卷出版，但实际却是分四卷出版。该词典价格不菲，每本定价相当于2018年的642英镑，这直接导致该词典销量有限，在词典首次出版后的30年里，先后推出5个版本，总销量6000本。

约翰逊独创了一套全新的词典编纂方法，奠定了现代英语词典编制之基本原则。以前人们编词典，是将字母表分段，分给不同的人去负责。约翰逊抛弃了这种方式，他大量翻阅16世纪中叶以来的名家著作，画出考虑引用的句子，并在书页边上写下该句子所归属的单词。他前后雇用了6位助手，负责将句子抄在纸条上，并按单词顺序，分别插入80个笔记本。这一工作大致完成后，约翰逊根据收集的例句，厘定单词定义，分出细微区别，并写出单词的词源。按通常编法，不同人为不同单词所查找的材料，可能高度重复，比如两人都会翻阅莎士比亚和弥尔顿。这样的重复劳动，在约翰逊的编法里，都杜绝了。约翰逊的词典新编法，需要编者具有过目不忘的记忆力，好在博闻强识，正是约翰逊的特长。

约翰逊的工作得到了世人的认可。18世纪下半叶被称作英语史上的"约翰逊时代",英国人认为约翰逊词典为标准英语奠定了基石,英语从此趋于稳定。尽管《约翰逊词典》常常拿法国人开玩笑,例如,将法语对男人的尊称"先生"(Monsieur)解读为贬义词(Monsieur: a term of reproach for a Frenchman),法国人依然对他赞叹有加,伏尔泰等法国大学者仍然建议法兰西学术院向约翰逊学习,当时法语词典只有文学例句,而约翰逊词典不仅有文学例句,还收录了来自哲学和自然科学的例句。

《约翰逊词典》是一本可读性相当高的著作,充满典雅的文学词句以及各种古怪有趣的知识。其最大特色是例句广泛取材于著名的文学作品,如莎士比亚、约翰·弥尔顿、约瑟夫·阿狄生(Joseph Addison)、弗朗西斯·培根(Francis Bacon)、亚历山大·蒲柏(Alexander Pope)、《圣经》等,当代著述一概不取。例如:curse(诅咒)一词,引自莎剧《暴风雨》(The Tempest)中丑人卡戾本(Caliban)的台词"我知道如何诅咒"(I know how to curse),约翰逊在know后面加上not,变成"我不知如何诅咒"(I know not how to curse)。又如:短语"with bated breath"意思是"屏息地",即出自《威尼斯商人》(The Merchant of Venice)。又如:"a foregone conclusion"意思是"预料中的结局",出自《奥赛罗》(Othello)。约翰逊还引用了培根的一句名言:"读书时不可存心诘难作者,不可尽信书上所言,亦不可只为寻章摘句,而应推敲细思。"(Read not to contradict and confute, nor to believe and take for granted, nor to find talk and discourse, but to weigh and consider.)整本词典更像是一册文集,读者可随时随地取阅。约翰逊对字义的解释尽可能具体而微,一改过去"大而化之"的风格。为此他特地向新闻人戴维·盖里克(David Garrick)借了一套《莎士比亚全集》(Complete Works of William Shakespeare),专抄莎翁名句,结果整套《莎士比亚全集》都被他翻烂了。

编字典出错在所难免,《约翰逊词典》也不例外,约翰逊对自己所犯的错误毫不隐讳。《约翰逊传》(Life of Samuel Johnson)中记载他把pastern这个单词错误地定义为"马的膝盖",而实际应该是"马脚部的",有一位女士问他怎么会犯如此低级的错误,期待他为自己辩护一番,谁知他坦诚地回答:"无知,夫人,纯粹的无知。"

约翰逊博闻强记、妙语连珠,常在词条的解释中开玩笑,因此《约翰逊词典》亦编写得轻松有趣,例如:

广告（advertising）一词的解释就是"承诺，漫天承诺"（promise, large promise）。

他不喜欢苏格兰人，给燕麦（oat）下的定义是："英格兰人用来喂马，苏格兰人拿来食用的谷物"（a grain, which in England is generally given to horses, but in Scotland appears to support the people）。

又说十四行诗（sonnet）是"一种14行短诗体……不太适合英语"。

恩俸（pension）就是"付给与某人能力不相称的津贴，在英国，颁给公务员以感谢他对国家的反叛"（In England it is generally understood to mean pay given to a state hireling for treason to his country）。

国税（excise）的定义是"一种人人恨之入骨的货物税，按抽税者的兴致任意调整，抽税者不是普通的财产判官，而是可恶的税收受益者"（a hateful tax levied upon commodities and adjudged not by the common judges of property but wretches hired by those to whom excise is paid）。

赞助者（patron）的定义是"赞同者、支持者、保护者；通常是骄横地捐助而收获谄媚的坏蛋"。（One who countenances, supports or protects. Commonly a wretch who supports with insolence, and is repaid in flattery.）

辞典编纂人（lexicographer）的定义是"辞典的编辑，长期追溯字源字义，累自己而无伤于他人的穷人"（a writer of dictionaries; a harmless drudge that busies himself in tracing the original, and detailing the signification of words）。

虽然现在《约翰逊词典》不再是当代英语标准，但仍然是重要参考书，特别是在美国。1775年，美国革命如火如荼时，美国建国之父纷纷拿起笔来，表达自己的政治理念，他们都是将《约翰逊词典》奉为行文圭臬，尽管约翰逊本人并不支持美国革命。美国《独立宣言》主要起草者托马斯·杰斐逊（Thomas Jefferson），更是把这本词典当作格言集来用，因为里面的例句皆出自名家之手。这样，当美国法官们讨论与宪法有关的案例时，常常需要借助《约翰逊词典》，以便探讨建国之父1787年制定宪法时的确实用意。

《约翰逊词典》是现代英语词典的开山之作，200多年以来，一直是学术界热衷讨论和研究的对象。近20年来国外关于这部词典的研究异常活跃，并取得了重大进展。理论上，新的研究表明，约翰逊词典是一部包含百科性质的语文词典，其编纂方法既有规定主义特征,也有描写主义倾向,这些特点对现代英语词典有直接的影响。到目前为止,词典至少出版发行52种版本、13种修订本、120种简写本、309种袖珍本、7种印刷摹真本、4种节选本和2种电子版本。讨论这部词典的著作有350多种,其中专著至少有28种,另外还有1本文献目录集,在众多约翰逊词典版本以及研究词典的出版物中,近一半为最近30年出版(Lynch, Jack and Anne McDermott. 2005)。仅2005年,在《约翰逊词典》问世250周年之际,至少出版了6部研究这部词典的专著或文集;《国际词典学期刊》(*International Journal of Lexicography*)在这一年的夏季刊上开辟约翰逊词典研究专辑,刊载了7篇论文。这些研究的视角和范围不断扩大,其理论和方法都有较大突破。

《约翰逊词典》引发了规定主义与描写主义之争。毋庸置疑,约翰逊词典在规范英语方面发挥了重大作用。约翰逊因此长期被视为规定主义的代表。最近几十年来,随着描写语言学的迅猛发展,这种观点开始受到质疑,关于约翰逊词典规定主义和描写主义之间的争论越发激烈。

在词典学中,规定主义的编纂方法规定语言应该如何使用,而描写主义则如实记录观察到的语言事实(Hartmann, Reinhard R. K. and Gregory James. 2000)。规定主义者往往要对词语挑选、规范以及制定正确的用法规则。他们认为语言的不断变化意味着退化,所以词典编纂的目的应当是把语言固定下来,防止进一步退化。而描写主义者则认为,语言没有优劣和正误之分,因而无法对语言进行评判和规定,也不存在语言退化之说(Béjoint, Henri. 2002)。有学者认为约翰逊是规定主义者的代表,这至少有两个理由。一方面,这是由当时欧洲规定主义的词典编纂传统决定的。意大利和法国分别在17世纪早期和末期编成本民族语言词典,而英国同期虽有一些词典问世,却难以起到规范英语的作用。自17世纪中叶开始,英国作家约翰·德莱顿(John Dryden)、丹尼尔·笛福(Daniel Defoe)、乔纳森·斯威夫特(Jonathan Swift)等,纷纷呼吁编纂一部英语词典来规范民族语言(Baugh, Albert C. and Thomas Cable. 2001)。约翰逊正是在这种时代背景下,应出版商的邀请承担了这一重任。另一方面,约翰逊的个人态度有明显的规定主义倾向。1747年,在《英语词典编写计划》(*The Plan of a Dictionary of the English language*)中,他开篇即宣称词典编纂的主要目的是"保持英语的纯洁,确定日常用语的意义"(preserve the purity and ascertain the meaning of our English idiom),录入词典中的词汇应属于"本民族语言；日常生活中使用的语言；优秀作家作品中的语言"（Kolb, Gwin J. and Robert DeMaria, 2005: 29）。在近结尾处他又重申，编纂这部词典旨在固定词语的读音、确定词语的用法、保持语言的纯洁、延长英语的寿命（Kolb, Gwin J. and Robert DeMaria. 2005: 57）。在《约翰逊词典》序言中，约翰逊的这种规定主义倾向有所缓和，但他仍然呼吁说"生命终究要结束，但可以通过细心照料来适当延长。语言……有堕落倾向……我们应该竭力加以维护"（Kolb, Gwin J. and Robert DeMaria. 2005: 109）。

一直到20世纪，认为约翰逊是规定主义词典家的观点仍然占上风。后来，随着语言学研究的蓬勃发展，词典学的研究也逐渐丰富起来。自20世纪80年代起，关于《约翰逊词典》的研究有重大发展，认为约翰逊是规定主义词典家的观点开始受到质疑。当代学者罗伯特·德马里亚（Robert DeMaria）较早提出约翰逊主要是"忠实地记录英语"而不是"固定、调整或改造英语"的词典家（DeMaria, Robert. 1986a）。安妮·麦克德莫特（Anne McDermott）比较详细地探讨了这个问题。她通过对词典引文和释义的分析，认为约翰逊非常重视语言的习惯用法，而不是给语言制定规则。麦克德莫特认为，约翰逊并不专门挑选他认为是常用的或合乎规范的用法和意义，而是客观记录词汇的所有意义和用法，例如在take 词条下罗列了134项意义和用法。此外，这些词义和用法不是约翰逊凭空想象的，而是从众多引文中总结出来的。有的词义约翰逊没有给出，只是提供引文，让读者通过上下文来判断词义，例如在 twister 词条下，约翰逊说，"我选取了一系列精彩引文，其各种意义都能得到显示"（McDermott, Anne. 2005a）。这种注重语言事实的态度充分说明他具有描写主义倾向。

近年来，围绕《约翰逊词典》的规定主义和描写主义的讨论，出现了一些新的视角或研究方法。杰夫·巴恩布鲁克（Geoff Barnbrook）采用统计方法，辅以语料库的研究，对词典中的用法说明（usage notes）进行分析，试图弄清具有规定性的用法说明究竟占多大比例。统计的结果是，词典的第1版和第4版的词目数分别为43065和41835，用法说明数量分别是4875和5826，附有用法说明的词目占总词目的比例分别是11.3%和13.9%，其中规定性的说明（如含有low, proper, can't, improper, ludicrous, corruption, bad, barbarous, false等词语的说明）所占比例分别为24.5%和24.7%，约占整个用法说明的四分之一（Barnbrook, Geoff. 2005）。这个比例数据证明：约翰逊在努力制定正确运用语言的规则，属于规定主义方法。此外，巴恩布鲁克还把约翰逊的用法说明放在赫尔辛基语料库（The Helsinki Corpus）收集的早期现代英语语料中去检验，以验证他的用法说明与那时的真实语料是否大致相符。结论认为，约翰逊建立在客观语言材料基础上的用法说明是准确无误的（Barnbrook, Geoff. 2005）。

约翰逊所处的时代要求他对语言进行规范，他的规定主义实际上是时代的需要，但他对语言的正确认识决定他更多地采取描写主义的编纂方法。他认为不存在完全符合规则的语言，任何语言都有不规则的地方。从选词、正字、正音到下定义，他都尊重语言的约定俗成特性。在词典序言中，他写到词典编纂者的任务应该是"记录"（register）而不是"建构"（form）语言，记录人们如何表达思想，而不是教人如何思考（not to form but register the language, not to teach men how they should think, but relate how they have hitherto expressed their thoughts）（Barnbrook, Geoff. 2005: 102）。后来的事实也证明约翰逊这种处理语言的态度是相当科学的，20世纪相继出版的描写主义词典应该有约翰逊的功劳。随着研究视角和方法的不断变化，关于约翰逊词典编纂的规定主义与描写主义的讨论不会停止，因为语言是不断变化的，完全规定性的词典并不现实，完全描写性的词典也不大可能（Béjoint, Henri. 2002）。

《约翰逊词典》引发了百科性的争论。如果有人说《约翰逊词典》是语文详解词典，多数人会赞同，因为从选词到释义、引证，无不具备语文详解词典的特征；但如果有人说他的词典是百科全书，赞同者则寥寥无几，因为怎么看它都不像百科词典。可是，近年来，越来越多的学者指出约翰逊词典具有百科性、知识性特点。

罗伯特·德马里亚的《约翰逊词典与知识语言》（*Johnson's Dictionary and the Language of Learning*），是当代研究约翰逊词典的重要专著，他认为，约翰逊词典中丰富的引文材料，不仅仅用来佐证词义，帮助读者学习规范的语言，而且旨在提高读者的文化知识和道德水平。这不是一部纯粹意义上的语言词典，而是一部兼容百科知识的语文词典（DeMaria, Robert. 1986b）。德马里亚力求对这些引文进行系统分析，为词典建构起庞大的知识体系。继德马里亚之后，关注约翰逊词典引文的著述逐渐增多，如基思·沃克（Keith Walker）关注词典对德莱顿的处理

（Walker, Keith. 1998）；日本学者长岛（Nagashima D.）讨论词典中引用《圣经》的例文（Nagashima, D. 1999）；罗伯特·J. 梅休（Robert J. Mayhew）研究引文中描写大自然的语言等（Mayhew, Robert J. 2004）。随着对《约翰逊词典》研究的进一步深入，词典中的引文将继续引起学者的关注。

当代学者杰克·林奇（Jack Lynch）则从释义入手，阐释了约翰逊词典的百科性特点。传统上，词典和百科全书并非泾渭分明。18世纪，英国出版的许多百科全书都以词典或词汇书的名称命名，如1704年，约翰·哈里斯（John Harris）出版的《科技词汇》（*Lexicon Technicum*）；有的辞书名称同时包括词典和百科全书的字眼，如1771年，伊弗雷姆·钱伯斯（Ephraim Chambers）出版的《大英百科或称文理专科词典》（*Encyclopaedia Britannica; or, A Dictionary of Arts and Sciences*）。通过研究约翰逊词典中名词的释义，林奇认为它同18世纪时期的其他词典一样，具有百科的性质，而且绝大多数释义借鉴或参考了其他百科全书或专科词典中的释文。当然有些地方也做了大量的删减，例如他运用62个词解释"daffodil"（黄水仙），其释义取自菲利普·米勒（Philip Miller）的《园艺词典》（*The Gardeners Dictionary*），而原文用了近4000词（Lynch, Jack. 2005）。

此外，林奇注意到词典第四版的许多百科性释文被大量删减，如ahouai（黄花夹竹桃）的释文在第一版用了169个词，内容包括这种植物的习性、种类、范围和特征等，在第四版里只用了6个词：The name of a poisonous plant（一种有毒植物的名称）。许多植物名称的释文都同样被大幅度删减，其原因林奇没有做深入探究，只是猜测可能是给新增的释文让位，或者认为原来的释文过长没有多大意义（Lynch, Jack. 2005）。

《约翰逊词典》的问世，改变了人们对词典的认识。人们不再把词典看作仅仅是查阅生词的工具书，它与其他文艺作品一样，还能帮助人们增长知识，增添阅读的乐趣。19世纪英国著名诗人罗伯特·勃朗宁（Robert Browning）为了提高自己的文学创作才能，日夜研读整部词典（Clifford, James L. 1979）。

《约翰逊词典》引发了词典文献研究的新角度。继德马里亚突破传统研究开始关注词典的引文之后，艾伦·雷迪克（Allen Reddick）于1990年出版了《1746—1773年约翰逊词典的编纂》（*The Making of Johnson's Dictionary, 1746—1773*），1996年推出修订版，开始关注约翰逊词典的成书过程。雷迪克最大的优势是占有约翰逊的第一手材料,即约翰逊三卷本手稿,也被称为"斯尼德–金贝尔"(Sneyd-Gimbel)手稿。通过研究原稿,雷迪克纠正了过去一些作者关于词典编纂的臆测,"斯尼德—金贝尔"手稿显示了第四版的修改细节,不但有约翰逊的手迹,还有抄写员改过的痕迹。这些修改的内容既反映了约翰逊语言思想变化的轨迹,又体现了他与抄写员之间的合作关系(Reddick, Allen. 1996)。从修改稿中可以看出,约翰逊对词典第二卷,即从字母 M 到 Z 修改的内容较多,增添了许多诗句作例证;此外,新增引文中的宗教思想和政治倾向也比较明显。为展示约翰逊的手迹,2005年雷迪克还出版了《塞缪尔·约翰逊未出版的〈英语词典〉修改稿》(*Samuel Johnson's Unpublished Revisions to the Dictionary of the English Language*)。这部文献集首次向读者展示约翰逊和另一个抄写员对词典初版的修改稿,共122页。雷迪克指出第四版并没有使用这些修改的内容,但究竟是什么原因,目前尚无法考证。由于原稿有的地方笔迹模糊,雷迪克等人便将其还原成现代印刷体,并做适当的注解和评说。编者介绍了约翰逊的修改过程和意图,为进一步研究约翰逊的词典编纂理论和方法提供了有益的文献资料。

2005年,耶鲁大学出版社出版了《约翰逊文集》(*The Works of Samuel Johnson*)第18卷《约翰逊论英语》(*Johnson on the English Language*),由格温·科尔布(Gwin Kolb)和德马里亚编写,这是关于约翰逊词典研究的另一重要文献集。本书收集了《英语词典编写计划》,词典初版时的序言、英语史、英语语法,此外还收集了1756年词典首次发行的简明版前言和1773年第四次修订版的"宣传广告"。编者对每部分文献的背景都做了深入细致的介绍,注解也很全面,为约翰逊词典研究提供了丰富的文献资料。

戴维·克里斯特尔(David Crystal)于2005年出版的《约翰逊词典选读》(*Johnson's Dictionary: An Anthology*)是另一部关于约翰逊词典的重要文献。克里斯特尔认为,"选读"应体现作品中最好的或最有特色的部分。为此,他首先节选了《英语词典编写计划》和序言中的部分内容。至于词典的正文部分,克里斯特尔重点选编反映约翰逊时代的英语词汇和用法,这些词汇和用法在现代英语中已经很少使用。例如前缀circum-和lob-那时比现在用得多,许多词汇现在已不再使用,如 airling, nappiness, smellfeast, worldling等。克里斯特尔认为约翰逊词典保存了丰富的语言史料,对英语史的研究具有重要作用。

《约翰逊词典》对词典编撰业的伟大贡献是毋庸置疑的。《约翰逊词典》并非第一部英语词典,一般认为1604年罗伯特·考德里(Robert Cawdrey)出版的《按字母顺序排列的词表》(*A Table Alphabeticall*)才是第一部英语词典。在编纂技巧上,约翰逊词典的创新很有限。虽说约翰逊引用例证和使用数字区分各义项是伟大创举,但这些编纂技巧并非他首创。英国最早广泛使用阐释性引文的做法始于托马斯·威尔逊(Thomas Wilson),1612年他出版的《基督教词典》(*A Christian Dictionarie*)已开始大量使用阐释性引文。1749年,本杰明·马丁(Benjamin Martin)出版了《英语创新词典》(*Lingua Britannica Reformata*),是首次系统区分各义项的词典。尽管如此,约翰逊在词典学上的贡献依然是有目共睹的,关于这方面的讨论一直方兴未艾。

辞典专家佩妮·席尔瓦(Penny Silva)统计出《约翰逊词典》在三个方面对《牛津英语词典》直接产生影响:(1)在词条方面,直接介绍《约翰逊词典》收录的词条,如 arbourvine(藤本植物)包含下述信息: in Johnson 1755, "arbourvine, a species of bind weed", with a quotation from Miller;(2)释义方面,共有723处释义注明出自约翰逊(标注为"J."),其中从字母A到F占61%;(3)引文方面,《牛津英语词典》初版引用《约翰逊词典》引文2976条,直接标注为"约翰逊1755"(Silva, Penny. 2005)。1828年,美国辞典编纂家诺亚·韦伯斯特(Noah Webster)出版了《美国英语词典》(*An American Dictionary of the English Language*),其中字母L包括的引文,有三分之一源自约翰逊的词典或受其词典的影响(Landau, Sidney I. 2005)。诺亚·韦伯斯特是19世纪初对《约翰逊词典》提出批评最多的人,但这并不妨碍他向约翰逊学习和借鉴。

辞典专家A. D. 霍根(A. D. Horgan)认为约翰逊至少有一个创新:"他是第一位系统且有效地解释动词词组的英语词典家。"(Horgan, A. D. 1994: 128)由于许多词组的意义并不是其组成词意义的简单叠加,约翰逊详细解释这些词组的用法,其中一个重要原因是为国外英语学习者提供方便。以前的词典编纂者只考虑为本国识字不多的人学英语服务,而约翰逊则开始考虑国外英语学习者的需求。这是英语词典学发展的一大进步。自约翰逊之后,解释动词词组成为英语词典必不可少的部分,现代英语学习者词典更是把其作为编纂重点。西德尼·兰多(Sidney Landau)专门比较了《约翰逊词典》《韦伯斯特词典》和《伍斯特词典》

(*Worcester Dictionary*),以come, make和set这三个动词为例,对这三部词典中收录的动词词组做了统计,其中come短语的统计结果是:约翰逊词典收录come短语26条,韦伯斯特词典选取其中的25条,新增13条短语,伍斯特词典选取其中的19条,新增1条短语。统计结果表明,《约翰逊词典》中的动词短语绝大部分被韦伯斯特和伍斯特沿用,而韦伯斯特在此基础上新添了许多短语,并且借鉴了许多《约翰逊词典》短语后的引文。尽管韦伯斯特常常不大愿意承认,但约翰逊对他的影响是"深远和深刻的"(Landau, Sidney I. 2005: 225)。

现代词典最直接得益于约翰逊的地方应推他的词语释义。关于约翰逊的释义理论和方法的讨论,许多学者做了有益的尝试。例如:詹姆斯·麦克莱弗蒂(James McLaverty)分析约翰逊在词典序言里多次使用解释(explanation)或解读(interpretation),但从不使用定义(definition),主要是受英国哲学家约翰·洛克(John Locke)的影响。洛克认为,知识存在于人的思想之中,语言是思想的符号,不同的人对事物的理解不同。受其影响,约翰逊认为,词典中的释义只是词典编纂者对某个词义的理解,不可能给某个词语规定一个大家都能接受的"定义"(definition)(McLaverty, James. 1986)。安妮·麦克德莫特分析比较了《约翰逊词典》与其同时代的词典,尤其是约翰逊大量借鉴的内森·贝利(Nathan Bailey)的词典,在解释科技术语方面的不同,认为约翰逊在处理科技术语时不使用插图的主要原因是他对这些科技术语不感兴趣。在词典的前面部分,约翰逊的许多科技术语释义借自其他专业词典,有的内容很详尽,如algebra(代数),但到了词典后面的部分,科技术语的释义很简洁,有的干脆省去不解释(McDermott, Anne. 2005b)。

另一位为英语标准做出巨大贡献的是罗伯特·洛思(Robert Lowth, 1710—1787),他是英国著名的《圣

伦敦主教罗伯特·洛思肖像。

经》学者、主教、语法学家。他父亲是神职人员，《圣经》学者，在牛津大学取得学士、硕士、博士学位。洛思出身于书香门第，从小接受良好教育，在著名私立男校温切斯特公学上中学，也在牛津大学取得文学学士学位、文学硕士学位以及神学博士学位。还在牛津攻读硕士期间，洛思已经被任命为英国国教的教区牧师，他精通拉丁文，翻译过《圣经》，其英译本被认为是英语语言质量最高的译本之一。他与英国著名哲学家大卫·休谟（David Hume）是好朋友，他曾历任牛津大学诗歌教授、牛津主教、伦敦主教，原本还被任命为坎特伯雷大主教，但因为身体健康状况不佳而没有接受。

洛思对英语语法的贡献很大。1762年，他出版了《英语语法简介》（*A Short Introduction to English Grammar*），他认为当时缺乏权威的英语语法书，因此自己动手编写了一本。他在该书中写下的种种语法规定，无疑给语言带来了确定性和权威性，深受志同道合者的赞许。这本书原本不是写给学生的教材，但出版不到10年就被改编成各种教材，他那充满个性风格的评论逐渐变成了教室里的金科玉律，不容挑战。例如，他认为动词不定式不能拆分使用、连词不能放在句首、介词不能放在句尾、不能使用双重否定句、两者相比不能用最高级而只能用比较级等。他这本语法书改编的教材一直沿用到20世纪初才退出历史舞台。正是该书提出的许多规定性语法准则，奠定了他在英语语法界的泰斗地位。

他对语法的认识，与同时代其他语言学家一样，深受拉丁语语法的影响，其实他自己也知道这两种语言不具可比性，他自己甚至还说过，不要"把外语规则强加到英语头上"（… condemned "forcing the English under the rules of a foreign Language"），但这并不妨碍他成为一名强势的英语规则制定者。他继承了英语语法集大成者乔纳森·斯威夫特对英语的看法，两人都认为英语必须有一套标准规则，1712年斯威夫特发表了"矫正改进英语的提议"（*A Proposal for Correcting, Improving and Ascertaining the English Tongue*）一文，对洛思影响很大。

洛思指出了许多所谓的不当句法，他选择的病句都是来自名家名作，例如莎士比亚、约翰·弥尔顿、乔纳森·斯威夫特、亚历山大·蒲柏、《钦定圣经》等。例如，他认为whose只能用来指人的所属格，用来作为which的所属格就是错误的（Whose is by some authors made the possessive case of which, and applied to things as well as persons; I think, improperly.）。他还批评约瑟夫·阿狄生（Joseph Addison）的句子：Who should I meet the other night, but my old friend?（那天晚上，除了见老朋友，我还能见谁呢？）他认为不应该用主格who，而应该用宾格whom来指代动词宾语。虽然《钦定圣经》和莎士比亚都大量使用双重否定句，莎翁在戏剧《理查三世》（Richard III）里还用到了三重否定句，例如：I never was nor never will be（无论过去还是将来，我都绝不会这样做），但是洛思建议不要使用双重否定句，更不要使用多重否定句，因为他认为这是多此一举的语法冗毒，只会徒增读者的阅读负担。

洛思最著名的观点是不能把介词放在句末，即不能出现介词悬空（preposition stranding）的情况，这对后世有很大的影响。介词悬空又被称为介词后吊，指介词与后接宾语分开了，通常是介词出现在句末。这种用法不仅出现在英语中，在其他日耳曼语中也有这种现象，因此关于这种用法是否符合英语语法规则一直没有定论。支持者认为这是英语句法固有的特征之一，存在即合理，从乔叟、弥尔顿到莎士比亚、《钦定圣经》，无一例外都有这种用法。反对者认为这种用法完全不能接受，第一个反对该用法的是约翰·德莱登（John Dryden），他批评本·琼森（Ben Jonson）的这种用法："The Waves, and Dens of beasts cou'd not receive; The bodies that those Souls were frighted from."他认为琼森不应该把from放在句子的末尾。

洛思的意见非常重要，他认为介词悬空在非正式口语里可以用，但在正式书面文体中应该尽量避免。例如，他认为口语中可以说What did you ask for（你想要什么？），但用在正式书面语里就显得不恰当了，而应该写作：For what did you ask? 他认为：在英语中，这种表达方式已经成为惯用法了；在日常口语中很常见，在书面语里用来表达稔熟风格也算得当；把介词放在关系词前面更文雅，更通达，更适合庄重高雅的文风。（This is an Idiom which our language is strongly inclined to; it prevails in common conversation, and suits very well with the familiar style in writing; but the placing of the Preposition before the Relative is more graceful, as well as more perspicuous; and agrees much better with the solemn and elevated Style.）细心的读者已经注意到了，在上述洛思探讨介词悬空的第一句英语句子里：This is an Idiom which our language is strongly inclined to，他故意犯下了介词悬空的错误，把介词to放在了句末，其目的无非是希望有更多人关注并避免这种语法现象。

无论是编纂词典还是撰写语法书，都是难度非常大的学术活动，而编写英语用法指南则相对容易得多。18世纪后期，英国出现了许多列举易犯英语错误的书，其关注点各不相同，涉及语法、词汇、读音、拼写、标点符号、写作风格等各个方面，这些都统称为"用法"（usage）。其中最著名的用法指南当属1770年罗伯特·贝克（Robert Baker）出版的《英语语言反思》（*Reflections on the English Language*）。贝克受过扎实的拉丁语教育，但他并没有从拉丁语语法出发来要求英语语法，而是指出了当时人们容易犯的127个具体错误，例如：went不能用作go的过去分词形式；different后面的介词只能接from，不能接to或者than；不能混淆拼写相似的单词，例如fly和flee、set和sit、lie和lay等；less不能修饰可数名词；不能说the reason is because；人称代词的宾格主格不能混用；mutual和common意思有差别等。值得注意的是，后人高度认同贝克的看法，他列出的不少错误用法后来都被排斥在标准英语之外。

类似这样的用法指南还有很多，在英国教育界代代相传，其结果是受过教育的人确实遵守英语的规定性用法，不会犯下常见的错误。例如，他们不会用worser这种双重比较级，也不会用I don't know nothing这样的双重否定句。因为用法指南早就指出，这种用法是语言的堕落。但凡受过教育的人，都使用传统的拼写方式和标点符号，说话时注重单词发音及重音的准确性，力求符合规范。这种做法满足了任意性语法的规定，强化了所谓"正确"英语的观点。推行共同的语言标准无疑具有社会实用价值，有利于加强社会阶层融合。然而任何事物都有两面性，如果混淆了"标准"与"正确"这两个概念，则很容易带来新的弊端，毕竟不是所有的人都能"正确"地谈吐或书写英语，这又导致新的社会分裂。在英国文化中，英语用法发挥着独特的作用，不仅能够衡量一个人的读写能力，还能够通过其英语能力透露其社会阶层，甚至是智力水平。

约翰逊的词典、洛思的语法，以及形形色色的英语用法指南，促进了英语标准的形成与推广，使英语成为规定性很强的一门语言。

（二）伦敦英语与英格兰其他地方英语

探讨伦敦英语与英格兰其他地方的英语，实质是研究英语的地域变体，首先要分清方言（dialect）和口音（accent）这两个概念。广义上讲，口音指把英语作为母语的人的一种发音模式，从其发音往往可以听出某人属于哪一个社会阶层或哪一个地区。口音应当是方言的一部分，往往带有明显的性别、年龄、职业、社会地位、教育程度等特征。口音的差异主要指发音模式的不同，而方言的差异范围要广得多，还包括语法、词汇的不同。理论上一个人说英语的发音方式可以透露他来自何处、现在住在哪里、所属社会阶层等信息。英国一度曾流传一种说法：通过口音判断一个英国人的出生地，其误差经常可以控制在大约24千米的范围内。

英国有多少种方言？这个问题很难回答。在英国，从一个地方到另一个地方，方言在不断变化。两个地方相距越远，方言变化就越大，不同的方言相互融合，很难清晰画出一条语言突变的分界线。英国有很多不同级别的土话，在乡村有最古老的地区方言，城镇与城市里有无数混合方言，还有广为人们接受的标准英语。所谓标准英语，一般是指由伦敦方言发展而来的语言，从伦敦方言到英国标准语，经历了一个漫长的过程。18世纪，在书面英语方面，伦敦英语早就成为英国标准英语，而在口头英语方面，伦敦英语与英格兰其他地方英语的依然存在着较大的差异。

公元449年，盎格鲁-撒克逊入侵，使得日耳曼入侵者把不同方言的日耳曼语带到了不列颠，这些并不统一的语言融合形成了最早的英语，即古英语。之后英国数次经历外族入侵，每次入侵对其民族语言的发展都有很大的影响。北欧海盗入侵时，北欧语在英国逐渐普及。诺曼征服后，诺曼法语成为英国统治阶级的语言，广泛使用于宫廷、官方、知识界和上层社会，成为英国高雅的宫廷语言。法语垄断下的中古英语虽然长期在民间流传，但却没有统一的规范可循，实际上是任其自由演变，鲜受任何约束。由于语言中的离心因素时刻在起作用，一些原有方言中的支派再分裂出去，形成若干新的小方言，于是英语中的方言越分越多，越分越细。中世纪后期已经形成了三种主要方言：

（1）南方方言（Southern Dialect）。这种方言流行于泰晤士河以南地区，是由西撒克逊语（West Saxon）发展而成的。西撒克逊语可追溯到条顿民族部落在欧洲大陆时所用的低地德语（Low German），盎格鲁-撒克逊部落迁移到不列颠岛之后，西撒克逊语也就逐渐脱离了欧陆母系语言，独立发展成为具有自身特点的南方方言。这种语言的形式十分古老、保守，词尾变化很复杂，在阿尔弗雷德大帝

（Alfred the Great）统治时期，即公元9世纪，曾一度成为英国的文学语言。

（2）北方方言（Northern Dialect）。主要流行于英格兰北部及苏格兰南部低地，是由古北方语（Old Northumbrian）发展而成的。公元9世纪，丹麦人入侵英国并占领了英国北部地区。丹麦人和该地区英国人的风俗习惯很相近，语言也基本相通。丹麦语和苏格兰地区的古北方语实际上是日耳曼语族中的两种方言，差别仅在于词尾变化不同。在两个民族长期混合居住和交往的过程中，两种方言逐渐变得非常相似，当地的古北方语不再带有复杂的词尾，从而发展成为北方方言。北方方言词尾的简化，较之南方方言早两个世纪，词汇量也比南方方言大得多，因而比南方方言更为进步。南北两大方言由于历史等方面的原因，发展极不平衡，几乎成为完全分离的两种不同语言。

（3）中部方言（Midland Dialect）。主要流行于北方方言区以南，泰晤士河以北。这种方言不如北方方言进步，又不像南方方言那样保守，介于两者之间。但这种方言对于南北双方的人民来说，都比较容易接受和理解，因而它也就具有统一南北两种语言的基础。

以上三个地区的人民都说自己的方言，作家也用自己的地区方言从事写作。虽然1362年英国法庭和学校重新采用英语，但当时的英国却没有一种方言能为全民所通用。小小的不列颠岛上方言丛生，各个地区的人民并不能完全理解彼此的语言。在这种情况下，中部方言由于群众基础好，能为较多的人接受，且比较自由，不受任何文学传统的影响，便得到了迅速发展。中部方言又分为两个支系：一是西中部方言（West Midland），它在中部方言中算是比较保守、形式古老的一种方言；二是东中部方言（East Midland），这种方言受丹麦语的影响较大，比西中部方言进步，因为它的中心区是伦敦，所以又称伦敦方言。

13—14世纪，由于城市经济的发展，大量人口流向伦敦，另外伦敦、牛津、剑桥这一所谓黄金三角地带，有王廷、政府机构、高等学府、码头商埠，是英国的政治、经济、文化、教育中心，具有成为标准英语发源地的客观条件。标准英语的书写形式，是在中世纪后期伦敦方言的基础上发展起来的上层阶级的方言，同时又受中东部移民家乡方言的影响。伦敦方言对于当时的商人、贵族来说是比较熟悉的，因为他们经常出入伦敦城。同时伦敦方言又是英国两个最古老的学术中心——牛津大学和剑桥大学所使用的方言，因而学者和文化界人士对这一方言也比较熟悉。于是，伦敦英语在英国众多方言中脱颖而出，每个地区受过教育之人，无论从事何种职业，都用它来书写，早在17世纪末就开始成为书写的唯一标准，在优胜劣汰的方言竞争中，伦敦方言逐渐统一了英国语言，成为标准英语。

早期的标准英语与现在的标准英语是有区别的，保留了许多社会方言并且深受地方拼写形式的影响。18世纪，英国开展了固定读音的运动，那些与书写形式最近的、最好听的发音被保留下来。从此以后，各种不同发音就逐渐趋同消失了。

从作家和文学作品对语言的影响来看，一种语言的诞生和流行，与伟大作家对该语言的使用有着十分密切的关系。但丁对现代意大利语的形成功不可没，马丁·路德对德语的贡献也是巨大的。14世纪后期，在英语重新统一的过程中，英国作家乔叟也发挥了类似的作用，因此被誉为"英语语言之父"（Father of the English Language）。尽管乔叟开始用伦敦方言写作时，伦敦方言已发展得相当完善，但由于乔叟使用这种方言时表现出了前所未有的娴熟、优雅和睿智，从而使伦敦方言具有了高雅的文学色彩。乔叟以伦敦市民、宫廷官吏、旅行家、外交家的身份，用伦敦方言与各界人士进行广泛交往，并通过这种方言对世界领域里的各种知识进行深入探讨：再加上他的诗歌天赋，其作品的广泛流传，这就使他在语言的推广方面发挥了重大作用。他的《坎特伯雷故事集》（*The Canterbury Tales*）以及其他大量散文、译文、占星术著作等，除了文字上的流畅和洗练外，还大量地借用了外来词汇，并使之融合在本民族的语言中。英语中很多重要的学术性词汇都可以追溯到乔叟，例如：attention, diffusion, duration, fraction等都是在他的作品中第一次出现的。这些词汇后来曾一度停止了使用，16世纪英国文艺复兴时才又重返英语。虽说即便没有乔叟，伦敦方言也照样会发展成为英语标准语，但是如果没有乔叟作品的广泛流传和深远影响，这个发展过程则要缓慢坎坷得多。

在伦敦方言发展成为全国统一标准语的过程中，另一个伟大的语言大师威克利夫也起了很大作用。在乔叟的诗歌广泛流传的同时，威克利夫用伦敦方言翻译了全部《圣经》。他的译品文字优美、清新、动人，加之后来《圣经》家家都有，人人皆读，这就使伦敦方言迅速得到普及，他的这一功绩不亚于乔叟。唯一不同的是：乔叟多从法语中借用新词，而威克利夫主要从拉丁语《圣经》中借用新词。乔叟和威克利夫时期，以伦敦方言为基础的语言，是介于中古英语和现代英语之间的过渡性语言,亦称为早期现代英语。英语经过三百多年法语的压抑,到14世纪后期,在大量吸收外来新词汇的基础上重新苏醒过来,乔叟和威克利夫曾经使用过的伦敦方言终于在18世纪成了英国的标准语,随着时间的推移,社会的进展,又逐渐发展成为现代英语。

18世纪时,伦敦英语已经确立了在英语方言中的垄断地位。在书面英语中,完全没有必要区分伦敦英语与书面英语,因为两者高度趋同。在口语中,情况稍微复杂一些。中世纪时,说法语是身份和地位的象征,1489年法语不再是英国的官方语言后,英国人对法语高看一眼的定式思维依然又延续了两百多年。在法语独大的背景下,伦敦英语在英国社会中并没有特殊地位。相反,英格兰北方以及中东部地区的语言形式不断涌入伦敦英语,说明北方,尤其是约克,可能一度才是英语语言权力的中心。但自从法语彻底退出英国,英语口语重新受到重视以来,伦敦口音也逐渐确立了在英语诸口音中的独尊地位,并开始影响其他地方英语方言。

伦敦是英国首都,王廷语言的尊荣与威严派生出了首都英语的重要性与权威性。然而,王廷语言与伦敦普通人的语言有很大的差别。16世纪中期的布商亨利·梅钦(Henry Machin),留下了最早的关于普通人口语发音情况的记录,他日记里的拼写方式与19世纪伦敦东区土话(Cockney)有相似之处。例如,字母"u"和"w"混用,"woyce"即今天的"voice"。山姆·韦勒(Sam Weller)总是说"voman"而不是"woman",韦勒是查理·狄更斯(Charles Dickens)第一部小说《匹克威克外传》(*The Pickwick Papers*)中的人物,狄更斯使得世人都知晓了这一用法。这些拼写形式有别于标准英语的拼写形式,反映了当时各个社会阶层在发音方面都有不规范性的共性。还有一些拼写也很有意思,这些拼写反映的发音方式是最近才开始流行开来的,例如:"sweat"中的元音发音变短了,"guard"中的元音发音变长了,"morrow"中第一个元音发音时嘴唇没有呈圆形,最后这种情况现在已成为美国英语的发音特征之一。

面对各种各样的英语口音,如果以"正确性"作为社会规范来看待这些口音,势必要对这些发音变体进行价值评判。语言创新可能是粗俗的,也可能是高雅的;复古形式可能是乡野的,也可能是古风的,这一切取决于说话者的社会身份和地位。在对英语口音进行价值判断时,提到伦敦英语,往往是指高雅知性的贵族英语，而不是伦敦东区土语，全英各地城镇中产阶级极力模仿的也是伦敦高雅知性的贵族英语。

18世纪以前，大部分英语使用者都是说的家乡乡村方言。随着城镇化程度的快速提高，农村人口向城市流动，不同农村方言很快整合成新的城市方言。交通运输方式的进步，带来了沟通的便利，也有助于伦敦方言的传播。英国各地城镇比乡村更早、更多受到伦敦方言的影响，城镇中产阶级比工人阶级更早、更多受到伦敦方言的影响。伦敦方言慢慢由一种地域方言演变成了阶级方言，受教育程度越高，社会地位越高，其语言的地域性越弱，越难通过口音判断一个人的出生地，因为大家都向伦敦口音看齐，尤其是那些处心积虑要提升社会阶层的人。

英国剧作家萧伯纳曾写过一部著名剧作《卖花女》（*Pygmalion*），并改编成电影《窈窕淑女》（*My Fair Lady*），引起了人们对英语口音的兴趣。《卖花女》剧中女主角伊莉莎（Eliza）是个卖花姑娘，某天她在街上说话时，偶然被语言学家希金斯教授（Prof. Higgins）和上校听见，教授觉得她的口音很罕见，于是跟上校打赌说，经过训练，能够把口音粗俗的卖花女改造成上流社会的淑女，最后教授果然成功。从萧伯纳的这个著名剧作中，可以看出口音对一个人的影响之大。在《卖花女》中，希金斯教授能够根据一个人的口音来判断他来自何处，其准确性之高是十分令人吃惊的，如：

> The Bystander: He aint a tec. He's a blooming busy body: that's what he is. I tell you, look at his boots.
>
> 路人：他不是侦探，他就是他妈的好管闲事，我的话不会错，你们瞧他的皮靴就知道了。
>
> The Note Taker (Higgins): [turning on him genially] And how are all your people down at Selsey?
>
> 作记录的人（希金斯）：(和气地转身对他说)你住在塞尔希的家人都好吗？
>
> The Bystander: [suspiciously] Who told you my people come from Selsey?
>
> 路人：(惊疑)谁告诉你我老家是塞尔希的?
>
> The Note Taker: Never you mind. They did. [To the girl] How do you come

to be up so far east ? You were born in Lisson Grove.

作记录的人：你别管。反正错不了就是了。（向卖花女）你怎么跑到大东边来了？你是丽孙林地方的人呀。

过了一会，希金斯教授又说出了另一个旁观者的身份，"切尔滕纳姆（Cheltenham）、哈罗（Harrow）、剑桥（Cambridge），以及印度（India）"（Shaw, Bernard. 1912）。

从这里可以看出英语方言以及不同的口音确实能透露出某些个人信息。在《卖花女》中，希金斯教授认为如果伊莉莎能说一口标准的英语，她的命运将会改变，这说明英语的方言与社会阶层是有关联的。在英国，社会各阶层的人往往都带有不同程度的地域口音。概括来讲，社会阶层越高，地域口音就越轻，社会阶层越低，地域口音就越重。

在艾拉·莱文（Ira Levin）的小说《死前之吻》（*A Kiss Before Dying*）里，有一个一门心思向上爬的角色，他一旦发现自己也有他所认为的别人才有的口音时，就感到十分难过。许多人想到口音时，会不自觉地把它和社会阶层相联系，要么是"粗俗的口音"（a vulgar accent），要么是"优雅有教养的口音"（a posh accent）。

在英格兰，有一些人没有地域口音（local accent），从他们的言语只能知道他们是英国人。这种没有明显地域口音的发音通常被称为标准发音，是上流社会或中产阶级以及受教育程度较高的标志，这种发音在英国人中能占到大约3%（Trudgill, Peter. 1979）。

在所有以英语为母语的国家里，都或多或少地存在着语言与社会阶层的紧密联系。语音因素（phonetic factors），主要是口音（accent），与非语音因素（non-phonetic factors），比如词素（morphology）、句法（syntax）、词汇（vocabulary）等，在这种联系中都起着重要的作用。正如在卖花女中希金斯教授所说，"如果伊莉莎能有标准的英语发音，她就不会在街上卖花……她可以配得上王子"（Shaw, Bernard. 1912）。在英国，尤其是19世纪，英语发音与社会阶层有着比今天更明显、更紧密的联系。

（三）英格兰以外的英语

不列颠是一个岛国，主要民族有英格兰人、威尔士人、苏格兰人和爱尔兰人，官方语言是英语。英语由于使用的地域不同，又形成了许多方言。早在1536年，威尔士便与英格兰合并，威尔士人的语言深受英语影响，故威尔士英语与英格兰英语差别不大。英语的扩张导致英语变体（varieties of English）的产生，变体正是英语的一大特色。但直至17纪，英语仍是一门很少人讲的语言，基本仅限于不列颠岛。即使在不列颠岛上还有人不讲英语：在威尔士的所有地方和康沃尔（Cornwall）的多数地区分别讲威尔士语（Welsh）和康沃尔语（Cornish），这两种都是凯尔特语；而苏格兰高地、苏格兰南部和北部岛屿都讲由爱尔兰传过来的另一种凯尔特语——盖尔语（Gaelic）。苏格兰北部奥克尼群岛（Orkney）和设得兰群岛（Shetland）还讲斯堪的纳维亚语——诺恩语（Norn）。17世纪，英语才开始了在地域和人口方面的扩张。本节主要讲18世纪已经形成的三种主要的英语方言：苏格兰英语、爱尔兰英语、北美英语。

历史原因是形成方言的重要因素。苏格兰和爱尔兰原住民的语言属于凯尔特语，在与盎格鲁-撒克逊人融合的过程中形成了苏格兰英语和爱尔兰英语。早期去北美拓殖的英国人，由于交通通信不便，和母国交流有限，因而在语言上也形成了独特的北美英语。

地理、政治、经济、社会原因也会影响方言的发展。地理方面，原来住在某地的人，迁移到了一个新地区，住在山这边的与住在山那边的人，如果不常往来，其语言就会发生变化。同样两个相邻的地区，如果经常往来，语言不通的可能性就很小。社会政治地位、就业与收入、教育程度等也会使语言发生变化，形成所谓的阶级方言。

18世纪，英语开始从英格兰往外大规模扩张时，其书写形式已经基本定型，与现代英语非常接近了，印刷术在确立标准英语书写形式方面功不可没。三种英语方言并未形成自己独特的书写形式，因而并未对以伦敦方言为基础的标准英语构成挑战。当然，地域差别依然存在，方言与标准英语的差别主要在用词、拼写等细节方面，例如标准英语中的女孩（girl），在康沃尔称为maid，伦敦东区方言叫kid，诺森伯兰（Northumberland）叫作lass，在苏格兰边界则是lassie，彼此不同。另外，标准英语中动词get的过去分词是got，而北美英语则保留了gotten这种形式。

不同方言在口语发音方面存在较大的地区差别，有多种变体。英语口语有伦敦口音、诺森伯兰口音、苏格兰边界（Scottish Borders）口音、康沃尔（Cornwall）口音、北美口音等多种口音。这些方言口音，有的彼此交流并不容易。由于缺乏标准英语口语推广的技术手段，伦敦口音的影响有限，可能仅限于英格兰的上流社会，20世纪广播电视的出现后才会促进标准英语口语的形成和扩散。18世纪时，主要英语方言都已经形成了各自的发音特征，这些特征保留了最早到达这些地方的英语使用者的发音习惯。关于这些习惯有许多并不准确却流传很广的说法，例如：北美英语保留了比较古老的发音方式、苏格兰高地最北部的因弗内斯（Inverness）地区讲的英语才是最纯正的英语、北爱尔兰阿尔斯特（Ulster）地区仍然在讲伊丽莎白一世时期的英语等。

苏格兰英语（Scottish / Scots）是居住在苏格兰的当地人说的英语，起源于中世纪英语的北支，其谱系可回溯至6世纪和7世纪盎格鲁–撒克逊人对苏格兰的入侵，到13世纪时，其使用范围大大增加。现在说苏格兰英语的人，主要分布在苏格兰东南部和英格兰北部。15世纪之前，苏格兰英语用Inglis表示，Scottish或Scots指的是苏格兰盖尔语，15世纪后，这两个词被公认为苏格兰英语，而苏格兰盖尔语则用Scottish Gaelic或Scots Gaelic表示。

苏格兰英语的历史与英格兰英语的历史非常相似，主要差别是时间后移了。中世纪时，苏格兰用拉丁语作为保存记录的语言（the language of record），法语在苏格兰占有重要地位，这种地位不是来自征服，而是来自联盟。1295年，苏格兰和法国签署了"古老盟约"（Auld Alliance），共同对付英格兰。和英格兰英语一样，苏格兰英语也大量从法语借入词汇，但所借入的词汇有不同，例如：苏格兰英语用tassie表示cup（杯子），用hogmanay表示New Year's Eve（元旦前夜）。14世纪晚期，苏格兰英语书写形式开始逐步固定下来，这与英格兰英语同步，主要是苏格兰诗人（makar）这个时期开始用这种语言进行文学创作，这些诗人大都是宫廷诗人，例如，罗伯特·亨利森（Robert Henryson）、威廉·邓巴（William Dunbar）、加文·道格拉斯（Gavin Douglas）等，他们是北方文艺复兴（Northern Renaissance）的干将，文学批评家通常称他们为"苏格兰乔叟"（Scottish Chaucerians）。虽然乔叟对苏格兰文人影响很大，但这些苏格兰诗人主要是从苏格兰本土题材挖掘写作灵感。

16世纪，苏格兰英语有自己比较成熟的书写形式，有别于英格兰英语书写形式。当时西班牙驻苏格兰大使认为，这两种语言的差异类似西班牙国内卡斯蒂利亚语（Castilian）和阿拉贡语（Aragonese）之间的关系。1587年，英格兰神父威廉·哈里森（William Harrison）在其文章《本岛语言》（Of the Languages Spoken in This Island）中这样描述苏格兰英语：

苏格兰英语在发音方面比英格兰英语口型更开阔，听上去更刺耳，因为一直到最近之前，苏格兰英语都缺乏完美秩序……然而在我们这个时代，苏格兰英语终于有所改进，但在短语构词、单词拼写方面还是不能与英格兰英语相提并论。（The Scottish english hath beene much broader and lesse pleasant in vtterance than ours, because that nation hath not till of late indeuored to bring the same to any perfect order ... Howbeit in our time the Scottish language endeuoreth to come neere, if not altogither to match our toong in finenesse of phrase, and copie of words.）

苏格兰英语书写形式最终被伦敦英语取代，主要有两个原因，一是《圣经》译本的选择对语言的影响力很大，二是苏格兰国王成了英格兰国王。1560年，苏格兰宗教改革后，也和英格兰一样，迫切需要用民族语翻译拉丁语《圣经》。由于印刷术对苏格兰英语的促进作用，远不如印刷术对英格兰英语的促进作用，伦敦的威廉·卡克斯顿（William Caxton）很清楚，必须根据市场的需要选择翻译《圣经》的语言，他选择了伦敦英语，苏格兰英语无法与伦敦英语竞争。苏格兰采用的《日内瓦圣经》（Geneva Bible）和《祈祷圣诗集》（Psalter）都是用伦敦英语写成的，这大大提高了伦敦英语在苏格兰的地位。

1603年，英格兰女王伊丽莎白一世无嗣而终，苏格兰国王詹姆士六世继承其王位，成为英格兰的詹姆士一世，他和他的朝廷都从爱丁堡搬到伦敦。从此，苏格兰英语开始衰落，例如，詹姆士的朝臣威廉·亚历山大（William Alexander）在写作中使用了苏格兰英语的表达方法后，一定会致歉。17世纪后期，苏格兰英语的书写形式与口语都高度英格兰化了。到1707年，苏格兰英格兰正式联合成立"大不列颠王国"时，伦敦英语毫无悬念地成为整个不列颠王国的官方语言。

18世纪，尤其是1760年以后，有关苏格兰英语的评论，主要是指责其发音和拼写方式的不规范性。《约翰逊词典》就专门列出了苏格兰哲学家大卫·休谟（David Hume）作品中的语法不规范之处。1768年，《牛津杂志》（*Oxford Magazine*）有篇文章写道：苏格兰人常常省略形容词或副词最高级形式前面的定冠词the，他们高产的作品对英语的污染不是一星半点。(The Article — the — before Superlatives, is frequently omitted by the Scots [who have not contributed a little to corrupt our Language by the Multiplicity of their Works.])（Leonard, Sterling A. 1962: 90）

确实，从上述批评可以看出，苏格兰文人对于保持苏格兰英语的独立性做出了很大贡献，许多著名的文学作品是用苏格兰英语写成的。苏格兰文学史上曾经群星璀璨，在19世纪前的浪漫文学年代，诗人罗伯特·彭斯（Robert Burns）和历史小说家沃尔特·司各特（Walter Scott）的作品就奠定了苏格兰文学的基础。20世纪，阿瑟·柯南·道尔（Arthur Conan Doyle）塑造的福尔摩斯形象深入人心，虽然福尔摩斯的故事发生在伦敦，但其中很多的思维方式都是典型的苏格兰式的。当代的苏格兰作家更是推陈出新，欧文·韦尔什（Irvine Welsh）的《猜火车》（*Trainspotting*）以独特的苏格兰英语写成，反映了当代苏格兰社会的现实。其他著名作家如伊恩·班克斯（Iain Banks）、伊恩·兰金（Ian Rankin）等人的作品也纷纷被改编成电影和电视，为苏格兰赢得了国际声誉，同时也为苏格兰英语带来荣耀。1990年后，另一部来自苏格兰的儿童文学系列作品更是在全球掀起热潮，J. K. 罗琳（Joanne Rowling）成为全世界千百万哈利波特迷心中的偶像。2004年，爱丁堡被联合国教科文组织（UNESCO）授予"文学之都"的美誉。

苏格兰英语保持独立的另一个原因，是它过去一直是苏格兰议会的官方语言。由于苏格兰在政治、法律和宗教系统方面都具有独立性，许多苏格兰英语的特殊词汇一直在使用。历史上即便在苏格兰没有自己的议会时，仍然保留自己的法律体系，这使得保留一些与这个体系相对应的词语成为必要。因此，苏格兰人称市长为provost，而不是mayor；破产是sequestration，而非bankruptcy；过失杀人罪是culpable homicide，而不是manslaughter；律师是advocate，而不是barrister或者solicitor。除了这些术语以外，苏格兰的现代标准英语中还保留了许多表现苏格兰人追求自由与独立的痕迹。

英语最早进入爱尔兰可以追溯到12世纪，当时盎格鲁-诺曼拓殖者从北欧海盗手里夺取了都柏林一带（Geipel, John. 1971: 56）。与英格兰一样，14世纪之前的爱尔兰统治阶级主要使用拉丁语和法语，而民间仍然使用爱尔兰语。1367年，英格兰人通过了"基尔肯尼法案"（Statutes of Kilkenny），该法案的主要目的就是要使爱尔兰彻底盎格鲁化，大力压制爱尔兰人的语言和习惯，是英语对爱尔兰语的打压。然而可以追溯到12世纪的爱尔兰英语还是慢慢消亡了。

英国工业革命促使英语扩张的最典型的例子就是英语在爱尔兰的广泛使用。爱尔兰语在18世纪和19世纪一直处于衰退之中，重要原因就是英格兰大城市的经济活动向边缘的爱尔兰扩张，使爱尔兰人转向使用英语，以致19世纪英国下院中第一位伟大的爱尔兰领袖丹尼尔·奥康奈尔（Daniel O'Connell）感叹道"英语作为现代交流工具，具有至高无上的效用，使我不得不叹息地看着爱尔兰语的渐渐废弃"（Brown, Terence. 1985: 273）。爱尔兰重大活动基本都是用英语进行的，许多爱尔兰父母不得不让孩子学习英语，目的是为了孩子能在英国找到工作或移民去美国。1815年，只有25%的爱尔兰人将爱尔兰语作为第一语言，1911年，这一数字更是降至12%（Finnegan, Richard B., and Edward T. McCarron. 2000: 114—115）。

现在的爱尔兰英语是16世纪、17世纪英格兰和苏格兰的拓殖者带到爱尔兰的。当时，英国政府鼓励向爱尔兰移民，目的是镇压、控制爱尔兰。这些新移民主要信仰英国国教，而爱尔兰的宗教是天主教，因此英语和爱尔兰语之间的对立，不仅是两种语言的竞争，还反映了两种宗教的冲突，本质是外国侵略者对当地语言的灭绝政策。1601年，爱尔兰人反抗英国的企图再一次失败，在这一年以后，爱尔兰本地贵族力量几乎全线崩溃。1641年，爱尔兰人再次爆发反抗运动，这次是以天主教徒对英国新教徒的反抗作为主轴。1649年，克伦威尔率英军血腥镇压了这次起义，整个爱尔兰终于在实质上完全置于英国统治之下。经过100多年的高压统治，在1800年左右，英语在爱尔兰已经变成了一个不折不扣的强势语言。在爱尔兰岛上，几乎任何在政治、社会、经济、文化上享有权势的人，使用的都是英语，而不是爱尔兰语。虽然如此，仍然有大约400万人使用爱尔兰语，他们大多数都是处于社会底层的农民。

在书面语方面，爱尔兰英语与英格兰英语没有太大差异。在口语方面，爱尔兰英语保留了拓殖者家乡英语的口语特征。这些拓殖者来自英国各地，到爱尔兰后互相交流融合，其口音也发生融合趋同，但整个爱尔兰岛从北到南的口音差别仍清晰可辨。例如：北爱尔兰阿尔斯特（Ulster）北部地区的英语带有明显的苏格兰英语口音。再往南,可以听出英格兰西北部口音,北爱尔兰首府贝尔法斯特(Belfast)英语在发fir、fair这两个单词时,没有区别,这和英格兰西北部默西河(River Mersey)流域的发音一样。

1801年,爱尔兰和英国正式合并,成立"大不列颠及爱尔兰联合王国"(United Kingdom of Great Britain and Ireland),在接下来的一个世纪里,爱尔兰语萎缩步伐加快,甚至连爱尔兰民族主义者也认为爱尔兰语是进步的绊脚石。在20世纪爱尔兰独立运动中,爱尔兰语才成为爱尔兰民族主义的象征。1921年,爱尔兰南部26个郡从英国独立出去后,爱尔兰规定以首都都柏林英语口音为国家标准发音,大约在同一时期英国也确立了自己的"英语标准发音"(Received Pronunciation)。爱尔兰北部6个郡则继续留在英国,其英语发音与苏格兰英语很接近。

北美英语最早可以追溯到15世纪末期。1497年,意大利航海家约翰·卡伯特(John Cabot)受英格兰国王亨利七世(Henry VII)委托,寻找从西北方通往中国的航道,他横跨大西洋,来到了纽芬兰,并把英语带到了北美(Bailey, Richard W. 1982: 137)。早期去北美的英国拓殖者,大都是出于经济压力远走他乡的,并非在英国的风云人物。可以想象,这些人的英语水平也不是太高,早就有学者质疑他们所谓的语言"创新"是不符合语法规范的。关于北美英语的创新,最早有记录的单词是1663年的ordinary,北美英语用这个单词来指代"小酒馆、客栈"(tavern),而当时英格兰用ordinary指代"寄宿处、公寓"(boarding house)。最早遭到谴责的典型北美英语用词是bluff,北美英语用这个单词指代"向水中突出的陆地、岬"(headland)(Cassidy, Frederic G. 1982: 186)

最早抵达北美新英格兰地区的英国殖民者主要来自英格兰中东部地区,其语言相对具有一致性,因而北美口语差别不大,无论是地域差别还是阶级差别都不如英格兰突出。关于北美英语更加"纯洁"的说法最早出现在1724年(Cassidy, Frederic G. 1982: 187),美国独立后这种说法更有市场,美国人认为自己讲的英语比英格兰的英语更优越。诺亚·韦伯斯特(Noah Webster)就曾说过:……美国人,尤其是英国后裔,他们所说的英语是当今世界上最纯正的英语……英格兰不同方言之间差别很大,相距较远的人很难听懂彼此的语言;但远在1900多千米之外的美国,大家听不懂的单词可谓凤毛麟角。(... the people of America, in particular the English descendants, speak the most pure English now known in the world ... The people of distant counties in England can hardly understand one another, so various are their dialects; but in the extent of twelve hundred miles in America, there are very few ... words ... which are not universally intelligible.)(Webster, Noah. 1789: 288—289)

韦伯斯特已经注意到了语言独立的政治意义。他说过：我们的政治和谐与语言协调密切相关，作为一个独立国家，我们的尊严要求我们无论是在语言上还是政治上都要有自己的一套体系。(Our political harmony is concerned in a uniformity of language. As an independent nation, our honor requires us to have a system of our own, in language as in government.)

北美英语与英格兰英语的不同，主要体现在拼写改革上。最明显的例子是英格兰英语的honour（尊重）, colour（颜色）变成了北美英语的honor, color, 去掉了字母u; plough（犁）变成了plow; waggon（四轮马车）变成了wagon。这些拼写方面的不同基本无伤大雅，不影响理解沟通。北美英语一直在挑战英国英语的权威性，但最具讽刺意味的是，北美英语全盘继承了英国英语关于语言正确性的态度，北美英语也充满了规定性语法。

其实在语言的发展初期，没有什么标准和非标准之区别，当某种方言的地位上升而成为标准语言后，其他方言就成了非标准语言，标准英语的产生并不会取代方言。在语音、语法、词汇方面，标准英语并不比其他方言优越，其优越性体现在社会作用上。随着教育的普及，标准英语地位的上升，大多数英国人成了双语者，在家人与朋友间用方言，对外人则说标准英语。不同国家和地区之间，关于语言标准之争，反映了国家和地区之间综合实力的竞争。

英语的扩张还包括它对其他语言的借鉴。借词（borrowing）是获取新词最常见的方法之一，而讲英语者一直是世界上最热心于向其他语言借词者之一，英语中有成千上万的词就是由此得来的。费尔南德·莫塞（Fernande Mossé）等语言研究者发现，"自从浪漫主义兴起以后，英语演变过程中最显著的特色就是它的词汇惊人的增长"（莫塞，1998: 6）。15—18世纪英语借词的情况如下：15世纪，从法语、斯堪的纳维亚语、低地德语、拉丁语、西班牙语、阿拉伯语、凯尔特语借入111个单词；16世纪，从法语、斯堪的纳维亚语、低地德语、拉丁语、西班牙语、阿拉伯语、凯尔特语、意大利语、葡萄牙语、俄语借入201个单词；17世纪，从法语、斯堪的纳维亚语、低地德语、拉丁语、西班牙语、阿拉伯语、凯尔特语、意大利语、葡萄牙语、德语、希腊语、乌尔都语、印地语、日语、汉语借入248个单词；18世纪，从法语、低地德语、拉丁语、西班牙语、阿拉伯语、凯尔特语、意大利语、葡萄牙语、德语、乌尔都语、印地语、日语、汉语、俄语借入145个单词（弗里伯恩，2000：271—272、302—304、319—321、346—351、372—375、403—406）。

18世纪英语的借词数量锐减，标志着英语逐渐由词语输入国演变成词语输出国。从1740年起，随着英国工业革命对欧洲大陆的影响，先是法国，后是大陆上的其他国家都经历了一阵"英国热"。许多欧洲人去英国参观，学习生产方式，回国后自己也尝试生产，这就无形中提高了英语的影响力。自那时起，欧洲其他语言从英语借词的做法一直未停息。18世纪、19世纪，尤其是工业革命期间，英语的对外扩张，一方面表现为一些英语变体的形成，另一方面表现为英语词汇被其他语言所借用。

没有英国工业革命就没有英语语言的这些变化。可以说是英国工业革命，推动了英国对外扩张，促使了英语词汇的增加，形成了地方口音和英语变体，加速了英语的标准化，更使英语从一个词语借入大国变成了词语借出大国，扩大了英语在欧洲甚至全世界的影响，为英语最终成为国际通用语言发挥了重要的作用。

（四）标准英语的变化

所谓标准（standard），《现代汉语词典》的定义是指衡量事物的准则，也可以理解为本身合于准则，可供同类事物比较核对的事物。核心前提是为大众普遍接受，因此，标准英语（standard English）也应当是为大家普遍接受的英语。书面英语的标准已经形成，而口头英语的标准还在摸索之中。18世纪时，书面英语（written English）由于在各地变化不大，能够被各地、各阶层的人们所普遍接受，因此可以认为书面英语的标准已经基本形成。标准书面英语包括英语语法系统、词汇和话语，当然，其中还包括了英语书写方式、拼写习惯、标点符号等。谈到口头英语（oral English），许多人往往理解为英国本土人士所说的英语，其实不然。不同地方、不同时期、不同阶层的英国本土人士所说的英语，发音上往往存在很大区别，并非都能普遍为大家所接受，因此标准口头英语尚在探索之中，发音标准要到20世纪才定型推广。

首先探讨标准英语的起源。标准英语大约在15世纪起源于英国东南部。之所以起源于此，并非这个地方的书面语具有某种内在的质量优越性。当时英格兰仅有的两所大学是牛津大学和剑桥大学，伦敦不仅是一个港口，还是英国的首都和法庭所在地，这使得英国东南部牛津–剑桥–伦敦黄金三角地区不仅成为英国当时的文化中心，也是对外贸易中心及政治中心。在此之前，此地的书面语只是一种地方变体而已。正因为英国东南部是当时英国政治、贸易和文化的中心，所以此地权贵、富豪、博学之人的生活方式便成为人们争相效仿的时尚，此地的书面英语也成为标准英语的发源地，然而这并非因为书面语本身的特质，而是文化和历史际遇使然。1476年，威廉·卡克斯顿（William Caxton）从欧洲大陆学习了印刷技术，并在伦敦开办了英国第一家印刷厂，从此伦敦标准英语在英国各地传播开来。在此之前，有两件事对标准英语的传播起到了非常重要的推动作用。其一是当时英国政府所从事的教育改革，拉丁语首次被允许翻译成英语，从而使英语在文教领域获得了崇高的地位；其二是英国著名作家乔叟选择用英语写作。乔叟的作品流传很广，深受英国人民喜爱。尽管乔叟本人在世时未能见到他的诗集出版，但乔叟的诗歌广为传诵，尤其是在英国印刷术出现以后，客观上对标准英语的推广起到了巨大的推动作用。

18世纪，英国人之间的社会接触日益增多，人们开始注意到彼此发音的不同，同期英语书写形式的固定，为英语口语标准化提供了先例。乔纳森·斯威夫特非常关注他人的发音错误，每当有来访的布道者宣道时，他都会仔细记下布道者的发音错误，事后会给人家当面指出来。整个18世纪，英国人对英语口语的关注与日俱增，尤其注重每个单词的准确发音方式，人们主动意识到口语也需要规范，应该有统一的国家标准。《约翰逊词典》的出版，促进了英国人语言标准意识的形成。1747年，约翰逊在《英语词典编写计划》中提到了"可以规范英语发音的词典"，并探讨了确定多音节单词的重音以及单音节单词的读音问题，例如，他认为wound与sound，wind与mind，这两组单词不应该押韵（Johnson, Samuel. 1747: 11—13）。约翰逊的观点呼应了斯威夫特的看法。

18世纪40年代，英语读音问题已经成为一个国际问题，伦敦口音在苏格兰和爱尔兰的权威性有待建立。大约1748年，演说家开始攻击苏格兰口音。1761年，爱尔兰演员及教育家托马斯·谢瑞登（Thomas Sheridan, 1719—1788）在苏格兰爱丁

爱尔兰演员、教育家托马斯·谢瑞登肖像。

堡发表演讲,讲述苏格兰人最容易犯的发音错误以及苏格兰英语在发音方面的缺陷。这次演讲后,爱丁堡成立了一个专门的学会,目的是在苏格兰推广伦敦英语,苏格兰学校不再使用苏格兰英语,而是伦敦英语(Romaine, Suzanne. 1982: 61)。

毫无疑问,谢瑞登认定需要给英语发音制定统一标准,他说:"毋庸置疑,迫切需要规范英语发音的统一标准,该标准应在苏格兰、威尔士、爱尔兰以及英格兰诸郡推广开来。"(It can not be denied that an uniformity of pronunciation throughout Scotland, Wales and Ireland, as well as through the several counties of England, would be a point much to be wished.)(Sheridan, Thomas. 1762: 206)谢瑞登对自己的英语水平很有信心,深信自己的发音非常标准,他的信心来自两位父亲的言传身教。一位是他的亲生父亲,他父亲是在安妮女王统治时期才开始学习英语的,当时的英语被认为是英国历史上最规范、最优雅的英语。另一位是他的教父乔纳森·斯威夫特,斯威夫特虽然也是爱尔兰人,但却是那个时代公认的英语语言权威。

1764年,苏格兰人詹姆斯·布坎南(James Buchanan)也提出了类似观点,他发表了一篇文章:《关于建立英语优雅统一发音标准的文章》(An Essay towards Establishing a Standard for an Elegant and Uniform Pronunciation of the English Language),他在文中提出,建立统一发音标准是为国争光的事。虽然他没有明确指出应该以哪里的发音为标准,但他认为苏格兰人的发音水平有待提高。

谢瑞登在其学术研究的过程中,对口语的性质有深入探究,但后人却没有把他的研究继续下去。他说:"关于语音……古人认为含义非常广,包括整个表述方式,例如伴随说话同时出现的表情、手势等;而如今到我们这里却变成了一个非常窄的概念,仅仅只限于单词发音。"(Pronunciation ... which had such a comprehensive meaning among the ancients, as to take in the whole compass of delivery, with its concomitants of look and gesture; is confined with us to very narrow bounds, and refers only to the manner of sounding our words.）(Sheridan, Thomas. 1762: 29）他还注意到了口语和书面语的复杂联系，他说，"我知道人们会说，书面语不过是口语的翻版，与发音吻合；纸面文字只是发音的符号而已"。（I am aware it will be said, that written language is only a copy of that which is spoken, and has a constant reference to articulation; the characters upon paper, being only symbols of articulate sounds.）(Sheridan, Thomas. 1762: 95）他显然不认同这种观点，但这种观点在语言学家和语音学家中确实很有市场，直到最近才受到挑战。

　　谢瑞登的看法对后世影响很大，是英语语言研究史绕不过去的人，但同时也是有争议的人。1773年，英国小说家威廉·肯里克（William Kenrick）在其《新编英语词典》（A New Dictionary of the English Language）的序言中写道："让苏格兰阿伯丁和爱尔兰蒂珀雷里的人来教伦敦人如何发音书写，这简直就是可笑的谬论。"（There seems indeed a most ridiculous absurdity in the pretensions of a native of Aberdeen or Tipperary to teach the natives of London to speak and read.）(Kenrick, William. 1773）

　　1791年，英国演员、词典编纂家约翰·沃克（John Walker）编写了一本《英语发音词典》（A Critical Pronouncing Dictionary of the English Language），他提出了帮助爱尔兰人学习英语发音的规则，后来又推出了帮助苏格兰人学习英语发音的规则，他坚信伦敦英语广为各方接受，因而比外地英语正宗，虽然他也曾罗列了一份伦敦人容易犯的错误清单。

　　上述学者提出的问题主要涉及单词的发音。例如，balcony（阳台）和academy（学院）这两个单词的重音应该落在第一个音节还是在第二个音节上？European（欧洲的）这个单词的重音应该落在第二个音节还是在第三个音节上？Rome（罗马）的发音是否应该和roam（漫游）或room（房间）相同？单词gold（黄金）是否应该和cold（寒冷）或cooled（冷却的）押韵？单词quality（质量）的第一个元音是否应该和wax（蜡）或was（be的过去式）的元音发音一样？人们对某些单词的词源有争议，进而认为其读音有误，例如cucumber（黄瓜）读作cowcumber，asparagus（芦笋）读作sparrow-grass。直到今天大家对某些单词的发音还是没有达成统一意见，例如，controversy（争议）的重音应该落在第一个音节还是在第二个音节上？单词

vase（花瓶）应该与face（脸）、shahs（伊朗国王的称号）、cause（原因）这三个单词中的哪一个押韵？（诺尔斯，2004：136）

发音词典，尤其是沃克编纂的《英语发音词典》，在19世纪受到越来越多的重视，人们普遍认为发音也应该有统一标准。然而当时人们对发音的细节缺乏科学的认识，要到20世纪英语发音标准才确立起来。

书面英语方面，到18世纪末期，标准英语基本已经成型，自此以后书面英语的改变比较少，这容易造成误解，让人以为英语发展史可以终结了。其实不然，标准书面英语依然有活力，变化从未停止。

新单词和新表达方法不断进入英语，老单词的意思也在发生新变化。虽然古词消亡是大势所趋，但规定性语法规则也许会人为延长某些古词的生命。例如，谈到虚拟语气时，大家可能会觉得自然应该说if I was you（如果我是你），但又会觉得语法规定应该说if I were you（如果我是你）。同样还有一些类似的语法规定的正确表达方法：the bigger of two, between two, the biggest of three, among three，即两者比较用形容词比较级，三者及以上比较用形容词最高级。这些用法显示语言自然的表达方法与人为有意识的规范语言之间的矛盾。

英国人使用语言的方式不断在改变。17世纪后期斯图亚特王朝复辟后，非韵文的整体文风趋向简洁明快，这是对前朝繁复文风的自我纠偏。18世纪早期，文风又发生转向了，人们开始认为质朴语言无法传达高雅文学意境。约瑟夫·阿狄生（Joseph Addison）在第285期《旁观者》（*Spectator*）杂志中写道："许多优雅短语被日常滥用后，便不再适合诗人或演说家使用了。"（Many an elegant phrase becomes improper for a poet or an orator, when it has been debased by common use.）蔡斯菲尔德伯爵（Earl of Chesterfield）是文学造诣颇深的贵族，18世纪中期，他鼓励使用不同于日常的优雅文风，他在给儿子的信中写道："文风是思想的衣服，两者关系如下：不管思想多么有内涵，如果文风朴实无华、通俗大众，就像一个人蓬头垢面、衣衫褴褛一样，是不会招人待见的。"（Style is the dress of thoughts, and let them be ever so just, if your style is homely, coarse, and vulgar, they will appear to as much disadvantage, and be as ill-received as your person, though ever so well proportioned, would if dressed in rags, dirt and tatters.）这一时期，约翰逊的词典问世了，洛思的语法书出版了，谢瑞登推出了关于演讲的系列讲座。到18世纪60年代，乔治三世统治时期，高雅的文风又流行起来。

这种文风的代表人物正是塞缪尔·约翰逊（Samuel Johnson），他认同阿狄生和蔡斯菲尔德伯爵的观点，他说过："语言是思想的衣服……如果用来传达思想的语言是日常低端琐碎之话、经庸俗之口受到贬低之话，或被不文雅用语所玷污之话，那么无论多么闪光的思想也会黯然失色"。（Language is the dress of thought ... and the most splendid ideas drop their magnificence, if they are conveyed by words used commonly upon low and trivial occasions, debased by vulgar mouths, and contaminated by inelegant applications.）（Wimsatt, William. 1941: 105）这种观点很有代表性，当时许多人认为记录重要文本的语言，必须要与日常文本语言有所区别，应更加雅致高尚。中世纪时，拉丁语是用作书面记录的语言，18世纪末期，拉丁化的英语发挥了同样的作用。

18世纪英国传记作家詹姆斯·博斯韦尔（James Boswell）在其《约翰逊传》（*Life of Johnson*）这本书里记载了几件趣事。约翰逊在评论约翰·德莱顿（John Dryden）的讽刺剧《彩排》（*The Rehearsal*）时，先说"不够睿智不够好"（It has not wit enough to keep it sweet），后来又说"没有足够活力确保其不会褪色"（It hath not vitality enough to preserve itself from putrefaction）。后一句话用了古体hath取代has，并用了三个多音节词vitality、preserve、putrefaction取代三个单音节词wit, keep, sweet, 整句用词更考究、更文雅。还有一个类似例子，是约翰逊在一封信中的措辞选择，他先说：我们被带上楼时，一个脏兮兮的家伙从床上蹦起来，我们中有人得睡这张床（When we were taken upstairs a dirty fellow bounced out of the bed in which one of us was to lie），后来公开发表时约翰逊改成了：我们进去时，从我们将要睡的某张床上，突然跳起来一个男人，黑黢黢的，好似刚从铁匠铺里出来的独眼巨人。（Out of one of the beds, on which we were to repose, started up, at our entrance, a man black as a Cyclops from the forge.）（Wimsatt, William. 1941: 78）修改后的句子用词更讲究，例如用repose代替lie，还使用了倒装句型，并引经据典提到了希腊神话中的独眼巨人，以此来形容从床上蹦起来的这个家伙有多么脏。这种矫饰的文风一直延续到19世纪，英国某些报纸和文学评论很喜欢这种文风。

第九章

帝国英语：全球通用语

1837年，年仅18岁的肯特郡主维多利亚登基成为英国女王，英国进入"维多利亚女王时代"（Age of Queen Victoria），1901年维多利亚逝世。在她统治的六十多年中，英国控制了全球海权，主宰了世界贸易，其广阔的殖民地遍布各大洲。1914年，英国的殖民地达到其本土面积的100多倍。1922年，英国根据第一次世界大战后巴黎和会签署的《凡尔赛条约》（Treaty of Versailles），夺取了德国殖民地，从而达到历史上领土面积最大时期，覆盖了地球四分之一的土地和四分之一的人口，成为世界历史上跨度最广的国家。由于大英帝国的领土、属土遍及包括南极洲在内的七大洲、四大洋，有"英国的太阳永远不会落下"的说法，所以被形容为继西班牙帝国之后的第二个"日不落帝国"（the empire on which the sun never sets）。

最早使用"大英帝国"（British Empire）一词的是伊丽莎白一世女王的占星师兼数学家约翰·迪伊（John Dee）。不过事实上英国一直没有放弃王国（Kingdom）的称号，大英帝国只能算是对鼎盛时期英国这个"非正式帝国"的称呼，以此来指代英国本土加上其海外殖民地这个整体，不能仅指英国本土。大英帝国，由英国本土、自治领、殖民地、托管国及其他由英国管理统治的地区组成，被国际社会及历史学界视为人类历史上最大的殖民帝国，其统治面积最大时达到约3400万平方千米。

英国人的海洋探险活动以及在不列颠岛及欧洲大陆以外地区的殖民活动，可追溯到1485年至1509年在位的亨利七世（Henry VII）。在理查三世（Richard III）建立起来的羊毛贸易的基础上，亨利七世创建了现代英国海洋商贸体系，并极大地发展了英国的造船工业与导航技术，这套体系为日后贸易机构的建立创造了条件，例如，马萨诸塞湾公司（Massachusetts Bay Company）和英国东印度公司等商贸企业，为大英帝国海外扩张做出了重要贡献。亨利七世下令在朴茨茅斯（Portsmouth）建造英国的第一个干码头，加强建设当时还规模很小的英国海军，并把纽芬兰变成英格兰的殖民地。1688年，光荣革命推翻了封建统治，1689年颁布了《权利法案》(Bill of Rights)，以法律形式对王权做出明确制约，确立了资产阶级执政的君主宪制，资本主义制度的确立为英国提供了前所未有的生产力，使其经济、军力、科技、文化迅猛发展，标志着英国的崛起。

1588年，英格兰击败西班牙无敌舰队。1607年，英格兰在弗吉尼亚的詹姆斯敦（Jamestown）建立了第一个海外殖民地。在其后的300年间，英格兰不断在海外扩张势力范围，并巩固本土的封建君主专制。大英帝国的雏形成于17世纪初，此时英格兰已经在北美建立了多片殖民地，这些殖民地包括了日后的美国、加拿大的大西洋省份以及加勒比海上的一些小岛屿，例如牙买加和巴巴多斯。1763年，七年战争结束后英国从法国手里夺取了整个加拿大，标志着英国成为无可争议的海洋霸主。1770年，澳大利亚成为英国殖民地。1815年，英国击败拿破仑领导的法兰西第一帝国后，一跃成为世界第一强国，主导国际事务达一个世纪之久。1840年，新西兰成为英国殖民地。第一次世界大战后，英国由盛而衰。第二次世界大战后，全球民族解放运动蓬勃兴起，英国国力日渐式微，大英帝国开始分崩离析。

伴随着大英帝国在全球的扩张，英语也得以在全世界广为传播，英语不但成了殖民者的语言和地位的象征，也成了落后或被殖民的民族进入用英语书写世界秩序的第一把钥匙。

（一）英语国际化

在世界语言大家庭里，英语是非常年轻的语言，只有近1600年的历史。公元7世纪时，出现英语文献，到11世纪初诺曼人入侵英国时，世界上说英语的人仅有150万左右；在16世纪中后期的莎士比亚时代，说英语的人也不过500余万人。然而在当今世界6000多种语言里，英语已经成为国际化程度最高的语言。英语成为"国际语言"（international language）、"世界语言"（world language）、"全球语言"（global language），在英语前面也相应扣上了各种大帽子"全球英语"（global

English)、"国际英语"（international English）、"国际标准英语"（international standard English）、"世界英语"（world English）、"世界标准英语"（world standard English），英语甚至还出现了复数形式，例如"全球英语"（world Englishes）。18世纪中叶，塞缪尔·约翰逊编纂的英语词典的问世，标志着英语完整规范的语言系统正式形成。至此，经过大约1300多年的演进，英语完成了诞生、成长、融合和现代化的整个过程，在维多利亚女王时代达至辉煌巅峰，与英国国运轨迹同步。

英语自身向现代化演进的同时，也开始跨出国门，大步流星实现国际化。从地理分布上看，伴随着英国海外殖民地的建立，英语在17世纪扩张到北美和南非，在18世纪扩张到印度、澳大利亚和新西兰等地。同时，随着英国在政治上成为世界霸主，经济和贸易上成为头号强国，英语也伴随着英国军人和商人的足迹遍布世界各处。在这一过程中，英语同其他语言相互接触与交流，进一步丰富了自己的语汇，同时也把自己推向了世界。第二次世界大战后，虽然大英帝国衰落了，但同样讲英语的美国继之又成为世界头号霸主，冷战后更成为全球唯一的超级大国，美国的强势地位是英语的辅音，进一步推动了由英国开始的英语国际化进程的深化。从使用范围上来看，英语在科学技术、商业贸易、旅游观光、外交、文化、法律等领域是使用频率最高的语言。英语已经成为名副其实的全球化语言。

值得一提的是，早在维多利亚女王出生之前，在印度的英国语言学家已经构建了联系英语和梵文的语言框架，威廉·琼斯爵士（Sir William Jones, 1746—1749）提出了"印欧语假说"（Indo-European languages）。既然在语言学上，英语和梵语属于同一个语系，在政治体系上，英国和印度为什么不能属于

英国东方学家、语言学家威廉·琼斯之墓，位于印度加尔各答。

同一个帝国呢？这是英语在国际化进程中，为大英帝国服务的经典案例，语言学为政治学站台，维多利亚女王戴上印度的王冠早有语言学铺垫，一切都在情理之中。在英语语言文化史上，威廉·琼斯是绕不过去的名字，有必要详细介绍其"印欧语假说"，中国人更应该了解他，毕竟他还是英国第一位汉学家。

威廉·琼斯爵士，英国东方学家、语言学家、法学家、翻译家。曾在印度当法官，用业余时间学习东方语言，最早正式提出"印欧语假说"，认为梵语、希腊语、拉丁语、日耳曼语、凯尔特语之间有亲缘关系，是历史比较语言学的奠基人，也有人认为他是整个语言科学的奠基人。

琼斯出生在书香门第，父亲是数学家，是引入数学符号π的第一人。琼斯从小就表现出超人的记忆力，曾经背诵莎士比亚《暴风雨》的全部台词。儿童和少年时代学习了多种外语，是语言天才。从哈罗公学毕业后，进入牛津大学，获文学硕士学位。大学期间曾撰写波斯语语法著作、翻译波斯语和阿拉伯语的文学作品。年仅26岁便当选为英国皇家学会会员，28岁成为伦敦诉讼律师和巡回律师，37岁被英国政府派去东印度公司，并封为爵士，在孟加拉最高法院担任法官，此后再没有回过英国，病逝于印度。由于他对英国东方学的杰出贡献，这位西方学者被称为"东方琼斯"（Oriental Jones）。

琼斯在印度从事司法工作之余，几乎把全部时间用于语言学习和东方学研究，尤其是古印度的梵语。1784年，琼斯在加尔各答创建"亚洲学会"（Asiatic Society），并一直担任会长，直到去世。这个学会积极从事东方学的研究，有会刊《亚洲研究》（Asiatick Researches），在琼斯的主持下，发表了一系列的论文，影响很大，琼斯曾经在该学会每年的年会上都会发表周年演讲（Anniversary Discourse），一共11次。

琼斯在语言方面的成就引人瞩目。他学习了28门语言，精通8门语言：英语、波斯语、拉丁语、法语、意大利语、希腊语、阿拉伯语、梵语；粗通8门语言：西班牙语、葡萄牙语、德语、如尼文、希伯来语、孟加拉语、土耳其语、印地语；借助字典能理解12门语言：藏语、巴利语、帕拉维语（Phalavi，现在一般拼作Palawi）、德利语（Deri）、俄语、古叙利亚语、埃塞俄比亚语、科普特语（Coptic）、威尔士语、瑞典语、荷兰语、汉语。他在语言方面的成就可以概括为两个方面：一是翻译和注释了大批东方国家的重要典籍，为西方人了解东方做出了贡献。琼斯翻译的典籍主要是梵语的，还从阿拉伯语翻译了两部著名的法律文献，还有波斯、印度、阿拉伯等国家的文学作品。除了翻译，他还注释了一大批多种文字的经典，包括少量的中国经典，如《大学》《诗经》《论语》等的部分段落。二是提出了"印欧语假说"。

"印欧语假说"是琼斯在语言研究上做出的划时代贡献。1786年2月2日，在"亚洲学会"发表第3周年演讲（the third anniversary discourse）时，他正式提出梵语与拉丁语、希腊语同源，这一思想被称为经典的构想（formulation），即著名的"印欧语假说"，琼斯的这一次演讲成了语言学史上的一件大事。他说：梵语不管多么古老，其结构是令人惊叹的，比希腊语更完美，比拉丁语更丰富，比二者更精致，但是与它们在动词词根方面和语法形式方面都有很显著的相似性，这不可能是偶然出现的，这种相似性如此显著，没有一个考察这三种语言的语文学家会不相信它们同出一源，这个源头可能已不复存在；同样有理由（虽然这理由的说服力不是特别强）认为，哥特语和凯尔特语，尽管夹杂了迥异的文法，还是与梵语同源；假如这里有篇幅讨论与波斯的历史有关的问题，或许能把古波斯语加入同一个语系。（The Sanscrit language, whatever be its antiquity, is of a wonderful structure; more perfect than the Greek, more copious than the Latin, and more exquisitely refined than either, yet bearing to both of them a stronger affinity, both in the roots of verbs and in the forms of grammar, than could possibly have been produced by accident; so strong indeed, that no philologer could examine them all three, without believing them to have sprung from some common source, which, perhaps, no longer exists: there is a similar reason, though not quite so forcible, for supposing that both the Gothick and the Celtick, though blended with a very different idiom, had the same origin with the Sanscrit; and the old Persian might be added to the same family, if this were the place for discussing any question concerning the antiquities of Persia.）

这段话被称为语言学上引用率最高的段落。琼斯的这段话以及后来的一系列论述，勾勒出了印欧语系的轮廓，并提出了语言历史比较研究的原则和方法，例如确认同源词及同源语言，初步奠定了历史比较语言学的基础，将人类对语言的探索引向了一个全新的时代——历史比较语言学时代，同时在欧洲掀起了研究东方语言的热潮，是英语国际化进程中与当地语言碰撞发出的耀眼火花。

英语国际化具有四大特征。

首先,英语国际化是伴随着英国国力扩张的语言传播过程。在英国本土,英语经历了相当长时间才完成自身整合。英国之所以能走出国门,根本原因是英国国力的提升。自17世纪初叶,英国在北美相继建立了13个殖民地。与西班牙在南美建立的殖民地不同,英国人在北美建立了一种"定居者的殖民地",即大量英国移民在此定居,成了当地的主人,这些移民及移民的后裔便是后来美国人的先驱。这样,随着英国人足迹与炮舰所至,英国移民先后到达了北美、非洲、亚洲、大洋州。英国人成了当地国家的主体或统治者,英语理所当然也成了当地的通用语言或官方语言。此后,虽然英国的殖民体系在两次世界大战和民族独立浪潮的冲击下土崩瓦解,但同样以英语为母语的美国继之而起,挟其超强的经济、技术和军事实力雄霸世界。由英帝国开创的英语强势地位不仅得到巩固,而且开始了更为迅猛的全球扩张。

其次,英语的国际化进程是与英语所承载的强势文化的主动输出相伴随的。早在殖民扩张时代,殖民者所到之处,带去的不仅是坚船利炮和廉价商品,还有他们的文化观念、意识形态、价值标准和生活方式。19世纪的大英帝国不仅是一个军事和经济大国,而且也是一个文化大国,它所承载的民主、自由、平等、博爱等近代文明观念是足以摧毁落后国家文化心理防线的另一种类型的坚船利炮。

再次,英语不断国际化的过程其实也是英语自身持续进化的过程。与欧洲其他语言相比,英语是比较年轻的语言,但又是一门非常富有开放性和包容性的语言。英语与德语最接近,但比较而言,德语受外来影响要小得多。就语言类型来说,现代德语仍然属于综合性语言。而英语则发生了翻天覆地的变化,现代英语带有更多分析性语言的特点。词汇的变化更能显示出英语的包容性。早在古英语时期,其基本词汇中就出现了不少从拉丁语中借来的词语。丹麦人入侵后,英语又吸收了很多属于北日耳曼语族的斯堪的纳维亚语词汇。诺曼征服后,又有大量拉丁语词汇通过法语融入英语。例如,乔叟使用了大约8000个英语词汇,其中半数来自法语或其他罗曼语系(即拉丁语系)的语言(李赋宁,1991:7)。文艺复兴时期,英语在从拉丁语吸纳拉丁词或从法语借来拉丁词的同时,又从希腊语中借来了不少新词。经过文艺复兴,英语已经可以同古代希腊语、拉丁语、现代法语和意大利语分庭抗礼了。17世纪,英国皇家学会成立,英语逐渐代替拉丁语成为哲学和自然科学的语言。18世纪、19世纪,通过同世界各民族和文化的接触,英语又从世界各地吸收了数千个新词,英语词汇得到更进一步的丰富和扩展。古英语词汇大约只有5万—6万个,而现代英语大辞典所收词条已达65万—75万之多(李赋宁,1991:13)。英语自身的持续进化,使英语成为一门最能与时俱进,因而也最具适应力的语言。英语一方面变得越来越简单、易学,另一方面其包容性越来越强,这也是人们乐意接受它成为全球性交际工具的一个重要原因。

最后,英语的国际化是一个与英语的本土化相伴而生、交互推动的过程。英语在国际化的同时也促使英语本土化的迅速发展。这是普遍的文化传播现象在语言传播领域的反映。一种文化离开母域传播到另一个地区,不可避免地要与所在地域的文化习俗相结合,才可能扎根、存活并得到发展。随着英语在世界各个地方落地生根,很快便出现了结合当地生活习惯、文化传统包括人种生理结构的语言变异,于是在英国英语之外便有了美国英语、澳大利亚英语、南非英语等众多的英语类型,还有印度英语、菲律宾英语、北欧英语、日本英语、韩国语、中国英语等各种变体。事实上,20世纪70年代就已经出现了英语的复数形式(Englishes),到90年代,英语语言的复数形式the English languages已经被普遍使用。"本土化是一种语言充满活力的表现,是语言创新的结果"(Kachru, Braj B. 1985: 213)。英语的本土化不仅没有削弱英语国际化的强劲势头,反而为它注入了强大的生命力。同时,本土化也进一步巩固和扩大了英语的阵地,每一种本土化的英语,都令所在国成为英语的一个新的扩张据点。换言之,英语的本土化反过来成了进一步推动英语国际化的强大力量之一。

20世纪初,"女王英语"或"国王英语"是人们竞相模仿的标准。第二次世界大战之后,随着美国英语强势地位的确立,又出现了英国标准英语(British Standard English)和美国标准英语(American Standard English)这两种标准英语。20世纪末,伴随着英语的全球化,除英国标准英语、美国标准英语之外,又出现了更多的标准英语变体,如澳大利亚标准英语、加拿大标准英语、菲律宾标准英语、南非标准英语等。对于英语国际化过程中的这两种交互作用、共同推动英语发展的力量,李赋宁在其所著《英语史》中曾有非常形象的概括:"有两种趋势推动了英语的发展:一种趋势使英语丰富、典雅;另一种趋势使英语保持纯洁、朴素。第一种趋势防止英语营养不足,第二种趋势避免英语消化不良"(李赋宁,

1991: 12）。

英语国际化的历程表明，国运盛衰与语言传播存在着紧密联系。国运强盛往往会推动语言和文化的对外传播，而国运衰微则往往会导致语言乃至文化的受挫（高增霞，2007[6]）。历史上，希腊语、拉丁语、阿拉伯语、西班牙语、葡萄牙语、法语都曾一度成为国际性语言，其背后所依托的都是母国各自繁荣期内的军事侵略或殖民扩张。英语也正是随着大英帝国的崛起，依靠其强大的国力走向全世界，并成为一种国际性的语言。美国取代英国成为具有政治、经济和军事实力的超级大国之后，英语作为国际语言的地位得到进一步巩固和加强。

语言是文化的符号，文化是语言的灵魂。国际化的语言，必然具有足够的开放性和包容性，本土化是不可避免的现象，这是各民族不同的历史、文化、政治、经济等因素共同作用的必然结果。但是，对于一门国际化的语言而言，本土化不是无限制的，否则就不成其为国际化语言了。如果一味地放任本土化，那将势必重蹈昔日拉丁语的覆辙，即一种国际化语言最终分化成各自独立而又彼此无法交流的不同语言。在国际化的进程中，英语如何处理国际化与本土化之间的矛盾关系，英语的本土化是国际化的助力还是阻力呢？这些问题还没有答案，有待进一步观察。

（二）工人阶级英语

英语的变迁不可避免，伴随着工业革命、农业改良、技术革新和机器发明等，英语也发生了前所未有的巨大变化，主要有词汇、语义、音系、形态和句法等方面的变迁。诚然，英语一直在变化：不仅有新词，还有新的发音，甚至新的语法形式；同时旧词、旧规则和旧发音渐渐退出使用。18世纪英国工业革命所带来的巨变，使英语有了快速的发展，这种发展不仅有英语本身的变化，还有英语的对外扩张，但最重要的是工人阶级英语首次进入语言学家的视野。

探讨19世纪英语，离不开18世纪的语言历史背景，语言的标准被打上了科学的烙印，语言学家的研究容易给人造成错觉，以为英国人都是按照语言学家的要求来讲英语的。作家要比语言学家敏感，看看狄更斯的小说，就会发现普通工人阶级的语言与语言学家描绘的理想语言相去甚远。19世纪语言学家研究工人阶级语言，主要从方言入手，包括农村方言、城市方言、大众教育的引入，以及工人阶级的语言亏损（language deficit）。

过去几百年里，关于农村方言，英国一直流传着毫无根据的迷思，认为英国西部及北部农村方言，保留了在其他地方已经消亡的古老语言形式。《牛津英语词典》(Oxford English Dictionary) 主编詹姆斯·墨里（James Murray）在词典前言中提到了标准英语的方言起源：15世纪之前，方言是英语的唯一存在形式，各种方言都有自己的文学传统，本词典在收录这段时期的单词时，所有方言的地位都是平等的。"唯一"显示墨里对方言的承认是迫于无奈。19世纪下半叶，英国各地的教区牧师、学校教师、乡村绅士等，开始把本地的方言词汇编辑成册，他们是最早关注农村方言的群体。1870年后，语言学家才开始关注农村方言，因为他们试图为发音的改变总结出一套规律性的东西，然而他们很快发现，标准语言是没有规律可循的。现在回头看英语标准语形成的过程，就能理解这一点，因为标准语是由各种方言混合而成的，英语也不例外。语言学家研究农村方言取得了丰硕成果：展开了多次方言普查，并出版了许多方言词典。语言学家担心，语言标准化进程正在摧毁方言。

城市方言进入英国语言学家视线的时间更晚。虽然语言学家、方言学家都试图找出发音演变的规律，但他们却对身边的城市方言视而不见，完全没有注意到城市方言每天都在发生变化。专家们对小社区的方言研究表明，发音方式在小范围内也并不统一，很难找出所谓的规律，在方言演变中必须考虑到社会变量。20世纪60年代，英国社会语言学家才开始认真研究城市方言。

19世纪英国城市化进程加快，城市规模不断扩大，城市群开始形成。城市的主体是工人阶级，他们的语言形成了城市方言。现在回头看，能清晰意识到英国的几大城市方言在19世纪已开始萌芽，例如曼彻斯特方言、利物浦方言、利兹方言、伦敦东区土语等。1830年以前，利物浦方言与周围的兰开夏郡（Lancashire）农村方言并无多大差别，但随着利物浦的城市化以及大量爱尔兰移民的涌入，1840年以后利物浦开始出现自己的语言特色，1880年后已经形成了独特的利物浦方言（Scouse）。城市方言并不局限于城市中，而是随着交通网络向四周辐射，影响到周围的小城镇，再通过小城镇影响附近的农村地区，这意味着绝大部分英国人都受到这样或那样的城市方言的影响。

与此同时，随着铁路、运河的兴起，大部分英国人都或多或少受到伦敦上流社会高雅语言的影响，这就带来了全国性语言标准与地方性语言标准之间的竞争，从而导致城市方言的社会分化。通常情况是，城市中产阶级主动按照全国性标准修正自己的语言，而广大的工人阶级则固守地方性标准。20世纪60年代，对利物浦地区的方言研究显示，当地中产阶级的语言倾向于全国性标准，而当地原本的英国西北部语言特征并不明显；而当地工人阶级的语言则具有鲜明的地方特色，尤其是在方言方面，深受爱尔兰移民影响，与全国性标准相去甚远。工人阶级的地方性城市方言，对所谓的高雅标准英语构成了挑战。

英国工人阶级对英语的影响主要体现在词汇的变化、地方口音的形成以及英语的标准化等方面。工业革命的标志是机器的应用和工厂的产生，机器名称的诞生和各种发明创造等相关词汇的普遍使用，是英国工业革命对英语语言，尤其是词汇的发展和贡献，而工人则是这些新鲜词汇的最初消费者。正如法国学者费尔南德·莫塞所言，"自从浪漫主义兴起以后，英语演变过程中最显著的特色就是它的词汇惊人的增长"（莫塞，1998: 155—156）。英国威尔士学者雷蒙·威廉斯（Raymond Williams）在其《文化与社会》（*Culture and Society*）导论中总结了5个单词，这是18世纪末至19世纪前半叶期间英国工业革命开始后最重要的5个单词。这些词在这期间要么变成英语的通用词，要么在原来通用的基础上有了新的重要意义。这5个单词分别是: industry（工业）、democracy（民主）、class（阶级）、art（艺术）和culture（文化）。威廉斯认为，这5个单词至今在我们生活中依然非常重要，其用法在工业革命期间发生了改变，有了现在我们所熟悉的意义，见证了我们对生活态度的改变。他还列举了英国工业革命期间新创的或获得新义的其他单词，例如: scientist（科学家）、capitalism（资本主义）、commercialism（商业主义）、operative（操作工人）、proletariat（无产阶级）和 unemployment（失业）等，共27个新词和19个已被赋予现代意义的词（威廉斯，1985）。可以说，这些词是工业革命所带来的各种变化的语言见证，因为工业革命所带来的变化必须用语言来描述，而这些具有现代意义的新词和新义的出现，说明了工业革命的影响是前所未有的。对于这些新词新义，工人阶级享有近水楼台的天然优势。

英国工业阶级对英语语言的另一大影响就是促使了地方口音的形成，最典型的例子就是流行于利物浦（Liverpool）和默西塞德郡（Merseyside）地区的利物浦口音（Scouse）。1962—1963年随着甲壳虫乐队（The Beatles）的巨大成功，这个独一无二的城市声音响彻世人耳中。利物浦口音的形成，主要是在工业革命高潮中大批爱尔兰移民涌入英格兰兰卡斯特地区而形成的。利物浦口音带有爱尔兰语的特征，如you的复数是youse，three读作tree，that读作dat。又如，工业革命的聚集力使英格兰埃塞克斯（Essex）、萨福克（Suffolk）、肯特和米德萨斯（Middlesex）附近乡村的人口减少，成千上万的贫困农场工人被迫到伦敦东区去寻找工作。这些乡村移民将他们的讲话习惯注入了伦敦语言中，这就是所谓的"伦敦东区土语"（Cockney），在18世纪时成为伦敦东区工人阶级的语言，这也使得伦敦东区土语渐渐被贴上了以下标签："低级的（low）""丑陋的（ugly）""粗俗的（coarse）"，把词首辅音 / h / 略去不发音，便是典型的伦敦东区土语的一大特点（McCrum, Robert. 1988: 272–273）。

虽然工人阶级在语言合规方面的主动性没有中产阶级强烈，但英语的标准化是英国工人阶级逃不掉的宿命。随着兰开夏郡（Lancashire）和英格兰中部工矿区（Black Country）这些工业城镇的发展，乡村劳动力被吸引过去，民众读写能力的逐步提高，使标准的书面英语得到更广泛的传播。而工业革命所带来的公路、运河，尤其是铁路的发展使得人们的旅行和社交增多。只要读一读狄更斯的小说，就能了解萧伯纳名言的真实性："当一个英国人开口说话时，另一个英国人却露出鄙视的神情。"阶级抱负的压力，无疑有利于推动英语口语标准的形成。

大众义务教育的普及，对英国工人阶级的英语水平意义重大，而教会是英国大众教育的先驱。英国教会分为两大派：英国国教教会以及非国教教会，两者都积极发展大众教育事业，举办主日学堂，投身穷人教育。为争夺对大众教育的领导权，1811年，英国国教教会成立了"国家协会"（National Society），而非国教教会也成立了"英国协会"（British Society），与之抗衡，双方都力争在教育标准的制定方面占据主导权。19世纪，英国教会办学有动力也有阻力，动力主要来自工厂对受过教育的劳工的迫切需求，而阻力主要来自两个方面：一方面，受过教育的劳工期待和要求都更高，如果得不到满足则容易引发社会动荡；另一方面，教育是有成本的，公共财政是教会的财源之一，成本压力永远存在。动力和阻力相互作用，其结果是教会办学进展缓慢。

19世纪，英国的社会变革，推动政府进入教育领域。1832年，英国推出了"改革法"（Reform Act）；1833年，英国议会首次向教育事业拨款，总计两万英镑，由"国家协会"和"英国协会"负责分配；1867年，英国推出新版"改革法"（Reform Act）；1870年，英国出台"教育法"（Education Act）。其实，在"教育法"出台前，英国政府早已把财政拨款与学生的3R技能挂钩，3R指阅读、写作、算术（reading, writing and arithmetic）。根据1862年的规定，英国政府给在校学生按人头拨款，每个学生8先令，如果学生没有通过考试，则政府要扣除三分之一的学生人头费。这样做的初衷是好的，是对学校的绩效管理，然而以考试来衡量学生水平则有不少副作用。首先，考试的标准对工人阶级孩子不友好，考试的重点是他们并不熟悉的标准英语，而非伴随他们成长的方言英语；其次，按教学结果付费，扭曲了教育生态，催生了应试教育；最后，在语言能力的评估中，引入了失败的概念，例如，15世纪文盲的标准是没有学会阅读，而19世纪文盲的标准是学习阅读失败。这一标准就是统考，号称能够客观评价学生，许多工人阶级孩子沦为这一标准的牺牲品。

19世纪后期，人们开始把工人阶级低劣的英语水平与教育的失败挂钩。当时的学者不了解语言社会学，教师也面临中产阶级与工人阶级的文化冲突，因而倾向于认为工人阶级孩子所使用的英语用法自然是不正确的，因为这会导致他们在标准化统考中失利，进而把工人阶级英语用法与教育失败画上等号。20世纪20年代，英国社会普遍认为工人阶级有语言赤字，小学教育的目的是教会工人阶级的孩子读写英语，使之成为文明人。毫无疑问，所谓的英语读写是中产阶级的英语读写。1921年，语言学家乔治·桑普森（George Sampson）发表了《英国人的英语》（*English for the English*），指出教育的目的，是教会工人阶级孩子生活，而不仅仅是成为工厂的一颗螺丝钉，因此英语应该在所有科目的教学大纲中占有重要地位。他的思想比较先进，但仍然没有跳出时代的窠臼，他依然认可当时盛行的英语标准论，不赞成语言的地方主义，认为标准关乎帝国的命运。毕竟英语已经成为世界的通用语，最标准的英语当然在英国，然而实情是英国方言林立，许多工人不能讲标准英语，这不是要拆大英帝国的台吗？

工人阶级的英语水平生来就低人一等吗？其认知能力真的有缺陷吗？认知能力果真有阶级差别吗？工人的孩子在语言类测试中的表现较差，但在非语言类测试中的表现较好，显示其语言能力与认知能力不一致，说明某个环节出了差错。后人有理由相信是评判语言能力的标准出现了偏差。

19世纪，英国推出了许多关于英语用法的书籍，这些书大都沿袭了18世纪的传统。尤其是1860年以后，这些书纷纷把不规范的英语用法，与工人阶级语言联系起来，而同时认为中产阶级语言才是受过教育的语言，是国家应该大力推广的标准，甚至把该标准神话为皇室语言。20世纪以来，关于工人阶级英语的看法有所转变。有两本书籍是这两个时期的代表作：1864年，亨利·阿尔福德（Henry Alford）撰写的《女王英语》（*The Queen's English*）、1919年，富勒兄弟（Fowler brothers）撰写的《国王英语》（*The King's English*）。

《女王英语》指出语言是进步之路："如果把女王英语比作这个国家的思想和语言的道路，过去这条路很粗糙，如同走在这条路上的原始初民一样。经过好几百年的努力，这条道路总算变得又平、又硬、又宽了"。(The Queen's English ... is, so to speak, this land's great highway of thought and speech ... There was a day when it was as rough as the primitive inhabitants. Centuries have laboured at levelling, hardening, widening it.)（Alford, Henry. 1870: 2-3）阿尔福德认为女王英语的进步之路遭遇了敌人的阻挠，他所谓的敌人是指语法学家的矫情规定、拉丁词汇的泛滥以及半文盲工人阶级的滥用。例如，他认为工人阶级不会使用缩略语撇号、单词经常拼写错误等。

《国王英语》提出了一系列应该遵循的语言规则，这些规则从侧面呼应了工人阶级英语的合理性，例如：尽量使用熟悉的日常单词，而不是牵强的外来单词；尽量使用具体的单词，而不是抽象的单词；尽量使用单音节词，而不是迂回累赘的多音节词。

英国工人阶级英语地位的改变，反映了英国工人阶级地位的变迁。

（三）英语发音标准

19世纪中后期，英国东南部伦敦地区受教育人士的口音成为"英语标准发音"（Received Pronunciation，简称RP）。英语发音标准的形成落后于英语书写标准的形成，英语发音标准受到的压力和挑战也大于英语书写标准。

语言学家乔治·桑普森（George Sampson）曾说过："毋庸置疑，英语已经成为世界通用语了。除了英格兰，标准英语口语还能上哪儿找呢？然而英格兰确实没有标准英语。这里每个郡，甚至每座城都有自己的发音标准，每个地方都声称自己的发音是最纯正的。这不是独立，而是地方主义。学校的任务不是鼓励地方主义，而是为大英帝国制定发音标准"。（English is now incontestably the language of the world. Where should the standard of spoken English be found if not in England? But there is no standard here. Each county, almost each town, is a law to itself and claims the right purity for itself. This is not independence, it is mere provincialism; and it is not the duty of the schools to encourage provincialism, but to set the standard of speech for the Empire.）（Sampson, George. 1921: 51）

英语发音标准的形成走过了一条漫长的路。大约14世纪开始，英国上流社会逐渐从法语回归英语，英语成为英国主要的、被各阶层广泛采用的交际语言。从16世纪开始，现代英语逐渐成形，18世纪英语书写标准确立。然而在英国不同地区间存在各种方言和口音，妨碍了人们有效沟通。为了让英语能更好地方便交流，研究英国各地不同方言口音，由此归纳出一套简便易学的英语语音体系，便成为语言学家奋斗的目标，作为英国政治经济文化中心的伦敦及附近区域的口音自然得到了语言学家的推崇。

RP是英国众多方言中的一种，没有明显地域口音，是上流社会受过良好教育者的口音，是舞台用语，是公共演讲用语。这种发音方式大约只有200余年的历史，最初是在18世纪末开始在上流社会出现的口音，然后成为私立男子寄宿学校口音，继而成为政府部门口音，最后成为整个大英帝国的标准口音，这个过程历时100多年。1992年，英国语言学家汤姆·麦克阿瑟（Tom McArthur）在《牛津英语指南》（*The Oxford Companion to the English Language*）中写道："RP一直是少数人的口音，有RP口音的人最多只占英国人口的3%—4%。"

RP与英国其他方言口音最大的不同体现在元音上，例如bath这个单词，RP元音发长元音，而英格兰北部元音则发短元音。RP还有两个典型的发音特征：首先是单词首字母h要发音，没有字母h不会增加辅音/ h / 的发音，例如hurt第一个辅音/ h /要发音，arm不会在元音前面增加辅音/ h /，而伦敦东区土语则刚好相反，I hurt my arm. 会读做I 'urt my harm. 其次，世界大部分地区在读单词car和heart时，会发出辅音/r/，而RP则是极少数不会发出辅音/r/的口音。

1569年，英国教育家、语法学家约翰·哈特（John Hart）在其《正字法》（The Orthographie）一书中把当时的伦敦口音称为"英语的精华"，并认为当时英国人的拼写混乱而没有逻辑，应该根据伦敦口音来统一规范书写形式，在早期英语拼写历史上，他提出了"第一个真正的语音方案"（the first truly phonological scheme）。（Doval-Suárez, Susana. [7]1996: 115–126）

1589年，英国作家、文学批评家乔治·帕特纳姆（George Puttenham）在《英语韵文艺术》（The Arte of English Poesie）中写道："即使是北方的贵族或绅士所说的英语也不如我们南方人的英语那么典雅而为人们所普遍接受"（蒋红柳，2000[4]: 63）。

1791年，英国演员、词典编纂家约翰·沃尔克（John Walker）在《英语发音词典》（A Critical Pronouncing Dictionary of the English Language）的序言中推荐伦敦地区的发音，他认为这种发音能被大多数人所接受，无疑是一种"好"的发音，他的这本词典很受欢迎，一共推出了40个版本，他的前半生在爱尔兰都柏林当演员，后半生在伦敦教授英语发音及演讲技巧。

1869年，英国语言学家亚历山大·约翰·埃利斯（Alexander John Ellis, 1814—1890）在其《论早期英语发音》（On Early English Pronunciation）一书中将这种发音称为"普遍接受的标准发音"（Received Standard），并将其定义成："大都会、宫廷、教会和法庭中受过教育的人的发音"（Gimson, Alfred C. 1977: 152）。埃利斯在语音、数学、音乐方面都很有造诣，他出生殷实人家，父亲是艺术家、医生，母亲来自贵族家庭，为了获得母亲娘家人的经济资助，他成年后改随母姓"埃利斯"。他在伊顿公学、剑桥大学求学，主攻数学和古典学。1887年，为《大英百科全书》（Encyclopaedia Britannica）撰写有关语音方面的章节。在其《论早期英语发音》第五部分，他记录了自己在全国进行"方言测试"（Dialect Test）的情况，发现在英格兰及苏格兰南部一共有42种英语方言，这是英国历史上最早进行的语音测试之一。20世纪上半叶，虽然该测试受到了英国语言学家约瑟夫·赖特（Joseph Wright, 1855—1930）、瑞士语言学家欧根·迪斯（Eugen Dieth）等人的批评，但即便这些批评者也在自己的研究和著作中引用、借鉴埃利斯的方言测试成果，例如约瑟夫·赖特关于英格兰东北部方言的资料基本照搬埃利斯的研究成果。20世纪下半叶，随着英国方言研究的深入，人们重新认识到埃利斯研究的价值，因为即便再做方言测试，也基本不可能超越当年埃利斯研究的成果。1864年，埃利斯成为英国皇家学会会员。萧伯纳承认，其《卖花女》中男主角亨利·希金斯教授（Prof. Henry Higgins）的原型之一就是语言学家亚历山大·约翰·埃利斯。

1898—1905年间，英国语言学家约瑟夫·赖特编辑出版了6卷本的《英语方言词典》（The English Dialect Dictionary），记录了19世纪末期的英国方言，加深了人们对英国地域口音的理论认识。赖特出生于普通工人家庭，15岁还不会读写，他边打工边自学，最后到德国海德堡大学读书，并取得博士学位，成为牛津大学语言学教授。他对方言很感兴趣，1892年出版了《风丘方言语法》（A Grammar of the Dialect of Windhill），记录了英格兰西约克郡风丘地区的方言，他自称这是英格兰第一部写方言的语法书（the first grammar of its kind in England）。在编写《英语方言词典》的过程中，他成立了搜集约克郡方言资料的委员会，1897年该委员会发展成了"约克郡方言学会"（Yorkshire Dialect Society），他自称这是英国最古老的依然活跃的方言学会。他临终前说的最后一个字是"词典"（Dictionary）。

1919年，英国词典编纂家、语言学家亨利·怀尔德（Henry Cecil Wyld, 1870—1945）在《现代英语口语历史》（A History of Modern Colloquial English）一书中，对RP作了如下的定义："作为一个术语，我们可以将这种发音称为好的英语、受过良好教育的英语、上流社会英语、标准英语等。但我认为应将其称为'被广泛接受的标准英语'（Received Standard English）"。

英国语言学家丹尼尔·琼斯（Daniel Jones, 1881—1967）为了解决人们发音中的分歧问题，于1917年出版了《英语发音词典》（English Pronouncing Dictionary），在该词典中琼斯最初采用的是"私立寄宿学校发音"（Public School Pronunciation）这一称谓来指代标准发音，他对标准发音的

英国语音学家丹尼尔·琼斯40岁肖像。

定义是:"英国南方家庭的日常用语,这些家庭的男人都是在著名私立寄宿学校接受教育的"(the everyday speech of families of Southern English persons whose menfolk were educated in the great public boarding schools)。在1926年出版的《英语发音词典》第二版中,他采用"英语标准发音"(Received Pronunciation)这一术语来描述这种发音,他写道:"由于没有更好的术语,接下来我就用'英语标准发音'这个词吧"(In what follows I call it Received Pronunciation, for want of a better term)。学界认为琼斯是第一个用"英语标准发音"(Received Pronunciation)这个名词来指称英语标准发音。由于琼斯等人的努力,RP在英语语音教学中得到了广泛的使用。琼斯一再声明,RP只不过是一种"可以被广泛听懂的发音",而非人人都必须采用的发音标准,也非官方授意的发音标准,并声明推荐使用RP发音并不说明其是"最好"的。即使如此,RP客观上所带有的较为浓厚的上流社会色彩,使人们把它看成是贵族化的发音,这在当时等级森严的英国社会是可以理解的。萧伯纳就在其名剧《卖花女》的序言中说过这样的一句话:"当一个英国人开口说话时,另一个英国人却露出鄙视的神情"(Shaw, Bernard. 1912)。这是当时英国社会和语言环境的真实写照。萧伯纳所处的时代是标准发音在英国(特别是在英格兰)盛行的时代,因此,语音是人们社会地位最明显的标志,不仅方言土语为上流社会所不齿,即便是标准语中夹带了地方口音也会遭人耻笑。"人们通常会将并非来自上流阶层而讲标准发音的人称为讲'雕花玻璃口音的人'。由于标准发音被打上了上流阶层的印记,因此,人们认为讲标准发音者比讲地区方言者更有能力和才智"(McArthur, Tom. 1998a: 556)。这样,一个看似普通的口音,却打上了深深的阶级烙印,成为文化传承的一部分。

　　许多英国语音学家都对RP理论和教学体系的形成做出了自己的贡献。其中,琼斯作为承前启后的一代语音学家,致力于RP的规范化,并在RP研究方面形成了完整的理论体系。由于琼斯的努力,RP成了无地域色彩的英国英语发音,也成为英国乃至世界各地人们学习和模仿英语语音的标准。20世纪50年代以前,英国学生上大学后会主动改变其家乡口音,向RP靠拢。20世纪50年代,RP成为英国广播公司(BBC)播音员的工作口音,因此又被称为BBC英语(BBC English)。语音学家彼得·罗奇(Peter Roach)注意到,英国教师总是选择RP来教外国学生发音,因为这种发音在大多数英语教科书和发音词典中得到了最完整的介绍（Roach, Peter. 1991: 5）。应该说琼斯在20世纪上半叶所结出的丰硕学术成果，助推RP进入了发展的鼎盛时期。在20世纪很长的一段时间里，RP使世界各地的人们在用英语沟通时变得更为方便和容易，这种发音还成为世界范围内英语教学的语音标准。英语教师，无论是否以英语为母语，都可以很方便地从大量的声像资料、教材以及发音词典等资料中获得有关RP的知识。但是，语言毕竟与时代的发展息息相关，时代的变化也必然会促使语音发生演变。国际交往日益频繁，不同的方言发音也在不断地相互吸纳和趋同，语言学家自然不会忽视这些变化。

正是在这种背景下，阿尔弗雷德·吉姆森（Alfred Gimson）接替老师琼斯，担任新版《英语发音词典》（*English Pronouncing Dictionary*）的主编，他对词典内容和格式都做了较大改动，第14版在1977年问世。作为琼斯的弟子，吉姆森在继承琼斯RP理论体系的基础上又形成了自己的特色，他根据现实生活中人们发音的变化来不断地充实RP的定义和理论。形成了吉姆森RP理论体系，目前该发音体系已得到了较为广泛的认同和使用。因此，现在人们所称的RP，已不再是琼斯在90多年前所定义的RP了。RP通过这样不断的更新完善，使其一直成为英语教学中普遍采用的英语发音标准。

RP是语音学家所推崇的标准发音，同时也是英语教学广泛采用的标准发音，但几乎就在琼斯提倡将RP作为英语教学的发音标准时，就有反对的意见出现。早在1919年，英国桂冠诗人罗伯特·布里奇斯（Robert Bridges）就对RP成为学校英语语音教学的唯一标准提出异议，他认为这是一件危险的事情（Gimson, Alfred C. 1977）。

RP体系从琼斯到吉姆森，经历了一个较大幅度的修正和完善的过程。即便如此，仍有一些英国的语音学家认为RP已经过时。他们宣称不论是从语音学的角度还是从社会心理学的角度，RP都已不再能反映当前英国人的发音现实。因此主张抛弃RP而采用其他认同度更高的方言发音作为英语的标准发音。这种主张在20世纪末期，变得尤为强烈。如《英语发音词典》第15版的编者在词典的前言中提出："RP这一过时的称谓应该被抛弃了"（Roach and Hartman. 1997）。语音学家戴维·阿伯克龙比（David Abercrombie）则认为苏格兰口音应是一个较为理想的发音模式，因为它比RP更简明易懂（Abercrombie, David. 1991: 53），并说"有迹象表明

RP的威望、特权和吸引力都正在被削弱"（Abercrombie, David. 1991: 51）。阿伯克龙比也是琼斯的学生，他在爱丁堡大学创立了语音系。20世纪70年代开始，英国广播公司不再要求所有播音员必须使用RP口音，而是对地方口音采取更加包容的态度。现在英国广播公司播音员、主持人可以带有自己家乡的地方口音，前提是观众能听懂，不会产生沟通障碍。

反对把RP继续作为英语标准发音的呼声是在特定的社会背景下产生的：英国社会内部结构发生了较大的变化；社会经济的发展使阻碍人们交往的各种源自阶级和地区差异等方面的壁垒被打破；各种方言发音的相互融合日益深入等。这些变化，使RP很难再保持过去作为英语发音标准的垄断地位了。RP的上流社会发音专利这一印记在等级观念日益淡化的今天，反而成为许多人反对RP的主要理由。现在，英国中产阶级对语音与身份地位的关联性认知显得十分淡漠，他们大多不再以"音"取人，各种不同的方言发音都较以往更容易得到认同。这样，使原本在英国就只有少数人所采用的RP的影响力大大削弱了。与此同时，英国在国际社会中的地位江河日下，RP作为外语教学中发音标准的地位随之受到美国英语的挑战。诸多因素使RP目前处于一种较为尴尬的境地。加之年轻一代强烈的反叛心理以及对权威的怀疑等各种因素，使人们更乐于接受一个RP以外的发音。于是，更具包容性的"河口英语（Estuary English）"等所谓的新方言发音相继出现，是有可能替代RP的新的英语发音标准。

在英国，RP作为最有威望的英国英语发音的称谓，主要是在英语语音学家和英语教师间使用。而在普通大众中，对这一发音有多种叫法，人们更广泛采用的是"BBC英语"。由此看来，BBC英语并不是一个不同于RP的方言音，而主要是因为BBC英语不像RP那样带有上层社会和特权阶层的意味和内涵。（Roach, Peter, and James Hartman. 1997）《英语发音词典》第15版是由罗奇和哈特曼主编的，该版正式用BBC英语一词来取代RP。虽然罗奇等人提出抛弃RP这一名称，但第15版除了在音节的划分等方面作了一些变化，并同时标注了美国英语发音外，其标音原则与吉姆森主编的第14版《英语发音词典》的差别并不大。虽然BBC广播和电视节目主持人相互之间的发音有差别，但他们的共同点却是其发音大都带有鲜明的RP特征。就连罗奇本人也说RP"之所以让人们熟悉是因为BBC的播音员们在国内和国际的各个频道中大都采用这种发音"（Roach, Peter. 1991: 4）。由此可见，BBC英语与RP的差异主要是形式上的，而实质上语音本身的差异很小，也许BBC这个名字更容易让人接受罢了。

（四）好英语的新标准

19世纪末，英语语言文化史上最重大的事件当数《牛津英语词典》（*Oxford English Dictionary*）的问世，该词典是由牛津大学出版社出版，号称最全面和最权威的英语词典，为好英语设置了新标准，并成为英语世界的金科玉律。该词典号称收录了出版时已知的所有进入英文中的词汇以及该词的来源和流变。每一个单词都列有注音，第一版时英语国际音标尚不成熟，因而使用了其独有的注音方式。很多词从公元8世纪、9世纪起释义，每一项释义按时间顺序排列，历史上出现过的用法都收录进去，每一百年的用例列举一至两个。因此，与其说这是一部英文词典，还不如说是一部英语史巨著。作为历史主义原则的应用典范，这部词典记录了古英语、中古英语、现代英语的演变历史，是英语发展轨迹研究的集大成者。历史主义原则在这部词典中主要表现为：收词释义尊重历史，以书证作为依据；义项排列遵循由古到今的时间顺序，词义的历史演变脉络清晰。

英语词汇类图书的编修起步很晚，17世纪末才有真正意义上的英文词典，18世纪中期《约翰逊词典》出版，19世纪掀起了词典出版的新高潮。1836—1837年，查尔斯·理查森（Charles Richardson）出版了第一本历史主义英语词典。维基百科资料显示，19世纪50年代，英国语言学会（Philological Society）会员有感于当时英文词典之不足，于是发起编写词典的计划。1857年6月，成立了"未被收录词汇委员会"（Unregistered Words Committee），旨在列出未被约翰逊和理查森词典收录的单词，后来研究更扩展到针对当时词典的缺点进行改进。当时词典编纂者面临的最大难题是缺乏可用的中世纪文献，因而很难追溯单词的历史用法，当时的手抄本中世纪文献使用起来很不方便。1864年，语言学家弗雷德里克·詹姆斯·弗尼瓦尔（Frederick James Furnivall）创办了"早期英语文献学会"（Early English Text Society），1868年创办了"乔叟学会"（Chaucer Society），这两个学会印刷出版了许多历史文献，为编撰词典提供了可能。

1858年，英国语言学会决定编纂新词典，并给词典命名为《按历史原则编订的新英语辞典》（*A New English Dictionary on Historical Principles*）。伦敦威斯敏斯特教堂教务长理查德·特伦奇（Richard Chenevix Trench）在计划初扮演重要角色，但繁重的教会工作，使其难以兼顾需时动辄十年的词典编纂工作，遂退出，由赫伯特·柯尔律治（Herbert Coleridge）接替其工作，成为词典的首位主编。1860年5月12日，柯尔律治公布词典样式详情，编纂工作全面展开。他家成为编写词典的办公室，他特别订制设有54格的木箱，着手把10万条引文分类。1861年，赫伯特因肺结核病逝世，年仅31岁。弗雷德里克·弗尼瓦尔接手，但他对这项工作缺乏耐心，致使这项苦差几乎胎死腹中。

1876年，在语言学会的一次会议上，出身寒微、靠自学成才的詹姆斯·墨里（James Murray）表示愿意接手。这时，学会开始找出版社，希望出版这部厚重的词典。他们曾接触过剑桥大学出版社和牛津大学出版社，但两家出版社都拒绝出版这部书。经过多年与牛津大学出版社艰苦的商议，1879年牛津大学出版社终于同意出版，且愿意向墨里支付版税，计划10年完成。墨里在家旁建了一幢小屋作为缮写室，内置一个有1092格的木箱和大书架，他把小屋命名为"藏经楼"（Scriptorium）。他在报纸、书店、图书馆发放传单广告，呼吁读者除了注意罕见、过时、古怪的字，也希望提供常用字的引文。同时邀请美国宾夕法尼亚州的语言学家弗朗西斯·马奇（Francis March）收集北美读者的引文。1882年，引文数目累计达250万条。

1884年2月1日，柯尔律治的词典样式公布24年后，词典的第1分册终于面世了，初版时书名为《基于语言学会所收集的材料、以历史原则编纂的新英语词典》（*A New English dictionary on Historical Principles: Founded Mainly on the Materials Collected by the Philological Society*），全书3522页，收录了由A至Ant的单词，仅印4000本。1885年，墨里搬到牛津出版社全职编写词典。尔后，由于其编写方式和速度的问题，由亨利·布拉德利（Henry Bradley）接手编写。1915年，墨里去世。1923年，布拉德利去世。1901年，威廉·克雷吉（William Craigie）接手编写工作。1914年，查理·奥尼恩斯（Charles Talbut Onoions）负责剩余条目。

1894年，《牛津英语词典》第一版出版了第11分册。自1895年起，词典开始用《牛津英语词典》的名字，但仅出现在分册的封面上。1928年4月19日，最后一个分册出版。第一版出版前后花了71年时间。1933年，词典重版时，正式全面启用

《牛津英语词典》的名字。

1971年，《牛津英语词典》缩印版问世，第一版全部13分册由每4页缩印成1页，分两册出版。

1988年，电子版词典面世，是基于标准通用标记语言的软件，不允许用户进行更复杂的查询。

1989年，《牛津英语词典（第二版）》面世。语言是不断发展变化的，第二次世界大战以后，1933年最终完整出版的牛津词典的内容已变得过时，出版社开始考虑更新词典。1957年，由罗伯特·伯奇菲尔德（Robert Bruchfield）担任编者，原计划用10年左右，最终却用了33年，于1989年出齐第二版，主编为埃德蒙·韦纳（Edmund Weiner）和约翰·辛普森（John Simpson）。每套售价750英镑，迄今共售出大约3万套。词典出版后，至1997年，先后共出版了3小册的《词典增编》（Oxford English Dictionary Additions Series）。第二版共收录了301100个主词汇，全书字母数目高达3.5亿个，单词数目合计5900万个，词典收录的单词短语达到61万余个，共列出137000条读音，249300个词源，577000个互相参照，2412400个例句，采用英语国际音标，共20卷，21728页，2018年定价845英镑。

1991年，《牛津英语词典（第二版）》的缩印版问世，将第二版每9页缩印成1页，以单册出版，名为《缩印版牛津英语词典》（The Compact of Oxford English Dictionary）。2018年定价400英镑，用皮革书匣装盛，内附有高倍放大镜，辅助读者阅读微缩字体。

2000年3月，网络版词典上线，但价格昂贵，第一年需支付195英镑，每月点击率高达200万次。

2000年开始第三版修订工作，已经完成三分之一。据说第三版不再出版纸质版本，而只推出电子版。牛津大学出版社行政总裁奈杰尔·波特伍德（Nigel Portwood）说，受互联网影响，《牛津英语词典》将来可能仅以电子版形式出现。他说："印刷版词典市场正在消失，每年缩水10%。"波特伍德预计，随着电子图书和类似美国苹果公司平板电脑iPad等工具的普及，印刷版词典可能还有大约30年的"货架寿命"。按美联社说法，网络版《牛津英语词典》除方便用户查阅外，同时更便于出版方掌握词义的快速变化，及时更新大量新词汇。词典编辑人员大约每3个月更新一次词条，superbug（超级细菌）等新词已收入网络版。精简版《牛津英语词典》，即书店常见的单卷版，仍在继续出版。

《牛津英语词典》中，莎士比亚是被引用得最多的作者，不同版本的《圣经》是被引用得最多的作品。就单篇作品来看，被引用得最多的是中世纪关于世界历史的长诗《世界的测量者》（*Cursor Mundi*）。词条set(*v.*)很长时间都是释义最长的单词，共用了6万个单词来解释其430种用法。但是在2007年3月修订之后，make(*v.*)超过了它，编辑组指出，在不久的将来，set可能又会超过它，因为目前set还未被修订。

《牛津英语词典》出版后，牛津大学出版社陆续在此基础上出版了一系列的英文工具书，如：《新牛津英语词典》（*New Oxford Dictionary of English*）（第二版），2001年上海外语教育出版社引进第一版出版。《牛津英语大词典》（简编本）（*Shorter Oxford English Dictionary*），目前已出版第六版，售价230英镑，2006年上海外教社引进影印第五版出版。《牛津简明英语词典》（*Concise Oxford English Dictionary*），2009年出版第十一版，有商务印书馆版、上海外教社版（第十一版）和外研社版（第十版）。《牛津高阶学习词典》（*Oxford Advanced Learner's Dictionary*），供母语非英语的学习者使用，在我国最为流行，商务印书馆引进，原版出至第八版，亦有英汉双解版（翻译至第八版），另有适用于不同年龄层和学习阶段的中阶版和初阶版。还有《新牛津美语词典》（*New Oxford American Dictionary*）、《牛津英语词源词典》（*Oxford Dictionary of English Etymology*）等系列工具书。

《牛津英语词典》是老牌词典中的王牌，一百多年来一直被视作英语词语的"终极权威"（the last word）。自1928年《牛津英语词典》的第一版出齐问世以来，牛津系统的各种词典，包括简编（shorter）、简明（concise）、袖珍（pocket），无不给人一种老成持重的传统感：义项的排列，正如最初的书名所述，以历史沿革为依据，由远及近，往往是从中古英语的原义，跨越七八百年，始及于今。多数例证都是引自名著、学刊等的书证，读者可以从中找到乔叟的名言，也可了解莎士比亚率先创用了哪些词语。就权威性而言，固然难有出其右者，但从例证鲜活的现实致用性衡量，则不足为训。英国以外的英语变体虽有所涉及，但所占分量较轻，而对各种"非主流"的用法更是不屑一顾的。牛津词典多以废义或古义打头，有旺盛生命力的今义却被掩藏在大篇释文中，苦煞查阅人。

《牛津英语词典》的第二版却是从当代英语实际出发，重新梳理意群，大幅精简义项，实用性大增，更便于查阅；与此同时，新版牛津的释文力求精练，措辞力求简易。从语言哲学指导思想看，《牛津英语词典》尊奉"存在即合理"，是修正传统（revisionist），而不再强调语法学家、教书先生提倡的用法，当然更不再是"国王英语"或"女王英语"了。这种真实英语的例证在当年的旧版牛津词典中是很难找到的。新版牛津的不少"用法注解"（usage notes）虽属"另类"，却为真实的英语大开绿灯，诸如Caribbean和harass的重音偏移；"独一无二"仍可说very unique；due to只能后接表语是迂腐之见，实际使用时与because of没有差别，等等。如此激进的立场，难免招来批评之声。《每日电讯报》指责新版牛津是老版牛津的"智力退化型"（dumbed down）变种；《卫报》在论及新版牛津对分裂不定式采取容忍态度时，更是引用某权威的危言谠论："要是我们继续这么干，我们将创造出一个特种阶层，这些人连求职信都不会写，因而将找不到职业。"

中文新词英译tuhao（土豪）、dama（大妈）、hukou（户口）等词语已经进入牛津英语词典编纂者的关注范围。对于tuhao等词语有可能收录进《牛津英语词典》之事，人们有两种不同的态度。"自豪者"认为，这是中国全球影响力日益提升的一种表现，也是中国文化输出的重要契机；"担忧者"认为，该词本身带有贬义或嘲讽意味，有损中国人形象。其实，无论是"自豪"还是"担忧"的心态，都是不足取的。人们应该以一种平常心来看待它们，而学界应该以一种新视野来关注和研究它们。以汉语为来源的英语词语是汉英两种语言接触的必然产物，也是中西文化融合的必然结果；随着中华民族与英语民族的交流交往日益频繁，来自汉语的英语词语及表达方式将会越来越多。

《牛津英语词典》的编撰反映了人们对研究单词的兴趣，当时的语法书也开始增补历史背景，通常是附上一份单词表，新教师都要刻苦背诵单词词源。20世纪初的英国，出版了许多教材和专著，神话了英语发展历史。英语单词从不起眼的历史深处走来，至维多利亚时代臻于完善。《牛津英语词典》是一粒璀璨的琥珀，完好保存了维多利亚英语的芳容。

第十章

英国帝国：语言的演变超越国家的发展

没有人能够预见未来，尝试预见未来也许是愚蠢之举。然而已经发生的重大变革，确实对未来的发展方向具有指导性意义。随着英语从大英帝国的语言变成了国际交流的语言，某些过去看来完全合理的想法也显得过时可笑了。在互联网的时代，说君主在语言方面拥有绝对权威，或者说上流社会或中产阶级也有权威，这种看法好比在中世纪时期，人们认为君主只要触摸到患者就能治愈一切疾病一样，完全是荒谬的无稽之谈。进入21世纪后，关于英国的许多说法无疑站不住脚了，例如：维多利亚时代认为，男子私立学校的师生确立了正确的英语发音标准，这种说法如今无疑是天方夜谭，好比说伊甸园里亚当和夏娃是讲德语的。目前英国与英语的关系，就好比中世纪时期意大利与拉丁语的关系，语言的演变完全超越了国家的发展。

20世纪有两大事件深刻影响了英语的发展，一是第二次世界大战后大英帝国衰落了，二是全球信息技术日新月异。影响英语发展的决定性力量发生了转移，由英国的权力集团转移到了美国的权力集团以及跨国商务组织。伦敦英语及其蕴含的文化价值，在英语世界独领风骚的垄断地位超过500余年，1945年以后，大英帝国从殖民地及军事基地撤军，其军事力量在全球范围内大规模收缩，所幸英语是新兴超级大国美国的语言，美国英语标准迅速传播，大有对英国英语标准取而代之之势。另外，信息技术发展需要通用国际语言，而英语在大英帝国时代已经扮演了通用国际语言的角色，信息时代的语言需求只会更加巩固英语的通用语地位。现在探讨英语发展，不能再局限于英国这个语境，而是应该放眼全球，在更大范围内考察英语的使用情况，毕竟在说英语的人中，非母语人士的数量大大超过了母语人士的数量。

英国正在丧失对英语的主导权，英语世界里出现的权力真空亟待填补。1500多年前，西罗马帝国衰落后，权力北移，语言权力也相应北移，先是法兰克人，而后是盎格鲁-撒克逊人掌握了语言的权力。公元5世纪，保卫不列颠东海岸的罗马将士很难想到，有朝一日撒克逊海盗的语言会成为沟通世界的语言，不仅全球的人都在说，而且机器也懂这门语言。有人认为，总会有一个组织或力量来控制英语。21世纪初，看来很可能是亚洲，毕竟在东亚有最大的懂英语的群体、最富有活力的经济，且在印度有娴熟的电脑编程人员，人们通过英语彼此交流沟通。未来典型的英语使用者，很可能没有听说过莎士比亚，更没有读过《钦定圣经》，若莎士比亚以他当年的词汇量活在今天，也就是个半文盲。

（一）帝国余晖

在1871年至1900年的30年间，英国的土地增加了1100万平方千米，人口增加了6600万。英语也伴随着大英帝国的扩张走向全球，并形成了自己的英语帝国，这是一个在大英帝国衰落后依然存在的庞大帝国，英美等英语国家依然享受着英语霸权带来的各种语言制度红利。

英语霸权是盎格鲁-撒克逊民族国家的语言霸权形式。英美民族国家霸权的历史进程，不仅确立了英语在全球国际体系中的霸权地位，而且决定了英语霸权内涵的演变——这是一个从地域语言霸权到制度语言霸权，再到软实力语言霸权不断深化的过程。语言霸权是文化霸权的核心，其霸道的本质毋庸置疑，英语语言霸权目前在全球导致了新的社会不平等。

英语作为英吉利民族国家语言，是在中世纪晚期，伴随民族意识的觉醒、民族文化的孕育和民族国家的形成、兴起而发展起来的，具有鲜明的民族国家语言性质。英法百年战争（1337—1453）是英格兰走向民族国家的第一个重要时期；对于英语而言，"百年战争"结束了在英国少数统治者使用法语而广大人民使用英语的语言分离现象，为英语在英国恢复使用扫清了障碍。都铎王朝（1485—1603）的统治是英国走向民族国家的又一个重要的转折时期，该王朝在对英格兰一百多年的统治中，其几代君主接力完成了统一和创建民族国家的任务。1648年，根据《威斯特伐利亚和约》（*The Peace Treaty of Westphalia*）建立起来的威斯特伐利亚体系,使得"独立的主权国家之间的关系,构成了自1648年威斯特伐利亚和会以来数百年里国际关系体系的最本质的内容,直到今天也没有离开这个主题"(王联,2005: 313)。民族语言作为民族国家身份认同的显性标志,是民族文化的表达形式,在民族国家与国际体系中的重要作用也日趋彰显。1688年"光荣革命"后,英国确立了君主立宪制度,国家不再属于君主个人,而属于整个"民族",英国民族国家的雏形已基本形成。18世纪,法国大革命具有示范效应,极大地推动了欧洲民族主义的发展。国家军队、公民教育和传媒通信的陆续出现,也大大地推动了民族主义与民族国家的发展,而民族语言成为这一进程的核心:"所有大不列颠人,无论是英国本土还是遍布世界各地的殖民地,都被要求忠于大不列颠民族的象征:标准英语、起立并高唱皇家国歌《上帝保佑吾王》,还要表示对英国国旗的尊重"(戴维斯,2007: 830)。英语作为大不列颠民族的语言成为英国最重要的民族标志,英语紧紧追随大英帝国的扩张步伐,开启了征服世界的旅程。

"英语地域语言霸权"的建立指英语伴随大英帝国在各个殖民地的扩张,传播到世界各地,并通过帝国的殖民统治,成为遍布世界各地的殖民地占主导地位语言的过程。英语作为英国的民族语言,其海外扩张的第一步始于17世纪初,英国人拓殖北美的初始航行为英语的发展揭开了崭新的篇章。1607年,第一批英国移民抵达北美,并建立英国在北美的第一个据点詹姆斯敦(Jamestown),这就是大英帝国的开始,从这一年到1776年美国独立,大英帝国建立起了以北美为中心的殖民帝国。北美早期移民以英国人为主,英国人又是最大的民族群体,占殖民地总人口的90%(Handlin, Oscar. 1980: 323),且在殖民地政治经济生活中大权在握,因而他们的语言文化、生活方式、法律制度等构成了日后美国社会的基础,即使在殖民地时期,美国的语言已经表现出惊人的一致性,人们通用的语言是英语。在加勒比海地区,移民的主要来源为从非洲大量输入的黑奴。从1680年到1786年,英国在加勒比海的属地接收了200万来自非洲的奴隶(Sherlock, Philip. 1966: 42)。由于这些黑人的母语各不相同,出于交流的需要,一种以英语为基础的黑人混合语便出现了。在南亚,1600年东印度公司成立后,其势力范围不断扩展,印度成为英语帝国皇冠上的明珠。由于印度土邦众多,部落林立,很难形成统一的民族语言,英国的殖民统治者乘虚而入,使英语在南亚次大陆逐渐成为政治、经济、教育、文化等领域的通用语。1835年制定的《麦考利教育备忘录》(*Macaulay's*

Minute on Indian Education)成为英国在南亚殖民地的语言和文化政策的纲领性文件,对印度的教育制度和语言政策产生了深远的影响。

美国独立后仅仅几十年的时间里,一个更为庞大的、历史上前所未有的"日不落大英帝国"就建立起来了,并逐步达到了辉煌的顶峰。伴随大英帝国遍布世界的殖民地的建立与发展,英语地域扩张的步伐也在加快:在加拿大、澳大利亚、新西兰建立起来的移入式殖民地,由于依旧以英裔移民为主导,那里英语占据主导地位的过程与当年北美殖民地类似:1921年,加拿大人口达8788483,绝大多数是白种人(桑戴克,2005:560),由于法语在加拿大的历史势力,加拿大英语人口只占总人口的58%左右(Crystal, David. 2001: 57);在澳大利亚与新西兰,不列颠群岛殖民者作为最早和主要的移民来源,使英语从一开始就在那里占据了主导地位,1921年,澳大利亚的白人有5436794(桑戴克,2005:560),以英语为第一语言的人口占总人口的80%—90%;在新西兰以英语为第一语言的人,大约占总人口的90%(Crystal, David. 2001: 57)。

在侵占式殖民地,英语地域扩张主要反映在英语在殖民地所占据的主导性地位以及以英语为第二语言的人数上。在非洲,18世纪后期,英国开始把黑人遣返回西非,例如,英国把加拿大、西印度群岛及伦敦的黑人集中运回西非,建立了塞拉利昂(Sierra Leone)这个国家。受英国启发,美国也设立了"美国殖民协会"(American Colonization Society),负责把美国自由黑人送回非洲。这些黑人回到非洲后,主要的交流方式就是以英语为基础的克里奥尔语(Creole),这种独特的英语变体伴随19世纪初经贸的发展遍布整个西非海岸。在东非,大批的英国移民在此定居,因此有许多英国侨民以及非洲出生的白人,这样东非也出现了大量以英语为基础的变体。在北非埃及,伴随着苏伊士运河的开凿,到1865年,已有8万欧洲移民进入埃及(Szyliowicz, Joseph. 1973: 112)。19世纪80年代,英国占领埃及之后,英语在该国取得了长足进展,然而在私立外语学校,法语依然维持了部分历史优势。在南非,由于英国对这个地区从一开始便强制实施英国化,到1814年,荷兰把开普敦割让给英国时,好望角居民约73000人,其中半数为欧洲籍,英语已成为殖民地官方语言(Kamwangamalu, Nkonko M. 2002(2))。1910年,南非组成了联邦,确立荷兰语和英语同为其官方语言。然而,实际上英国人从不接受荷兰语和英语平起平坐。在东南亚和南太平洋,英语对这个地区的大规模影响始于18世纪后期，1896年马来联邦成为大英帝国皇室领地时，英语已在整个地区成为政治、法律的传播工具，并在其他场合广泛使用。1900年，英国在东南亚占有大片领土。英国教育体制在这一地区的引入，使得学习者很早就接触了标准的英国英语，随着19世纪大批中国和印度的移民涌入该地区，英语学习者人数有所增加，英语迅速成为职业用语和正式场合用语。到19世纪末20世纪初，通过大英帝国的不懈努力，"日不落英语"遍及世界每个角落，英语的地域语言霸权地位最终确立。

英语在欧洲的传播很有意思，特别是在日耳曼语国家，英语越来越不像外语，而更像第二语言。这种现象，不仅出现在荷兰、丹麦等小语种国家，在德国也有同样的趋势，在德国召开的国际会议上，德国人也倾向于说英语。虽然欧盟内部有一个保护小语种的语言政策，但事实上英语正在发挥越来越大的作用。

"英语制度语言霸权"是指大英帝国政治、经贸、法律、教育、通信和文化等方面的制度，通过遍布世界各地的殖民地传播并逐步确立起来，对当今世界大部分民族国家的形成具有决定性影响力，确立了其各项制度的蓝图；而英语也伴随大英帝国的殖民扩张与殖民统治，在建立起地域语言霸权的基础上，成为世界各地英国殖民地建立起来的一系列政治、经济、文化制度的通用语言，进而逐步形成制度语言霸权，具体表现在以下四个方面：

第一，表现为行政、立法和司法制度等政治制度的语言霸权。19世纪20年代，大部分殖民地广泛使用英语，英国殖民当局也意识到在政府部门普及英语的必要性，不仅在道德上是符合逻辑的，在行政上也是有实用价值的，因此殖民者开始有意识地在大英帝国殖民地推行"英国化"，殖民政府通过政府政策来加强英语的传播：政治制度上，包括行政、立法和司法制度都用英语制定；思想观念上，文职人员、司法人员以及军队等的行为规范都用英语拟定；英语通过制度的实施和人员行为的规范，深入到政治制度的方方面面。例如，19世纪在南非的"英国化"时期，好望角总督查尔斯·萨默塞特勋爵（Lord Charles Somerset）颁布了一个公告，要求从1825年起，所有官方文件必须使用英语（Malherbe, Ernest G. 1925: 57）。19世纪，英国创建非洲帝国时，以自身体制为蓝图，强制推行新的管理和行政制度，逐渐取代古老的以长老、酋长、秘密组织以及年龄等级的权力为基础的统治模式。行政部门、警察、军队和审判制度全部承袭英国体制，其语言载体自然也是英语。

第二，表现为国际经贸制度的语言霸权。从17世纪到20世纪初，英国拥有毋庸置疑的海上霸主地位，全球贸易、金融体系一开始就是按照英国的模式建立和发展起来的。"是英国商人在历史上逐渐创造出今天的股份制、银行、交易市场、保险业、跨国公司及其基本管理及经贸模式，成为今日'国际商务惯例'始作俑者"（滕藤，1998：291）。在商品贸易方面，无论是商品交易还是商品本身，都附带有大量的语言信息："在英国货物销往世界各地的同时，英语也随之到达世界各地。英国著名的陶器制造商韦奇伍德（Wedgwood），在向欧洲大陆推销货物时，配上了双语商品目录，正是从这些目录上，世界各地的商人与顾客，学到了第一批英语单词"（Graddol, David. 1997: 424）。而金融业与相关服务行业的发展，无论是金融机构的管理还是服务，都更多地涉及书面语言的使用与口头语言的交流，英语奠定了作为国际经贸及其相关服务行业领域的通用语的基础。

第三，表现为教育领域的语言霸权。英国的教育制度对其殖民地国家教育事业的奠基和发展具有重要的影响：这些国家教育制度上的一致性通常是在中学奠定的，其中等学校以英国学校为原型，常常受到当地英国教会组织的监督，并从英国本土派遣教师到学校任教；英国在向亚非地区进行殖民扩张的后期，英国大学的考试制度也来到了各个殖民地，目的是确保大学新生的录取质量。教育制度上的这种一致性为英殖民地国家形成共同的文化奠定了基础，而英语是他们共同文化的根基。例如，印度的公立中小学既开设印地语，又开设英语，但大部分家长愿意把孩子送到英语学校去，因为大学考试使用的是英语，并且大学课程的94%是用英语开设的（Platt, J. , H. Weber, and M. L. Ho. 1984: 20）。

第四，表现为通信与传媒领域的语言霸权。19世纪中期出现了电缆通信，英国人把全世界连接起来，这使得他们拥有推广英语的早期优势；他们对全球电报网络的控制则导致英语成为国际贸易和服务业的主要语言。在新闻出版业，英语作为主导媒介语言的地位已有400年历史。19世纪末，电报在大众传播媒体中的广泛使用，让英文报纸的传播更广泛、更快捷，影响力更大。1922年，英国广播公司（BBC）的建立，是英语发展的又一座里程碑。BBC对英语持有一种全球性的态度，其宗旨是"推行英语及其影响力"，以及向全世界"传达英国的价值标准"（屠苏，2004: 227、199）。

1945年以后，英国军队从全球殖民地及军事基地大规模收缩撤军，伦敦对全球英语的影响力日益下降。然而英语作为新兴大国美国的语言，借助大英帝国搭建的全球平台，在新技术新媒体的推动下，进一步发挥了全球通用语的作用，而英国则凭借母语优势搭上美国英语的顺风车，继续对英语发挥超国力的影响力，是其软实力的体现。

（二）从BBC英语到"河口英语"

20世纪20年代英国广播业开始起步，当时丹尼尔·琼斯（Daniel Jones）正在积极推广"英语标准发音"。英国广播公司（British Broadcasting Corporation，简称BBC）首任总裁约翰·里思（John Reith）是苏格兰人，但他却规定"英语标准发音"必须成为BBC播音员的发音标准。"英语标准发音"插上全新传媒技术的翅膀，飞得更高更远，日后BBC英语一度是人们争相模仿的标准英国英语，这与英国广播公司在全国塑造标准英语口语，以及在全球推广标准英国英语的努力分不开，媒体对英语的影响不容小觑。然而随着社会的发展，BBC英语也在发生变化，新的发音标准正在形成，例如"河口英语"（Estuary English）。

1922年，英国广播公司成立，这是英国最大的新闻广播机构，也是当时世界最大的新闻广播机构之一，2017年全职雇员20950人，是员工人数最多的新闻广播机构。BBC接受英国政府财政资助，是公营媒体，经营8个电视频道、10个广播频道，以及网络平台，还直接由英国政府出资经营有28种语言（最多时候有43种语言）的全球广播。

1922年，BBC开始对全国广播。1932年，"BBC帝国服务"（BBC Empire Service）开播，这是BBC第一个向英国本土以外地区广播的电台频道。1938年，BBC阿拉伯语电台开播，这是BBC的第一个外语频道。到第二次世界大战结束时，BBC已经用英语、阿拉伯语、法语、德语、意大利语、葡萄牙语和西班牙语7种语言向全世界广播，这是BBC全球服务（BBC World Service）的前身。目前BBC拥有10个广播频道，面对不同的听众，针对不同的地区，有不同的节目选择。

1936年，BBC开始了全球第一个电视播送服务，当时叫作"BBC电视服务"（BBC Television Service），在第二次世界大战爆发前，已经有大约25000个家庭收看电视节目。电视广播在第二次世界大战期间曾经中断，1946年重新开播。1953年

6月2日，BBC现场直播伊丽莎白二世在伦敦西敏寺（Westminster Abby）的登基大典，估计全英国约有2000万人直接目睹了女王登基的现场实况。1964年BBC第二频道（BBC Two）开播，1967年12月，BBC第二频道成为欧洲第一个彩色电视频道。

1991年10月，"BBC全球电视服务"（BBC World Service Television）开播，推出面向亚洲及中东受众的电视节目，标志着BBC正式上线全球新闻服务电视频道。1991年至1992年12月，这个频道的覆盖范围扩展到了非洲。1995年1月，"BBC全球电视服务"进行重组，并进一步覆盖了欧洲地区，同时更名为"BBC世界频道"（BBC World）。2001年，"BBC世界频道"完成全球覆盖。

2008年"BBC世界频道"更名为"BBC世界新闻频道"（BBC World News）。

1998年8月，BBC的国内频道也开始采用卫星播送，这么做的结果是，只要欧洲观众使用英国制造的卫星解码器，他们就可以收看BBC1和BBC2这两个频道的电视节目。

"BBC全球有限公司"（BBC Worldwide Ltd.）是BBC音像、书籍等产品的国际销售商，向世界各国直接出售关于BBC的各种商品，或是同相关国家就BBC音像、书籍等制品的使用版权进行交易，其收入占BBC集团总收入的四分之一。

值得一提的是BBC的语言政策。BBC成立后不久就意识到标准语音对媒体的重要性，于是邀请了语言学大师阿瑟·詹姆斯（Arthur James）对播音员进行发音培训。播音员纷纷表示受益良多，建议BBC聘用全职正音顾问，负责播音员上岗之前的正音培训，以确保BBC发音的准确性。BBC虽然没有采纳该建议，但于1924年设置了"英语口语咨询委员会"（Advisory Committee on Spoken English），由阿瑟·詹姆斯担任秘书长。该委员会创始成员都是当时的语言学名家，例如，委员会主席是桂冠诗人罗伯特·布里奇斯（Robert Bridges）、副主席是戏剧大师萧伯纳、委员有散文家罗根·史密斯（Logan Pearsall Smith）、语音学家丹尼尔·琼斯（Daniel Jones）、朱利安·赫胥黎（Julian Huxley）等。这些委员定期会晤商讨正确发音，后来该委员会扩大到30多位成员。但凡播音员遇到不会念的单词，尤其是外国地名人名时，可向咨询委员会专家求助。该委员会不仅负责正音，还负责英语的正确使用，其研究成果以小册子形式出版，名为《英语口语》（*Spoken English*）。

在此要重点介绍丹尼尔·琼斯在BBC"英语口语咨询委员会"中发挥的作

用。他主要是给播音员搞培训以及制定发音准则。委员会之所以这样做是为了促使广播英语发音有一定程度的统一性，另外也是为了给播音员提供一定程度的安全，因为他们的工作就其性质来说是特别容易受到外来的批评。琼斯对播音员的评估与他们的播音效果息息相关，但有些评估也流露出他对发音标准的某些个人偏见。在这些标准中，以音色和说话速度为例，他喜欢"清脆洪亮"的声音，经常批评"刺耳、沙哑、带喉音"的发音方式，以及"不送气、若即若离"的播音方式。他还批评说话时错误的停顿，例如：在由that引导的从句中，在that之后停顿是他不能接受的。在他看来，播音员的语调也存在问题，例如：他对morning（早晨）一词中的元音过分鼻音化有意见。对bag（包）、land（土地）等词中元音 / æ / 发音开口太狭有意见。对长元音 / i: / 和 / u: / 过分双元音化有意见。反对day（白天），stay（停留）中双元音的单元音化，虽然他承认这是当下可以接受的时髦发音方式。他责备播音员使用诸如of, was, for, the语法规则中的强读发音方式。他赞成应该更加广泛使用连接辅音 / r /（Linking R）的意见，他也不反对在词的分界处用外加辅音 / r /（Intrusive R）的看法。另外，琼斯很不赞成误读外来词，如把Munich（慕尼黑）读成 / ˈmju: nic/，把Bologna（博洛尼亚）发成 / bəlʊgnə /。琼斯喜欢把Austria（奥地利）中的短元音 / ɒ / 读成长元音 / ɔ: /，把accomplish（完成）中的元音 / ʌ / 读作元音 / ɒ /，把Asia（亚洲）中的清辅音 / ʃ / 发成浊辅音 / ʒ /。从上面这些琼斯的好恶情况中，我们不难看出他本身发音中的保守性，但偶尔他也会赞同采用那些被语音纯正癖者们所谴责的较为时髦的发音，例如他认为将our一词发成单元音 / a: / 是正常的。很重要的一点是，琼斯一直敦促BBC播音员在广播中应当尽量自然、朴实和口语化。他的这一论点和他编写的语音教科书以及发音字典的精神始终如一。

伦敦大学语音学教授劳埃德·詹姆斯（Lloyd James）也曾担任BBC"英语口语咨询委员会"委员，他认为方言非常不适合用于播音，会导致社会交流障碍（social handicap），他说："对于地方标准中那些缺乏教养的细节，应该鼓励大家坚决予以铲除"（The eradication of those details of the local standard that are recognized as not educated is always to be encouraged）（诺尔斯，2004: 157）。这种观点好像很有市场，第二次世界大战期间BBC遭遇的一次观众投诉就很能说明问题。当时播音员威尔弗里德·皮克尔斯（Wilfrid Pickles）用带约克郡口音的英语播报新闻，引发了观众的投诉。令人诧异的是投诉者不是来自伦敦及其附近的郡（Home Counties），而是来自约克郡，因为约克郡的中产阶级明显感觉受到约克郡工人阶级口音的威胁。当然，也许约克郡也有很多人非常享受听见用自己家乡口音播报的新闻，但当时他们都不够自信，没有给BBC写信赞扬播音员威尔弗里德·皮克尔斯的约克郡口音。

BBC"英语口语咨询委员会"成立之后的头13年非常重要，因为这段时间该委员会致力于规范播音员的英语发音，推广所谓的标准英语，但很快该委员会就认识到这是一件很有挑战性且颇有争议之事，毕竟这种规定性语法难逃结构性危机，BBC的语言政策遭遇挑战是无法避免之事（Schwyter, Jurg Rainer. 2016）。1938年，萧伯纳委员请求辞职，理由是："人只要讲话像个君子，管他怎么发音！"（南台星，1993（1））该委员会的失败与解体是必然的，但其在语言政策方面的遗产是意义深远的。现在，BBC还有一个发音小组（BBC Pronunciation Unit），主要负责确定外国名称的发音。关于外国人名地名，该小组专家通常会请教母语国家人士，然后再选择英语中最近似的发音，予以建档、存档。该小组不再规定播音员必须用"英语标准发音"（Received Pronunciation）作为播音标准，而是更加宽容，只要发音清晰，不影响观众理解就行。

1934年，英国文化教育协会（British Council）成立，标志着英国政府对英语的传播逐步重视起来。英国文化教育协会的庇护人是伊丽莎白二世，副庇护人是查尔斯王子。20世纪五六十年代，该委员会出台的两份报告以及召开的两次会议，体现了英国政府的语言政策。1954年，《海外情报局独立委员会调查报告》（*Report of the Independent Committee of Enquiry into the Overseas Information Services*）出台。1956年，该委员会下属的海外英语教学指导委员会（Official Committee on the Teaching of English Overseas）出台了一份报告，确定了英语传播的目的、师资培训渠道、多样化的传播方式等内容。前者将支援英国的外交政策、维护并加强英联邦和英帝国、促进本国贸易并保护英国在海外的投资确立为英语传播的目的。后者认为，为使英国有机会在大多数非英语国家传播英语并使之成为该国的第一外语，应在英国本土为海外英语教师提供培训，并且扩大英国广播公司的业务范围。这两份报告无疑是英国政府正式将英语传播纳入国家战略体系的标志，英国文化教育协会由此成为政府对外语言传播和对外宣传的重要机构。接着，英国文化教育协会召开了两次重要的对外英语教学规划大会。第一次是1960年的以"英语作为第二或外语教学的大学培训和研究"为主题的高层研讨会，制定了对外英语教学的具体政策和专业规划。第二次是1961年召开的"英语作为第二语言教学的英联邦大会"，英联邦内部23个国家的代表与会，明确了英语教学的一些具体原则。这两次会议的正式报告具有一定的语言政策和语言法规的性质，是英语教学快速扩展的最重要里程碑（武波，2008：22）。

"英语标准发音"在英国之所以一度成为人们效仿的标准之一，是因为在重视阶级区分的时代，它是讲话者身份的象征。社会语言学研究表明，就语音而言，社会地位的不同，会带来方言和口音的差异，口音具有阶级烙印。其关系可以用一个等边三角形来表示。"顶部是最高社会阶层的话语者：他们使用带很少地方口音的语音。在这一顶端还有讲没有地域特征的、代表受过良好教育的标准发音话语者。从顶端移向下面的阶层，越到下面的阶层，就越能听到更多不同的口音和方言"（Crystal, David. 1997: 39）。这也表明了对英国人而言，言语方式及其外在表征的口音，是一个人社会形象的重要标志，成为社会"以音取人"的依据。标准发音曾经被附会为英国上流社会的标签，皇室与贵族讲话的口音给人以高高在上的感觉，自然显现出了他们与普通百姓在社会地位等方面的不同。在当时的社会环境下，人们是无法回避口音的阶级性的。

但随着社会经济的发展、教育的逐步普及、中产阶级的出现和壮大，尤其是媒体的推动传播，标准发音不再只是上流社会的特权，也成为受过良好教育的知识分子、中产阶级等阶层所采用的发音标准。伴随时代的变迁，1945年以后，尤其是20世纪60年代以降，年轻一代阶级意识逐渐淡化，这期间出现的反传统、标榜个性的潮流，开始冲击人们的许多传统观念。而80年代兴起的全球化浪潮，导致不同文化间的相互影响和交融，使得"以音取人"在英国不再是社会的主流，标准发音不再是代表身份地位的标签了，人们更崇拜足球明星、影视红星，而不是私立学校男生。这种大的社会环境的变迁，导致了更加大众化的发音在英国的流行。

在社会文化转型的过程中，英国人的口音取向出现了一种趋中融和的态势：一种是讲伦敦土语的人们向标准发音靠拢的所谓"上升"；另一种是由讲标准发音口音的人士向伦敦土语接近的"下降"。这两种趋势的交汇融合，便产生了现今被英国各阶层逐步接受的所谓"河口英语"(Estuary English),这反映了当代英国社会乃至全球社会结构、经济、文化等方面的巨大变化。

尽管像丹尼尔·琼斯这样的语音学家尽力想维护语音的纯学术性定义,并期望人们以这种标准化的发音来增进沟通。但由于社会现实中,经济地位、社会地位的巨大差异造成人们心理之间的隔膜,这种隔膜又通过各种外在表征得到强化,标准发音便是其中之一。而标准发音的这种阶级相关性使其无论在社会方面还是在政治方面都具有争议性,因此,对标准发音的讨论常使人们感到困窘。这种现象自标准发音有了清晰的定义后就一直存在,随着"河口英语"的兴起,到了20世纪90年代,这一争论更是到了白热化的程度。

语音变化虽然有其内部自身特性使然的因素,但其具有较强的社会文化伴随性这一特点,决定了它与时代的发展变化息息相关。时代的变化也必然会促使社会主流在语音上的演变,特别是具有"阶级相关性"的标准发音。"虽然标准发音在英国,特别是在英格兰地区继续具有代表性发音的地位,但近年来无论是在语言学方面还是在社会层面上,都已变得不太强势了"(McArthur, Tom. 1998a: 498)。

英国社会自工业革命以来,已经历了一个较长的发展时期。英国资本主义社会发展到目前,其社会内部结构发生了较大的变化。社会经济的发展使阻碍人们交往的各种源自阶级和地区差异等方面的壁垒被打破,主流社会已从以皇室、贵族等少数人为代表的上流阶层主导的社会,逐步演变为以广大中产阶级为代表的社会。各种方言发音的相互影响、融合日益深入等变化,使得传统定义的标准发音很难再保持一成不变的发音标准。

伴随这一社会结构演变的结果还表现在:接受良好的教育已不再是上流社会的特权。自20世纪60年代后期,一种名为"综合中学"(comprehensive school)的公立学校在英国迅速发展。这类学校可以接纳来自不同阶层、不同背景、不同资质、不同能力的学生。因此,它不同于传统的贵族式"公学"(public school)以及只接纳资质优秀的学生的"文法学校"(grammar school)。在这类学校里,家庭背景迥异、个人智力不同的学生在一起朝夕相处,必然面临一个语言融合的问题。"少数来自上流社会的学生为了合群,自觉'修正'自己的标准发音,一些出身下层社会的学生为了改善自己的形象,也不得不'修正'自己的土语。这两个'修正'的结果,便是'河口英语'在综合中学的普及"(左飚,1997[2])。

这一变化还表现在英国人对标准发音的态度上。20世纪70年代,英国社会心理学家霍华德·吉尔斯(Howard Giles)的一项公众调查研究表明,"标准发音显示讲话者有能力、有信心、受过良好教育、值得信赖;另一方面,与地方口音相比,标准发音显得不真诚、不友好,因而缺乏说服力和感染力。最近二十年来,标准发音已不再是某些工作招聘时必需的通行证。英国社会对语音与身份地位的关联性认知已显得较为淡漠,人们大多不再以音取人"(Trudgill, Peter. 1983)。

在这种形势下,各种不同的方言发音都较以往更容易得到认同。这样,使原本在英国就只有少数人所采用的标准发音的影响力被大大地削弱了。与此同时,英国在国际社会中的地位也江河日下,标准发音作为外语教学中发音标准的地位又受到美国英语的挑战。诸多因素使标准发音目前处于一种较为尴尬的境地。加之年轻一代较为强烈的反叛心理以及对权威的怀疑等各种因素,使人们更乐于接受一个标准发音以外的发音。1993年,英国《星期日时报》(*The Sunday Times*)引用一位英国大企业主管带点调侃的话称"如果你不幸讲这种口音(标准发音),你就应该主动弱化这种特征,以期变得对客户更加友好"。

在这种背景下,20世纪80年代以来,英国学术界、媒体以及政界就开始辩论标准发音的地位、标准发音是否应继续作为英语发音标准等问题,这一争论在90年代更是引起了全社会的关注。期间产生了大量针锋相对的观点。一些人士反对把标准发音继续作为英国英语标准发音,而且这种主张在最近的10多年里,变得尤为强烈。如《英语发音词典》第15版的编者在该词典的前言中提出:"标准发音这一过时的称谓应该被抛弃了"。有迹象表明标准发音的威望、特权和吸引力都在减弱。与此同时,"河口英语"在英国地方政府机构、服务性行业、大众传媒、广告界、医学界以及教育界得到广泛使用。于是,一些学者和媒体等便认为"河口英语"等所谓的新方言发音可以替代标准发音成为新的英国英语标准发音。

与之相对立的观点则认为,随着英国社会变得开放,标准发音作为一个没有地区特征的英语发音,开始吸收中下阶层的口音,而不再是少数上流阶层人士的发音。另一方面,随着人们社会、经济地位的上升,许多人仍会(虽然不再刻意地)减少说话时的方言口音。这一观点认定标准发音不会消亡,而是会以一种更加大众化的姿态出现。同时这一派还指出，在把英语（英国英语）作为外语进行教授时，最好还是用非地区方言的发音。

不论是主张用"河口英语"替代原来的标准发音，还是认为标准发音在吸收了中下阶层的口音而趋于大众化，出现在英国的这场争论本身，就表明了发音本身绝不仅是一个语言现象，而更是一个社会文化现象。就如有学者指出的那样："'河口英语'也是一种社会现象，表现年轻一代标新立异，不愿意接受传统的一面"。

因此，从社会语言学的角度看，英语标准语音的变化，是英国社会不断演变的结果。社会各阶层在经济地位的升降、高等教育的普及、人们平等交往的出现等因素，使人们意识到需要以不同的角度来改变自己的社会形象，以便能融于主流社会之中。"这种交融在80年代后期以来已逐渐形成一股社会潮流，使自己的言语顺合主流，趋于一般，而不至于因为自己的口音迥异于他人而引人注目、遭人非议或自觉格格不入而少了交谈的情趣"。社会宽容度的提高，在语音方面，便表现为"不仅宽容，而且还有一种尊重方言土语，而且更有一种认为保持一定地方语言特色更为朴实、亲切、自然的倾向"（左飚，1997[2]）。

"河口英语"能否替代标准发音，成为新的英国英语标准语音，尚无定论，但从社会语言学的角度，我们可以确定的一点是：只要阶级社会没有消亡，即使人们待人接物的态度变得愈加宽容，但要完全消除以音取人似乎还是不可能的。虽然讲标准发音口音的人群在进一步变少，但在英国社会结构发生根本性变化之前，标准发音还是会继续保持一定的影响力。

1984年，英国英语教师大卫·罗斯旺（David Rosewarne）率先提出"河口英语"一词。他把"河口英语"归纳为"一种变化了的地区发音……一种非地区化发音与东南部当地英语语音和语调的混合体。如果人们将标准发音和伦敦土音想象成一条线段的两个端点，'河口英语'则位于这条线段的中点"（Rosewarne, David. 1984）。其实在罗斯旺之前，前伦敦大学学院（University College London）语音学系主任约翰·威尔斯（John Wells）教授便注意到了这一方言音的存在，"居住在伦敦地区的人们通常的发音要么是伦敦土音（Cockney），要么是标准发音，还有就是介于这两种发音之间的口音"。威尔斯将这种中间发音称为"大众化伦敦音"（Popular London）（Wells, John C. 1982: 302）。

罗斯旺之所以要把这种"大众化伦敦音"称为"河口英语",是因为"该发音主要出现在位于泰晤士河两岸及其河口地区的议会下院、伦敦金融城、中央行政机构、地方政府、传媒、广告以及东南部地区的医生和教师等职业人员之中"(Rosewarne, David. 1984)。从社会语言学的角度来看,一个社会群体的社会经济地位越高,他们所操的语言声望也就越高。说"河口英语"的代表性人群是所谓的"雅皮士"(Yuppies),他们受惠于时代,是富有创意的新一代成功人士。当然,说"河口英语"的人群并非单一的同质化人群,除了"雅皮士",还有政客、学者、工会领导等,这是一个多元化群体。

按照《牛津简明英语语言词典》(*Oxford Concise Companion to the English Language*)的说法,"河口英语"的形成大致有如下三方面的原因:首先,人口居住变化方面。据统计,1831年英国城市人口大约占总人口的34%,而1931年已高达80%,到1991年时为90%。第二次世界大战以来,大量的人口从伦敦市区迁往伦敦周边的各郡,这些人口的口音与当地传统的口音相比,更有权威。其次,广播与电视传媒的影响。传统的标准发音独霸这一领域的现象已发生了变化,播音员的口音已开始更多地带有地方口音,即使如英国广播公司这样在建立之初就确定必须采用标准发音的机构也不例外。最后,从语言学的角度看,出现折中与融合是大势所趋(McArthur, Tom. 1998b: 220)。

"河口英语"发音很有特点。例如,在water(水)这类单词中,其 /t/ 的发音变成了声门塞音(glottal stop);元音之后的辅音 /l/ 通常发成辅音 /w/,例如单词bell(钟)读作 /bew/;常常省略半元音 /j/,例如单词news(新闻)听上去好像是 /nu:z/,而不是 /nju:z/。

语言学家保罗·克斯威尔(Paul Kerswil)认为,英国已处于一个更加宽容地对待语音多样化的时代。自20世纪六七十年代以来,整个英国社会在诸如堕胎、避孕以及同性恋等方面放松管制,并立法倡导男女、种族平等,语言多样化也是该潮流的一部分。义务教育的逐步普及,也推动社会朝着"无阶级化"方向迈进,而语言也遵循着同样的民主化方向。在英国,越来越多的成功新贵倾向于保留自己原来的口音,而不是刻意改变口音去模仿所谓标准英语口音,仿佛这样才能使成功更加令人钦佩。

这种现象出现在英国的语言研究领域,便是方言歧视已逐渐为方言民主所替代。一种民主方言学正在悄然兴起，渐得人心。语言学家戴维·克里斯特尔（David Crystal）认为"至关重要的第一步是要意识到，每一种方言都具有其语言的高度复杂性和巨大的潜能，并以这种认识去代替那种认为语言的地方变异缺少标准语的声望而'仅是方言而已'的观念"。他认为，英语的各种地方变异都应受到同样的尊重，具有同样的生存权利。英国方言研究中这种民主化的倾向，也是"河口英语"得以发展的原因之一。既然伦敦土语有其生存和受到尊重的权利，"河口英语"作为它与标准发音相结合的产物的，有着雅俗共赏的效果，更能得到社会各阶层的接受和欢迎。其实，围绕标准发音与"河口英语"在英国媒体和学术界的各种争论本身，就是语言学研究的民主化体现。

"河口英语"的兴起固然有英国社会结构变化的主因，整个国际社会发展变化的客观因素也不容忽视。从全球化的角度看，随着美国的经济、军事实力在第二次世界大战后不断壮大，美国成为世界上的超级大国。美国英语也随着美国人、美国电影以及美国的大众文化产品进入世界的各个角落，就像当年英国将英国英语传向世界一样。美国英语对英国英语的影响从"河口英语"中便可窥见一斑——"河口英语"中的某些发音就比较接近美音（如r化音）。这也反映了"河口英语"比传统标准发音更带有流行语音的特点，这也是年轻一代更愿意采用这种流行化发音的原因之一。因此，它很快便得到了英国年轻一代的认同。社会变化能导致相应的语言变化，社会环境、社会结构和社会价值观等都能对语言的变化产生影响。"河口英语"的迅速崛起正是变化中的英国社会诸多因素交互影响的结果。

英国英语标准发音经历了很大的变迁，而这种变迁的背后是与标准发音相关的诸因素。随着社会经济的发展，全球化浪潮的冲击，把口音与社会地位和受教育程度等因素联系起来的状况正在逐步消除。最近半个世纪以来，英国社会结构、观念等方面都发生了较大的变化，媒体不可避免地积极参与，使得"河口英语"的使用率呈上升趋势，对"河口英语"的传播起着重要作用，对多样化社会的认同导致人们对多样化口音的宽容。

(三)信息革命对英语的冲击

自20世纪以来,人们觉得能够听见自己社交圈外的人讲话,或者听见过去的人讲话,是理所当然的事。这一切其实都要拜技术进步所赐,背后是人类发明创造的不断升级换代。先是有留声机,标志着人类历史上第一次可以把声音储存起来,并自由传播,然后有了唱片、有声电影、广播、电视、录音机、摄像机、互联网、手机等新一代技术。这意味着人们能够听到的口语种类大大增加了,每天接触到的口语只有一少部分来自面对面的对话交流,大部分都是间接从各种途径"听"到的二手信息。

截至目前,对英语发展影响最大的显然是计算机及其带来的各个领域的联动革命。人类发明计算机后,不到一代人的功夫,计算机便已覆盖全球,其语言媒介是英语。计算机已进展到大规模数据库、电子邮件、云计算、物联网、移动数据等新一代技术,英语的使用也相应扩展。这些新技术在设计时,就要求用户必须通过英语发出指令。单个程序的用户界面也许可以有不同语言的选择,但程序本身的指令语言几乎都是英语。在以往的技术革命中,技术必须要适应不同语言环境的需求。而在新一轮计算机信息化革命中,英语以外的语言必须要自我调整,以适应现有的计算机语言,即英语。20世纪90年代以来,由于互联网的迅猛发展,更加速了英语的全球化。据统计,互联网上80%以上的网页是英语网页。

英语是互联网的主导语言,是信息高速公路的初始语言,是连接全球计算机网络的工作语言。互联网已经催生了新文本,新文本需要新技巧,关于新技巧的标准尚未成型。传统技巧,例如,写散文的技巧,已经不那么重要了,这对母语不是英语的人而言是个重大利好消息。电子邮件用于私人交流时,尚未形成统一规范。传统信函要写明收信人姓名、地址,写信人姓名、地址、时间等关键信息,但电子邮件已经内置这些信息了,是否还有必要在电子邮件里附上这些内容呢?传统信函不能互动,电子邮件却可以在回复时复制所收到邮件的内容,电子邮件贵在速度,是否还需要在电子邮件中加上问候和告别的话呢?如果不加,是否会显得粗鲁无理?电子邮件还可以通过符号模拟口语效果,例如,通过加星号(*)表达强调之意,或通过 :-) 以及 :-(表达作者的态度与情感。从这个意义上说,电子邮件的文本已经与传统文本大相径庭了,不是所有的电子邮件用户都愿意遵循传统书面文本的格式与礼节，有的电子邮件故意不用标准拼写形式，不写完整的句子等。

互联网上的公共文献通常是由短小精悍、相互连接的信息页面构成。传统文献通常是由开头、中间、结尾三部分构成，而现在有了超文本链接形式后，作者可以用许多种不同方式来组织信息，读者也可以有许多种不同路径来浏览信息。传统文本是无声的书面语，而现在网络文本却可以有相应的音频、视频，还能还原口语现场。网上多媒体资源环境可以把文本、图片、音频、视频等整合到一起，优化表达效果。

研究语言离不开对历史数据的搜集和处理。基于计算机的新技术使得人们有可能研究海量的自然语言数据，即语料库。语料库本身并非新概念，1755年塞缪尔·约翰逊编字典时就用到了语料库，现在的语料库存在硬盘上，最大的特点是储存量大，查询速度快，取用方便。1961年推出的"布朗美国英语语料库"（Brown Corpus of American English）是最早的现代语料库，其文本包含一百万个英语单词。1978年推出的"兰卡斯特–奥斯陆–卑尔根英国英语语料库"（Lancaster-Oslo-Bergen，简称LOB）包含了20世纪60年代的一百万个英国英语单词。1986年推出的"科尔哈帕尔语料库"（Kolhapur Corpus）包含一百万个印度英语单词。新西兰也推出了新西兰英语语料库"威灵顿语料库"（Wellington Corpus），澳大利亚也推出了"澳大利亚英语语料库"（Australian Corpus of English）。20世纪90年代，英美都及时更新了自己的语料库，英国牛津大学、兰卡斯特大学、英国国家图书馆携手推出了"英国国家语料库"（British National Corpus），该语料库包含20世纪90年代的一百万个英国英语单词的书面语及口语资料。美国也着手编制"美国国家语料库"（American National Corpus），但编制工作却停滞不前了，所幸另外一个语料库"当代美国英语语料库"（Corpus of Contemporary American English）已经推出了网络版，该语料库包含20世纪90年代的四百万个美国英语单词。1996年，还推出了按"布朗美国英语语料库"方法组建的"国际英语语料库"（International Corpus of English，简称ICE），该语料库包含20多个国家和地区的英语语料库，其中大部分是非英语地区的英语变体，例如喀麦隆英语、斐济英语等，这是第一次把英语变体收入权威语料库，标志着规定性标准向现实低头，存在就是合理。计算机支撑的海量语料库是过去人力无法想象的超级工程，对语言研究意义重大。

20世纪80年代已经有很发达的语音识别技术了,大部分技术都是针对美国英语开发的,而面向英国英语的语音识别技术,主要是针对"英语标准发音"(Received Pronunciation)设计的。虽然目前语音识别技术专家还是遵从传统观点,认可传统发音标准,但从长期看,新技术很可能会动摇以前制定的标准。从商业利益角度看,语音识别系统最好能够识别各种不同口音的发音,尽量向现实生活中真实的场景靠拢。如果能说"英语标准发音"(Received Pronunciation)的人数只有总人口的3%,那么专门为这些人开发语音识别系统就太缺乏商业头脑了。从目前的趋势来看,技术最倾向支持的口音是美国英语标准口音,可见语音识别技术对人们如何发音也是有间接导向性意见的。在这种新形势下,过去传统的社会价值观就丧失了意义和相关性了。

在写作本书时,作者很能理解15世纪英国抄写员的心态,当时正是印刷新技术萌芽之际,大家都隐约意识到未来文本资料的建构将会发生重大变革,但具体怎么变则鲜有人能提前预见。今天我们也处在一个类似的重大变革的前夜,技术革命才刚刚开始,信息技术对英语的影响远未尘埃落定。在新的重大变革到来之前,读者对传统文本、传统语言的需求依然存在。

(四)英语挑战者

1500多年前,西罗马帝国衰落后,罗马也就丧失了对拉丁语的主导权。天主教会控制了书面拉丁语,日耳曼语族的哥特人和法兰克人控制了口头拉丁语。大英帝国衰落后,英国也逐渐失去了对英语的主导权。

标准书面英语的全球传播,意味着全球人民在英语方面享有同样的权利。早在19世纪,如何写英语,不仅英国的查尔斯·狄更斯(Charles Dickens)有很大的发言权,爱尔兰的詹姆斯·乔伊斯(James Joyce)和美国的马克·吐温(Mark Twain)同样也有发言权。今天,中国人和印度人也能对英语的走向产生影响。口语英语的情况更加复杂,与伦敦一样,悉尼和纽约也能对口语英语的未来发挥主导作用。从这个意义上说,英语不再是英语母语国家的财产,所有英语使用者都能对英语的发展进程产生影响。历史上,爱尔兰学者和英国学者一度是拉丁语的全球权威,如果某天印度人和中国人成为英语的全球权威也是完全符合逻辑的。

英语作为世界通用语（English as a lingua franca），在国际交流中起着举足轻重的作用。全球化的进程中需要国际通用语，英语在世界范围内的使用有着绝对的优势。根据语言学家戴维·克里斯特尔（David Crystal）的统计，全球有3.37亿—4.5亿人把英语作为第一语言使用，有2.35亿—3.5亿人把英语作为第二语言使用，有1亿—10亿人把英语作为外语使用，有至少6.7亿—8亿、平均约12亿—15亿人把英语作为本族语或近似本族语使用。英语是世界范围交流的工具，三分之二的印刷品是用英语出版的，90%的科学论文用英语写成的，50%的内容用英语广播，英语还是国际协议和合同的首选语言（Crystal, David. 2001: 60—61）。英语正以世界通用语的角色在各个领域发挥重要作用。

英语的使用者可以粗略分为两大类：本族语使用者（native speakers）和非本族语使用者（non-native speakers）。本族语使用者的国家可以称为内圈国家（inner circle），即英国（Britain）、澳大利亚（Australia）和北美（North America），简称为BANA（Holliday, Adrian. 1994: 125–143）。非本族语使用者的国家情况较为复杂，大致可以分为两个部分：外圈国家（outer circle）和延伸圈国家（expanding circle）（Quirk, Randolph. 1990）。外圈国家指的是以英语为第二语言（a second language）的国家，例如新加坡、印度等；延伸圈国家指的是英语是外语（a foreign language）的国家，如中国、日本等。

英语有许多变体。在以英语为主的国家，形成了多个强势的英语变体，例如美国英语深刻影响了加拿大英语以及全球英语，加拿大英语与美国英语同一性很高。澳大利亚英语深刻影响了新西兰英语，人们有时很难区别这两种英语。这些区域性英语变体的崛起，无可避免地使英国英语的权威性受到挑战。在英语曾经是官方语言的国家，英语的地位在新老定位之间势必发生冲突，英语昔日是殖民地宗主国的语言，现今是国际交流的语言，这些国家对英语的感情和态度比较复杂，作为去殖民化的需要，应该弱化英语的作用，但在全球一体化背景下，英语具有不可替代的作用。在埃及和伊拉克等非英国殖民地国家，虽然英语一度发挥了重要作用，但随着英国势力逐渐淡出这些地区，当地民族语言很快取代了英语，成为人们沟通交流的首选语言。在马来西亚和东非地区，马来语（Bahasa Malaysia）和斯瓦希里语（Swahili）已经取代了英语，成为人们内部交流的语言，但英语仍然是这些国家和地区参与国际合作的工作语言。在印度，由于本土方言数量众多,方言之间竞争激烈,英语竟然具有神奇的中立作用,因此英语不仅用于国际交流,还用于国内不同方言集团之间的内部交流。在西非和加勒比海地区,英语有不同程度的克里奥尔语化(creolization)现象,被称为"新克里奥尔语"(creole continuum),当然当地学校还是在传授标准英语。

然而英语的"三圈"理论似乎太过于简化,如今已经不足以概括英语在世界上的分布和英语使用者的状况,因为真实的情况要复杂得多。首先,像美国、加拿大以及澳大利亚等内圈国家,在经济全球化的背景下,归化了许多母语并非英语的移民,英语本族语使用者与非本族语使用者的比例在内圈国家中已今非昔比;其次,受政治和政策的影响,外圈国家和延伸圈国家的界限也在模糊,并且相互转换。如荷兰、丹麦、阿根廷等延伸圈国家有向外圈国家转变的迹象。

英语在世界范围内的迅速发展,催生了众多的英语变体(world Englishes)。英语在走向国际化的同时,由于文化等因素的不同,使用者在国际交往中使用的英语势必体现本民族、本国家的语言和文化烙印,这就出现了在语音、拼写、词汇、语法等方面千差万别的众多英语变体(English varieties),如美国英语(American English)、澳大利亚英语(Australian English)、新加坡英语(Singaporean English)、印度英语(Indian English)等,English这个名词本身也有了复数形式Englishes。非本族语英语使用者的人数迅速增加,非本族语者之间的英语交流频次远超过本族语者之间甚至非本族语者和本族语者之间的交流(Jenkins, Jennifer. 1996: 10-11)。印度英语、菲律宾英语、新加坡英语等新英语(New Englishes)的出现增加了带有强烈语言文化因素的英语变体。中国英语、日本英语等延伸圈国家的英语变体也开始在世界范围内引发更多关注。因此,非本族语英语使用者英语变体的地位日益重要,世界英语呈现出"多变体""多方言"的现象。

世界范围内英语变体纷繁复杂的局面,使得语言学界对世界英语未来的展望众说纷纭,莫衷一是。由于英语变体的发展和英语标准的模糊,英语的未来是统一还是分裂?是否会出现持不同口音的英语使用者互相不能理解的局面?在未来的发展中,英语在世界范围内是否会有新标准,从而更好地发挥其国际通用语的作用?果真如此,英语的标准是什么?是英国英语,美国英语,还是新加坡英语?中国英语又能发挥什么作用?这些问题见仁见智,没有标准答案。

关于标准英语和国际英语标准的话题日益引人注目。从16世纪的女王英语（Queen's English）到19世纪的世界英语变体，再到20世纪的标准国际英语（Standard International English），勾勒出了英语发展的轨迹，同时也显示了英国英语面临的困境与挑战。英国历史上关于"标准英语"之争前文已有论述，目前在世界范围内亦在重复同样的"标准英语"之争，不过这次范围更大，涉及的变体更多，尤其是美国英语来势汹汹，锐不可当。

美国标准英语（General American English）的形成并没有像英国英语那样有着明显的社会等级色彩。由于美国人的流动性大，各个地区的方言都显得很不稳定，所以美国英语的标准是开放、概括性的，而不是封闭、纯粹性的。只有在区分大众使用的英语和少数人使用的明显带有地方或种族色彩的英语，或者区分不同美国人和其他国家的人使用英语的差异时，标准这一概念才会被使用。美国英语在语音、词汇和语法等方面有着明显的特点，由于美国在国际经济政治军事文化领域的超级地位，美国英语在世界英语舞台上的位置日益重要。

与此同时，各个国家英语变体的"标准化"也在迅速发展，如印度标准英语，尼日利亚标准英语以及加勒比海标准英语等概念也相继提出，20世纪下半叶，"标准国际英语"的概念诞生了。标准国际英语是英语的标准形式，可作为世界共同语使用、教学、和传播，或作为一个整体概念，以区别于美国英语、英国英语、南非英语等（McArthur, Tom. 1998b）。这个解释揭示了标准国际英语的两个特点：一是标准国际英语是国际通用语，二是标准国际英语不是具体某个国家的英语变体。由此引发的关于国际英语标准以哪种英语变体为基础的争论更是难以平息。

在探索"标准国际英语"标准的问题上，主要有两种观点：一是沿用英国英语和美国英语的权威标准（prestigious standard）；二是创造出一种各种英语都会用到的共核（common core）。然而，这两种观点都有其局限性。

第一种观点认为世界英语的标准要以英美本族英语为标准，并在世界范围内推行这个标准，使其成为国际通用准则。原因很简单，本族英语标准历来都是各个外圈国家、延伸圈国家英语使用者的模仿标准。这个标准似乎也可以解决英语变体纷繁复杂的局面，然而，让英美本族英语标准成为国际标准，在实践中有着一定的现实困难。首先，英美本族英语标准的概念模糊。即便在英国国内，英语的标准也没有像我们想象的解决得那样好。就语音来说，用来教外国人的"英国英语标准发音"（RP）在英国只有3%到5%的人在用。到了20世纪90年代末，RP的使用者已经降至2%（Crystal, David. 1999）。与此同时，语言的发展和变化、新词的出现、语法的变化等不稳定因素与语料收集和标准建立在时间上的内在矛盾无法得到妥善解决。这些不定因素又给在外圈和延伸圈的英语作为外语的国家推行标准带来极大的困扰。其次，从语言习得的规律上看，英语为第二语言或外语的人要达到母语标准的可能性很小。从英语教育的角度来讲，即便政府设想的教学目的是以英国或美国英语为主，然而，本国人教、本国人学、主要在本国使用的现实，使得人们无法达到英国或美国英语的理想标准。学到很好英语水平的人仅仅是凤毛麟角，而他们的英语也是各种英语变体的综合体。最后，英语使用者的文化身份和英语使用的环境，给沿用英语母语国家标准带来更大的困难。语言是文化的载体，生活在本族文化的英语使用者，不论是讲母语，还是第二语言或外语，文化身份都会有所体现。这种文化身份的不同，在英语中的影响和英语使用的区域环境，使得遵循英语本族语标准几乎是不可能的任务。

第二种观点以世界各种英语变体为基础，力求找到可以被英语本族人和非本族人兼容的英语，即英语标准的共核。语言学界很多人试图用这个途径解决英语的标准问题，并做了大量的实践工作。阿尔弗雷德·吉姆森（Alfred Gimson）的国际英语发音（rudimentary international pronunciation）通过减少英语音素确立了国际英语发音模式；伦道夫·夸克（Randolph Quirk）的"核心英语"（Nuclear English）在词法和句法上做了同样的努力；珍妮弗·詹金斯（Jennifer Jenkins）的英语共核（common core）概念的提出，同样是以国际英语作为通用语言的效果，她的英语教学在语音上包括三个方面：英语核心发音（core sounds of English）、句子重读部分（the main stress in a word group such as a sentence）和发音时音长、音高、音量上的变化（utterance of sounds with changes in their length, pitch and volume）。在语音的训练上，对英语语音中最有特点的发音进行重点训练。例如："the"和"think"中"th"的发音。还包括音长（length）、音高（pitch）和音量（volume）的训练，训练的目的是达到世界所有英语使用者的相互理解（mutual intelligibility）。她的国际英语教师培训对象不仅包括非本族语的教师，还包括本族语的教师。然而创造国际英语使用的共核同样存在现实困难，毕竟国际英语相互理解的程度很难确定。英语的相互理解和一定的语言环境及不同的语言使用者有着紧密的关系，所以很难确定什么样的英语在什么样的上下文中是可以包容的。例如，印度英语的 this 说

成 /dis/，如果熟悉了说话者的语言，在理解上就不会有任何的问题。同样的问题也存在于欧洲很多英语的使用者中，例如 / r / 在欧洲有着不同种类的发音，欧洲人之间交流没有障碍，但其他地区的人不一定能够理解。如果不能确定相互理解的标准，创造的英语共核就无法实现。

以上两种解决国际英语标准途径面临的最大困难是语言标准的推行和保持。语言的发展是非规划、自发性的，不是自上而下的。一个国家的政府可以大力推行标准普及的政策，而世界范围内，国际英语标准没有任何个人或机构有绝对权威来推行；同时，由于非母语英语变体受到当地媒体、地方规范、团体身份等的影响，保持这种人为规划的模式也是很困难的。

那么世界英语的未来是"统一"还是"裂变"？世界英语的发展是国际交流的需要，英语的"国际化"是各个国家和地区日益增多的国际交流机会决定的。同时，由于来自不同文化背景英语使用者的增多，在一定区域范围内，英语"区域化"特征也进一步增强。从这个意义上讲，世界英语的未来发展趋势是"统一"和"裂变"同时存在。首先，由于国际交流的需要，在国际范围内，来自不同国家（包括内圈、外圈以及延伸圈国家）的英语使用者一定统一的、可以用来交流的英语变体，这是无须怀疑的。语言是交流的工具，国家间日益增多的交流机会无疑给英语的发展提供了机会。随着经济全球化的进一步发展，人员流动，国际交流机会增多，互联网等信息技术的支持等因素，世界英语在这样的背景下应该可以继续维持国际通用语的地位。由于各个国家文化，语言政策的不同，英语使用者状况不同，英语在一定程度上会有裂变的状况出现。英语变体承载着英语使用者的文化内涵，有些英语只在一定的文化背景下可以理解和使用，在国际交往中表现为裂变。比如，新加坡英语使用者在国内背景下使用的英语，很可能中国人理解不了。也就是说，英语变体在区域范围内差异会更大甚至分裂。这里举一个例子。中国英语使用者在中国都知道这句中式英语 good good study, day day up，毋庸置疑，不了解中国文化的英国人，不一定能理解这句话的含义。

世界英语也有其规范及特点。鉴于世界英语变体纷繁复杂的局面，标准国际英语的存在和推行令人怀疑，是什么可以保证世界英语的国际通用语的地位呢？事实上，世界英语在国际使用的过程中，存在着世界范围内的英语规范（English norm）。它包括了作为有效交际工具能使别人理解的所有的英语变体；这种规范不是任何人或组织推行的结果，而是来自不同国家地区的英语使用者以"可理解，可接受"的原则，在不同的地点、不同的交际情境下，为了完成交际任务，自然交际中形成的。世界英语的规范有以下三大特点：

第一，世界英语的规范是存在的，即规范的动态存在。来自不同国家的人员之间使用英语进行交流，他们可以完成交际任务，这一现实可以证明：英语的规范一定是存在的。这种规范不是由于一个国家内部的语言政策规划和标准语言推广等办法来保持其标准，而是在英语交流者之间实现有效交际的过程中自然形成的。同时，这种规范随着时间、地点、情景、交际者、交际内容等的不同，在不断变化，所以说，规范的存在形式是动态的。也就是说，区域范围内会有带有不同文化特征的英语变体存在，不同国家间的世界英语是保持动态一致的。举例说，在英语作为第二语言的马来西亚，带有很多地方特色的英语变体在本国英语使用者之间的交流没有问题；然而，马来西亚人在和美国人、日本人或中国人用英语交流时，他所用的英语一定是合乎国际英语规范的英语变体，因为只有这样，才可以达到有效交际。

第二，英语规范以"可理解，可接受"为原则。世界通用语英语的使用者包括英语本族语者、英语作为第二语言者以及英语作为外语者。如今，英语作为第二语言和外语的人数急剧增加，非本族语英语使用者在世界英语界中占有越来越高的地位。世界范围内的交流，特别是非本族语者之间的交流中，由于英语使用者的英语能力有所不同，再加上语言所承载的文化、社会等非语言因素的影响，英语规范的界限宽泛。特别是在口语交际时，交际双方在交际过程中主要是为实现有效交际，英语使用中的失误或者由于本族语言对英语的影响等都是可以忽略的，也是说，英语的规范以"可理解，可接受"为原则。

第三，不同文化特征的英语变体和规范英语共存。英语规范中带有不同文化特征的英语变体主要存在于一定区域范围内，同时会影响英语规范的发展。英语的使用者遍布世界，他们面临的社会、文化等环境不同，在一定的区域内，英语的变体反映着社会、文化等问题，这样的变体会给规范英语注入新的活力。随着世界英语被更多来自不同社会、文化的使用者在世界范围内的应用，也随着国家之间在文化上的相互了解和交流，这种带有地方特色的英语变体会越来越多地充实规范英语。以中国英语变体为例，像long time no see这样的中国英语变体早已被世界英语使用者接受。卡拉OK（Karaoke）源于日语的kara（empty空的）+ oke（orchestra乐队），这样的英文变体也已纳入规范英语的行列。当然，有些只用于区域内部交流的英语变体也可能一直局限在区域的交际中。

语言是不断发展的，世界英语在国际交际过程中，各种英语变体相互影响，各种文化特征相互交融，将呈现以下四大发展趋势：

第一，英美等本族英语继续占世界英语的统治地位。在以英语为第二语言及外语的国家，虽然其英语变体会随着对本国文化等因素的影响而变得更加具有地方特点，但是，在国际交往中，这些国家的英语将继续以英美英语为规范。在国际英语变体共存的前提下，英美英语会继续其重要地位。由于美国经济，政治的超级地位，美国英语的发展将呈上升趋势。英国英语由于其学术地位等原因将会继续在国际上发挥其影响。因此，英国英语和美国英语如何在世界范围内找到各自的位置，还需要拭目以待。

第二，不同背景的英语使用者的国际交流要求世界英语具有更大的兼容性。表现在语言形式上，很多原本复杂的语言标准得以简化。以美国英语，英国英语之间的相互影响来看，国际英语的规范有简化的趋势，很多不规则变化都有规则变化的趋势。例如，现在很多人会很自然地把centre, aeroplane 写成 center, airplane, 原因是后者符合读音规则，更有助于记忆。不规则变化会逐渐减少，有些人预测：man 的复数形式可能会变成mans，而不是 men；在句法上，更多的人更愿意使用肯定形式句尾声调来提问等。但是，所有的"简化"没有任何人推行，而是在语言的使用中得以发展、改变，并最终得到认可。

第三，"国际通用的英语变体"会增多。以口语交际为例，如果交际双方彼此了解发音的特点，有些发音问题是可以在不影响有效交际的情况下忽略的。例如, think 中国人可能读成 /sink/，法国人可能读成 /vink/，如果双方了解彼此的发音习惯，这样的问题不会影响交际效果，能顺利完成交际任务。由于不同变体的发展，会有更多的体现地方文化的新词出现在世界英语规范里，例如中国英语的Kongfu, Fengshui等。随着世界对中国文化的逐步了解，英语 dragon 这个词的含义外延也会包括中国文化中"龙"的概念。

第四，世界规范英语的使用者在交际中更注重交际目的，对英语变体的态度更加宽容。很多表达形式在传统的标准里是错误的，而随着使用频率的增加，却有可能成为规范的世界英语。例如 He is taller than me（他比我高）原本不符合传统语法，而今已成为规范的英语。随着使用英语的人们之间的交际增多，人们彼此在文化上的了解会更多，同时在接受英语变体的时候就会更宽容。那些耳朵只能听懂所谓"纯正英音""正宗美音"的人是需要在国际英语变体的环境中进行国际英语的培训。这种态度上的宽容可以更好地了解不同英语变体背后的文化内涵，这也是国际交流中基本的能力要求。

国力扩张带来语言扩张。如果说英语国际化的第一阶段，即以英国为主体的推广阶段，是以国力为后盾，以军事为先导的话，那么，英语国际化的第二阶段，即以美国为主体的推广阶段，则是以国力为后盾，以技术和文化为先导了。如今，英语的使用范围日益扩大，不仅在全球外交、经贸、科技、文化和旅游等传统领域独领风骚，而且还在全球视听市场、卫星电视、互联网、文件处理软件、技术转让以及英语教学等领域占有绝对优势。在高科技领域，美国的实力居于无可匹敌的强势地位。美国是当今世界最大的技术输出国，它向世界各国输出的技术，远远超出从其他国家所获得的技术。这是英语国际化势头依然强劲的最强大的支持力与推动力。

强势文化的扩张带来语言的扩张。20世纪，英美两国以其强势的文化意识形态四处"攻城略地"，所向披靡。目前美国的文化产业已占其GDP的30%以上，其视听产品出口仅次于航空航天等少数行业，并有日益增多的大型企业跻身于文化产业之列，包括闻名全球的迪士尼乐园。而且其文化并不仅仅作为产业存在，它还渗透在社会生活的方方面面：旅游是文化，汽车是文化，电影电视是文化，音乐游戏是文化，服装是文化，像麦当劳、可口可乐这样的餐饮同样也是文化。落后国家只要打开国门，只要学习先进国家的技术和管理经验，就不能不时时处处面临强势文化的冲击。在这里，既有英语大国推行文化霸权、实行文化渗透的一面，也有落后国家主动吸收和被动接受先进国家文化理念的一面。例如，许多非英语国家主动选用英语国家的教材作为学习标准英语甚至专业基础知识的权威教材。反过来，由于美国在军事、经济、技术、文化等方面都处于强势地位，母语为英语的国家，却没有学习其他国家语言的动力。再如，目前美国控制了世界上75%的电视节目和60%以上广播节目的生产和制作，每年向国外发行的电视节目总量达30万小时，许多国家的电视节目中美国节目往往占到60%—70%，有的占到80%以上，而美国自己的电视节目中,外国节目仅占1%—2%(常林,2004(3))。这样,我们看到的便不是文化的双向交流,而是强势文化向弱势文化的单向输出。英语正是借助这种无孔不入、无处不在的文化渗透力把触角伸向了全球的各个角落。

美国1996年颁布的《21世纪外语学习标准》(*Standards for Foreign Language Learning: Preparing for the 21st Century*)(1999年修订)体现了美国社会对外语学习所达成的共识。该标准围绕交际(communication)、文化(cultures)、联系(connections)、比较(comparisons)、社区(communities)来阐述外语学习所要达到的中心目标,其中特别强调了外语教学中的文化内容,"提出从三个方面来认识文化,即文化观念(perspectives,包括概念、态度、价值观、观念等)、文化习俗(practices,包括社会交往方式)与文化产品(products,包括书籍、食品、工具、法律、音乐、游戏等)。三者互相联系、互相影响。习俗和产品都与观念相关,并都体现出社会文化的观念形态"(罗青松,2006[1])。

英语对英国至关重要,然而谁才是未来英语的主导者?答案却不一定是英国。英国文化委员会在1983—1984年度报告中说:"我们的语言是一笔巨大的财富,甚至比北海的石油还要丰富,因为它们的储量是取之不尽的。有必要对这笔无形的、上帝恩赐的财产进行投资,予以开发"(何南林,2003[3])。英语教学成为每年给英国带来高达70亿英镑收入的产业。除了能获得经济利益,英语帝国主义还能满足政治需要。"美国只要把用在星球大战计划上的钱拿出十分之一来,就足以让亚洲听命其总统。英语教学是英语国家武器库中远比星球大战厉害得多的武器。……从前,我们派往海外的常常是炮舰和外交家,今天送出去的则是英语教师"(何南林,2003[3])。从这些赤裸裸的表白中,不难看出英语作为一种强势语言已显示出在信息化时代为帝国主义国家开道的先锋作用。这正如未来学家阿尔文·托夫勒(Alvin Toffler)所言:"世界已越来越离开依靠暴力与金钱控制的时代,而未来政治控制的魔方将控制在拥有信息强权的人手中。他们使用手中掌握的网络控制权、信息发布权,利用英语这种强大的文化语言优势,达到征服和控制世界的目的"(托夫勒,2006)。

英语不仅面临来自其他国家英语的挑战,也必须应对其他语言的竞争。英国文化委员会使命的变化彰显了英语面临的挑战。自1934年成立以来,英国文化委员会一直以在国际上推广英语教育、传播英国文化为主旨,其年度报告也主要关注这两方面内容。然而自2002年开始，该委员会新推出《语言趋势》(*Language Trends*)年度报告，总结英格兰中小学外语教育情况，推动英国学校外语教育的规范化与标准化。2004年开始，英国把外语作为14—16岁中学生的选修课；2012年开始，英国把外语作为7—11岁小学生的必修课。以前不重视外语，或者说没有外语需求的英国也开始学习外语，反映了英语开始感受到来自其他语言的竞争与挑战。

大英帝国早已日薄西山，但英语帝国仍不可一世。英语国家主导西方主流社会，是当今世界格局的突出特征。在国际舞台上，英语国家用一个声音说话，显示出超越国力的强大力量，无论是法语国家、西班牙语国家，还是阿拉伯语国家都无法与之抗衡。这不仅是一个语言格局，亦是政经格局、文教格局和科技格局。英语在今天的地位，恰是当年大英帝国精英梦寐以求的未来。英国虽然早已没有能力继续充当世界领袖，但试图主宰世界的依然是一个说英语的国家，而英国利用自己和美国的特殊关系，从中受益匪浅，语言红利只是其中之一，雅思与托福的竞争不过是英语帝国内部分红的游戏或分赃不均的争斗。展望英语帝国之后的世界语言版图，谁将是英语最有力的挑战者？那些为人类进步付出努力，为人类福祉做出贡献的民族，他们的语言必将成为下一个世界通用语言。

参考文献

常林:《从英语的国际化看全球性文化经济》,载《边疆经济与文化》,2004,(3)。

成昭伟,周丽红:《英语拼写体系初探》,载《辽宁工学院学报》,2003,(6)。

高增霞:《汉语国际化简论》,载《中国社会科学院研究生院学报》,2007,(6)。

何南林:《英语是如何"热"起来的》,载《读书》,2003(3)。

蒋红柳:《英语标准发音RP能继续作为发音标准吗?》,载《电子科技大学学报社科版》,2000,(4)。

李赋宁:《英语史》,商务印书馆,1991年。

李自更:《论英国乡绅的形成》,载《山西高等学校社会科学学报》,2003,(11)。

罗青松:《美国〈21世纪外语学习标准〉评析》,载《世界汉语教学》,2006(1)。

南台星:《BBC的正音研究小组》,载《国际新闻界》,1993(1)。

蒲凡,王山:《〈圣经〉对英语语言的影响》,载《怀化师专学报》,1994,(3)。

秦秀白:《英语简史》,湖南教育出版社,1983年。

谭载喜:《西方翻译简史》,商务印书馆,1991年。

滕藤:《开创现代文明的帝国——英国百年强国历程》,黑龙江人民出版社,1998年。

田学军:《英语的发展及其启示》,载《盐城师范学院学报(人文社会科学版)》,2005,(2)。

王联:《世界民族主义论》,北京大学出版社,2005年。

武波:《英国》,张西平、柳若梅编《世界主要国家语言推广政策概览》,外语教学与研究出版社,2008年。

邢福义:《文化语言学》,湖北教育出版社,2000年。

闫照祥:《英国贵族史》,人民出版社,2000年。

叶品娟:《浅谈英语元音的演变》,载《时代文学(下半月)》,2009,(11)。

张世满:《封建时代英国议会的产生与发展》,载《山西大学学报》,2000,(4)。

张勇先:《英语发展史》,外语教学与研究出版社,2014年。

朱文振:《英语简史》,四川大学出版社,1994年。

左飚:《"河口英语"的崛起》,载《外语教学与研究》,1997,(2)。

[德]海森堡:《严密自然科学基础近年来的变化》,《海森堡论文选》翻译组译,上海译文出版社,1978年。

[德]海森堡:《物理学与哲学》,范岱年译,商务印书馆,1981年。

[德]马克思、恩格斯:《马克思恩格斯选集》,中共中央马克思恩格斯列宁斯大林著作编译局译,人民出版社,1972年。

[法]莫塞:《英语简史》,外语教学与研究出版社,1998年。

[美]桑戴克:《世界文化史》,陈廷璠译,三联书店,2005年。

[美]托夫勒:《权力的转移》,吴迎春等译,中信出版社,2006年。

[英]鲍:《英语史》(第四版),外语教学与研究出版社,2001年。

[英]戴维斯:《欧洲史》,郭方译,世界知识出版社,2007年。

[英]芬内尔:《英语语言史:社会语言学研究》,北京大学出版社,2005年。

[英]弗里伯恩:《英语史:从古英语到标准英语》,外语教学与研究出版社,2000年。

[英]弗里伯恩:《英语史:从古英语到标准英语》,上海外语教育出版社,2009年。

[英]克里斯特尔:《英语:全球通用语》,外语教学与研究出版社,2001年。

[英]马格尔斯通:《牛津英语语言史》,外语教学与研究出版社,2011年。

[英]诺尔斯:《英语语言文化史》,北京大学出版社,2004年。

[英]屠苏:《国际传播:延续与变革》,新华出版社,2004年。

[英]威廉斯:《文化与社会:1780年至1950年英国文化观念之发展》,彭淮栋译,联经出版事业公司,1985年。

Abercrombie, David. *Fifty Years in Phonetics*. Edinburgh: Edinburgh University Press, 1991.

Alford, Henry. *The Queen's English*. London: George Bell and Sons, 1864.

Bailey, Richard W. and Manfred Görlach. (eds.) *English as a World Language*. Cambridge: Cambridge University Press, 1982.

Bailey, Richard W. *Images of English: A Cultural History of the Language*. Ann Arbor: University of Michigan Press, 1991.

Barnbrook, Geoff."Johnson the Prescriptivist? The Case for the Prosecution." In Jack Lynch & Anne McDermott (eds.) *Anniversary Essays on Johnson's Dictionary*. Cambridge: Cambridge University Press, 2005.

Baugh, Albert C. and Thomas Cable. *A History of the English Language* (4th Edition). Beijing: Foreign Language Teaching and Research Press, 2001.

Béjoint, Henri. *Modern Lexicography: An Introduction*. Beijing:Foreign Language Teaching and Research Press, 2002.

Botha, Rudolf P. *Language Evolution: The Windows Approach*. Cambridge: Cambridge University Press, 2016.

Brennan, Gillian. "Patriotism, Language and Power: English Translations of the Bible, 1520 – 1580." *History Workshop*. No. 27, 1989.

Brook, George. L. *A History of the English Language*. London: Andre Deutsch, 1977.

Brown, Terence. *Ireland: A Social and Cultural History 1922—1985*. Revised edition. London: Fontana, 1985.

Cassidy, Frederic G. "Geographical Variation of English in the United States." In Richard W. Bailey and Manfred Görlach (eds.) *English as a World Language*. Cambridge: Cambridge University Press, 1982.

Clanchy, Michael T. *From Memory to Written Record: England, 1066—1307*. Cambridge, MA: Harvard University Press, 1979.

Clifford, James L. *Dictionary Johnson:Samuel Johnson's Middle Years*. New York: McGraw-Hill, 1979.

Crystal, David. *The English Language*. Harmondsworth: Penguin Books, 1988.

Crystal, David. *The Cambridge Encyclopedia of Language*. Cambridge: Cambridge University Press, 1997.

Crystal, David. "The Future of Englishes." In Chris Kennedy (ed.) *Innovation and Best Practice*. London: Longman, 1999..

Crystal, David. *English as a Global Language*. Beijing: Foreign Language Teaching and Research Press, 2001.

Crystal, David. Dr. *Johnson's Dictionary: An Anthology*. London: Penguin Classics, 2005.

Crystal, David and Hilary Crystal. *Wordsmiths and Warriors: The English-Language Tourist's Guide to Britain*. Oxford: Oxford University Press, 2013.

Dawes, James. *The Language of War: Literature and Culture in the U.S. from the Civil War Through World War II*. Cambridge; London:Harvard University Press, 2002.

DeMaria, Robert."The Theory of Language in Johnson's Dictionary." In Paul J. Korshin (ed.) *Johnson After Two Hundred Years*. Philadelphia: University of Pennsylvania Press, 1986a .

DeMaria, Robert. *Johnson's Dictionary and the Language of Learning*. Chapel Hill: University of North Carolina Press, 1986b.

Doval-Suárez, Susana. "The English Spelling Reform in the Light of the Works of Richard Mulcaster and John Hart." *Sederi*, No. 7, 1997.

Ellis, Peter B. *The Cornish Language and Its Literature*. London: Routledge & Kegan Paul Ltd., 1974.

Facchinetti, Roberta. *A Cultural Journey Through the English Lexicon*. Newcastle upon Tyne: Cambridge Scholars Publishing, 2012.

Finnegan, Richard B. and Edward T. McCarron. *Ireland: Historical Echoes, Contemporary Politics*. Boulder: Westview Press, 2000.

Fowler, Henry W. and Francis G. Fowler. *The King's English*. Oxford: Clarendon, 1919.

Fox, George. et al. *A Battle-door for Teachers and Professors to Learn Singular and Plural*. Menston: Scolar Reprint 115, 1660.

Gadamer, Hans-Georg. *Truth and Method*. London: Sheed and Ward, 1975.

Geipel, John. *The Viking Legacy: The Scandinavian Influence on the English and Gaelic Languages*. Newton Abbot: David and Charles, 1971.

Gimson, Alfred C. " Daniel Jones and Standards of English Pronunciation." *English Studies*, Vol.58, No.2, 1977.

Graddol, David. *The Future of English?: A Guide to Forecasting the Popularity of the English Language in the 21st Century*. London: British Council, 1997.

Hanks, Patrick."Johnson and Modern Lexicography." *International Journal of Lexicography*, Vol. 18, No. 2, 2005.

Hardy, John P. *Samuel Johnson: A Critical Study*. London, Boston and Henley: Routledge and Kegan Paul, 1979.

Hartmann, Reinhard R. K. and Gregory James. *Dictionary of Lexicography*. Beijing:Foreign Language Teaching and Research Press, 2000.

Hickey, Raymond. *Irish English: History and Present-day Forms*. Cambridge: Cambridge University Press, 2007.

Hill, Christopher. *The Century of Revolution 1603-1714*. London: Routledge, 1980.

Hill, Christopher. *The World Turned Upside Down*. London: Penguin, 1975.

Hodge, Pol. *The History of Cornish in the Parish of St. Stephen in Brannel*. Hayle: Cornish Language Board, 1998.

Hogg, Richard M. *The Cambridge History of the English Language*. Cambridge: Cambridge University Press, 1992-2001.

Holliday, Adrian. "Student Culture and English Language Education: An International Perspective." *Language, Culture and Curriculum*, Vol. 7, No. 2, 1994.

Horgan, A. D. *Johnson on Language: An Introduction*. New York: St.Martin's Press, 1994.

Hosaka, Michio, et al. *Phases of the History of English*. Frankfurt: Peter Lang, 2013.

Jackson, Kenneth. *Language and History in Early Britain*. Edinburgh: Edinburgh University Press, 1953.

Jenkins, Jennifer. "Native Speaker, Non-native Speaker and English as a Foreign Language: Time for a Change." *IATEFL News letter*, Vol. 131, 1996.

Johns, Lorin L. "Ordination in the King James Version of the Bible." In The American Academy of Arts and Sciences. *The Heart of the Matter*. Cambridge: Cascadia Publishing House, 2004.

Johnson, Samuel. *The Plan of a Dictionary*. Menston: Scolar Reprint 223, 1747.

Jones, Richard F. *The Triumph of the English Language*. Stanford: Stanford University Press, 1953.

Kachru, Braj B. "Institutionalized Second-language Varieties." In Sidney Greenbaum (ed.) *The English Language Today*. Oxford: Pergamon Press Ltd., 1985.

Kamwangamalu, Nkonko M. "The Social History of English in South Africa." *World Englishes*, Vol. 21, No. 1 , 2002.

Kenrick, William. *A New Dictionary of the English Language*. London, 1773.

Kline, Daniel T. *Medieval Literature for Children*. New York: Routledge, 2003.

Koch, John T. and Barry Cunliffe. *Celtic from the West 2*. Oxford: Oxbow Books, 2013.

Kolb, Gwin J. and Robert DeMaria. (eds.) *Johnson on the English Language*. New Haven and London: Yale University Press, 2005.

Labov, William. *Principles of Linguistic Change: Cognitive and Cultural Factors*. Oxford: Wiley-Blackwell, 2010.

Landau, Sidney I. "Johnson's Influence on Webster and Worcester in Early American Lexicography." *International Journal of Lexicography*, Vol. 18, No.2, 2005.

Leith, Dick. *A Social History of English*. London & Boston: Routledge and Kegan Paul, 1983.

Leonard, Sterling A. *The Doctrine of Correctness in English Usage 1700–1800*. New York: Russell and Russell, 1962.

Lynch, Jack. "Johnson's Encyclopedia." In Jack Lynch & Anne McDermott (eds.) *Anniversary Essays on Johnson's Dictionary*. Cambridge: Cambridge University Press, 2005.

Lynch, Jack and Anne McDermott. (eds.) *Anniversary Essays on Johnson's Dictionary*. Cambridge: Cambridge University Press, 2005.

Machan, Tim W. and Charles T. Scott. (eds.) *English in its Social Contexts: Essays in Historical Sociolinguistics*. Oxford: Oxford University Press, 1992.

Malherbe, Ernest G. *Education in South Africa (1652–1922)*. Cape Town: Juta and Co., 1925.

Mayhew, Robert J. *Landscape, Literature and English Religious Culture, 1660–1800: Samuel Johnson and Languages of Natural Description*. New York: Palgrave MacMillan, 2004.

McArthur, Tom. (ed.) *Concise Oxford Companion to the English Language*. Oxford: Oxford University Press, 1998a.

McArthur, Tom. *The English Languages*. Cambridge: Cambridge University Press, 1998b.

McCrum, Robert, William Cran and Robert MacNeil. *The Story of English*. London: BBC Books, 1988.

McDermott, Anne. "Johnson the Prescriptivist? The Case of the Defense." In Jack Lynch & Anne McDermott (eds.) *Anniversary Essays on Johnson's Dictionary*. Cambridge: Cambridge University Press, 2005a.

McDermott, Anne. "Johnson's Definitions of Technical Terms and the Absence of Illustrations." *International Journal of Lexicography*, Vol. 18, No.2, 2005b.

McLaverty, James. "From Definition to Explanation: Locke's Influence on Johnson's Dictionary." *Journal of the History of Ideas*, Vol. 47, No. 3,1986.

Metzger, Bruce M. *The Bible in Translation: Ancient and English Versions*. Grand Rapids: Baker Academic, 2001.

Millward, Celia M. *A Biography of the English Language*. 2nd ed. New York: Holt, Rinehart, and Winston, 1996.

Momma, Haruko and Michael Matto. (eds.) *A Companion to the History of the English Language*. Oxford: Wiley-Blackwell, 2011.

Mulcaster, Richard. *The First Part of the Elementarie*. Menston: Scolar Reprint 219, 1582.

Nagashima, D. "The Biblical Quotations in Johnson's Dictionary." *The Age of Johnson: A Scholarly Annual*, No. 10, 1999.

O'Sullivan, Michael, et al. (eds.) *The Future of English in Asia: Perspectives on Language and Literature*. London: Routledge, 2015.

Platt, John, Heidi Weber and Ho Mian Lian. *The New Englishes*. London: Routledge and Kegan Paul,1984.

Quirk, Randolph. "Language Varieties and Standard Language." *English Today*, Vol. 6, No. 1. 1990.

Rather, Michael G. "About the Political Dimensions of the Formation of the King James Bible." *Comparative Literature and Culture*. Vol. 11, No. 2, 2009.

Ray, John. *A Collection of English Words*. Menston: Scolar Reprint 145, 1691.

Reaney, Percy H. *The Origins of English Place Names*. London: Routledge and Kegan Paul, 1960.

Reddick, Allen. *The Making of Johnson's "Dictionary" 1746-1773* (Revised edition). Cambridge: Cambridge University Press, 1996.

Reddick, Allen. *Samuel Johnson's Unpublished Revisions to His Dictionary of the English Language* (A Facsimile edition). Cambridge: Cambridge University Press, 2005.

Ringe, Don and Ann Taylor. *The Development of Old English*. Oxford: Oxford University Press, 2014.

Roach, Peter. *English Phonetics and Phonology* (2nd Edition) . Cambridge: Cambridge University Press, 1991.

Roach, Peter and James Hartman. *English Pronouncing Dictionary (15th Edition)*, Cambridge: Cambridge University Press, 1997.

Romaine, Suzanne. "The English Language in Scotland." In Richard W. Bailey and Manfred Görlach (eds.) *English as a World Language*. Cambridge: Cambridge University Press, 1982.

Rosewarne, David. "Estuary English." *Times Educational Supplement*, October 19, 1984.

Sampson, George. *English for the English*. Cambridge: Cambridge University Press, 1921.

Schwyter, Jürg Rainer. *Dictating to the Mob: The History of the BBC Advisory Committee on Spoken English*. Oxford: Oxford University Press, 2016.

Searle, John. (ed.) *The Philosophy of Language*. Oxford: Oxford University Press,

1971.

Seward, Desmond. *The Hundred Years War: The English in France 1337-1453*. London : Constable, 1978.

Shaw, Bernard. *Pygmalion*. London: Constable and Company Ltd, 1912.

Sheridan, Thomas. *Course of Lectures on Elocution*. Menston: Scolar Reprint 129, 1762.

Sherlock, Philip. *West Indies*. London: Thames and Hudson, 1966.

Silva, Penny. "Johnson and the OED." *International Journal of Lexicography*. Vol. 18, No. 2, 2005.

Starnes, de Witt Talmage & Gertrude E. Noyes. *The English Dictionary from Cawdrey to Johnson 1604—1755*. (New edition by G. Stein). Amsterdam, Philadelphia: John Benjamins Publishing Company, 1991.

Steiner, George. *After Babel: Aspects of Language and Translation*. Oxford: Oxford University Press,1975.

Syzliowicz, Joseph. *Education and Modernization in the Middle East*. Ithaca:Cornell University Press, 1973.

Tadmor, Naomi. *The Social Universe of the English Bible: Scripture, Society, and Culture in Early Modern England*. Cambridge: Cambridge University Press, 2010.

Thernstrom, Stephan. et al. (eds.) *Harvard Encyclopedia of American Ethnic Groups*. Cambridge: Harvard University Press, 1980.

Trudgill, Peter. *The Social Differentiation of English in Norwich*. Cambridge: Cambridge University Press, 1974.

Trudgill, Peter. *Sociolinguistics*. London: Penguin Books, 1983.

Votaw, Clyde Weber. "Martyrs for the English Bible." *The Biblical World*, Vol. 52, No. 3, 1918.

Walker, John. *A Critical Pronouncing Dictionary of the English Language*. Menston: Scolar Reprint 117, 1791.

Walker, Keith."Some Notes on the Treatment of Dryden in Johnson's Dictionary."

Yearbook of English Studies. Vol. 28, 1998.

Webster, Noah. *Dissertations on the English Language*. Menston: Scolar Reprint 54, 1789.

Weekley, Ernest. *The English Language*. London: Andre Deutsch, 1970.

Wells, John C. *Accents of English*. Cambridge: Cambridge University Press, 1982.

Wilson, Richard M. *Early Middle English Literature* (3rd Edition). London: Methuen, 1968.

Wilson, Thomas. *The Arte of Rhetorique* (1553). Gainesville: Scholars' Facsimiles & Reprints, 1962.

Wimsatt, William K. *The Prose Style of Samuel Johnson*. New Haven: Yale University Press, 1941.